THE SHAKESPEARE BOOK

“人类的思想”百科丛书
精品书目

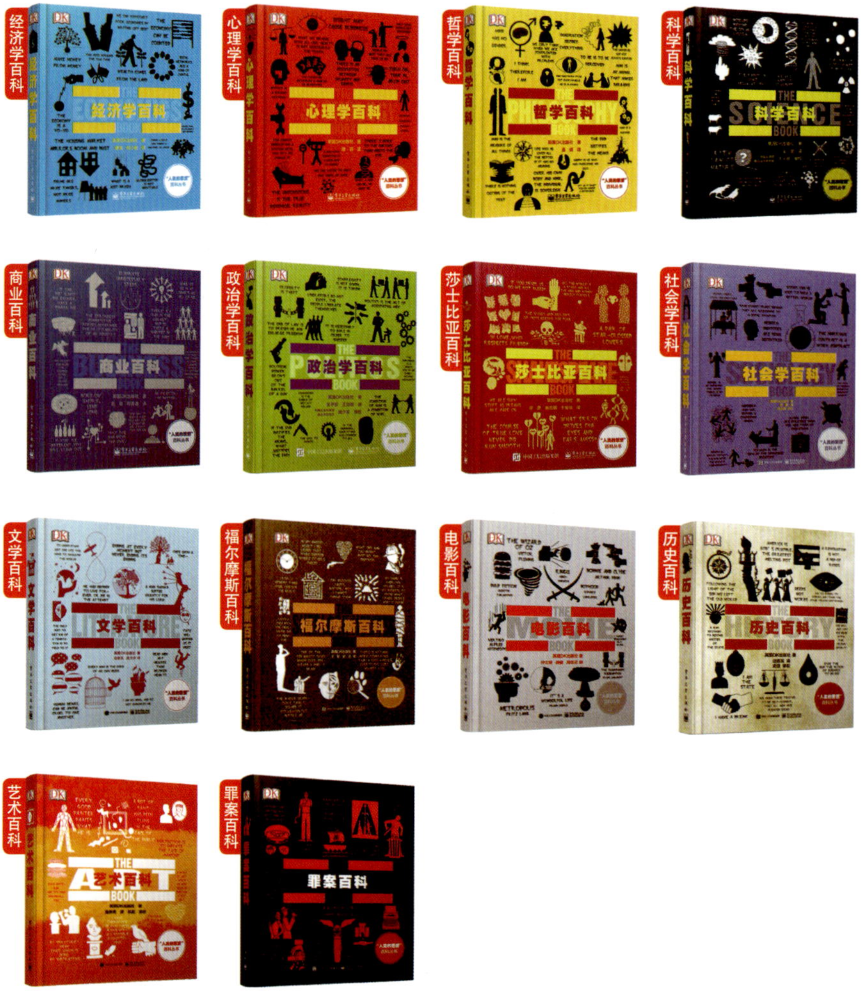

更多精品图书陆续出版，
敬请期待！

DK

"人类的思想"百科丛书

莎士比亚百科

THE SHAKESPEARE BOOK

英国DK出版社　著

徐　嘉　鲍忠明　于军琴　译

電子工業出版社

Publishing House of Electronics Industry

北京·BEIJING

Original Title: The Shakespeare Book

版权贸易合同登记号　图字：01-2015-1858

图书在版编目（CIP）数据

莎士比亚百科 / 英国 DK 出版社著；徐嘉，鲍忠明，于军琴译．—北京：电子工业出版社，2016.5
（“人类的思想”百科丛书）
书名原文：The Shakespeare Book
ISBN 978-7-121-28241-6

Ⅰ．①莎…　Ⅱ．①英…　②徐…　③鲍…　④于…　Ⅲ．①莎士比亚，W.（1564 ～ 1616）－生平事迹－通俗读物
Ⅳ．① K835.615.6-49

中国版本图书馆 CIP 数据核字（2016）第 042572 号

策划编辑：郭景瑶（guojingyao@phei.com.cn）
责任编辑：张　昭
印　　刷：鸿博昊天科技有限公司
装　　订：鸿博昊天科技有限公司
出版发行：电子工业出版社
　　　　　北京市海淀区万寿路 173 信箱　邮编：100036
开　　本：850×1168　1/16　印张：22　字数：666 千字
版　　次：2016 年 5 月第 1 版
印　　次：2021 年 5 月第 5 次印刷
定　　价：148.00 元

凡所购买电子工业出版社图书有缺损问题，请向购买书店调换。若书店售缺，请与本社发行部联系，联系及邮购电话：（010）88254888，88258888。

质量投诉请发邮件至 zlts@phei.com.cn，盗版侵权举报请发邮件至 dbqq@phei.com.cn。

本书咨询联系方式：（010）88254210，influence@phei.com.cn，微信号：yingxianglibook。

FOR THE CURIOUS
www.dk.com

混合产品
源自负责任的森林资源的纸张
FSC® C018179

扫码免费收听 DK“人类的思想”
百科丛书导读

“人类的思想”百科丛书

本丛书由著名的英国DK出版社授权电子工业出版社出版，是介绍全人类思想的百科丛书。该丛书以人类自古至今各领域的人物和事件为线索，全面解读各学科领域的经典思想，是了解人类文明发展历程的不二之选。

无论你是否涉足某类学科，或有志于踏入某领域并向深度和广度发展，还是已经成为专业人士，这套书都会给你以智慧上的引领和思想上的启发。读这套书就像与人类历史上的伟大灵魂对话，让你无不惊叹与感慨。

该丛书包罗万象的内容、科学严谨的结构、精准细致的解读，以及全彩的印刷、易读的文风、精美的插图、优质的装帧，无不带给你一种全新的阅读体验，是一套独具收藏价值的人文社科类经典读物。

“人类的思想”百科丛书适合10岁以上人群阅读。

《莎士比亚百科》的主要贡献者有Stanley Wells，Anjna Chouhan，Gillian Day，John Farndon，Jane Kingsley-Smith，Nick Walton。

目录

自由创作时期
1589年—1594年

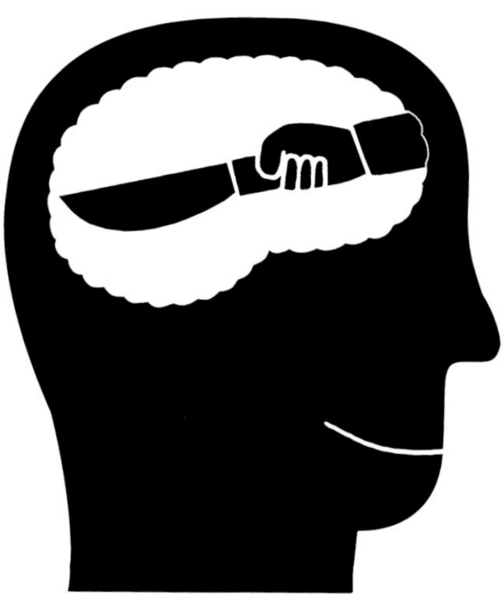

宫廷大臣供奉剧团时期

1594年—1603年

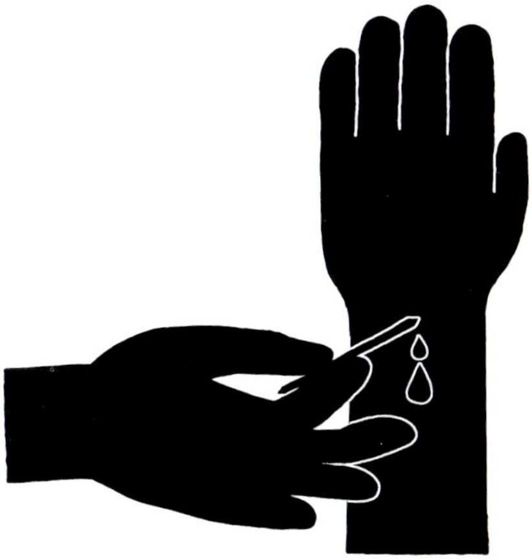

国王供奉剧团时期
1603年—1613年

INTRODU

CTION

前言

威廉·莎士比亚（1564—1616）生于四个半多世纪前，被公认为英语世界最富想象力的作家。他是一位大诗人，写过两首叙事诗、154首十四行诗，还写过韵文。但最重要的是，他是一位诗剧作家，独立创作或与人合写了近40部戏剧，其中既有美轮美奂的浪漫喜剧，如《仲夏夜之梦》、《皆大欢喜》和《第十二夜》，也有一系列英国和古罗马历史剧，还有很多寓意深刻的悲剧，如《哈姆雷特》、《麦克白》和《李尔王》。

莎士比亚的影响力并不限于他生活的时代，而是与日俱增。他的作品被译为几乎所有文字，在全世界被改编、阅读、讲授、演出。这些作品影响了无数的其他艺术作品，任何一个受过人文教育的人都不会视而不见。本书全面介绍了莎士比亚的戏剧和诗歌创作，聚焦于作品的内容和形式，同时也考虑到作品的接受和影响。

> 全世界是个舞台，男男女女都只是演员。有人离场，有人上场，每个人在台上扮演多个角色。
>
> ——杰奎斯《皆大欢喜》

莎士比亚与斯特拉福德镇

1564年4月26日星期三，威廉·莎士比亚在英国小镇埃文河畔斯特拉福德的圣三一教堂受洗。他的具体出生日期不详，但自从18世纪开始，人们将4月23日认作他的生日。

莎士比亚的父亲约翰出身农家，在斯特拉福德镇做手套商人。约翰的妻子玛丽娘家姓亚登，家境稍好一些。他们居住在斯特拉福德镇的亨利街，这里现在被认为是莎士比亚的出生地，每年都接受成千上万世界各地游客的凭吊。在威廉出生以前，约翰和玛丽还生了两个女婴，但都未能存活，后来又生了两个女儿和三个儿子，老幺埃德蒙比威廉小16岁。和大哥一样，埃德蒙也在伦敦当演员。他的生平记录不详，我们只知道他的私生子死在襁褓中不久，他就去世了，时年27岁。

约翰·莎士比亚是个商人，在当地颇有影响，后来成为市议员，并于1568年当选市长。当时的法律规定，民众必须去教堂礼拜，就

> 我怎能把你和夏天相比拟？你比夏天更可爱更温和：狂风会把五月的花苞吹落地，夏天也嫌太短促，匆匆而过。
>
> ——十四行诗第18首

这样，莎士比亚在教堂和家庭生活中熟悉了《圣经》、《公祷书》和《布道书》，并体现在他的写作中。

斯特拉福德镇是个贸易小镇，镇中建有一间富丽堂皇的教堂，一所不错的文法学校，学校不收学费（学生只限男生），房屋设计精美，居民大都生活富裕并受过教育。有关学校的记录，现已遗失，但莎士比亚的作品表明，他接受的是典型的文法学校教育。相对现今攻读古典文学的大学生而言，文法学校在演说、修辞、经典文本方面的训练都更为严格。男生需要用拉丁语写作、交谈。在《温莎的风流娘儿们》（4.1）中，一个叫威廉的男孩儿就接受了拉丁文法教育，剧中还引用了每间文法学校都要讲授的课本例句。很明显，这就是莎士比亚自己的生活写照。

结婚生子

小时候，莎士比亚在斯特拉福德镇看戏，还能参加演出。在莎士比亚的青少年时代，专业的巡演剧团会定期在市政厅里表演，当地的业余演员也会凑个趣儿，尤其是在降灵节时。

大概15岁时，莎士比亚辍学了。我们不知道起先他靠什么谋生，但有可能他是在父亲的小作坊里帮忙。18岁时，即1582年年末，莎士比亚和26岁的安妮·海瑟薇结婚。六个月后，他们的女儿苏珊娜受洗。1585年1月或2月初，双胞胎哈姆奈特和朱迪斯出生。1596年8月11日，哈姆奈特夭折，葬于斯特拉福德镇，地点不详。

威廉和安再没有生育孩子。除了1587年的一宗法律案件曾提及莎士比亚，他从出生到1592年（这一年，他首次被称为作家）的人生几乎一片空白。很可能他曾加入剧团当演员，或写剧本——兴许还来过斯特拉福德。他的妻子和儿女似乎一直都居住在斯特拉福德。

1596年，英国纹章院授予莎士比亚一枚纹章，赐予莎士比亚及其后代“绅士”头衔。1601年，莎士比亚的父亲辞世，享年70岁有余，死后葬于斯特拉福德镇。1602年，莎士比亚花费320英镑之巨，在斯特拉福德旧城购买了107英亩土地。1605年，他已十分富裕，在缴纳了440英镑的斯特拉福德镇什一税后，他开始分享该地的农业收入，这给他带来了每年约40英镑的收入。莎士比亚在伦敦的住所十分简陋。他的女儿苏珊娜嫁给了医师约翰·霍尔，两人的独生女伊丽莎白9个月后出生。朱迪斯嫁给了一位葡萄酒商人托马斯·奎尼，并育有三子，但三个孩子都早早离世。1670年，伊丽莎白·霍尔去世，她也是莎士比亚的最后一

> “冠词是从代名词借来的，有这样几个变格——‘单数’‘主格’是：hic，haec，hoc。”
>
> ——威廉《温莎的风流娘儿们》

位子嗣。

莎士比亚的首批作品

莎士比亚首次被提及为作家，是在1592年。此时，他在伦敦的戏剧界已声名鹊起。1593年，他的名字首次出现在印刷品中，不是作为戏剧家，而是作为叙事诗《维纳斯与阿都尼斯》的作者。他的第二部诗作《鲁克丽丝受辱记》于次年出版。莎士比亚的诗作大获成功，印刷量比他的任何一部戏剧都多。这部分是因为，剧本主要是供演出之用，所以许多戏剧作品从未印刷发行。1594年，《泰特斯·安德洛尼克斯》成为第一本出版的莎士比亚戏剧作品，但他肯定之前已经写过不少剧本了。

1595年，莎士比亚和另两位演员理查德·伯比奇和威尔·坎普一起被再次提及。在刚刚过去的圣诞节，他们受邀在伊丽莎白一世的宫廷里演出，所以领取了报酬。同时参演的还有去年刚刚组建的亨斯顿伯爵的宫廷大臣供奉剧团的其他演员。此后，莎士比亚成为最著名的英国本土剧团的常驻编剧。当时，戏剧家与剧团还从未有过这样长期而稳定的合作。莎士比亚不仅是演员，还持有股份——他参与剧团的票房分红。那时，剧本通常归剧团所有，与作者无关，但已有读者在阅读剧本，而超过半数的莎氏剧本也已在他有生之年出版。莎士比亚死后，这些剧本与那些已经遗失的文本一起，由他的同行收集整理，于1623年出版，称为第一对开本（First Folio）。

戏剧界

莎士比亚时期的英国经济繁荣，国家发展稳定。女王伊丽莎白一世统一了全国，爱国情绪不断高涨，音乐、绘画、建筑和文学大为繁荣。伟大的古典文学作品和欧洲大陆文学作品不断被译为英文，特别是意大利著作，读者众多。这些作品赋予了莎士比亚灵感，为他提供了戏剧素材。

在莎士比亚戏剧生涯的前期，英国的戏剧文学和戏剧演出业发展迅速。1576年，第一所职业剧院——剧院（Theater）在伦敦建成，标志着英国戏剧业的一大发展。一批新作家相继出现，其中包括戏剧家约翰·黎里和乔治·皮尔，莎士比亚与他俩合写了《泰特斯·安德洛尼克斯》。16世纪80年代后期的代表人物，如托马斯·基德、罗伯特·格林以及当时最著名的戏剧家——两卷本戏剧《帖木儿》、《浮士德博士》、《马耳他的犹太人》和《爱德华二世》的作者——克里斯托弗·马洛都对莎士比亚的创作产生了影响。当时，剧团规模不断扩大，演员人数不断增多，戏剧娱乐广受欢迎，激发剧作

> 我会赢得什么，如果我得到我想要的那个？一个梦幻，一口呼吸，一个泡沫般短暂的喜悦。
>
> ——《鲁克丽丝受辱记》

家写出篇幅更长、更雄心勃勃的剧本。主副情节交织，悲喜剧杂糅，歌曲、舞蹈和假面剧兼有，这些日益复杂的戏剧设计为观众创造出种种视觉奇观。

戏剧演出

当时的剧场是三层楼高的开放式露天剧场，台上不设幕布，直接延伸到观众席。演出只在白天进行。剧场后台有门供演员出入，门后设有化妆间。舞台分上、下两层，上层可用作露台或城墙，舞台顶部有篷，盖住让神明从天而降的机器设备。舞台不设布景，设有乐手席。底层的观众或站着看戏，或倚墙而坐。现在，位于伦敦泰晤士河岸的莎士比亚环球剧院重建了1599年的环球剧场。许多莎剧正是为这个剧场而作。

1609年，剧团启用了独特的室内剧场——黑衣修士剧场，并配备了更多设计精巧的舞台装置。这些新颖设计反映在《辛白林》、《暴风雨》等剧的舞台效果上。室内剧场使用蜡烛照明，因为蜡烛需要不断剪烛花，所以剧作家开始将剧本分为五幕。环球剧院中的沃纳梅克剧场（Sam Wanamaker Playhouse）就是室内舞台的代表。

起先，莎剧演员都是演技娴熟的职业演员。根据法令，他们被演出剧团组织起来，接受某个地位高的人庇护——比如王宫贵族，或女王自己。通常，一个典型的剧团由12～14人组成，有时也会补充一些临时演员，称为雇佣演员。有些莎剧所需要的演员人数不会超过剧团的标准人数，但另一些莎剧则需要一人分饰两角甚至三角。所有的女性角色都由男童扮演——1660年以前，英国舞台上从未出现过女性职业演员。这就解释了为什么每部剧中，女性角色都相对较少：在《裘力斯·凯撒》中，只有鲍西娅和凯尔弗妮娅两个女角；在《哈姆雷特》中，也只有两个女角——奥菲丽娅和乔特鲁德。

> **地狱没有极限，也不囿于一人之地。我们所在之处即是地狱，地狱所在之处必是我们的居所。**
>
> ——靡菲斯特
>
> 克里斯托弗·马洛《浮士德博士》

> **难道说，这么一个‘斗鸡场’容得下法兰西的万里江山？还是我们这个木头的圆框子里塞得进那么多将士？——只消他们把头盔晃一晃，管叫阿金库尔的空气都跟着震荡！**
>
> ——合唱团《亨利五世》

音乐和特效

音乐在演出中非常重要，戏剧中包括很多歌曲和舞蹈。有时，演员们会弹琴歌唱，剧场乐队会现场伴奏。皇室成员或勇士出场前，通常会喇叭齐鸣或鼓声大作。雷声可以用雷声槽（炮弹在木槽里滚动）模拟。通过特殊的舞台效果，剧团还能仿制闪电。

根据宗教规定，斋节期间，剧院歇业40天。于是，剧团就频繁去英国各地巡演。因为当时在伦敦以外没有专门的戏院，演员们就必须因地制宜，在酒馆庭院、大宅厅堂、会馆甚至是教堂里演出。他们的演出装备非常简陋，因此需要常常改动剧本，以应对演出场所的限制。

> **可是除了您以外，无论哪个女人都爱我，这一点是毫无疑问的；我希望我的心肠不是那么硬，因为说句老实话，我实在一个也不爱她们。**
>
> ——培尼狄克《无事生非》

戏剧财富

莎士比亚是位多才多艺的剧作家。在他的整个职业生涯中，莎士比亚不断尝试新的戏剧风格，拓展戏剧主题，深化对角色的理解。他的早期戏剧包括轻喜剧《维洛那二绅士》和《驯悍记》，血腥悲剧《泰特斯·安德洛尼克斯》，以及四部较符合悲剧形式、根据英国历史改编的戏剧——其中三部是关于亨利六世统治时期的历史，一部是关于稍后一些的理查三世。所有这些剧本都创作于1594年宫廷大臣供奉剧团成立以前。1594年底，莎士比亚的喜剧《错误的喜剧》上演，该剧情节设置巧妙，将古罗马戏剧中的一个身份错位的故事与一段离散家庭重聚的传奇经历交织在一起。

成功的剧作家

自1594年开始，作为宫廷大臣供奉剧团的股东，莎士比亚无须再与其他剧作家合作，可以更独立地选择自己想写的内容，但他明确感到必须为同事们尝试多种风格的戏剧，这一时期大约持续了两年之久。

在接下来的5年中，莎士比亚撰写了一系列精彩炫目的浪漫喜剧，如《爱的徒劳》、《仲夏夜之梦》、《威尼斯商人》、《无事生非》和《皆大欢喜》；多部英国历

> **人生不过是一个行走的影子，一个在舞台上指手划脚的笨拙的可怜人，登场片刻，便在无声无息中悄然退下。**
>
> ——麦克白《麦克白》

史悲剧，如《理查二世》、《约翰王》、《亨利四世》（上）（下）（书中出现了他最受欢迎的戏剧角色福斯塔夫）和续集《亨利五世》；浪漫悲剧《罗密欧与朱丽叶》；非浪漫喜剧《温莎的风流娘儿们》（该书依旧围绕福斯塔夫展开）；以及古罗马悲剧《裘力斯·凯撒》。

1599年，莎士比亚的剧团拥有了自己的新剧场——环球剧院。莎士比亚为这个剧场写作了最后两部浪漫喜剧——《皆大欢喜》和《第十二夜》。他职业生涯的巅峰之作《哈姆雷特》也诞生于这一时期。此后，他的戏剧基调变得晦暗起来，这一阶段的戏剧作品包括极富原创性、痛苦尖刻的悲喜剧《特洛伊罗斯和克瑞西达》以及《一报还一报》和《终成眷属》。后两部看似喜剧，却提出了深刻的道德问题。同一时期，莎士比亚还写作了寓意深刻的三大悲剧《奥赛罗》、《麦克白》和《李尔王》。1603年，伊丽莎白女王逝世，莎士比亚的剧团更名为国王供奉剧团。

合作与竞争

1606年左右，不知为何，莎士比亚又开始与人合写剧本。托马斯·米德尔顿和本·琼生是莎士比亚的两大劲敌。莎士比亚与米德尔顿合写了《雅典的泰门》，不过该剧的部分章节现已失传。在与小作家乔治·威尔金斯合作的《泰尔亲王佩里克利斯》中，莎士比亚形成了新的戏剧风格。该剧使用悲喜剧叙事，为莎氏之后独立创作的《辛白林》、《冬天的故事》和《暴风雨》提供了灵感。

> **这两片嘴唇，含羞的信徒，愿意用一吻乞求你宥恕。**
>
> ——罗密欧《罗密欧与朱丽叶》

在这一创作阶段，莎士比亚写就了两部风格迥异的罗马悲剧，一部是素朴冷峻的《科里奥兰纳斯》，一部是华丽喧闹的《安东尼与克里奥佩特拉》。同时，他还与比他小15岁多的约翰·弗莱彻合写了《卡迪尼奥》（现已失传）、《两个高贵的亲戚》和《皆为真实》（1623年第一对开本出版时，更名为《亨利八世》）。1613年，《皆为真实》最初上演时，舞台帷幕着火，整个环球剧院付之一炬。这座见证了莎士比亚最成功作品的剧场毁于一旦，标志着莎士比亚个人剧作生涯的结束。

在莎士比亚生命的最后三年，他已很少提笔写作。1616年4月，莎士比亚逝世，将大部分遗产赠予苏珊娜，将150英镑赠予小女儿朱迪斯。此外，他将26先令8便士赠予国王供奉剧团的三位同事——理查德·伯比奇、亨利·康德尔和约翰·赫明斯，供他们购买一枚哀悼戒指。这在当时很普遍。

因何闻名

为什么莎士比亚在英语世界和非英语世界里享有盛名？毕竟，莎士比亚已死去多时，莎士比亚时期的剧场与当今迥异，他使用的语言古老陈旧，所循的戏剧传统并不写实，所讲的故事也通常离他的观众非常遥远。

答案可能在于：莎士比亚既是散文家，又是诗人。他能写出铿锵有力的修辞佳作，如《裘力斯·凯撒》里玛克·安东尼对罗马公民的演讲、《亨利五世》里国王在阿金库尔战役前对士兵的演讲。他也能写出优美的诗篇，如《罗密欧与朱丽叶》中的爱情场景和《仲夏夜之梦》中奥布朗和提泰妮娅的优美辞藻。他写出的演讲词可以幽默滑稽，就像《维洛那二绅士》中朗斯对它的狗克来勃的一番演讲，也像《仲夏夜之梦》里波顿与工友们的那段谈话。莎士比亚的演讲词还可以简洁有力，直击人心。如《冬天的故事》中，里昂提斯感叹“啊！她是温暖的”；或《暴风雨》中，当米兰达赞叹“神奇啊！这里有多少好看的人！人类是多么美丽！啊，新奇的世界，有这么出色的人物”时，普洛斯彼罗却回应道：“对于你，这是新奇的”；又或李尔王与考狄利娅重聚时那段以单音节词为主的台词。

难忘的人物

莎士比亚还能讲述扣人心弦的故事。戏剧的整体设计推动情节发展，有时故事复杂，不止单线，如《哈姆雷特》和《李尔王》。每一幕场景，他都制造出紧张的气氛，如《威尼斯商人》中的法庭辩论，又如《麦克白》中的宴会，都极富戏剧性。

莎士比亚给我们描绘的每个角色都是不同的，让我们相信生活中确有其人。他让这些角色以自己的口吻说话，如《罗密欧与朱丽叶》中的乳母，《威尼斯商人》中的夏洛克——有时，他让角色的行为出人意料，却又在情理之中。

关键在于，莎士比亚并不对人滥作论断，也不下道德审判。即使是那些行为不端的角色，比如《终成眷属》中的帕洛，又如（也许是最不正经的角色）《亨利四世》（上）、（下）中的福斯塔夫，就算是杀人恶棍麦克白，莎士比亚都能让我们感受到他们所感，而非妄论他们的恶。

莎士比亚戏剧塑造出了许多

> “**人们最爱用这一种糊涂思想来欺骗自己；往往当我们因为自己行为不慎而遭逢不幸的时候，我们就会把我们的灾祸归怨于日月星辰。**”
>
> ——埃德蒙《李尔王》

复杂而又富有戏剧张力的人物，为演员提供了丰富而又有挑战性的演出机会。悲剧角色如哈姆雷特、李尔王、麦克白夫人和克里奥佩特拉，英雄人物如亨利五世和克里奥兰纳斯，诙谐喜剧人物如《无事生非》中的培尼狄克和贝特丽丝，愚蠢的喜剧角色如《仲夏夜之梦》中的波顿，所有这些角色都给演员们提供了展示演技的绝佳机会。

从不过时的故事

莎士比亚讲述的很多故事，比如《李尔王》和《暴风雨》，都具有神话或传说元素，很容易与后世的观众产生共鸣。另一些戏剧，如历史剧《裘力斯·凯撒》，也具有政治深度，容易让观众联想到现代社会的问题。

将莎士比亚视为全世界最伟大的戏剧家，这可能有失偏颇。对莎士比亚来讲，更合适的称谓可能是哲学家、心理学家或是能将个人理解融入戏剧的诗人。有鉴于此，他也拥有精湛独特的写作技艺和沟通能力。

本书结构

本书每一章各讲述莎士比亚的一部戏剧，包括主题、主要人物简介、幕场安排和情节概要。之后是每部戏的历史声誉和影响。本书还介绍了莎士比亚的叙事诗《维纳斯和阿都尼斯》、《鲁克丽丝受辱记》、十四行诗，以及其他两部诗作《情女怨》和《凤凰与斑鸠》。

莎士比亚的创作年表不详。本书按照《牛津莎士比亚全集》（1986年出版，总编为斯坦利·威尔斯和加里·泰勒）的文本和时间顺序排版。该书于2005年再版，加入了《爱德华三世》（该剧被认为至少一部分是出自莎士比亚手笔）和《托马斯·莫尔爵士》（仅存手稿，莎士比亚似乎至少撰写了一场精彩片段）。■

> **来，注视着人类恶念的魔鬼们！解除我的女性的柔弱，用最凶恶的残忍从顶至踵贯注在我的全身！**
>
> ——麦克白夫人《麦克白》

THE FRE
WRITER
1589年—1594年

LANCE

自由创作时期

1589年—1594年

1589年

莎士比亚**抵达伦敦**，开始写作第一部戏剧《维洛那二绅士》

1589年

法国国王亨利三世被杀，信奉新教的胡格诺教徒、那瓦尔的亨利成为亨利四世，但天主教徒并不承认他。

1589年

克里斯托弗·马洛写作《马耳他的犹太人》，该剧影响了莎士比亚的《威尼斯商人》。

1590年

莎士比亚的**喜剧**《驯悍记》和**历史剧**《亨利六世》（中）上演。

1590年

15岁的**丹麦公主安**成为苏格兰王后。1604年，英格兰与苏格兰的王权**合二为一**，安成为**英格兰王后**。

1590年

乌尔班七世仅当了12**天教皇**就去世了。克里斯托弗·马洛创作《帖木儿》。

1591年

莎士比亚创作**历史剧**《亨利六世》（下）、（上）和**悲剧**《泰特斯·安德洛尼克斯》。

1591年

英国演员**詹姆斯·伯比奇**将他的海军上将供奉剧团移至玫瑰剧院。

16世纪80年代后期，年轻的莎士比亚来到伦敦。我们不知道具体时间。1585年初，在妻子产下双胞胎不久，莎士比亚有7年时间杳无音讯。

乡下人暴发户

我们可以确定的是，1590年，莎士比亚来到伦敦写作剧本。在他来伦敦之前，大学才子曾经称雄戏剧界，其中就包括罗伯特·格林（1559-1592）。1592年，格林贫病而亡，在一本小册子里，他刻薄地写道："其中有一只暴发户式的乌鸦，用我们的羽毛装点自己，用一张演员的皮包起他的虎狼之心；他写了几句虚夸的无韵诗就自以为能同你们中最优秀的作家媲美；……恬不知耻地以为举国只有他能震撼舞台"。"虎狼之心"是从莎剧《亨利六世》（下）引出的一句话。可见，莎士比亚当年已颇具名望，但对格林来讲，他仍是个新人，所以格林称他为"暴发户"。

激动人心的时刻

对于剧作家来讲，16世纪80年代后期是个激动人心的时代。伦敦在欧洲迅速崛起，成为与巴黎、那不勒斯比肩的繁忙都市。伦敦也是一个年轻的都市，大多数人口都不满30岁。伦敦的剧场业蓬勃发展。在生机勃勃又藏污纳垢的伦敦城郊，新剧场开始吸引大批观众。1576年，詹姆斯·伯比奇在肖迪奇开设剧院；1577年，伯比奇的竞争对手菲利普·亨斯洛的幕布剧场也开在附近。

人们猜测，莎士比亚的戏剧生涯正是从在这样的剧团当演员开始的。很快，他开始撰写剧本。现存的莎士比亚最早的剧本是写于1590年左右的《维洛那二绅士》和《驯悍记》，当时，他可能同时为几个剧团创作剧本。

无敌舰队效应

莎士比亚生活的时代也是一个

1591年

埃塞克斯伯爵带领英国军队在鲁昂援助那瓦尔的亨利。威尼斯的里亚尔托大桥建成。

1592年

亨特利侯爵火烧苏格兰的多尼布里斯托城堡，在家族仇杀中杀死马里伯爵。

1593年

剧作家克里斯托弗·马洛被控异端，被签发逮捕令。

1594年

亨利四世皈依天主教，成为法国国王。

1592年

《理查三世》和《爱德华三世》上演。六月，黑死病爆发，大批戏院关闭。

1593年

长诗《维纳斯和阿都尼斯》出版。《反对罗马天主教法》颁布，新教对天主教的镇压愈演愈烈。

1594年

爱尔兰伯爵休·奥尼尔和休·奥唐奈联合反抗英国统治。

1594年

莎士比亚完成诗作《鲁克丽丝受辱记》，在商业上取得了巨大成功。

危险的年代。亨利八世与天主教廷决裂所带来的创伤依然历历在目，同情天主教徒的人们受到政府间谍的不间断监视。

1587年，被囚禁多年的天主教苏格兰女王玛丽被控密谋杀害伊丽莎白一世，后被处决。与此相应的是，西班牙国王菲利普二世派出了由140艘战舰组成的无敌舰队，号称“有史以来最强大的海上舰队”。菲利普娶了伊丽莎白的姐妹、信奉天主教的玛丽一世，想要侵占英格兰，废黜“异教徒”伊丽莎白，恢复天主教信仰。出乎意料的是，相对弱小、调动灵活的英国舰队却在风浪的帮助下击溃了强大的无敌舰队。尽管这对于天主教徒是个沉重打击，但无论是新教教徒还是天主教教徒，所有的英国人都倍觉扬眉吐气。爱国主义的浪潮席卷全国，莎士比亚亦创作出大量成功的历史剧，描述那时的英国历史。

莎士比亚下笔神速。到1592年，他已经完成了6部广受欢迎的历史剧，其中包括讲述玫瑰战争的第一系列历史剧（《亨利六世》三部曲和《理查三世》），还有《泰特斯·安德洛尼克斯》。

瘟疫和诗作

此后，灾难降临，一场大瘟疫袭击了伦敦。为了防止瘟疫蔓延，1592年6月至1594年5月，剧院被迫关闭，剧团被逐出城市。有一些剧团开始巡演，但莎士比亚在做什么，我们并不清楚。可能，他转向了诗歌创作：1593年4月，莎士比亚的长诗《维纳斯与阿都尼斯》出版。当时，该诗被看作莎士比亚此生最大的文学成就，比他的任何一部戏剧都畅销，并多次重印。第二年，莎士比亚的第二部诗作《鲁克丽丝受辱记》面世。此时，莎士比亚可能还在撰写剧本。他似乎已经预料到，戏院重新开张之后，人们会对娱乐节目如饥似渴。所以，他接下来撰写的两部戏都是喜剧。■

一个人为了爱情，怎么还能顾到朋友呢？

《维洛那二绅士》（1589年—1594年）

剧中人物

普洛丢斯：一位年轻的维洛那绅士。

瓦伦丁：另一位维洛那绅士，普洛丢斯的朋友。

朱利娅：普洛丢斯的初恋，之后变装为西巴斯辛。

露西塔：朱利娅的女仆，为朱利娅准备了紧身裤和裤裆前兜儿。

西尔维娅：米兰公爵的女儿，瓦伦丁的恋人。

史比德：瓦伦丁的仆从，比他的傻主人聪明多了。

朗斯：普洛丢斯的傻仆，是个丑角。

克来勃：朗斯的狗，朗斯对它发表了一番慷慨激昂的独白。

米兰公爵：西尔维娅的父亲。

修里奥：公爵中意的佳婿人选，却不被情敌正眼相看。

安东尼奥：普洛丢斯的父亲，坚持让普洛丢斯追随瓦伦丁去米兰。

潘西诺：安东尼奥的仆人。

爱格勒莫：一个在爱人死后发誓为她守贞的骑士。

强盗：啸聚在米兰城外的林中。

旅店主：朱利娅在米兰的居停。

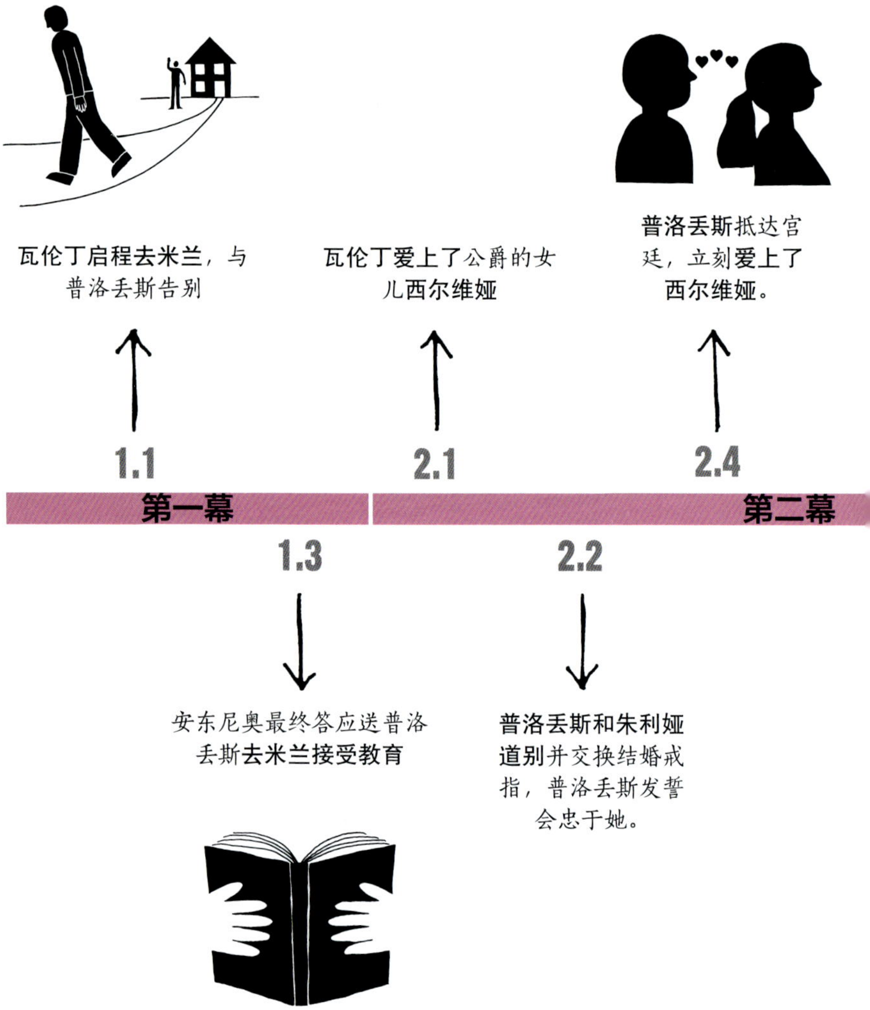

瓦伦丁准备去米兰公爵的宫廷接受教育，成为绅士。普洛丢斯不愿同行，因为他爱上了朱利娅。瓦伦丁哀叹，爱情对朋友影响巨大。

朱利娅和侍女露西塔谈起自己的追求者。露西塔觉得普洛丢斯最合适，但朱利娅觉得他待她冷淡。史比德将普洛丢斯的信件转交给朱利娅，朱利娅装作不在意地把信撕了，但又偷偷把信件粘好，并袒露了自己的心意。普洛丢斯收到朱利娅的回信，欢喜雀跃。但父亲要他去找瓦伦丁。普洛丢斯告别了朱利娅，两人交换了戒指，普洛丢斯发誓会忠诚于她。朗斯发表了一通滑稽的道别致辞。

在米兰公爵的宫廷里，瓦伦丁一改对爱情的态度。他迷恋上了公爵的女儿西尔维娅。但公爵却属意富有的修里奥为婿。普洛丢斯一到宫廷，也立刻被西尔维娅迷倒了。瓦伦丁偷偷告诉他，自己已和西尔维娅秘密订婚，并筹谋私奔。普洛

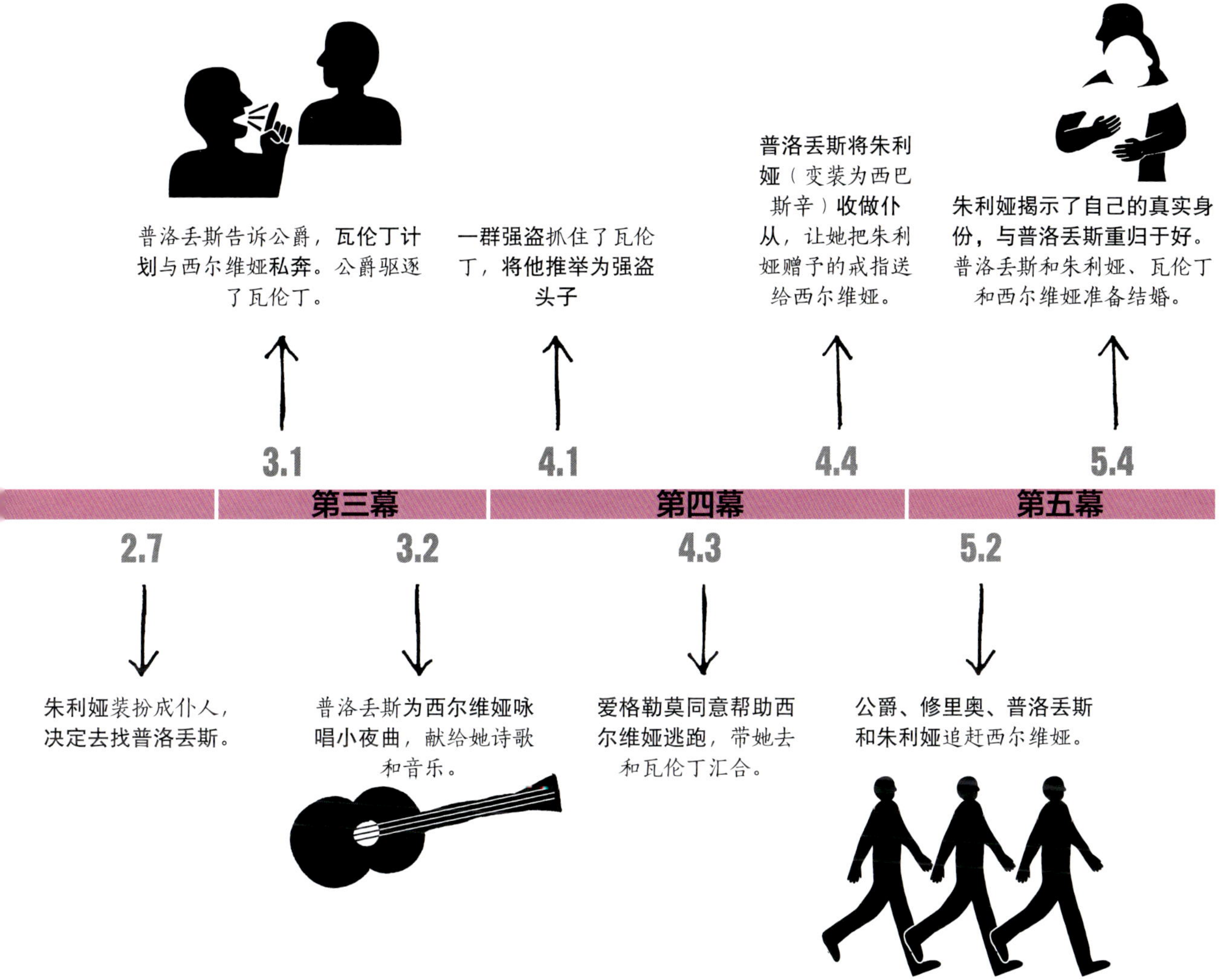

丢斯向公爵告密，后者引诱瓦伦丁拿出了藏在袍子里的软梯和信件。公爵把瓦伦丁赶出了米兰。

普洛丢斯一边假意帮助修里奥追求西尔维娅，一边抹黑瓦伦丁。他在西尔维娅窗下唱歌，却被朱利娅听见。原来，朱利娅也来到米兰寻找情郎，她装扮成了侍童西巴斯辛。普洛丢斯雇佣西巴斯辛帮他交给西尔维娅一封信和一枚戒指（朱利娅给他的戒指）。西尔维娅送给普洛丢斯一幅自己的画像，但她不愿读他的信件，把信撕了。朱利娅说起普洛丢斯背弃了之前的爱人，西尔维娅听后动容落泪。

西尔维娅恳求爱格勒莫帮忙。爱格勒莫是一位骑士，爱人离世后，他发誓终身不娶。他们在伯特力克神父的修道院会合。一番忏悔礼拜之后，两人启程去曼多亚，因为西尔维娅相信瓦伦丁就在那儿。

在森林里，普洛丢斯从强盗手里救出了西尔维娅。西尔维娅依然拒绝普洛丢斯的示爱，他于是准备强暴她。但瓦伦丁突然出现，打乱了一切。普洛丢斯幡然悔悟。瓦伦丁原谅了他，宣布放弃对西尔维娅的爱。朱利娅把忘记交给西尔维娅的戒指还给普洛丢斯。普洛丢斯认出这是他送给朱利娅的戒指，起了疑心。朱利娅坦白了自己的真实身份，普洛丢斯记起了对她的爱情。修里奥不再追求西尔维娅，公爵也同意将西尔维娅嫁给瓦伦丁。强盗被免于放逐，恋人们准备婚礼。■

背景知识

主题：

友谊、爱、欲望、野心、改变、背叛和牺牲

场景：

维洛那、米兰宫廷、曼多亚附近的森林

来源：

1531年 普洛丢斯和瓦伦丁的情节与薄伽丘的《十日谈》中提多和基斯帕斯的故事相似。莎士比亚可能在托马斯·埃利奥特爵士的《统治者之书》中读过这个故事。

1542年 葡萄牙诗人豪尔赫·蒙特马的散文体传奇剧《多情的戴安娜》（1542年，1598年译为英语）中，有类似朱利娅变装追求恋人新欢的情节，原剧本已失传。（也可能是来自另一出戏剧《费利克斯和菲利斯米娜》（1585年），原剧已失传。）

演出：

1931年 黑白默片《一剪梅》（卜万苍导演），将背景放在了20世纪的中国。

1971年 音乐剧《维洛那二绅士》（约翰·奎尔和梅尔·夏皮罗编剧）在乔·帕普的公共剧院首演，但后来改在百老汇演出，并获得了托尼奖的最佳音乐剧奖。

2014年 皇家莎士比亚剧团将该剧完整搬上主剧院。这场演出被拍摄下来，在全国的电影院现场播放。

作为一出浪漫喜剧，《维洛那二绅士》对爱情的态度可谓不可思议的消极。激情会妨碍年轻人的成长，他们应该去打仗、上大学或出国游历。爱情不仅会妨碍年轻人的智力发展，而且有害身体：“最早熟的花蕾，在未开放前就给蛀虫吃去；所以年轻聪明的人也会被爱情化成愚蠢，在盛年的时候就丧失欣欣向荣的生机，未来一切美妙的希望都成为泡影。”（1.1.45-48）。

瓦伦丁也许很相信持这种观点的“做书的人”——他还从未感受过爱情。但当他真正爱上了西尔维娅，他的行为又强化了这一点。西尔维娅让他给自己写情诗，等于坦白了她对他的爱意，瓦伦丁却迟钝到没有意识到她的爱。

剧中人物一直在说自己被爱情“变形”了。朱利娅换上男装，开始了一段寻找情郎普洛丢斯的旅程。瓦伦丁为了爱情，改变了服装和言行。尽管史比德的描述十分幽默，他承认“当我瞧着您的时候，我简直不相信您是我的主人了”（2.1.29-30），却也显示出莎士比亚时期围绕着男性欲望的深深焦虑——爱情会使人软弱，像个女人。然而，普洛丢斯的转变最为严重。在经典神话里，普洛丢斯是海神，可以任意变换形状。但莎士比亚的角色对于形体改变毫无控制力。这导致他背弃了对朱利娅的誓言，也摧毁了他与瓦伦丁的友谊。

> **舍弃我的朱利娅，我就要违背了盟誓；恋爱美丽的西尔维娅，我也要违背了盟誓；中伤我的朋友，更是违背了盟誓。**
>
> ——普洛丢斯
> 第二幕第六场

> **爱神倘不是盲目的，那么我有哪一点赶不上她？**
>
> ——朱利娅
> 第四幕第四场

友谊 v.s.爱情

莎士比亚的时代十分重视男性之间的友谊，并将男人之间的友谊视为纯粹高尚之爱，不掺杂欲望之爱。人们认为，这种爱能使朋友透过各自的投射改善自我。在1564年的戏剧《生死之交》中，理查德·爱德华兹讲道：“真正的友谊是两个人的身体，一个人的思想，因为一个人已经转变为另一个。”鉴于朋友应该有同样的判断、品味和口味，应该分享一样的物品，因而普洛丢斯想得到瓦伦丁的恋人，这并不奇怪。一个说法是，《维洛那二绅士》表明我们的喜好是其他人教会的，我们被鼓励用其他人的眼睛看世界。普洛丢斯接下来的所作所为破坏了两人的友谊，他背叛了瓦伦丁，想要偷走他的恋人。他断言“我自己当然比一个朋友更为宝贵”（2.6.23）。

莎士比亚对该剧最恶名远扬的一处改编，就是普洛丢斯威胁要强暴西尔维娅。被瓦伦丁打断后，他飞快地坦白和忏悔了，但这无补于他未遂的罪行，也很难补偿他对朋友的背叛。然而，瓦伦丁却立刻原谅了他，还愿意把西尔维娅让给他。普洛丢斯受欲望驱使，背叛了友谊，这可能暗示他未被友谊的叙事所限，而瓦伦丁却未曾忘记友情。

女性的地位

莎士比亚安排的强奸未遂一幕也颇有争议，因为他削弱了剧中女性的地位。男性角色坚称，当女人说“不是”的时候，她们的意思是“是”；女人性情柔软，就像是蜡捏出来的。但朱利娅和西尔维娅始终坚守与最初的爱人在一起，男人才是无情易变的。正如普洛丢斯所断言的，“天啊！男人要是始终如一，他就是个完人”（5.4.141）。西尔维娅的命运最终由瓦伦丁、修里奥和她的父亲共同决定。同样，朱利娅的幸福也与反复无常、强奸未遂的普洛丢斯紧紧相连，令人揪心。友谊主题最终占了上风，瓦伦丁希望“大家在一块儿欢宴，一块儿居住，一块儿过着快乐的日子”（5.4.171），男性之间“想法一致”的友谊比婚姻（男人与妻子两人的结合）更为重要。

尽管莎士比亚可能还将重复该剧的许多主题，但他似乎不会再冒险让浪漫爱情屈从于友谊了。■

> **可是比起男人的变换心肠来，女人的变换装束是不算一回事的。**
>
> ——朱利娅
> 第五幕第四场

2012年，修纳的作品将该剧的放逐主题与欺骗主题与当代津巴布韦的生活联系起来，剧中15个角色都由一对演员扮演。

我知道如何驯服一个悍妇

《驯悍记》（1590年—1594年）

剧中人物

克利斯朵夫·斯赖：一个喝醉的补锅匠。

巴普提斯塔：凯瑟丽娜和比恩卡的父亲，与她们的追求者交涉。

凯瑟丽娜：一个声名远播的强硬、有主见的女人。

比恩卡：凯瑟丽娜的妹妹，被很多人追求。

彼特鲁乔：维洛那的绅士，想要来帕度亚娶一个富家小姐。

葛鲁米奥：彼特鲁乔的仆人，在主人不给凯瑟丽娜饭吃的时候，拿食物戏弄她。

葛莱米奥：比恩卡富有的追求者。

霍坦西奥：比恩卡的追求者，伪装成教师利西奥来接近比恩卡。

路森修：来自比萨的年轻人，伪装成教师堪比奥来追求比恩卡。

文森修：路森修的父亲，来到帕度亚，却发现有人假冒自己。

特拉尼奥：路森修的仆人，伪装成主人，让他的主人路森修装成教师。

比昂台罗：路森修的另一个仆人。

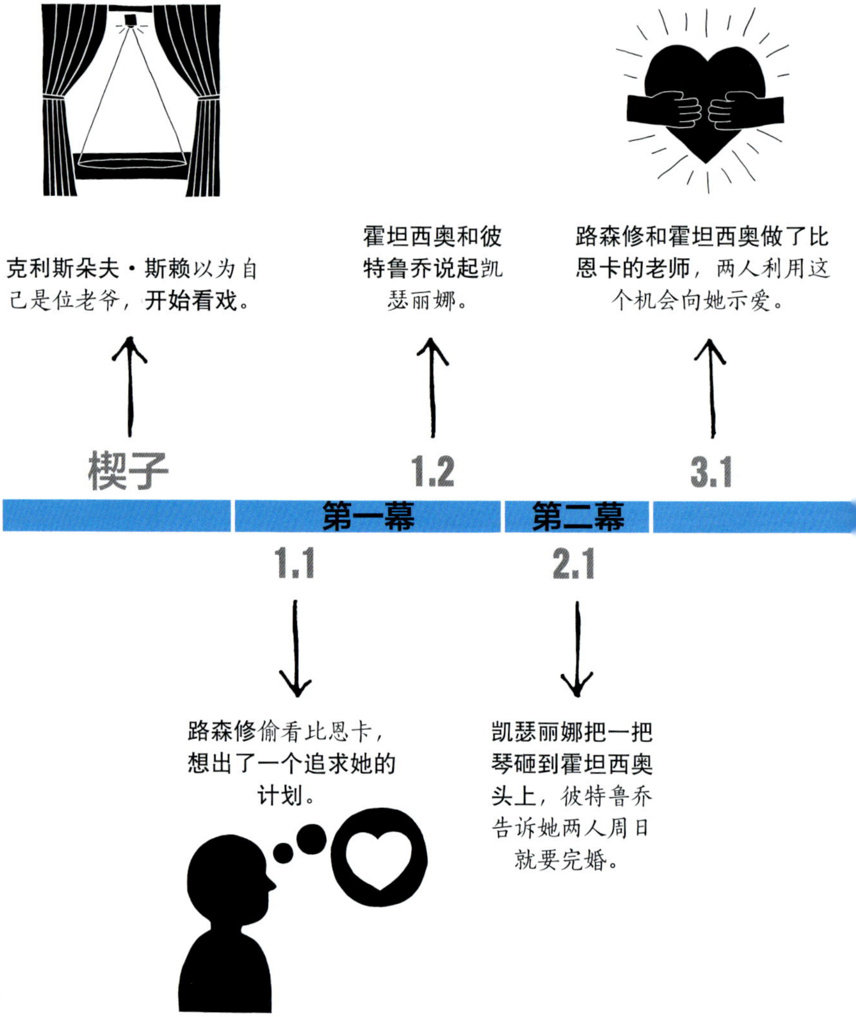

补锅匠克利斯朵夫·斯赖大醉，与女店主争吵起来，被扔了出去。过路的贵族和他的仆人戏弄斯赖，让他以为自己是贵族，还邀他一同看戏。戏剧的场景设在意大利，开场是路森修和仆人特拉尼奥到达帕度亚。他俩偷听到巴普提斯塔跟女儿比恩卡的追求者葛莱米奥和霍坦西奥讲，只要他的大女儿凯瑟丽娜一天未嫁，他们就不能娶比恩卡。路森修也没有追到比恩卡，他就计划打败比恩卡的其他追求者。路森修决定装作家教，让仆人特拉尼奥假扮自己。

霍坦西奥的朋友彼特鲁乔到达帕度亚，声称自己要娶一位富家小姐为妻。霍坦西奥建议他追求凯瑟丽娜。尽管凯瑟丽娜悍妇的名声在外，彼特鲁乔还是决定追求她、赢得她并娶她为妻。

彼特鲁乔开始追求凯瑟丽娜。他推荐利西奥（由霍坦西奥假扮）当她妹妹的音乐老师；霍坦西奥想要追求比恩卡，同时彼特鲁乔与

3.3 凯瑟丽娜要彼特鲁乔留下参加婚礼晚宴，而彼特鲁乔不允。

4.2 路森修和霍坦西奥向比恩卡表明了真实身份。

4.6 彼特鲁乔测试凯瑟丽娜的耐心，对着太阳叫月亮。

5.2 彼特鲁乔吻了凯瑟丽娜，因她的顺服赢了赌金。

第三幕 **第四幕** **第五幕**

3.2 彼特鲁乔身着奇装异服到达与凯瑟丽娜的婚礼现场。

4.1 彼特鲁乔将仆人打出家门外，把做好的饭菜丢到地上。

4.3 彼特鲁乔给凯瑟丽娜准备了帽子和袍子。

5.1 路森修的父亲文森修路遇一个假冒自己的商人。

凯瑟丽娜订婚。葛莱米奥要路森修（伪装成堪比奥）帮他追求比恩卡，而扮成路森修的特拉尼奥继续为他的主人追求比恩卡。

与凯瑟丽娜一番唇枪舌剑之后，彼特鲁乔决定娶她，并定下了婚期。彼特鲁乔迟到，婚礼推迟，而且新郎的穿着也不适合婚礼。彼特鲁乔宣布，他和妻子将不参加婚宴，而要马上返回夫家。彼特鲁乔不给妻子吃饭，不让她睡觉，想要管束她的悍妇行为。

路森修表明了自己的真实身份，赢得了比恩卡的心，霍坦西奥娶了一个寡妇。因为缺钱，路森修和特拉尼奥说服一位商人冒充路森修的父亲文森修。一切都进展得很顺利，直到路森修的父亲也抵达帕度亚，并吃惊地撞上了这个冒牌货。路森修解释了原因。凯瑟丽娜和彼特鲁乔回帕度亚赴宴，凯瑟丽娜对彼特鲁乔言听计从。

彼特鲁乔打赌说，他的妻子比路森修和霍坦西奥的妻子更加顺服。三个男人使唤各自的妻子服侍他们，但只有凯瑟丽娜出现了，彼特鲁乔因此赢得了一笔赌金。凯瑟丽娜对其他两位妻子发表了一番有力的演说，讲述如何才是一位好妻子，丈夫和妻子之间又应该是怎样的关系。客人们都因为凯瑟丽娜的转变而惊呆了。■

背景知识

主题：

爱情、婚姻、权力、父亲、女儿、钱、地位、男人和女人

场景：

英格兰的沃里克郡；意大利的帕度亚

来源：

10世纪 克利斯朵夫·斯赖的故事与《一千零一夜》中的某个故事类似，而悍妇的故事是从当时的民谣和民间传说中得到的灵感。

1566年 比恩卡、路森修、霍坦西奥和葛莱米奥的情节来自于乔治·加斯科因的喜剧《猜想》。

演出：

1611年 约翰·弗莱彻写作《女人的奖品》或《被驯服的驯养人》，回应了莎士比亚的这出戏剧。

1874年 赫尔曼·戈茨以该剧为基础，写作了一部德语歌剧《驯悍记》。

1929年 第一部莎士比亚有声电影公映，该剧由山姆·泰勒执导，好莱坞明星玛丽·皮克福德和道格拉斯·费尔班克斯出演。

1948年 科尔·波特的音乐剧《吻我，凯德》首演。

1967年 弗朗哥·泽菲雷利执导、蒂姆·伯顿和伊丽莎白·泰勒主演的电影上映。

1999年 美国青少年电影《我恨你的十件事》上映，将背景设置在西雅图的一所高中。

一些评论家也许希望莎士比亚从未写过《驯悍记》。如今，有些女演员不愿出演凯瑟丽娜一角，剧院评论家也不想看到这部剧。但也有一些人将该剧列入他们最喜爱的莎士比亚喜剧之中，认为凯瑟丽娜是剧作家最让人印象深刻的早期创作。

在展示“驯服”“悍妇”的过程中，莎士比亚给了女性发声的机会，也展示出当时常见的多种婚姻模式。这种态度可能不会取悦观众，反而会激怒他们。但这也反映出剧作家与他所生活的时代的紧密联系。当时，女性如果公开反对男人的观点，或是发脾气，就会被称为“悍妇”。这部莎剧的题名显示，该剧戏剧冲突激烈，包含极端行为，也是一场性别大战。

男人的财产

在该剧中，女人通常被视为男人的财产。凯瑟丽娜的第一句台词就是，因为听见父亲向葛莱米奥和霍坦西奥说起自己、强调父亲在女儿婚姻大事上的经济利益，而一肚子恶心。对彼特鲁乔来讲，接受挑战、追求凯瑟丽娜，首先盘算的也是经济利益，“只要她的嫁奁丰盛，我就心满意足了”（1.2.74-75）。爱情并不在他的考虑之内，尽管他也想到了性：“尽管她骂起人来像秋天的雷鸣一样震耳欲聋，我也要把她娶了回去。”（1.2.94-95）。后来，被男人称为“地狱的恶魔”（1.1.88）的凯瑟丽娜明显

是性别张力，还是残酷的欺凌？不同作品反映出不同时代的性别政治。在弗朗哥·泽菲雷利1967年的电影中，蒂姆·伯顿和伊丽莎白·泰勒饰演了这对夫妻。

难道我不曾听见过狮子的怒吼？

——彼特鲁乔

第一幕第二场

变得“贞静幽娴”（1.1.60）。问题在于，这样的转变能持续多久。

驯悍策略

莎士比亚让彼特鲁乔排练了他的“驯悍”策略。见凯瑟丽娜之前，他独白道：“要是她开口骂人，我就对她说她唱的歌儿像夜莺一样曼妙；要是她向我皱眉头，我就说她看上去像浴着朝露的玫瑰一样清丽；要是她默不作声，我就恭维她的能言善辩。”（2.1.170-176）。若不看上下文，彼特鲁乔的行为会让人觉得古怪又麻木不仁。这段独白没有为他的行为找借口（包括不给妻子吃饭、睡觉），但它强调了彼特鲁乔是在扮演角色，以达到预期的结果。

最终，这对夫妻双双赴宴，显示出彼特鲁乔对凯瑟丽娜的“管束”效果。他通过说服（在一些戏剧作品中，他是通过暴力），让她顺服自己。如他自己所言，他待她就像是在训练一只“悍鹰”，用食物制伏她屈从主人的意志。彼特鲁乔对付凯瑟丽娜的方法十分无情。比恩卡被一群激情的追求者围绕，构成了闹剧一般的浪漫次情节，与主情节形成了鲜明对比。彼特鲁乔似乎对妻子爱不爱自己不甚关心，他在意的是妻子的顺服。凯瑟丽娜被他的行为迷惑了，当她发觉“他这一切都借着爱惜我的名义”（4.3.12），气愤至极。

剧终，凯瑟丽娜扮演了彼特鲁乔的“完美妻子”，按他的命令行事，并在宴会最后对女性致辞：“你的丈夫就是你的主人、你的生命、你的所有者、你的头脑、你的君王；他照顾着你，扶养着你，在海洋里陆地上辛苦操作，……他希望你贡献给他的，只是你的爱情，你的温柔的辞色，你的真心的服从；你欠他的好处这么多，他所要求于你的酬报却是这么微薄！”（5.2.151-159）。

该剧的结局到底是不是喜剧，可以有多种解释。在一些版本中，凯瑟丽娜和彼特鲁乔手挽手离开舞台，显示这是一个欢乐的结局；但在另一些版本中，两人却面面相觑，沉默离场。■

啊，那才是个好妻子！来，吻我，凯德。

——彼特鲁乔

第五幕第二场

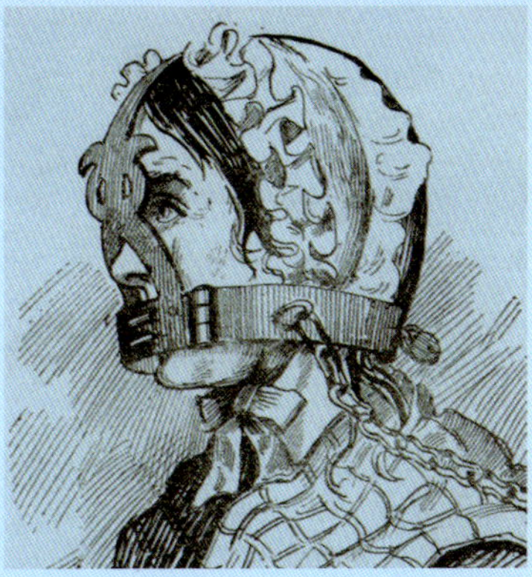

悍妇

在16世纪，女人不能对男人的看法提出异议，否则就会被称为“悍妇”。女人话多、小气或淫荡，也会被称为“悍妇”。

许多民谣和民间故事都提到过不服管束的悍妇。莎士比亚的凯瑟丽娜，或许正是取材于这类故事。有首题为《残酷的悍妇》的民谣，如下：“她争吵不停，/舌头很贫；/她永远在骂，/不受控制。/她一直穿裤子，/哪怕这让我火大。/若现在单身，/我永远不想结婚。”

16世纪对于“悍妇”的惩罚十分残酷。女人被迫套上一副恐怖的金属装置，称为“毒舌钩”。这个装置会卡在她头上，有一个金属盘子伸进她嘴里，压住舌头。让妻子哑口无言之后，丈夫会给她的脖子套上绳索，带着她游街示众。

大群的市民们，好像一窝失去蜂王的蜜蜂，为了替他复仇，到处乱闯，逢人便刺

《亨利六世》（中）（1590年—1591年）

剧中人物

保王党：

亨利六世

玛格莱特

威廉·德·拉·波勒，侯爵，即后来的萨福克公爵

葛罗斯特公爵

艾丽诺

波福红衣主教

勃金汉公爵

萨穆塞特公爵

亨弗雷

克列福勋爵

约克公爵党：

约克公爵理查

爱德华

萨立斯伯雷伯爵

华列克伯爵

其他：

亨弗雷·史泰福德爵士

杰克·凯德

年轻的亨利六世因为萨福克帮他迎娶了美丽的玛格莱特而喜出望外。护国公葛罗斯特和华列克听到英格兰所付出的政治代价，十分惊骇——英格兰要将安佐及缅因两郡归还法国。约克透露了他要篡位的野心。葛罗斯特的妻子艾丽诺梦见丈夫要当国王，玛格莱特和情人萨福克密谋陷害葛罗斯特的妻子来打倒他。艾丽诺被发现结交女巫，女巫预言国王地位不保，艾丽诺被捕。

亨利和王后在圣奥尔本围场放鹰时，听闻葛罗斯特之妻被捕。葛

亨利六世娶了玛格莱特。约克的理查等待时机。**葛罗斯特公爵夫人艾丽诺梦见丈夫要当国王。**

1.1–1.2

约克想要篡权，**得到了萨立斯伯雷伯爵和华列克伯爵的帮助。**

2.2

约克接到命令，开拔爱尔兰。**萨福克被指谋害葛罗斯特而流放。**

3.1–3.2

凯德暴动失败，被杀。**约克自爱尔兰挺进伦敦，要求逮捕萨穆塞特。**

4.7–4.9

第一幕 | **第二幕** | **第三幕** | **第四幕** | **第五幕**

1.3

玛格莱特和情夫萨福克想要打倒葛罗斯特，**给葛罗斯特的妻子设下了圈套。**

3.1

英格兰失去了所占的全**部法国领土，**这个消息在战场上悄无声息地传开了。

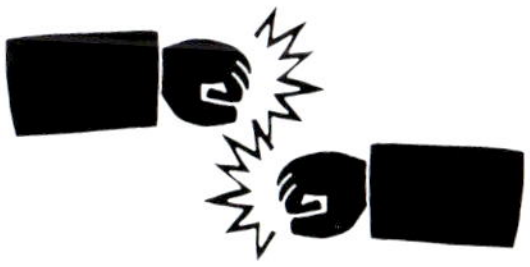

4.1–4.3

萨福克被砍头。杰克·凯德的暴动声势浩大，向伦敦进发。

5.1–5.4

约克得知萨穆塞特仍然自由，**决心推翻亨利王。**约克杀死克列福，理查杀死萨穆塞特，**亨利和玛格莱特逃亡。**

罗斯特辞去护国公。约克向萨立斯伯雷父子透露了篡位的想法，两人发誓效忠于他。葛罗斯特得知艾丽诺被流放，心中悲痛不已。

玛格莱特和萨福克在议会告发了葛罗斯特，亨利为葛罗斯特辩护。英国失去了在法国的领土，同时约克和萨福克宣布逮捕葛罗斯特。亨利十分沮丧，但玛格莱特、约克和红衣主教授意萨福克谋杀葛罗斯特。约克被发配去爱尔兰平乱，他从中看到了机会。亨利听闻葛罗斯特的死讯，几乎发狂，从此对萨福克充满敌意。华列克展示葛罗斯特的尸体，证明他是被谋杀的，指控萨福克是杀人凶手。亨利不顾玛格莱特的恳求，流放了萨福克。玛格莱特和萨福克伤心作别。

在一场海战之后，萨福克被砍头，头颅送交玛格莱特。杰克·凯德受约克怂恿，煽动农民暴动，杀死了史泰福德爵士等人。暴民向伦敦进发，玛格莱特抚摸着萨福克的尸首。暴民被驱散了。凯德藏匿起来，但被找到杀死。约克强行登陆英格兰，要求法办萨穆塞特。

约克抵达伦敦，图谋篡位。勃金汉和国王答复他说，萨穆塞特已被关进伦敦塔，但玛格莱特和萨穆塞特却一起出现了。约克暴怒，告诉亨利说他的王朝完了。萨立斯伯雷和华列克转而效忠约克。战争爆发了。在圣奥尔本，约克杀死了克列福，其子理查杀死了萨穆塞特。玛格莱特把亨利拖到伦敦。约克家族挺进伦敦，宣告胜利。■

背景知识

主题：
野心、弱点、社会秩序、王权

场景：
伦敦、肯特、黑荒原、圣奥尔本

来源：
1548年 该剧的来源之一就是爱德华·霍尔的《兰开斯特和约克两大高贵显赫家族的联合》。

1587年 和莎士比亚的许多历史剧一样，这部剧也是取材自霍林斯赫德的《英格兰、苏格兰和爱尔兰编年史》。

演出：
1591年 有证据表明，《亨利六世》（中）首演是在1591年或1592年。

1964年 庆祝莎士比亚诞辰300年的演出在萨里剧院进行。

1963年 约翰·巴顿、彼得·霍尔与皇家莎士比亚剧团将《亨利六世》（上）、（中）、（下）和《理查三世》合编为《玫瑰战争》（上）（下）两部。

1987年 迈克尔·波格丹诺夫和英国某个莎士比亚剧团合作，作品强调政治性，在日本、意大利和澳大利亚巡演。

2001年 《亨利六世》和《理查三世》四部曲合为一部，在科罗拉多莎士比亚戏剧节上演。

2012年 作为“从环球剧院到全球戏剧节”的一部分，阿尔巴尼亚国家剧团在伦敦莎士比亚剧院演出了该剧。

2012年作为“从环球剧院到全球戏剧节”的一部分，阿尔巴尼亚国家剧团在伦敦莎士比亚剧院演出了该剧。

《亨利六世》（中）常被认为是莎士比亚的《亨利六世》三部曲中强烈有力的一部。该剧讲述的是从1422年亨利四世9个月大登基到1461年，以及1470年-1471年的英国历史。该剧聚焦于英国历史上的一段黑暗战乱时期，最终导致约克家族挑战当权的兰开斯特家族，从而引发了英国的王朝内战，史称“玫瑰战争”。

该剧是莎士比亚的第一部重要的英国历史剧——它写于《亨利六世》（上）之前。1594年，该剧就已印制了四开本，原标题很长，很可能是出版商的夸大宣传，而非莎士比亚本人的意愿。许多人都喜欢称之为《亨利六世》（第二部）或《亨利六世》（中）。

构建历史

尽管该剧的诗句并不精致，显示年轻的莎士比亚仍在磨练技巧，但它的吸引人之处在于，华丽地呈现出模糊的历史人物和时间，并生动地构建到扣人心弦的叙事之中。从残忍无情、野心勃勃的约克家族的理查，到固执己见的安茹的玛格莱特，每次演出，这些历史形象就愈加深入人心，连历史学家都很难逃出莎士比亚编织的网。

莎士比亚用诗剧风格和当时的舞台技巧，撰写出一部高潮迭起、引人入胜的戏剧，他改编了历史素材，创造出讲述此类事件的一种范式，从王权和野心中抽象出主题。

重塑凯德

本剧所塑造的一个形象鲜明的人物是杰克·凯德，鲜活生动的暴民煽动者。凯德受约克怂恿，煽动肯特百姓暴动，带领他们对伦敦发动了恐怖的袭击。但《亨利六世》（中）里的凯德并不是霍林斯赫德

> 立誓去做坏事，那是一桩大罪；如果坚持做坏事的誓言，那就是更大的罪。
>
> ——萨立斯伯雷
> 第五幕第一场

《编年史》里那个受过良好教育的年轻人。他的形象实际上综合了历史中1450年暴动的头目杰克·凯德和1381年发起农民暴动的瓦特·泰勒两人的形象。

剧中，凯德指示暴民吊死了一名书记，因为他会写字。屠夫狄克号召“把所有的律师全都杀光。”但根据霍林斯赫德记载，是泰勒暴动谴责文人和律师会造成社会分裂，而非凯德所为。莎士比亚将两者结合起来，强化了由于正常的社会和政治关系被抛弃所造成的大混乱：“大群的市民们，好像一窝失去蜂王的蜜蜂，为了替他复仇，到处乱闯，逢人便刺。”（3.2.125-126）。然而，凯德并非平权主义者。如果凯德自己当上国王，“我若为王”，必有所改变，这也呼应了约克对王权的主张。但若以为莎士比亚对穷人的苦难视而不见，这也是误解。因为贫苦之人在这个错乱的时代所遭受的痛苦，也被莎士比亚清晰地呈现了出来。

缺失的中心

在这些破裂的关系中，居于中心地位的是亨利王自己。他想要做个和平主义者。但约克和王后玛格莱特指责他“那种像老和尚一样的性格”（1.1.247）并不适合做国王，认为他执著祷告是男子气概不足。最后，他的虔诚变成了犹豫不决。在圣奥尔本战役失败后，玛格莱特绝望地大喊：“你是个什么货色？又不打，又不逃。”（5.4.3）。

中心的缺失创造出一个权力的真空，吸引并摧毁了所有人，只留下最强者——“好人儿”公爵葛罗斯特的妻子艾丽诺因为结交女巫被抓，而王后不幸的情人萨福克的离开也是本剧另一感人之处。萨福克是一个残忍的阴谋论者，一手策划了诱捕艾丽诺和谋杀葛罗斯特。但是他们二人的告别却令人心酸：“不论你去到世界上哪一个角落，我总会差人找到你。”当玛格莱特将萨福克的尸首枕在膝上，这是真真切切的悲痛。亨利的软弱引出了魔鬼。该剧结尾，令人心寒的是，约克和他的儿子们的无情与野心掌管了一切。■

> 我们能挽回天意吗？
>
> ——亨利王
> 第五幕第四场

演出历史

尽管亨利王有着犹豫不决的弱点，但约克的理查和玛格莱特王后都是富有挑战性的角色，他们控制并驱动了整出戏剧。

很多导演将《亨利六世》三部曲与《理查三世》一起，合编为玫瑰战争四部曲，由同一位演员出演整部剧中的同一个角色，如查克·伊夫里（如图）在2008年皇家莎士比亚剧团演出的亨利六世。

该剧享有盛誉的舞台演出版本包括1963年约翰·巴顿和彼得·霍尔改编的皇家莎士比亚剧团版《玫瑰战争》，由佩琪·阿什克罗夫特饰演玛格莱特王后，唐纳德·辛登饰演约克。这些作品强调了蔓延整剧的政局不稳与社会动荡，也反映出20世纪60年代的国内骚乱——这一时期出现了很多里程碑式的事件，如柏林墙的修建，又如肯尼迪总统的遇刺。

该剧享有盛誉的电视剧版本包括1981年简·豪厄尔执导的BBC版四部戏剧，非常忠实于原著。

我有本领装出笑容，一面笑着，一面动手杀人

《亨利六世》（下）（1591年）

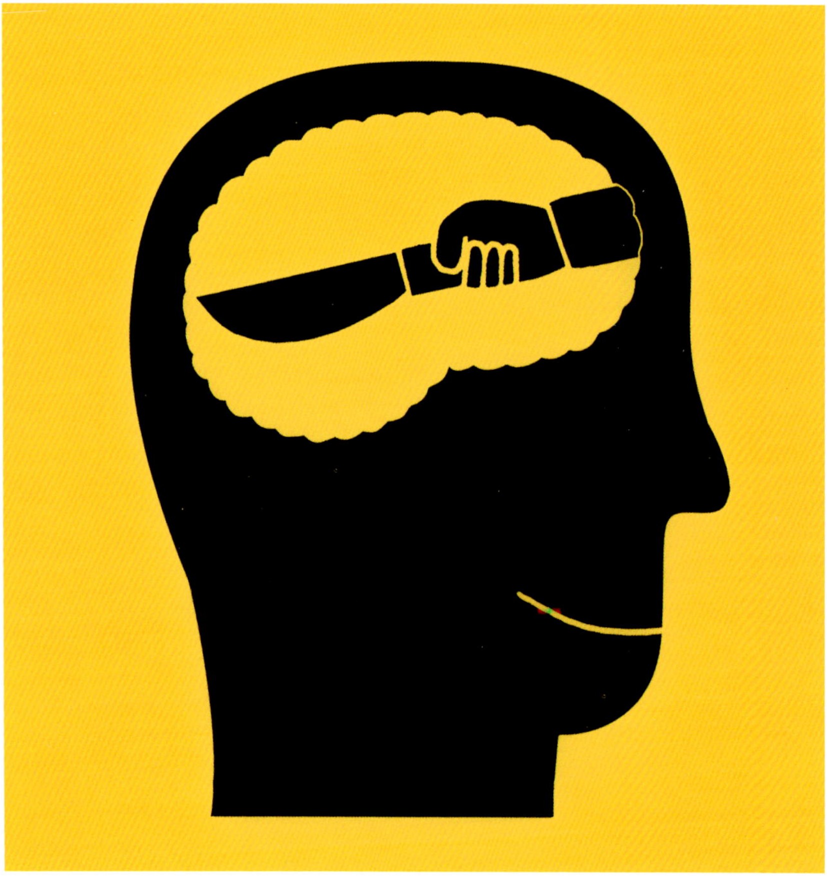

剧中人物

保王党：

亨利六世

玛格莱特王后

爱德华亲王

克列福勋爵

内维尔家族：

华列克伯爵

约克家族：

约克公爵理查

爱德华：之后的爱德华四世

葛雷夫人

乔治·普兰塔琪纳特：之后的克莱伦斯公爵

理查·普兰塔琪纳特：约克之子，之后的葛罗斯特公爵

鲁特兰伯爵：约克之子

法国人：

路易王

波那夫人

约克家族在圣奥尔本取胜后，亨利六世被迫承诺：若让他继续为王，他将在死后传位于约克家族的理查。约克同意了，但是其子理查·普兰塔琪纳特说服他背弃誓言。战争爆发了，克列福杀死了约克的儿子鲁特兰。威克菲尔战役后，约克被逼入绝境，玛格莱特王后和克列福用沾有鲁特兰鲜血的手帕戏弄他，之后杀死了他。

约克的儿子爱德华、理查和乔治计划复仇，关键时刻又得到了华列克的支持。玛格莱特和克列福遇见了暴怒的约克兄弟，想要说服亨

亨利被约克逼迫，承诺若让他继续掌权，则死后将王冠给约克。

玛格莱特和克列福在约克临死前羞辱他，将染有约克幼子鲜血的手帕给他看，后将他的首级悬于约克城门上。

亨利在苏格兰附近的森林里被两个护林人抓住了。

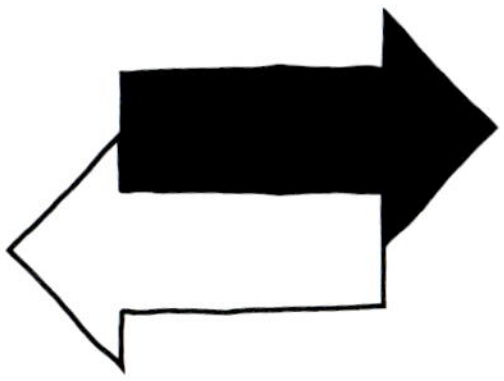

克莱伦斯倒戈，投奔约克。

1.1 1.4 3.1 4.2

第一幕 第二幕 第三幕 第四幕 第五幕

1.2 2.1 3.3 5.5

约克受儿子理查的怂恿，背离了对亨利的誓言，决心篡位。

约克的儿子们得到华列克支持，宣称要对克列福和兰开斯特家族复仇。

华列克因在路易王的宫殿里受辱，开始反对亨利。华列克、克莱伦斯和兰开斯特攻打爱德华。

约克兄弟杀死年幼的爱德华亲王，但没有杀死玛格莱特，把她遣返回法国了。

利参战。套顿战役之后，华列克从克列福手里救出了理查。亨利哀叹内战的悲惨。克列福被杀，约克家族获胜，爱德华成为爱德华四世。

亨利被捕。在伦敦，爱德华四世胁迫葛雷夫人成婚。理查（现在的葛罗斯特公爵）透露出篡位野心。同时，亨利被送往伦敦塔。玛格莱特想于法王路易处取得帮助，却发现华列克给爱德华和路易的妹妹波那夫人牵了红线。路易同意了这门亲事，但爱德华和葛雷夫人大婚的消息随即传来。华列克怒斥爱德华失信，转投玛格莱特一方。

在英国，爱德华得知哥哥乔治（现在的克莱伦斯公爵）加入了华列克和兰开斯特家族阵营。华列克突袭了爱德华阵营，夺走了爱德华的王冠，将他囚禁起来。亨利六世重掌王位，任命华列克和克莱伦斯为护国公。但爱德华在葛罗斯特的帮助下逃走。爱德华战胜敌军并夺回王位，将亨利囚于伦敦塔。

约克家族占领考文垂，克莱伦斯重新加入约克兄弟阵营。华列克逃走，而后被杀。玛格莱特王后带领大军与约克家族作战，失败被俘。爱德华四世、葛罗斯特和克莱伦斯杀死了玛格莱特的幼子爱德华亲王，但放过了玛格莱特。在伦敦塔里，亨利嘲笑葛罗斯特身体畸形，葛罗斯特杀死亨利，并发誓要除去自己的兄弟们。爱德华四世和王后的儿子出生，但葛罗斯特已在谋划篡位了。■

背景知识

主题：
王权、复仇、背叛、内战、战役

场景：
伦敦、约克郡、华列克郡和其他英格兰周围的城镇

来源：

1513年 托马斯·莫尔的《理查三世史》

1545年 爱德华·霍尔的《兰开斯特和约克两大高贵显赫家族的联合》对所涉历史事件做了偏私都铎王朝的记述

1587年 拉斐尔·霍林斯赫德的《英格兰、苏格兰和爱尔兰编年史》

演出：

1592年 戏剧家罗伯特·格林提及该剧，表达了对莎士比亚的不屑。这表明，虽然没有现存的记录，但该剧此时已经上演。

1595年 该剧首次出版，题名为《约克公爵理查的真实悲剧和亨利六世的死亡，以及兰开斯特和约克两大家族的完整联合》。

1681年 约翰·克朗将该剧改编为《内战之殇》并搬上舞台。

1977年 在埃文河畔斯特拉福德镇的天鹅剧院，海伦·米勒出演玛格莱特大获好评，该剧几乎一刀未剪，这一处理相当罕见。

《亨利六世》（下）是莎士比亚讲述亨利六世统治时期（1422-61，1470-71）历史的三部曲中的最后一部。它囊括了玫瑰战争的血腥历史。在争夺王位的诸多战役中，约克一派战胜了亨利王的兰开斯特家族，约克公爵的长子夺走了亨利的王位，史称爱德华四世。1471年，亨利被约克的另一个儿子葛罗斯特杀死在伦敦塔，葛罗斯特即后来的理查三世。

《亨利六世》（下）于1591年首演。当时，英格兰正因为亨利八世与罗马教廷决裂以及伊丽莎白一世继承王位所产生的种种后果而四分五裂。剧中各派领袖为了争夺权力相互倾轧，语言冷嘲热讽，甚合观众心意。同时，约克家族的爱德华和理查被塑造得相当阴暗，而里士满伯爵（即之后的亨利八世、伊丽莎白的祖父）被着力颂扬。

土丘换王国

在这个邪恶的世界，善良、软弱的亨利王完全迷失了。他被逐出套顿战场，自我解嘲地说："他们说只要我不在场，他们就有好运。"当他坐在战场外的一块土丘上，看着他的王国陷落，他也见证了内战的真正恐惧之处——一个战士杀死了自己的儿子，另一个杀死了自己的父亲。他哀叹："在内战的战火中一切都将毁灭，让我们哭瞎我们的眼睛，让我们的心房被忧伤压碎吧。"但当他感叹"坐在这里的国王比你们更加苦痛"时，他也是在自我放任。

> **我的王冠不戴在头上，是藏在心里。我的王冠不镶珠宝，肉眼看不见它。**
>
> ——亨利六世
> 第三幕第一场

> **唉，什么气派、权势、威风，都算得什么？不过是一抔黄土罢了！不管你活得多么好，你总逃不了死亡。**
>
> ——华列克伯爵
> 第五幕第二场

亨利的缺席让两个角色掌控了舞台——一个是葛罗斯特公爵理查，一个是玛格莱特王后。两人都被当作"畸形之人"，当正常的道德价值缺席，两个怪物却风生水起——理查自出生时起，就是"驼背"且短手，玛格莱特则异乎寻常地男性化。

虎狼之心

玛格莱特见到约克欣喜若狂，递给他一块浸染了他儿子鲜血的手

在加特罗尼亚导演卡利斯托·比耶托改编的《森林》中，亨利六世眼见父子相残，思考着内战的残酷。

帕。约克骂出了两个极为著名的形容词——“你这法国的母狼”、“你这人面兽心的怪物”。她是“阿玛宗人”，没有女性应有的“温存、和顺、慈悲、柔和”。在莎士比亚的戏剧中，玛格莱特似乎代表了一个颠倒的世界。敌人怒斥玛格莱特，她的力量却激发出支持者对她无尽的忠诚。

但当儿子被杀，玛格莱特却发出了温柔母亲的愤怒之声：“呵，奈德呀，亲爱的奈德呀！对为娘说话呀，孩子！……不行了，不行了，我一开口，我的心就要爆炸了；我偏要开口，让我的心炸掉才好。……绝子绝孙的屠夫们，你们自己如果有儿女，只要一想到他们，就不会这样毫无心肝了。”她生气丈夫的软弱，将他逐出战场。但她也是一个坚强的母亲，想要保护一个稚气未脱的男人。

变形人

约克公爵理查有一部专属自己的戏剧——《理查三世》，但他的个性在本剧中就已展现出来了。理查的性格是天生畸形所致。由于身体畸形，他无法自由恋爱，变成了一个马基雅维利主义者，一个政治玩家，失去了正常的人性。他只对能带来最高奖赏——王冠——的计谋感兴趣，并成了一个完美的演员：“我有本领装出笑容，一面笑着，一面动手杀人。”通过这一幕独白以及其他的旁白，莎士比亚让观众加入了这个角色的心理历程。这是舞台剧的一个新形式。■

剧中的复仇

复仇引发了剧中最富有激情的几幕——不仅限于四场战役（威克菲尔战役、套顿战役、巴纳特战役和图克斯伯雷战役）中，比莎士比亚的其他剧目更多。兰开斯特家族和约克家族都想为对方施加给自己的伤痛报仇。尤其是克列福，他被为父报仇的欲望吞噬。玛格莱特因为克列福杀死了理查之子鲁特兰而兴奋不已，但她随后就眼睁睁看着儿子被杀而心如刀绞。理查的儿子爱德华、葛罗斯特和克莱伦斯想要为父报仇，联合了华列克，但华列克先是效忠于他们，后来又因为在法国宫廷受辱而对爱德华倒戈相向。

甚至葛罗斯特对于王位的野心，也像是在报复童年所受到的不公正待遇。该剧结尾，他在亲吻爱德华王的新生儿时，偷偷说出了一句不详的旁白——“我这一吻，好比犹大吻耶稣”（5.7.33）——预示着更多背叛与复仇即将来临。

今天在这议会花园里由争论而分裂成为红、白玫瑰的两派，不久将会使成千的人丢掉性命

《亨利六世》（上）（1591年）

剧中人物

亨利六世：英格兰王

葛罗斯特公爵：亨利的叔叔，护国公

培福公爵：总管法国事务大臣，亨利王之叔父

温彻斯特主教：后晋升为红衣主教，亨利王之叔祖

萨穆塞特伯爵：爱克塞特公爵的侄子

理查·普兰塔琪纳特：后受封为约克公爵

华列克伯爵、萨立斯伯雷伯爵、萨福克伯爵

塔尔博勋爵：英军在法国的总指挥

查理：法国皇太子

玛格莱特：法国贵族，与亨利订婚

勃艮第公爵：亨利的叔父

贞德

在亨利五世的葬礼上，年轻的国王亨利六世的叔叔葛罗斯特和温彻斯特之间爆发了激烈的争吵。法国使者抵达。一个又一个城镇落入法国之手，英格兰的英雄塔尔博被俘。在奥尔良城前，查理皇太子会见了圣女贞德，她预言法国会旗开得胜。作为交换战俘，塔尔博获释。法国人战胜了英国人。贞德在决斗中战胜了塔尔博，但饶他不死。塔尔博重又攻下奥尔良城。

在伦敦律师角的国会花园里，理查·普兰塔琪纳特和萨穆塞特结束了争吵，最终决定摘下红、白两

1.1 亨利五世的葬礼上，传来了英军在法国战败的消息。

2.1 塔尔博抓住了偷窃的阿朗松。查理皇太子因为错误的预言责怪贞德。

3.1 亨利请求叔父温彻斯特和葛罗斯特停止争吵，而他们的对手已经开始在伦敦制造混乱。

5.6 贞德被捕请求饶命，说自己是贞洁的，应该被饶恕，但她被烧死了。法国派使臣到英国求和。

第一幕 | 第二幕 | 第三幕 | 第四幕 | 第五幕

1.7 在法国，塔尔博勋爵震惊于自己的军队竟然被一个女人贞德统领的大军打败。

2.4 在伦敦的国会花园，理查·普兰塔琪纳特和萨福克摘下两种颜色的玫瑰花，以区别两派。兰开斯特家族和约克家族的宿仇开始了。

4.1 在巴黎的加冕礼上，亨利得知叔父勃艮第变节，兰开斯特家族和约克家族之间恶言相向。

5.7 萨福克密谋控制亨利，他告诉亨利应该为了爱情迎娶玛格莱特。

色玫瑰来代表效忠的两方。理查的叔父摩提默告诉他，国王的祖父亨利四世废黜了有合法继承权的理查二世，这说明理查也有权继承王位。

在议会里，葛罗斯特党和温彻斯特党打了起来。亨利六世想要安抚他们，同意将理查晋升为约克公爵。在法国，贞德从英国人手里夺下卢昂，但塔尔博又收复了卢昂。贞德劝说亨利的叔父勃艮第变节。塔尔博来到巴黎，亨利将要在此加冕。在巴黎，亨利获悉勃艮第叛国。他催促约克和萨穆塞特停止争吵，但很不明智地摘下了一朵红玫瑰，激怒了约克。为了弥补自己造成的伤害，亨利晋升约克为法国摄政王，令萨穆塞特去辅助他。与此同时，在波尔多城外，塔尔博和儿子身受重伤；塔尔博抱着儿子的尸体，双双死去。

葛罗斯特告知国王，法国伯爵阿玛涅克希望议和。亨利同意了，并被说服迎娶阿玛涅克的女儿来确认这笔交易。巴黎人民暴动，查理和贞德挺进巴黎。贞德召唤听差精灵帮助，但是英国人得胜，贞德被俘。萨福克被美丽的安茹的玛格莱特迷倒，誓要把她嫁给亨利。约克将贞德按女巫罪烧死，指责亨利不应与法国“委屈”求和。萨福克向亨利描述了玛格莱特的美貌，亨利同意与玛格莱特成婚。■

背景知识

主题：
战役、王权、家庭关系、内战

场景：
伦敦、巴黎、奥尔良、奥凡涅、卢昂

来源：

1516年 一些场景受罗伯特·费边《英格兰和法国的新编年史》启发

1545年 爱德华·霍尔《兰开斯特和约克两大高贵显赫家族的联合》

1577年 霍林斯赫德《英格兰、苏格兰和爱尔兰编年史》

演出：

1592年 该剧在玫瑰剧院首演，大获成功。

1738年 莎士比亚死后，第一次有记录的演出在伦敦的卡文花园进行，并加入了许多舞蹈场景。

1873年 《亨利六世》（上）在维也纳演出。

1906年 英国导演弗兰克·本森将所有三部《亨利六世》原封不动地搬上舞台，这是该剧在16世纪90年代之后的首次演出。

1990年 导演迈克尔·波格丹诺夫的电影将三部《亨利六世》合为一部，在斯旺西的大剧院连续放映。

有证据显示，《亨利六世》（上）写于《亨利六世》（中）、（下）之后，且在1592年首演时就大获成功。它是关键的前传，为后两部剧设置了背景。该剧场面宏大，将英格兰和法国置于全面的战役与激动人心的决斗中，而后两部剧则更多是聚焦式的。

英勇的亨利五世英年早逝，将英国在法国的混乱局面留给了新国王亨利六世。亨利六世还很年轻，觉得自己无法调停英国的内部纷争。首先，他的叔父葛罗斯特和温切斯特之间争吵不休，两人辩论起谁应该当护国公。然而很快，以萨穆塞特为首的兰开斯特一派和理查·普兰塔琪纳特（他私下认为王冠是自己的）为首的约克一派又爆发了冲突。两派各摘下一朵玫瑰作为标志：约克家族选择的是白玫瑰，兰开斯特家族选择的是红玫瑰。本剧将之再现为伦敦国会花园里的一幕：理查·普兰塔琪纳特要求聚集起来的大人们各摘一朵玫瑰。律师摘了白玫瑰，表示他认为理查在法理上更能站住脚。萨穆塞特被要求陈述理由，他暗示自己的理由就是手中的剑。这一幕造成了红、白玫瑰之战。

> **你这来自地狱的恶阴差，叫你碎成齑粉，化为灰尘！**
>
> ——约克公爵理查
> 第五幕第六场

在2006年伦敦庭院剧场的演出中，贞德（凯蒂·斯蒂芬斯饰）在徒手搏击中击败塔尔博勋爵（基思·巴特利特饰），而后饶恕了他。

除了内战冲突，阿朗松的侍女贞德也出现了，以神赐之力带领法军征战。她与英格兰的英雄塔尔博对垒，而塔尔博最终败给了争吵不休的国民。

可疑的作者

因为剧中诗词水平参差不齐，长久以来，评论家一直质疑该剧的作者身份。诗人塞缪尔·泰勒·柯勒律治断定该剧并非出自莎士比亚之手，或者至少部分内容非莎士比亚手笔。很多评论家认为，该剧可能由莎士比亚与托马斯·纳什合写，纳什至少撰写了第一幕。用计算机分析写作风格，莎士比亚可能撰写了《亨利六世》（中）、（下），但只写作了部分的《亨利六世》（上）——国会花园一幕及第四幕塔尔博和他儿子的情节。

英国戏剧家本·琼生曾因为《亨利六世》（上）取悦观众的战斗场面而批评该剧。琼生认为，在一部合宜的文学戏剧作品中，这样的战役应该通过巧妙运用词汇，呈现在观众的想象之中，而非直接呈现在舞台之上。但在上半个世纪里，评论家重新发现了该剧的激动人心之处和尖锐的政治性，该剧在1592年吸引观众之处，也正在于此。

家庭危机

该剧居于中心地位的是家庭的重要性，家庭将整个社会联系起来。煽动约克家族和兰开斯特家族之间那场可怕战争的君王的“合法性”，关键就在于正当的家庭关系。但又不仅如此。比如，塔尔博与儿子的深厚情感纽带，才是家庭关系中是最重要的。这些都消失殆尽之时，整个社会就乱套了。合法性是最为关键的问题。葛罗斯特强调温彻斯特是“我祖父的私生子”，但塔尔博痛骂“私生子阿朗松”杀死了自己血统纯正的儿子。政治危机来自于家庭危机。一些评论家认为，这就是为什么《亨利六世》中的女性被描述得如此负面——贞德、玛格莱特和奥凡涅伯爵夫人都被塑造为“危险的女人”，她们依靠自己对男人的影响力和对正常关系的破坏制造混乱。在前四幕中，贞德大多数时候被塑造为一位圣女，但在第五幕里，她变成了一个召唤魔鬼的女巫。她与约克争辩，歇斯底里，厉声诅咒，又恳求饶命（这也许可以让人理解，因为她要被活活烧死了）。

您以为如何，夫人？我说塔尔博不过是他自己的影子，您现在信了吗？

——塔尔博

第二幕第三场

一些导演注意到，有时一个女巫下场，另一个女巫就上场了。比如，贞德甫一下场，安茹的玛格莱特就粉墨登场。《亨利六世》三部曲合演时，同一个女演员有时会出演贞德和玛格莱特两个角色，以强化她们所代表的同一种危险。然而，亨利未来的王后玛格莱特与贞德迥异。贞德在战场上常身着男装，玛格莱特的外表却十分女性化，但她的力量来自于她的女性魅惑。萨福克伯爵利用玛格莱特的美貌诱惑亨利，以一句承诺结束了该剧：“玛格莱特立为王后，她就能控制王上，而我呢，我既能控制她，也能控制王上和整个英国。”

然而，萨福克自己也被迷惑了。他将自己比作和美丽的海伦一起私奔去特洛伊的帕里斯。很明显，和海伦一样，玛格莱特只会引起纷争。而萨福克被流放，最后被残忍地砍了脑袋。■

15世纪一份法国手稿的图画显示，1429年，贞德带头攻陷巴黎。这幅图符合本剧反法国的政治观点，即：将贞德塑造成一个召唤魔鬼的女巫。

嘿，他们就在这盘子里头，那烘烤在这面饼里的就是他们的骨肉

《泰特斯·安德洛尼克斯》（1591年—1592年）

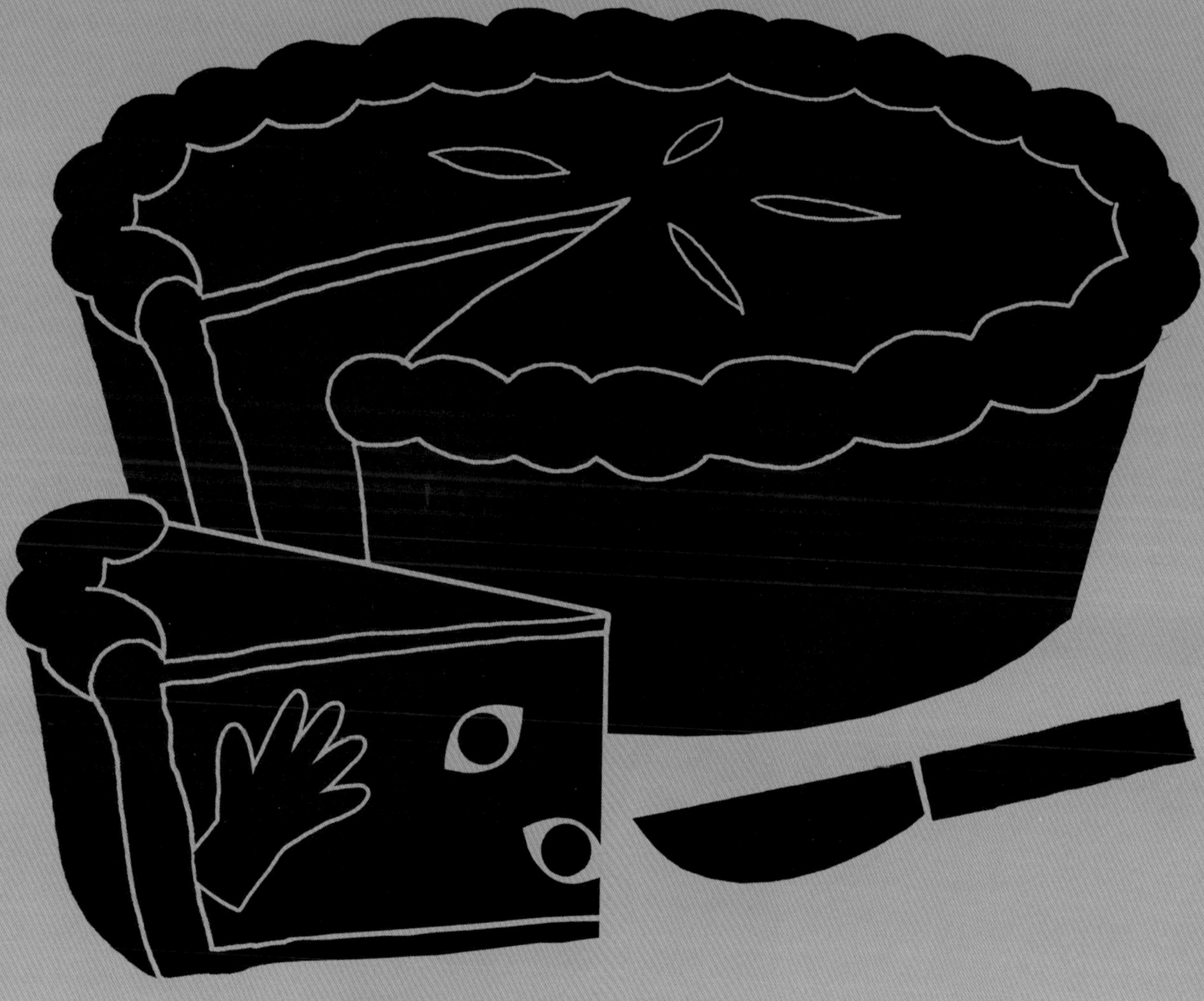

剧中人物

泰特斯·安德洛尼克斯：征讨哥特人的罗马大将，育有25个儿子和1个女儿

塔摩拉：哥特女王，后嫁给萨特尼纳斯为妻，阿拉勃斯、狄米特律斯和契伦之母。

萨特尼纳斯：罗马皇帝，塔摩拉的丈夫

艾伦：摩尔人，塔摩拉之嬖奴，也是一个自私自利的恶棍

狄米特律斯、契伦：塔摩拉狠毒的儿子

拉维妮娅：泰特斯·安德洛尼克斯之女，许配给巴西安纳斯为妻

玛克斯·安德洛尼克斯：护民官，泰特斯之弟

路歇斯：泰特斯之子，后被逐出罗马

马歇斯、昆塔斯：泰特斯之子，之后卷入了巴西安纳斯的谋杀

缪歇斯：泰特斯之子，后被泰特斯意外杀死

小路歇斯：路歇斯之幼子

坡勃律斯：玛克斯·安德洛尼克斯之子

辛普洛涅斯、卡厄斯、凡伦丁：泰特斯的亲族

伊米力斯：罗马贵族，充当传令官和信使

泰特斯提名萨特尼纳斯当罗马皇帝，但他们争吵起来。萨特尼纳斯娶了哥特女王塔摩拉，塔摩拉决心报泰特斯的杀子之仇。

1.1

婚礼宾客去森林打猎。

2.2

玛克斯发现拉维妮娅的舌头被割、双手被砍。

2.4

第一幕 **第二幕**

2.1

艾伦唆使狄米特律斯和契伦在森林里强暴拉维妮娅。

2.3

狄米特律斯和契伦刺死巴西安纳斯，强暴了拉维妮娅。艾伦陷害泰特斯的两个儿子是凶手。

萨特尼纳斯和巴西安纳斯辩论谁应该当罗马皇帝。玛克斯提醒他们，大英雄泰特斯·安德洛尼克斯也是候选人之一，但是泰特斯提名萨特尼纳斯当皇帝。萨特尼纳斯想娶泰特斯的女儿来答谢他，但巴西安纳斯宣称自己已与拉维妮娅订婚了。萨特尼纳斯大怒之下，决定娶塔摩拉为妻。塔摩拉缓和了皇帝和泰特斯之间的关系，但是暗自发誓要向泰特斯全家报复。

萨特尼纳斯和塔摩拉、巴西安纳斯和拉维妮娅的婚礼举行，同时伴有一场狩猎。艾伦发现狄米特律斯和契伦争论谁更爱拉维妮娅，于是怂恿他们利用狩猎之机强暴拉维妮娅。他计划栽赃给泰特斯的两个儿子马歇斯和昆塔斯。狄米特律斯和契伦杀死了巴西安纳斯，把他的尸体丢进坑里。他们强暴了拉维妮娅。艾伦引着马歇斯和昆塔斯跳进坑里。萨特尼纳斯发现了弟弟的尸体，把昆塔斯和马歇斯抓了起来。泰特斯的儿子路歇斯告诉他，自己

第三幕

3.1 泰特斯砍下自己的手，想要交换两个儿子的性命。但艾伦欺骗了他，送回了他两个儿了的头颅。

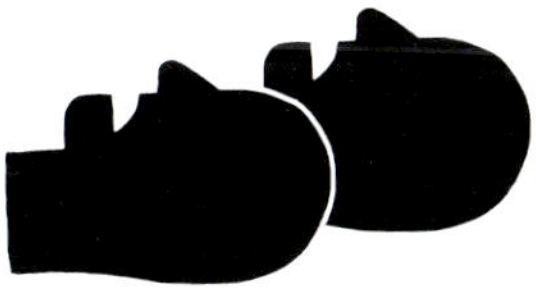

第四幕

4.1 拉维妮娅利用奥维德的《变形记》告诉家人自己被奸污了。

4.2 塔摩拉命令艾伦杀死两人的私生婴儿，因为孩子是个黑婴。艾伦杀死送交孩子的乳母，救下孩子。

4.3 泰特斯开始装疯寻求正义。

4.4 路歇斯带领哥特大军返回罗马。塔摩拉答应劝说泰特斯制止战争。

第五幕

5.1 路歇斯威胁要吊死艾伦和他的孩子，艾伦答应说出他的秘密。

5.2 塔摩拉伪装成复仇女神，邀请泰特斯在家里举办一场宴会。泰特斯割破了狄米特律斯和契伦的喉咙。

5.3 在宴会上，泰特斯献给塔摩拉一块她儿子的肉做成的肉饼。塔摩拉、泰特斯和萨特尼纳斯都被杀了，路歇斯成为罗马皇帝。

已被逐出罗马，也看见了被截肢的拉维妮娅。艾伦告诉泰特斯，如果玛克斯或路歇斯愿意砍下一只手献给皇帝，就可以饶了他两个儿子的命。泰特斯砍下了自己的手，换回的却是马歇斯和昆塔斯的头颅。

拉维妮娅在沙子上写出了袭击她的暴徒名字。玛克斯、泰特斯、路歇斯和拉维妮娅发誓复仇。

乳母交给艾伦一个孩子——他和塔摩拉的儿子——告诉他这个孩子是个黑婴，所以不能留。艾伦想要将婴儿调包成一个白肤男婴，让男婴父母养大他的孩子。

路歇斯带领哥特大军返回罗马。消息传来，塔摩拉答应劝说泰特斯制止战争。她伪装成复仇女神，让狄米特律斯和契伦分别饰演“谋杀”和“强奸”，一齐拜访了泰特斯。塔摩拉请泰特斯邀请路歇斯赴宴，她将请来萨特尼纳斯和皇后。塔摩拉将两个儿子留下与泰特斯一起，泰特斯杀死了他们。

泰特斯打扮成厨师，在家里办了一场宴会。他在众人面前杀死了拉维妮娅，说她被狄米特律斯和契伦奸污了，而狄米特律斯和契伦被烤成了肉饼，在座的各位客人正在食用。他刺死了塔摩拉，萨特尼纳斯杀死了泰特斯，路歇斯杀死了萨特尼纳斯。玛克斯和路歇斯告诉罗马人发生的一切，路歇斯被提名为罗马皇帝。艾伦被处死。萨特尼纳斯、泰特斯和拉维妮娅被葬入各自家族的墓地，塔摩拉被弃尸荒野。■

背景知识

主题：
复仇、父权、母权、欲望、疯狂

场景：
古罗马帝国

来源：
没有已知的直接来源，但是莎士比亚可能参考了以下素材：

公元前8年 奥维德《变形记》，其中的一段诗歌被直接搬上该剧舞台

公元1世纪 罗马戏剧家塞涅卡的血腥复仇故事《提厄斯特斯》

公元13世纪 《罗马人故事集》，一部小说体的罗马传说和神话集，作者不详

演出：
1594年 第一次有记录的演出在当年1月，伦敦的玫瑰剧院。当年2月，该剧就有了印刷本。

18世纪50年代 在一部大肆改编的戏剧中，美国演员艾拉·奥尔德里奇出演艾伦。这是该剧在19世纪的唯一一次演出。

1923年 伦敦老维克剧团原封不动将该剧搬上舞台，这是250年间的首次完全未删改的演出。

1987年 狄波拉·华纳与皇家莎士比亚剧团合作的未删节版本上演，布莱恩·考克斯扮演泰特斯，营造出整部剧的恐怖气氛。

1999年 美国导演朱莉·泰默执导电影，由安东尼·霍普金斯出演泰特斯。

《泰特斯·安德洛尼克斯》也许是莎士比亚最著名的一部极端暴力的戏剧。该剧至少出现了五场刺杀、两次割喉、一次断手——这还只是呈现在舞台之上的暴力，没有算上拉维妮娅被强奸和截肢。

该剧很可能由莎士比亚与乔治·皮尔合作撰写，后者主要写作了第一幕。毫无疑问，该剧深受当时戏剧潮流的影响，也许会让观众想起皮尔的《阿尔卡萨战役》（1591年左右），剧中切下的头颅出现在宴会之中，或是罗伯特·格林和托马斯·洛奇合作的《苏莱曼》（1592年左右），剧中出现了斩断的手。本剧中的暴力被认为是毫无理由的——以至于评论家曾否认该剧系莎士比亚所作。但是，暴力具有深刻的政治含义和文化意义。

在2006年伦敦环球剧院上演的《泰特斯·安德洛尼克斯》中，狄米特律斯和契伦很快被烤成肉饼，道格拉斯·霍奇出演主角泰特斯。

升级的暴力

也许，该剧最恐怖的时刻就是塔摩拉发现她正吃着自己骨肉的肉，但同类相残的场景实际上贯穿于整部戏剧之中。复仇悲剧的一大挑战在于，如何超越最初的刺激感。对于摧毁自己家庭的塔摩拉，泰特斯最主要的复仇行为就是谋杀。但为什么他要塔摩拉吃自己儿子的肉呢？

一种解释是，他需要通过引入野蛮的同类相食，来惩罚她的性欲，“叫那淫妇，你们的猪狗般下贱的母亲，吃下她亲生的骨肉”（5.2.190-191）。但贯穿该剧的，还有一种对于母亲的恐惧。母亲是万噬之角色，儿子们必须全力反抗她，才能找到自己。这种恐惧也出现在另一些不那么明显的地方。比如，马歇斯和昆塔斯落入的坑（坑底下的是巴西安纳斯）被形容为“一个那么幽深莫测的地

> 在今日的邦城之内，没有一个比他更高贵的男子，更英勇的战士。
>
> ——玛克斯·安德洛尼克斯
> 第一幕第一场

穴，洞口遮满了蔓生的荆棘，那叶子上还染着一滴滴的鲜血……看上去这似乎是一处很危险的所在”。

罗马的价值观

安德洛尼克斯家里没有母亲的角色。为泰特斯生育了26个孩子的母亲死去了，路歇斯的妻子也未被提及。但父亲与母亲之间、罗马与哥特之间存在着让人不安的对应关系，使泰特斯和塔摩拉的角色更为复杂。该剧伊始，泰特斯就已埋葬了20个在战场上牺牲的儿子，他出场的第一个动作就是将一口棺材放入家族墓地。在最早的舞台演出中，舞台暗道常被用来表现墓地，第二幕出现的“坑”也是如此——这就创造出这两处空间相似的邪恶性。该剧一开始，我们发现泰特斯被称为Surnamèd Pius（1.1.23），这一称号与罗马的建立者亚尼斯相关。它也指向罗马的荣誉感、虔诚与对家庭的忠诚。

相比之下塔摩拉则与罗马人完全相反：她水性杨花，淫荡不忠，好似野兽一般。但正是泰特斯把塔摩拉变成了这样——他下令将塔摩拉的长子阿拉勃斯献祭。塔摩拉控诉：“啊，残酷的、伤天害理的行为！”这句话实难驳斥。泰特斯和塔摩拉都受到羞耻心的驱动，最终诉诸于暴力：泰特斯因为在皇帝面前受辱，暴怒之下杀死了儿子缪歇斯；塔摩拉因为做皇后的竟然要向人屈膝，而发誓报复安德洛尼克斯。两个角色都代表了对泰特斯所代表的罗马核心价值的挑战，展示出他们之间存在危险的张力，不只限于个人荣誉和家族忠诚。

当泰特斯的一个儿子被驱逐、两个儿子被杀，罗马丝毫不顾念泰特斯请求的慈悲，这座城市忘恩负义，名副其实。泰特斯让塔摩拉食用她儿子血肉的行为，可以视作强迫她和这座城市一样忘了本。然而，尽管剧终塔摩拉的尸体可能被扔到城墙之外，她所代表的紧张和焦虑仍然留在了罗马的中心。■

> 听着，恶贼们！我要把你们的骨头磨成灰粉，用你们的血把它调成面糊，再把你们这两颗无耻的头颅捣成肉泥，裹在拌着骨灰的面皮里面做成饼馅。
>
> ——泰特斯·安德洛尼克斯
> 第五幕第二场

艾伦

艾伦是莎士比亚笔下最早出现的一个恶棍，比《无事生非》中的唐·约翰和《奥赛罗》中的伊阿古还要早。他在恶行中所显示出的恶魔一般的愤怒将他和中世纪道德剧中的“恶习”角色联系起来。但在现代人看来，艾伦更让人困惑，因为他的邪恶与少数族裔的身份相关。尤其是他“宁愿让他的灵魂黑得像他的脸一样”（3.1.204），这也许迎合了长期以来将黑色与恶魔崇拜、背叛、欲望联系起来的观点。艾伦融入罗马如此容易，他读起拉丁文比狄米特律斯和契伦更流利，他比泰特斯更像个父亲。但在现代作品中，艾伦仍然是个很难处理的角色。朱莉·泰默1999年的作品《泰特斯》被指为种族主义原型的升级版，这部作品将艾伦设定为当代的“超级酷的潮人”、“性感的运动员”和“虚无主义的坏蛋”。

现在我们严冬般的宿怨已给这颗约克的红日照耀成为融融的夏景

《理查三世》（1592年）

剧中人物

葛罗斯特公爵理查：篡位后，称为理查三世。

爱德华四世、克莱伦斯公爵乔治：理查的兄弟。

约克公爵夫人：爱德华四世、克莱伦斯与葛罗斯特之母。

伊丽莎白：爱德华四世的王后，威尔士亲王爱德华、约克公爵理查和伊丽莎白公主之母。

威尔士亲王爱德华、约克公爵理查：爱德华四世和伊丽莎白王后的幼子。

勃金汉公爵：帮助理查篡位的心腹大臣。

海司丁斯勋爵：爱德华四世的宫廷大臣。

斯丹莱勋爵：又名德比伯爵，里士满的继父。

利佛斯伯爵、葛雷勋爵、道塞特侯爵：王后的兄弟，王后前夫之子。

玛格莱特王后：亨利六世之寡后，兰开斯特家的最后血脉，诅咒约克家族。

安夫人：亨利六世子爱德华之寡妻；后为葛罗斯特公爵之妻。

里士满伯爵亨利：斯丹莱的继子，即位后称亨利七世。

提瑞尔：理查雇佣的杀手。

理查描述战争带来的破坏与爱德华现在的阳光统治，向我们透露了他的阴谋破坏。

在宫廷里，理查指责伊丽莎白王后及其家族野心谋划，激怒了他们。

虽然克莱伦斯相信兄弟理查仍爱着自己，但是他在监狱被理查派来的刺客杀死了。

1.1　　1.3　　1.4

第一幕

1.2　　1.3

理查在安夫人的公公亨利六世的棺材前追求安夫人。

王太后玛格莱特诅咒整个宫廷，预言理查会将他们挨个儿打倒。

约克家族和兰开斯特家族漫长而血腥的内战，以兰开斯特国王亨利六世死在狱中作结。约克家族的爱德华四世开始统治英格兰，王国重获和平。这就是爱德华的兄弟理查在本剧开篇告诉我们的。随后，他邀请我们一起观看他是如何篡夺王位的。

起先，我们会对理查的大胆着迷。在亨利六世的棺材旁，他追求亨利六世的儿媳安夫人，俘获了她的芳心。随后，理查就对家人和朋友下了手。他策划了亲兄弟克莱伦斯的囚禁和被害，这个消息将他的长兄爱德华四世早早送进了坟墓。

在勃金汉公爵的帮助下，理查将爱德华的两个儿子——年幼的爱德华五世和约克公爵理查——送进伦敦塔。两个孩子母亲一系的家族抗议，他就杀死了孩子的母舅。这一切，都被亨利六世的寡后玛格莱特预料到了。她满怀悲愤，逢人便警告理查的阴谋，但没人相信她。

现在，理查想要得到伦敦市民

两个小王子抵达伦敦，得知**理查监禁了他们的叔父**，他们自己也被关进伦敦塔。

勃金汉向伦敦市民勾画出一个虔诚、谦逊的理查。**理查装作勉为其难地接受了王冠**。

理查尝试说服伊丽莎白王后将**女儿嫁给他**。她假装同意了。

波士委战役中，**理查被里士满杀死**。里士满夺取王冠，承诺停战。

3.1 3.7 4.4 5.6

第二幕 **第三幕** **第四幕** **第五幕**

2.1 3.4 4.1 5.5

爱德华王企图调解伊丽莎白家族和自己家族的关系，但理查通报克莱伦斯已被处死，打乱了这一切。爱德华王很快就死了。

理查指控海司丁斯叛国，未经审判就处死了他。

安夫人得知理查继位，她和伊丽莎白、公爵夫人都无法进入伦敦塔探望两个小王子。

在**理查和里士满的梦里，理查的受害者的鬼魂一一出现**。理查安慰自己不是恶棍，但一切都是徒劳。

的帮助，自立为王。市民的沉默，显示出公众对理查的野心并不买账，但勃金汉暗中设计，让一切通行无阻，帮助理查篡位成功。伊丽莎白王后想要进入伦敦塔遭拒，她最害怕的事情发生了。理查一上台，就授意勃金汉除掉自己的侄子。勃金汉犹豫了，理查就命令提瑞尔杀了他们。

理查的头顶阴云密布，因为他仅存的朋友开始与敌人合作了。勃金汉抛弃了理查，转而协助里士满伯爵所带领的法国大军攻打英国。理查从伦敦开拔，迎战里士满，但是他的努力被母亲约克公爵夫人的谴责打断了。理查想要扭转败局。安夫人既死，他就想让王后答应把女儿伊丽莎白公主嫁给他。两人相遇场面激烈，理查相信他已说服王后。但是王后不想改变立场。在波士委战役前夜，理查和里士满都梦见了理查所杀害的人的鬼魂，他们祝福了里士满，辱骂理查是叛国贼、杀人犯和恶棍。理查惊醒过来，满头大汗，想要忘记这些预言。但是他的良心已经宣判了他有罪。两军相遇，理查摔下马，里士满斩杀了理查。最后，里士满承诺，他和伊丽莎白会给英国人带来和平与繁荣，正如理查在全剧开场所预言的一样。■

背景知识

主题：
谋杀的恶行、野心、失去和报应

场景：
15世纪的伦敦和莱斯特郡

来源：
公元1世纪 罗马戏剧家塞涅卡的悲剧

公元14-15世纪 道德剧中的“恶习”角色；神秘剧中的愤世嫉俗者和圣经的类比

约1520年 托马斯·莫尔的《理查三世史》

演出：
16世纪90年代 首演日期不详，但1623年的五次重印说明该剧当时很受欢迎。

1700年至19世纪 晚期，柯莱·西柏的改编一直占据舞台。

1955年 对于某些观众来说，劳伦斯·奥立弗的老维克版《理查三世》就是真正的《理查三世》。

1963-1964年 彼得·霍尔和约翰·巴顿的改编将理查塑造成一场血腥世仇所产生的官能失调之人，由稚气未脱的伊恩·霍姆出演。

1985年 在皇家莎士比亚剧团的演出中，安东尼·谢尔塑造的理查手持拐杖，像蜘蛛一般，掌控了全剧。

1991年 理查德·艾尔执导的国家剧院版将场景搬到了20世纪30年代的英格兰，伊安·麦克莱恩饰演的法西斯主义者理查满心愤恨，是个在战争中残废的退伍老兵。

理查的开场白将我们从冬天般的恐怖战场带入了夏日般的和平，“现在我们严冬般的宿怨已给这颗约克的红日照耀成为融融的夏景”（1.1.1-2）。只有理查心中仍愤愤不平。理查嘲笑乡村闲适的生活，语气愈发讽刺，最后，他决定让自己的不满染黑爱德华四世红日当空的王国。

政治与过去

本剧是莎士比亚“亨利六世四部曲”中的第四部，剧中的理查显得比第三部更精于算计。之前，他使用武力，现在，他掌控着宫廷斗争，也掌握着野心勃勃之人的各自利益。莎士比亚赋予他马基雅维利式的狡猾，并将大部分流血场景放在幕后，以强化这一点——但并非所有导演都会如此安排。

伊丽莎白王后不愿成为爱德华四世的情妇，最终坐上王后宝座，让爱德华的家族成员颇为不满。理查利用阶级意识，也利用王后的前一段婚姻将她的兄弟和两个幼子塑造为攀附高枝之人——“狡猾欺诈的家伙”（1.3.53）。随后，他指责他们一手策划了克莱伦斯和海司丁斯被囚，继而指责他们野心图谋设计幼主。这让他扮演了慈祥的叔父，并将两个男孩送入了伦敦塔。此后不久，他就处死了利佛斯、葛雷和道塞特。

> **我打定主意以歹徒自许，专事仇视眼前的闲情逸致了。**
>
> ——理查
> 第一幕第一场

> **你们是从世人中间特别挑选出来杀害无辜之人的吗？**
>
> ——克莱伦斯
> 第一幕第四场

理查如此迅速地掌控大权，靠的是与他人的通力合作。勃金汉、凯茨比、海司丁斯、伊里主教、甚至里士满的继父斯丹莱，他们可能并非受到理查欺骗，而是主动保持沉默。

设定历史叙事

从某种程度上讲，理查用阴谋诡计打倒了在内战中背弃约克家族的人。这一切都被亨利六世的寡妻、老王后玛格莱特料中，她不合时宜地出现在宫廷，诅咒兄弟相争，自相残杀。正如理查所观察到的，她忘记了自己在战争中的角色，却设定了天道轮回的报应，这也符合历史记录；作为观众，我们就看着理查继续实践这些报应。

在1955年的电影改编中，英国演员劳伦斯·奥立弗将理查塑造成了一个邪恶而迷人的小丑。该剧拍摄理查时常用特写，让理查向镜头吐露自己的险恶用心。

除了玛格莱特，宫里没人对理查的所作所为表示异议。但在伦敦的街头巷尾，市民们却议论纷纷。该剧前半部分局限于伦敦，很显然，理查将伦敦视作自己的势力范围。但伦敦百姓代表了一群更广大的观众，理查的表演即使再聪明，也难以操控他们的判断力。另一群观众，则包括剧中的女性角色——安夫人、玛格莱特王后、约克公爵夫人和伊丽莎白王后。她们旁观一切，铭记于心。正如理查的母亲所指出的那样，女性通常是唯一幸存的历史记录者。

场景扩展

梦境、噩梦、诅咒、语言和预感为该剧营造出一种超出理查掌控的形而上的张力。一杀死囚禁在伦敦塔中的两位无辜的小王子，他的好运就到头了。他变成了恐惧和怀疑的猎物，安夫人透露理查长期以来终宵“梦魇”不断（4.1.84）。理查一当上国王，就谨慎地想和同伙勃金汉分担责任：“由于你的高见和辅助，我理查王得以升此高座”（4.2.4-5）。但勃金汉的疑心与日俱增，这让他们的双簧表演也经受了压力。理查想要他自私自利的朋友帮忙，确认他现在正处于表演的中心，却发现自己越来越孤立，沦落到要靠陌生人（如提瑞尔）来实施阴谋了。

> **你们真要逼我负起这样烦心的重任吗？叫他们回来；我何尝是铁石心肠……**
>
> ——理查
> 第三幕第七场

勃金汉离开宫廷，预示着理查绝对控制力的衰微，也促使里士满走到前台。我们知道，里士满计划从法国攻打英格兰，并私下得到了斯丹莱和伊丽莎白王后的帮助。现在戏剧场景扩展开来，从伦敦的方寸之间扩展到英格兰中部、莱斯特郡的乡村，再扩展到波士委战场。

理查从繁忙的夏季走进了衰败的秋天，而玛格莱特又卷土重来。在一段可与葛罗斯特开场词相抗衡的演说中，她得出了不可避免的结论："正是丰硕之果将熟，一口口被吞进那丑恶的死神之腹。"

原罪的身体

对于所有戏剧家来讲，理查的身体都是值得发挥之处，莎士比亚也充分利用了这一点。很多观众都观看过大获成功的《亨利六世》，也都知道这个都铎历史中的驼背怪人——血腥内战的可怕造物，未来的恶魔君王。

莎士比亚认为，理查身体上的畸形是他野心的驱动力。在前几部戏剧中，理查斩断了与家庭和党派的所有联系，将自己置于兰开斯特家族和约克家族的大战之外。因为身体畸形，他感觉家族血脉和合法继承无法满足他的要求。于是他决定自力更生。"我只是我自己"——他就像演员一样，利用自己身体的畸形，一步步登上王位。这就是他在本剧开头向我们介绍的"表演"。他将我们带入他的阴谋之中，将历史简化为英雄、爱人和恶人的故事。

理查不循常理的罪恶，产生了强大的破坏力。他打乱了爱德华四世新王国的良好运转，破坏了一系列宫廷仪式和会议，又重新安排了一切。在有些舞台演出中，理查从一个入口出场，而其他角色从另一个入口出场。他就像道德剧中的"恶习"一样，出场与众不同，制造混乱。

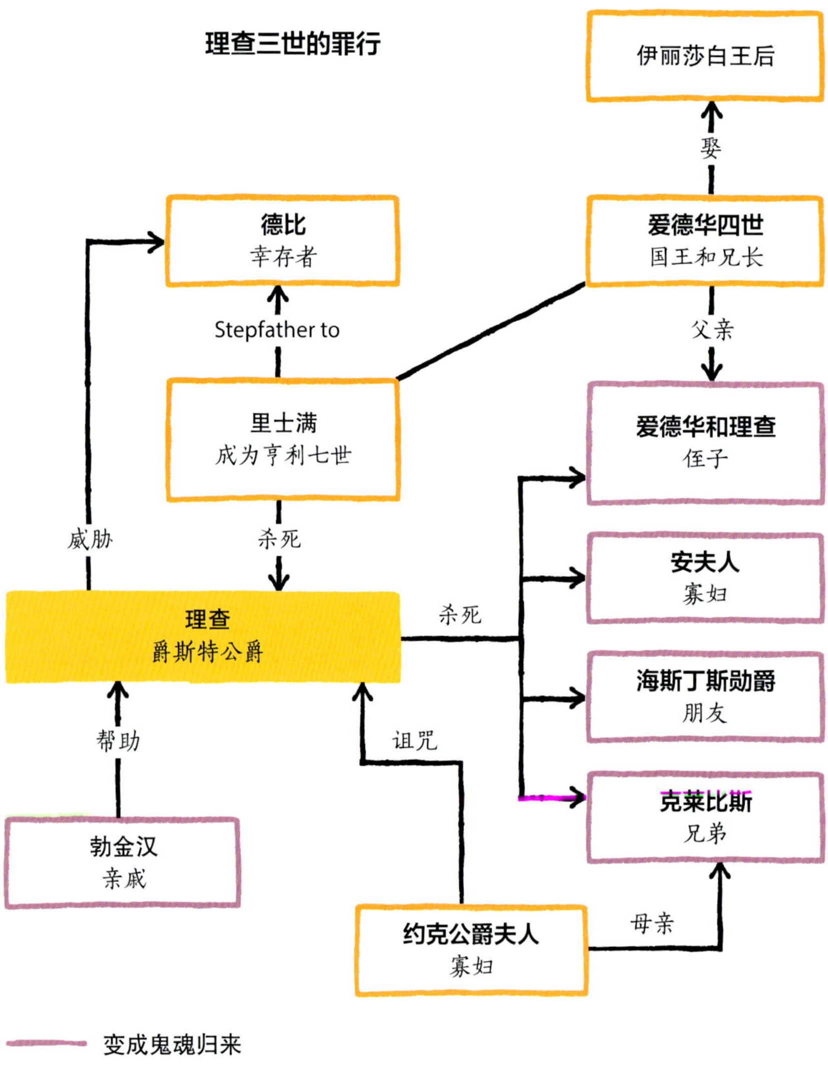

才智与文字游戏

理查向我们证明，他是欺骗的高手，尤其是说谎的高手。他能说会道，不仅嘲讽愤怒，还嘲弄谦虚。他用机智、流利的修辞卸下对手的伪装，也卸下了我们的伪装。

在追求安夫人及请求伊丽莎白王后将女儿嫁给他时，理查的语言

> 如果你发誓立愿想取信于人，就得凭你所未加污损的事物为证。
>
> ——伊丽莎白王后
> 第四幕第四场

2011年，山姆·门德斯执导的《理查三世》在伦敦老维克剧院上演，大受好评。美国演员凯文·斯派西饰演的暴君理查自我仇恨、执迷权力，且厌恶女性。

能力尤为突出。在每段结尾，该剧都安排了类似场景，分别展现出理查的好运与运气不再。他均以夸大之辞接近伊丽莎白王后，但王后也以其人之道反击。这一次，女人占据了辩论的上风。伊丽莎白王后情绪激动地指责理查，挫败了他想要为自己罪行辩护的企图。

剧终，理查停止表演，再也不向我们吐露心思了。在波士委战役前夜，他努力振作，鼓励自己不要绝望，他独白的对象是一个新的观众：他的良心。辩论就是一场审判，没有了能言善辩的自我欺骗，理查自己既是原告也是被告。最终，他的良心告诉他，他就是自己发誓要成为的大恶人："我这颗良心伸出了千万条舌头，每条舌头提出了不同的申诉，每一申诉都指控我是个罪犯。"（5.5.147-149）。

从曜日到阴霾

现在，我们看着理查承受语言和诅咒之苦。战斗前夜，他无法入眠，在他死的当日也没有太阳。最终，他被里士满所代表的历史打败，也被他自己所打败——"我诅咒我自己！"。他承认自己缺乏同情心，即使对待自己也是一样。在演出时，正是理查在战役中的勇猛，常常决定了我们对他的最终看法。他喊出"一匹马！一匹马！我的王位换一匹马！"，提醒我们他也许是战斗中最活跃的一员。里士满终结了整部剧，但该剧最终的焦点仍落在理查身上。在里士满勾画的"国泰民安，年兆丰登，昌盛无已"的完美场景背后，隐藏着理查"红日照耀"开场词的一丝阴影。■

都铎王朝的政治宣传

理查三世时期的历史学家约翰·劳斯认为，国王是个"心地善良"的"好君主"，他颁布的法律甚为公义。但在都铎王朝的第一位国王亨利七世统治期间，劳斯改变了他的观点。他写道，理查是一个怪胎：矮小、孱弱，他不仅谋杀了亨利六世，还毒杀了自己的妻子。其他的历史学家，比如托马斯·莫尔，也加入了诽谤的行列，称理查是个"驼背"，而驼背代表他内心的败坏。莫尔和其他人可能是要通过反对约克家族的宣传，为都铎王朝谋求合法性。但是通过他们的描述，莎士比亚找到了写作素材。更多人将理查塑造得既工于谋划，又善于欺骗奉承，还很聪明勇敢。莎士比亚既保留了所有这些特征，同时加入了他的良心斗争，以增添这个角色的深度。莎士比亚塑造的理查影响之大，甚至历史中的理查都被遗忘了。不过，确也没有任何了解理查个人之人，留下任何记录。

生和死没有区别

《爱德华三世》（1592年—1593年）

剧中人物

爱德华三世：英格兰王

菲丽葩：英格兰王后

黑王子爱德华：爱德华三世与菲丽葩之子

索尔兹伯里伯爵

索尔兹伯里伯爵夫人：索尔兹伯里伯爵之妻

华列克伯爵：伯爵夫人之父

威廉·蒙太古爵士：索尔兹伯里之侄

德比伯爵

奥德利勋爵

珀西勋爵

威廉·柯普兰：乡绅，后晋升为爵士

罗多维克：爱德华三世之心腹

罗伯特·阿托伊斯伯爵

蒙福德伯爵

戈平·德·格雷：法国囚犯

约翰二世：法国国王（菲利普六世和约翰二世的合体）

查理王子：约翰的长子，法国皇太子

洛林公爵

菲利普王子：约翰的次子

维叶：法国勋爵，索尔兹伯里派到皇太子的使臣

1-4场

1 **爱德华三世**断然拒绝法国要其效忠的要求，**宣布要将法国据为己有。**

2 在解除苏格兰围攻罗克斯堡城堡后，**爱德华王想要引诱索尔兹伯里伯爵夫人，但失败了。**苏格兰王也想得到索尔兹伯里伯爵夫人。

4 英国海军步步紧逼，**法国国王约翰**吹嘘自己的实力。

5-6场

5 在斯鲁伊斯海战之后，**法国海军溃败。**

6 **爱德华王和约翰王**在克莱西战役之前**对峙。**

在英国宫廷里，爱德华三世正和奥德利勋爵讨论他对法国王位的主张，后者已投奔英国阵营。洛林公爵从法国归来，坚称爱德华必须发誓效忠法王约翰，爱德华宣布开战。与此同时，苏格兰王在罗克斯堡城堡围困索尔兹伯里伯爵夫人。爱德华王派儿子爱德华王子去法国，同时自己发兵去解救罗克斯堡。爱德华王受到伯爵夫人美貌的诱惑，决定暂住下来。

国王越发迷恋伯爵夫人，命令心腹罗多维克写一封情书给伯爵夫人。国王逼迫她屈从自己的欲望，尽管两人都已婚配。伯爵夫人断然拒绝，于是国王强迫她的父亲华列克伯爵介入。华列克无法拒绝国王，请求女儿服从国王。国王听说年轻的爱德华王子已经准备好带领大军攻打法国，略微分心，但很快又重新展开火热的追求。伯爵夫人提醒他，他们二人已各自成家，国王发誓要杀死他们各自的配偶。伯爵夫人十分惊恐，国王终于恢复理

9 索尔兹伯里与犯人维叶商谈，换取自己平安回到加莱。

11 法国先知预言约翰王会挺进英格兰。

17 爱德华王子反败为胜，战胜了法国大军。

18 爱德华王子死亡的消息传来，但他很快胜利归来，并俘虏了法王。

7-9场 | **10-14场** | **15-18场**

8 爱德华王拒绝派兵援助被围的爱德华王子，但是王子最后胜利了。

10 爱德华王的妻子、菲丽葩王后的军队俘虏了苏格兰王。

14 法王约翰派遣索尔兹伯里警告正围攻加莱的爱德华。

18 爱德华王要求加莱献上六个全城最富有的市民。菲丽葩王后说服国王饶恕了他们。

智，向她道歉。

在比利时海岸之外，英国人击溃了法国海军，爱德华王子成功登陆，法国国王扎营克莱西，想要贿赂他，爱德华王子却向他索要法王王冠，于是双方重新开战。国王得知爱德华王子被困，但他拒绝派兵援助，坚持认为儿子必须自己证明自己。爱德华王子得胜归来，被国王封为骑士。国王围攻加莱，王子对约翰王紧追不舍。在布列塔尼，索尔兹伯里伯爵夫人的丈夫答应给囚犯维叶自由，以交换自己平安回到加莱。加莱宣布投降，但爱德华王要求对方交出六个最富有的市民，才肯接受投降。

约翰会在英国出现的预言在法国流传开来。爱德华王子面对法国大军，不愿接受对方的求饶。天空出现凶兆，法国人恐慌起来。由于维叶的介入，索尔兹伯里被捕，后被饶恕。爱德华王子得胜，俘虏了约翰王。

六个富有的加莱市民被带到国王面前。皇后请求国王发慈悲，国王宽恕了他们。索尔兹伯里返回，带来了爱德华王子在克莱西被杀的消息。国王安慰悲痛欲绝的王后，但爱德华王子突然出现，并带回了俘虏约翰王。兴奋的爱德华王子发誓要去海外接受更多历练。■

背景知识

主题：
荣誉、王权、英勇、爱国主义、战争的残酷

场景：
伦敦宫廷，苏格兰边境的罗克斯堡城堡；佛兰德斯；法国的克莱西和加莱

来源：

1377年 让·傅华萨的《编年史》，一部讲述英法百年战争的法国史。

1575年 威廉·佩因特的《逍遥宫》，本剧中的求爱场景正是基于书中故事“索尔兹伯里伯爵夫人”。

1587年 霍林斯赫德《编年史》中讲述的战争（尽管出于戏剧效果，战争被压缩了）。

演出：

16世纪90年代 初期该剧首演的具体时间和地点不详。

1596年 该剧在伦敦出版，作者不详。

1623年 第一对开本未收入该剧，也许是因为它对苏格兰的描述引起政治争议。

1911年 伊丽莎白舞台剧协会在伦敦的里特尔剧院上演了该剧的一场。

2001年 太平洋常备剧目剧团在美国加州的卡尔迈勒莎士比亚戏剧节上演出了该剧。

2002年 皇家莎士比亚剧团将整部戏剧搬上舞台，但观众褒贬不一。

《爱德华三世》讲述了英格兰最残酷的一位勇士兼国王的故事。他统治英国长达半个世纪，直到1377年辞世。

该剧写于16世纪90年代早期，大约与《亨利六世》同时，但在几十年前才被认定为莎士比亚的作品。现在，大多数编纂者都认为，莎士比亚至少参与了该剧某些部分的写作，他们普遍认为，莎士比亚至少写作了几场戏，其中就包括第二场和第三场爱德华追求索尔兹伯里伯爵夫人的部分，以及第12场黑王子爱德华思考死亡的部分。该剧很少演出，以至于2002年皇家莎士比亚剧团将该剧搬上舞台时，剧团很不准确地称它为莎士比亚的一部“新”戏。

本剧囊括了爱德华三世抗击苏格兰王大卫二世的情节以及爱德华与法国人的战争，包括在斯鲁伊斯击溃法国海军（1340年）、在克莱西击败法军优势部队（1346年）和最后的波亚叠战役（1356年），而

剧中的黑王子爱德华是一个充满热情的冒险家，这可能很接近他的历史形象。他葬在坎特伯雷大教堂，身着盔甲，光彩照人。

> **告诉他，他篡夺的王冠本属于我，他本应在如今搁脚之处屈膝下跪。**
>
> ——爱德华三世
> 第一幕

年轻的黑王子爱德华证明了自己是个英雄。但剧中所展现的爱德华三世的形象与莎士比亚的另一位勇士兼国王亨利五世十分不同。亨利五世作为一个年轻而有活力的领袖出场，用激动人心的演讲激励他的大军获胜；而爱德华什么都做了，只是没有激励士兵。他刚像亨利五世一样对法国使臣宣战，我们就看到他出现在苏格兰，表现并不英勇。

粗鲁的求爱

爱德华赶到罗克斯堡城堡解苏格兰之围，却遇见了美貌的索尔兹伯里伯爵夫人，而伯爵此刻正在法国作战。他自己开始围攻她，使用的计策难称光明正大。在心腹罗多维克代笔的情书被拒后，他诉诸于权力的游戏，要求她的父亲命令女儿屈从自己的淫欲。固执的伯爵夫人拒绝了，告诉爱德华他们已各有家室。爱德华竟提出要杀死两人的配偶，好似他能决断人命：“你的美貌判了他们死刑”（3.157）。伯爵夫人羞愧不已，惊呼道：“啊！

作伪证的美色！更腐败的法官！”（3.160）她告诉他，在王权之外，有一个更高的法庭会审判这一罪行，“我们头顶的大星空进行最后审判”（3.161）。

在令人印象深刻而不安的幕间剧之后，伯爵夫人被遗忘了，该剧重新聚焦于传统的交战攻防。但伯爵夫人未出场的丈夫索尔兹伯里和他所对应的法国人维叶成为贯穿全剧的判断力的关键人物。无论场景如何变换，两人都坚守高尚德行。

无情的领袖

令人吃惊的是，该剧所塑造的英格兰最具活力的帝王竟如此负面。要知道，这位帝王的赫赫战功，确保了英格兰的强国地位。这可能缘于都铎时期的政治。爱德华三世是普兰塔琪纳特的国王，他这一系的血脉在都铎王朝终结，而在莎士比亚时代，都铎王朝一直急于巩固自身的合法性。除了对伯爵夫人百般纠缠，爱德华还被看作一个不关心儿子的严酷父亲。当黑王子爱德华被困，爱德华国王却拒绝援手。他表示：“那好，只要他能凭借他的英勇杀出重围，便能赢得极其巨大的荣誉！要是杀不出来，那有什么办法？朕的儿子不止一个，还有别的儿子安慰我的晚景。”（8.21-24）。

> **这边飘来了与身体分离的脑袋，那边是断裂的胳膊和大腿在飘荡。**
>
> ——法国水手
> 第四幕

后来，消息传来，年轻的王子战死沙场。王子的母亲痛哭流泪，但爱德华王对她的安慰却是发誓无情地复仇。此外，当加莱居民献上六位领袖，表示臣服，只有王后介入，才让他打消了屠杀之念。这预示着此后，莎士比亚的另一位勇士国王亨利五世会用更加野蛮的残酷行为来威胁加莱人。尽管剧中出现了索尔兹伯里、维叶和爱德华王子这样的英雄，但该剧并未规避战争的残酷。一位法国水手用可怕的言语描述了斯鲁伊斯海战：“残断肢体里的鲜血迅速注入海流，使之变作了一片红色”（4.161-162）。

一份1400年的法国手稿记载了斯鲁伊斯海战。本剧未提及法王菲利普六世的战败，却说是菲利普的儿子约翰丢掉了斯鲁伊斯战役。

《爱德华三世》中的爱德华远非一个魅力人物，但该剧终结，对他来说的一大幸事就是年轻的王子兴奋地想要经历更多挑战，而爱德华在经历了一系列惊心动魄的军事斗争后，依然冷静地控制住了局面。法王和苏格兰王成为阶下囚，爱德华王心满意足地思考着他们怪异、崭新的组合：“若是上帝愿意，我们便上船回英国去。我相信我们会在一个吉祥的时刻到达：三个国王、两个王子和一个王后。”（18.242-244）。■

什么错让我们的眼睛和耳朵出了差错?

《错误的喜剧》(1594年)

出场人物

伊勒：叙拉古商人，安提福勒斯兄弟的父亲。本剧开始时，他被判处死刑。

索列纳斯：以弗所公爵。

以弗所的安提福勒斯（小安提福勒斯）：伊勒的儿子，他是个成功的商人，阿德丽安娜的丈夫。

叙拉古的安提福勒斯（大安提福勒斯）：伊勒的儿子，由伊勒抚养长大。他来到以弗所寻找失散的同胞兄弟。

以弗所的德洛米奥（小德洛米奥）：以弗所的安提福勒斯的仆人，叙拉古的德洛米奥的孪生兄弟。由于他常受打骂，所以性格较他的兄弟更为忧郁。

叙拉古的德洛米奥（大德洛米奥）：叙拉古的安提福勒斯的仆人，以弗所的德洛米奥的孪生兄弟。他为人极端，且总按自己的想法行事。

阿德丽安娜：以弗所的安提福勒斯的妻子。她厌恶婚姻限制自由，以及男女之间的不平等关系。

耐尔：阿德丽安娜的厨娘。

露西安娜：阿德丽安娜的妹妹，之前近距离观察过困扰的婚姻，害怕婚姻。

爱米利娅：伊勒的妻子，以弗所女修道院院长。

1.1 叙拉古人抓住了一个误闯的以弗所商人伊勒，**伊勒必须缴纳罚款，不然就要被处死**。公爵给他5个小时筹款。

第一幕

1.2 伊勒的儿子**大安提福勒斯和大德洛米奥**被警告要隐藏自己的**叙拉古人身份**。小德洛米奥遇见大安提福勒斯，求他回家吃饭。

2.1 在家里，**阿德丽安娜抱怨丈夫粗心**。露西安娜说男人比女人更自由。

第二幕

2.2 **阿德丽安娜**误以为**大安德福勒斯**是他迟到的丈夫，**责骂**他。大安德福勒斯爱上了阿德丽安娜的妹妹露西安娜。

3.1 **小安提福勒斯被赶出门**。他决定把给妻子买的金链子送给一个妓女。

以弗所与叙拉古两城交战。叙拉古人若非法进入以弗所城，必须缴纳罚金，否则就要被处死。一位叙拉古商人伊勒误闯以弗所，他告诉索列纳斯公爵自己与妻子爱米利娅、两个双胞胎儿子、两个双胞胎仆人数年前因为一场风暴失散了。伊勒和他仅剩的儿子、仆人回到叙拉古，给他们起了各自兄弟的名字。长大以后，安提福勒斯和德洛米奥启程去寻找自己的同胞兄弟，但是没有回来。现在伊勒也冒着生命危险来到以弗所，想要寻找两个儿子和他们的仆人。索利纳斯公爵被伊勒的故事打动，延长了时间，限他在下午5点以前筹齐罚金。

伊勒不知道的是，他所要寻找的人就在身边。大安提福勒斯派德洛米奥带上防身的钱回到小酒店，而自己开始了寻找。他也不知道自己寻找的人就在身边。小安提福勒斯，一位富有的商人，与妻子阿德丽安娜及妻妹露西安娜住在一起。

金匠安哲鲁将金链子交给了大安提福勒斯，因为**小安提福勒斯**没付钱，于是将他**扭送报官**。

4.1

妓女看见大安提福勒斯拿着小安提福勒斯答应给他的金链子。**大安提福勒斯认为她是女巫**，逃走了。

4.3

大安提福勒斯和大德洛米奥对追捕者**拔剑**相向，逃入女修道院。

5.1

阿德丽安娜和小安提福勒斯向公爵求情。**两对双生子终于见面**。院长最后被发现是伊勤失散的妻子。她邀请所有人赴宴。

5.1

第三幕 **第四幕** **第五幕**

3.2

大安提福勒斯宣称他爱上了露西安娜。她很吃惊，问他是否发疯了。

4.2

大德洛米奥问阿德丽安娜要钱来救她丈夫出狱。

4.4

小安提福勒斯又害怕又疑惑，**变得暴戾**。阿德丽安娜请了一位驱魔师来治疗他的疯癫。

5.1

女修道院院长责怪阿德丽安娜做妻子毫无同情心。

两人都讨厌小安提福勒斯总是不着家，去小酒馆和妓院闲晃。

小安提福勒斯晚饭又迟到了。阿德丽安娜发现安提福勒斯在街上闲逛，就更生气了。出人意料的是，他回答问题十分礼貌，与她吃饭也异常开心。其实，她遇到的是丈夫的孪生兄弟大安提福勒斯，后者很快爱上了阿德丽安娜的妹妹露西安娜。小安提福勒斯回家，发现房门被一个自称是德洛米奥的人锁了。他恨恨地离开，发誓要报复。

一系列错误随之发生。大安提福勒斯要大德洛米奥拿一根绳子来惩罚阿德丽安娜。但在仆人回来以前，金匠把项链误送给了他的叙拉古兄弟，又因为拿项链不付款而拽住了大安提福勒斯。大德洛米奥赶到，被派去找阿德丽安娜要钱交保释费。大德洛米奥随后带着绳子离开。

大安提福勒斯既困惑又害怕，发了疯。他被绑起来，后来逃走。与此同时，叙拉古的孪生兄弟也准备逃离该城。但他们被所有以弗所人追逐，躲进了一个女修道院。至关重要的五点钟到了，阿德丽安娜和小安德福勒斯请求公爵饶恕。公爵正听着他们自相矛盾的陈述，此时修道院院长和叙拉古的孪生子出现了，一切真相大白。同胞胎认出了伊勤，而修道院院长最终表明身份，她就是伊勤失散多年的妻子爱米利娅。于是，家庭团圆，故事结束。■

背景知识

主题：
双胞胎、身份、婚姻和子女关系、失去

场景：
以弗所港口

来源：

1390年 约翰·高尔翻译的古希腊传奇《泰尔王阿波罗纽斯》构建了伊勤和爱米利娅的叙事框架。

1595年 古罗马剧作家普劳图斯的《孪生兄弟》被译为英语，他的第二部戏剧《安菲特律昂》可能启发了第三幕第一场的写作。

演出：

1594年 在伦敦的格雷酒店演出。

1786年 歌剧《错误的喜剧》在维也纳上演。

1938年 理查德·罗杰斯和洛伦兹·哈特在纽约百老汇演出了音乐剧《叙拉古的男孩们》。

1938年 西奥多·科密沙杰夫斯基在埃文河畔斯特拉福的演出充分利用了空间，而空间在莎士比亚时期的舞台至关重要。

1963—1997年 印度电影人根据该剧情节拍摄了五部电影，最近一部名为《奥尔塔·帕尔塔》，由拉米什·阿拉文德主演。

1976年 特雷弗·纳恩的皇家莎士比亚剧团版本将闹剧、马戏和歌舞杂耍结合起来。

2001年 该剧的日语版《错误的狂言》在英国和美国巡演。

在《错误的喜剧》中，最中心的混乱是由自然现象——双胞胎——所造成的，莎士比亚对这一现象很感兴趣，因为他是双胞胎的父亲。每个人都会认为自己是独特的，所以一模一样的双胞胎很吸引人，因为他们看起来具有双重身份。他们显示了一个人同时出现在两个地方的可能性，这既可能带来欢笑，也可能引发恐惧。

莎士比亚既探索了喜剧，也探索了恐惧。他加入了仆人德洛米奥兄弟，将普劳图斯《孪生兄弟》中的一对双生子变成两对。当剧情的错误时机步步展现，闹剧的成分也加倍了。我们得知，仆人兄弟和他们的主人一出生就待在一起，这意味着，当错误出现，不仅主仆关系处在喜剧张力之下，而且他们一生的友谊和信任也经受了考验。

身份探索

莎士比亚对素材的改编，让他可以探索一个人的身份可以在多大程度上被其他人改变。当双胞胎的仆人所述版本和他们自己不同，我们看见每个人都感受到了恐惧和疏离，似乎每个人都看见或听见了一个不同的世界。身份的混乱让叙拉古的安提福勒斯想要离开以弗所，因为他矛盾的经历坐实了该地的巫蛊之名。身份问题也让他的双胞兄弟非常沮丧，以至于他发了狂，尤其是当他的理智受到怀疑时。但是，这只让大家确信，他真的发疯了。当身份和联结个体的信任受到如此威胁，很明显，家庭和社会关系迅速分裂了。

几对双胞胎的关系图

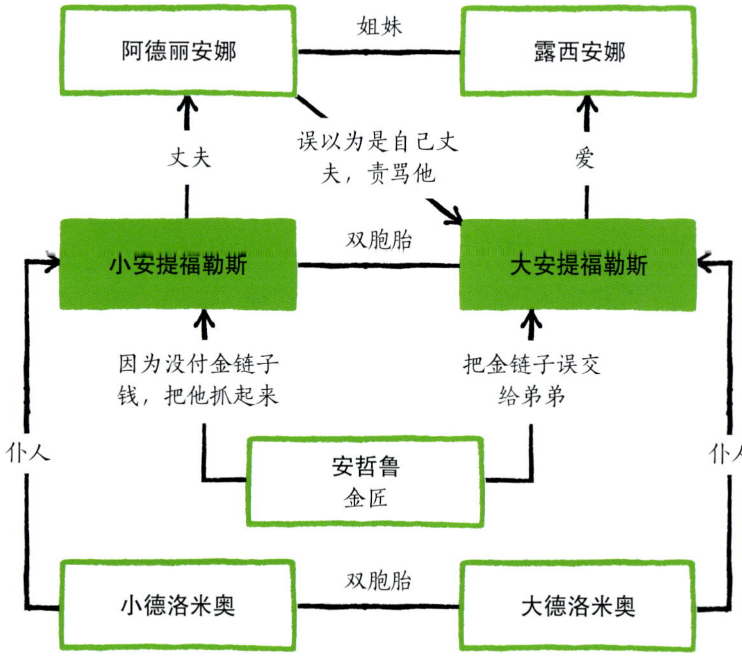

> 我像一滴水一样来到这人世，要在浩渺的大海里找寻自己的同伴，结果未能如愿，到处扑空，连自己也迷失了方向
>
> ——叙拉古的安提福勒斯
> 第一幕第二场

戏剧结构

伊勤的悲剧故事为这部喜剧构建了框架，这位老人有一天时间赎罪，这也交代了故事的长度。故事终结，女修道院院长被发现正是他失散多年的妻子爱米利娅，这让人惊奇，因为此前毫无征兆。爱米利娅的回归也完全扭转了性命之忧的气氛，代之以节日般的重生。家庭团圆了，他们的故事也圆满了。

在这个叙事框架里，时间飞速流逝。因为时间不合次序，只有观众能把叙事线索贯穿起来。在几乎完全相同的场景里，闹剧接二连三地产生。在数场闹剧中，莎士比亚总是用一句妙语化解，保留了重大时刻，创造出主仆之间的双重喜剧效果。即使在两人争辩时，他们之间的关系也显而易见。该剧的对话节奏快而诙谐，让人没时间停下来思考。因为，假若有人能想一想，产生错误的原因其实就摆在眼前。

婚姻契约

婚姻也可被看作一种孪生关系。通过引入小安提福勒斯的妻子阿德丽安娜，莎士比亚将观众的注意力转到婚姻的责任和压力上。观众或许熟悉保罗写给以弗所信徒的信件，信中讨论了丈夫和妻子、主人和仆人各自的责任，而阿德丽安娜的妹妹露西安娜明显提过一些细节。阿德丽安娜想要更平等的关系，但她认错了丈夫。这也许是因为，她真正的丈夫不会这么有耐心地听她说话。正如女修道院院长所观察的那样，若她一味指责，她就有毁灭爱人的危险。

舞台上的关键道具——金链子——明确表现了对于关系的重视：爱与信任、惩罚与控制。金链子本代表丈夫的爱，但却出于愤恨被送给了妓女。当金链子送到错误的双胞胎那儿，他的兄弟却因为欠债被抓了。最后，错误的双胞胎找到了正确的安提福勒斯，但愿他会送给阿德丽安娜。

该剧最后的联结就是德洛米奥兄弟大团圆。他俩手挽手出场，向观众谢幕。■

《错误的狂言》

2001年，日本万作剧团向英语观众献上了该剧的日语版——《错误的狂言》。狂言，意即“疯狂的话语”，是一种传统的日本戏剧形式，因其世俗化、戏剧性的风格而著名。它很适合莎士比亚式的滑稽喜剧，后者的言语百无禁忌，近乎闹剧。

在关键时刻，观众被鼓励参与进来，合唱“Ya-Ya-Koshi-Ya!”（多复杂啊！）狂言与日本的能剧传统关系密切，每次安提福勒斯兄弟和德洛米奥兄弟出场，都带着相同的面具——这一舞台道具增加了该剧视觉上的复杂性。

该剧的成功显示出该剧主题——婚姻关系、失去和身份——超越了语言不同和文化差异的挑战，在全世界都引起了强烈的共鸣。

他爱好的是追猎，他嗤笑的是谈情

《维纳斯与阿都尼斯》（1592—1593年）

背景知识

主题：

爱欲、青春、渴望和诱惑

场景：

古希腊

来源：

公元前8年 罗马诗人奥维德《变形记》的拉丁语原文，可能被莎士比亚所用。

1565—1567年 奥维德的《变形记》被亚瑟·戈尔丁译为英语，也被本诗所用。

评论：

1636年 在莎士比亚生前，这首诗至少重印10次，1636年又加印了6次。这首诗是莎士比亚生前重印最多的作品。

1817年 塞缪尔·泰勒·柯勒律治在《文学传记》中对这首诗大加称赞。

《维纳斯与阿都尼斯》讲述了爱情女神维纳斯追求、引诱美丽的人类青年阿都尼斯的故事。莎士比亚在开篇就宣告了写作主题：“太阳刚刚东升，圆圆的脸又大又红，泣露的清晓也刚刚别去，犹留遗踪，双颊绯红的阿都尼斯，就已驰逐匆匆。他爱好的是追猎，他嗤笑的是谈情。”

维纳斯接近阿都尼斯，求他吻她，将他从马上拖下，将马拴在树上，将他扑倒在地吻他。阿都尼斯满脸通红，却点燃了她的欲火。她将他按在地上，告诉他是何其幸

有些学者认为，莎士比亚可能看过提香的这幅《维纳斯和阿都尼斯》（*1554*），画中年轻的英雄似乎对过度殷勤的维纳斯满腔愤怒。

运，自己被战神这样的人物追求，却主动向他示爱。但阿都尼斯抱怨自己就要被正午的太阳烤死了，吃力地推开了她。“他却不管，一跃而起，奔向骏马”（I.258）。然而，他的马受到路过的母马诱惑，挣脱了他，跑进林子。维纳斯再次靠近阿都尼斯，挽起他的手，“就好像白雪筑起围墙，把百合拘囚”（I.362），她说，阿都尼斯应该学学他的马：“哦，你要学着恋爱；这个玩意简单又明确，它还是一下学会了，就永远不会再忘却。”（II.407-408）。

被捕猎的猎人

她在他面前假装崩溃。他自觉内疚，要给她一个临别之吻。他说自己对于爱情，还不够成熟：“我还未经人道，所以别想和我通人道。”（I.525）。但他不明智的献吻，再次点燃了她的激情。他告诉她，自己想要追逐野猪，这让她十分伤心，“她往后便倒，可依然把他搂住。她倒在地上，他落在她的腹部”（II.593-594）。

她害怕他被杀死，建议他捕猎些没什么伤害性的动物，比如野兔。阿都尼斯指责她屈从欲望：“爱情令人安慰，如风雨后的丽日，情欲的作用确如晴天里的风暴。”（II.799-800）。

最后，他逃脱了，留下她哀叹自己的不幸。次日清晨，她听见打猎声，冲过去想要看看发生了什么。她看见“那被追逐的野猪”，看见阿都尼斯精疲力竭、浑身是伤的猎犬，哀叹他不定的命运。

她原以为他还活着，责怪自己太过害怕，但很快找到了他的尸体。她再次为她吟诵挽歌，预言从此爱情将永远伴随伤心。阿都尼斯的尸体化作白雾，溅上他鲜血的土地长出了紫色的花，她发誓会珍惜这朵花。最后，她驾上银色的鸽子返回帕福斯，想要在与世隔绝中永生哀悼自己的爱人。

出版和日期

1593年，《维纳斯与阿都尼斯》首版发行。这一年以及次年的大部分时光，因为瘟疫肆虐，伦敦的剧院被迫关闭。莎士比亚已是一位成功的戏剧家了，而此时，他又有了写诗的时间。这首诗由著名的伦敦出版商理查德·菲尔德出版。菲尔德和莎士比亚一样，都是埃文河畔斯特拉福镇人，后来他还出版了莎士比亚的《鲁克丽丝受辱记》。《维纳斯与阿都尼斯》是第一部莎士比亚的署名作品。

> 她这样讲，并捉住他汗津津的手不放。(汗津津的，表示他精力充沛、血气盛旺)风情激得她颤声叫这汗是玉液琼浆，世上给女神治相思的灵药，数它最强。
>
> ——《维纳斯与阿都尼斯》
>
> II.25-28

奥维德的叙事诗《变形记》写于公元前10年至公元元年，包括15本250个传说。它可能为学童莎士比亚打下了坚实的古典神话基础。

诗作的第一版印着古罗马诗人奥维德《爱》中的一句拉丁格言：“鄙夫俗士，望敝屣而下拜；我则求：阿波罗饮我以缪斯泉水流溢之玉杯。”

献词

这首诗是献给第三代扫桑普顿伯爵亨利·莱阿斯利的。伯爵年少聪明，当时只有17岁。该诗的献词如下：“阁下，仆今以鄙俚粗陋之诗篇，献于阁下，其冒昧干渎，自不待言；而仆以此荏弱之柔条纤梗，竟谬欲缘附桢干栋梁以自固，其将招物议之非难，亦不待言。然苟阁下不惜纡尊，笑而纳此芹献，则非特仆之为荣，亦已过当，且誓将以有生之暇日，竭其勤恳之微力，从事差可不负阁下青睐之作以自励。设此初次问世之篇章，不堪入目，则有负阁下之栽培，诚惶恐之不暇，更何敢再事此硗瘠砚田之耕耘，以重其以芜杂之同亵渎清听之罪乎？窃不自谅，以为凡此一切，皆阁下之叡知及明鉴是赖，即阁下之所欲，与世人之所期待，亦莫不以此是赖也。阁下犬马仆，威廉·莎士比亚。”次年，莎士比亚又将另一首叙事诗《鲁克丽丝受辱记》也献给了扫桑普顿伯爵。

素材来源

莎士比亚的《维纳斯与阿都尼斯》取材于他最喜爱的一首长

> 啊，快仔细瞧瞧，多么耐看的场面，她悄然来到那不情愿的人儿身旁，你看她的脸上那两种色彩的交战，好一番激烈的红色与白色的消长。
>
> ——《维纳斯与阿都尼斯》
>
> II.343-346

诗——奥维德《变形记》中的一个篇章。在《泰特斯·安德洛尼克斯》和后期传奇剧《辛柏林》中，他甚至让演员带了一本诗集出场。莎士比亚既引用了奥维德的原版，也引用了阿瑟·戈尔丁的英译本。奥维德的故事只有75行，但莎士比亚却扩展到了1194行。他还改编了素材中的角色设置和事件安排。

在奥维德的版本中，年轻的阿都尼斯回应了维纳斯的爱情，但莎士比亚却将他写成一个害羞的少年，拒绝了女神的爱欲。莎士比亚还增补了故事情节，最有实质性的增补就是让阿都尼斯的马追逐一匹母马而去，使得阿都尼斯的逃跑计划失败了（II.259-324）。

风格和接受

本诗为“六行体”，每行都是抑扬格五音步，重音在第二个音节上，共10个音节，如，“她看了他的唇，是惨白的颜色”（I.1123）。诗句的韵脚为：ababcc，这是莎士比亚十四行诗的最后六句的韵脚。诗歌的风格非常机智幽默，叙述事件带着获悉一切的距离感，同时在描述性章节中创造出诗句的美感。

在莎士比亚生前，他的诗作印数大大超过了其他作品：至1610年，该诗已印刷9次。本诗在年轻人中尤为流行。1600年左右，剑桥大学学者加布里埃尔·哈维写道：“年轻人在莎士比亚的《维纳斯与阿都尼斯》中找到了很多乐趣，但是更有智慧之人会更爱读《鲁克丽丝受辱记》和悲剧《丹麦王子哈姆雷特》”。因为维纳斯想要诱惑阿都尼斯，描述起她身体的美妙，《维纳斯与阿都尼斯》有了色情诗的名声：“我就是你的苑囿，你就是我的幼麑。那里有山有溪，可供你随意食宿游息。先到双唇咀嚼吮吸，如果那儿水枯山瘠，再往下面游去，那儿有清泉涓涓草萋萋。”在17世纪由剑桥大学学生演出的某出戏剧中，一个角色吹嘘他追求情人的过程，其中就掺杂了《罗密欧与朱丽叶》和《维纳斯与阿都尼斯》中的诗句。

诗歌造作的风格和渐弱的叙述让它逐渐退出了流行舞台，直到浪漫主义时期的诗人和评论家塞缪尔·泰勒·柯勒律治的《文学评论》重建了它的声誉。■

2007年，皇家莎士比亚剧团与伦敦伊斯灵顿小天使剧场合作将本诗搬上舞台。故事伴着诗朗诵，由木偶表演出来。

谁愿意痛苦一星期去换一分钟的快乐？

《鲁克丽丝受辱记》（1593年—1594年）

背景知识

主题：
欲望、背叛、荣誉

场景：
公元前508年的罗马

来源：
公元前29—25年 罗马历史学家李维的《罗马史》

公元前8世纪 罗马诗人奥维德的《岁时记》

评论：
1616年 莎士比亚去世前，该剧已出版了六个版本，证明了该剧的流行。

1818年 英国诗人塞缪尔·泰勒·柯勒律治赞扬本诗的戏剧性。

1931年 法国戏剧家安德烈·奥贝将诗歌改编为舞台剧。

1946年 英国作曲家本杰明·布里顿在本诗的基础上写作了一部歌剧。

诗歌《鲁克丽丝受辱记》讲述了罗马将军塔昆的故事。塔昆出于情欲，强暴了手下勇士科拉丁纳斯（诗中称为科拉丁）的妻子鲁克丽丝。诗歌一开头，莎士比亚就直接跳到了情节："欲火中烧的塔昆急急离开军营，他震颤着那淫欲邪恶的双翼，从被围的阿狄西赶往科拉廷，无光的火在白色的余烬中隐匿，那火星随时觑视爆发的时机，以便化作熊熊烈焰去拥抱，科拉丁的贞妻鲁克丽丝的腰。"

叙述者解释说，塔昆离开了罗马军营，去往科拉丁家，因为前夜

2011年，卡米尔·奥苏利文的单人表演充满了音乐性和戏剧性，由皇家莎士比亚剧团赞助，在不列颠和爱尔兰巡演。

勇士们吹嘘各自妻子的美丽和贞洁，让他对鲁克丽丝欲火燃烧。

塔昆到达科拉廷，鲁克丽丝迎接了他。他发现她比自己想象的更美，称赞了她丈夫的英勇，心怀不轨地上床休息了。在一长段独白中，塔昆思考起引诱鲁克丽丝的欲念，意识到他将行之事有多恐怖、危险，但他还是无法抑制内心的邪念："他忖度此番丑行所冒的风险，他的脸已因恐惧而变得苍白，内心深处他反反复复地争论，这事将给他带来什么样的悲哀。"（II.183-186）。

有一段诗句生动地描述了他如何心怀恐惧地走进鲁克丽丝的卧室："她的双乳宛如苍空中两个象牙球，那是未经征服过的少女的天地，除了她的夫君，谁也不能据为己有，但对她的夫君，则守誓约百顺百依。"（II.407-410）。

鲁克丽丝苏醒过来。塔昆威胁她服从自己，否则就要杀了她和服侍她的奴隶。她苦苦哀求，但毫无作用，他还是强暴了她："他用她穿在身上的睡衣，蒙住她的头，制止了她呼喊；她温和的眼睛流下纯洁的泪滴，沾湿了他那张火辣辣的脸庞。"（II.680-683）。

> **她承受的是他淫欲的摧残，他承受的是负罪者良心的不安。**
>
> ——《鲁克丽丝受辱记》
> II. 734-735

恶事既已作成，塔昆心怀羞愧地潜逃了。至此，诗歌的焦点转移到鲁克丽丝身上。她对着夜晚、时间和机会发出了一系列哀叹，并在自杀前指出了塔昆的恶行，告诉她丈夫所发生的一切。鲁克丽丝唤来女仆，但并未向她吐露秘密。她给科拉丁写信，让他回家，并面对一幅描绘特洛伊被围和陷落的画作，沉思起来。当科拉丁和鲁克丽丝的父亲以及其他贵族来到家中，她将一切原委告诉了他们。起先，她并未说出塔昆的名字，只是描述了整件事，并逼迫在场的所有男人发誓为她复仇。然后，她突然拔刀刺向自己，"这时，她把无罪的刀刺进无罪的胸口，她的灵魂像刀儿出鞘脱离了躯体；这一击使不安的灵魂得到拯救，摆脱了曾囚禁过它的污秽的牢狱”（II.1723-1726）。

鲁克丽丝的父亲和科拉丁哀哭她的尸体，塔昆和所有的家庭成员被逐出罗马。

出版

莎士比亚似乎想把《鲁克丽丝受辱记》写成悲剧，对应讽刺而滑稽的《维纳斯和阿都尼斯》。他将那部稍早一些完成的诗作献给扫桑普顿伯爵，发誓说，如果伯爵喜欢，他会“听其自然，将这微薄之力奉献给阁下”。一年之后，即1594年，《鲁克丽丝受辱记》也题献给伯爵。该剧同样由莎士比亚的斯特拉福德老乡理查德·菲尔德出版（标题页为《鲁克丽丝》，但是其他页的标题更长）。

献词

比起《维纳斯和阿都尼斯》，这首诗的献词更加温暖：“我献给阁下的爱无止无境；这本没头没脑的小书只能表达我的崇敬之情于万一。此书得蒙晒纳，乃阁下高贵秉性所致，绝非此等芜杂诗句有何价值。我已做的一切属于您，我需做的一切属于您，我所有的涓涓滴滴，都属于您。倘若我有更大才具，我将定然显示更大作为，但而今只能听其自然，将这微薄之力奉献给阁下。谨祝大人延年益寿，洪福齐天。阁下最忠诚的，威廉·莎士比亚”。献词可能只是出于形式，目的是向潜在的购买者表明，

帕尔玛·乔凡尼的画作《鲁克丽丝受辱记》绘于1570年。很多艺术家都描绘了这个著名的故事，莎士比亚本人可能也看过这幅画。

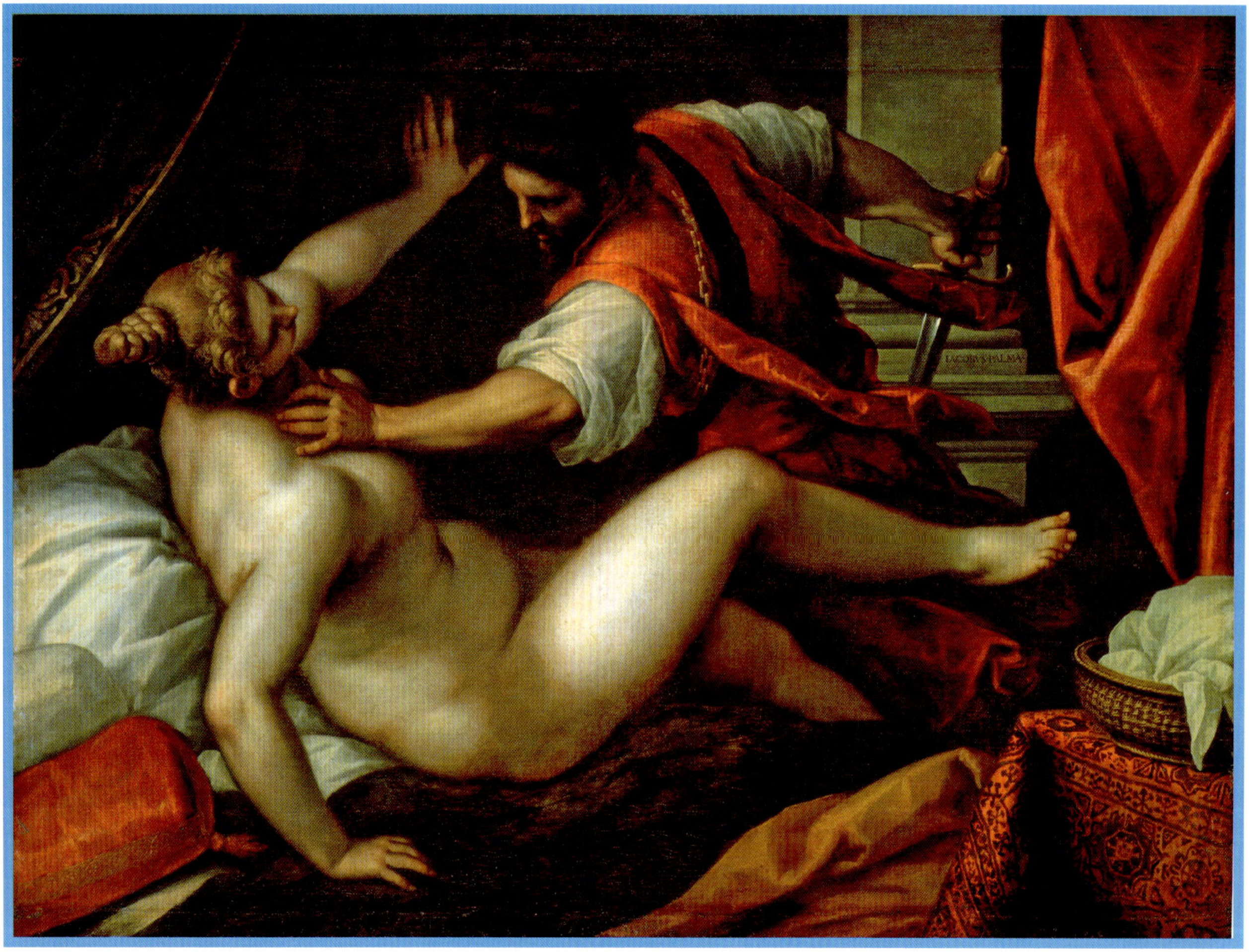

该书作者的赞助人有权有势，或许也是希望有所报偿——被献词者可能会馈赠作者两个基尼（合2英镑多一点）。但是，这种情感的热度——“爱……无止无境”——很容易被理解为，莎士比亚与这位年少早熟、相貌英俊的贵族真正亲密无间。

献词之后是“故事梗概”，是对诗歌情节所作的散文体概述故事，与诗歌本身有所区别。它可能并非莎士比亚所作。

风格和接受

该诗为“七行体”，又称“王家体”，莎士比亚的《情女怨》用的也是这一诗体。每一行都是抑扬格五音步，重音在第二个音节上，每行十个音节（有时也有变化），比如第六行诗：“化作熊熊烈焰去拥抱腰。”诗歌的韵脚为：ababbcc。与《维纳斯与阿都尼斯》不同，全诗语气沉重，也有很多弱化基本叙事之处。

诗歌开篇深入描述了塔昆一边靠近鲁克丽丝的卧室，一边内心备受煎熬。这段描述十分生动有力。莎士比亚的后期作品重复了这一事件和风格，最明显的就是当麦克白在谋杀邓肯途中，说起“形容枯瘦的杀人犯”，“仿佛淫乱的塔昆蹑着脚步像一个鬼似的向他的目的地走去”（《麦克白》2.1.52-56）。

和《维纳斯与阿都尼斯》一样，本诗也是一出版就大受欢迎。在莎士比亚的有生之年，本诗就已出现了6个版本，在1655年又出现了其他3个版本。很多现代评论家也盛赞这首诗。1818年，英国诗人塞缪尔·泰勒·柯勒律治评论说，《鲁克丽丝受辱记》“极大地证明了他具有最深刻、活力和哲学的思维，没有这些，他可能也会取悦观众，但不会是一个伟大的诗剧作家。”

尽管这首诗的修辞风格不再流行，但最近它又受到热捧，因为它具有深刻的戏剧性，也因为它预示了莎士比亚之后的作品，尤其是他的罗马历史剧和《麦克白》。

布里顿的歌剧

1946年，英国作曲家本杰明·布里顿在莎士比亚故事的基础上写作了一部歌剧。他因为观看了法国戏剧家安德烈·奥贝的戏剧改编而受到启发，写成了一部“小型歌剧”——共有13个乐手和8个歌手。■

> **这时，她把无罪的刀刺进无罪的胸口，她的灵魂像刀儿出鞘脱离了躯体；这一击使不安的灵魂得到拯救，摆脱了曾囚禁过它的污秽的牢狱；长有翅膀的幽灵被悔恨的叹息。**
>
> ——《鲁克丽丝受辱记》
> II. 1723-1726

经典故事

和《维纳斯与阿都尼斯》一样，《鲁克丽丝受辱记》也代表了16世纪90年代盛行的一种文学形式——讲述浪漫爱情故事的古典叙事长诗，通常是受罗马诗人奥维德的主题和语气启发，因为奥维德的作品常被选作斯特拉福德镇文法学校的教材。

与《维纳斯与阿都尼斯》不同，《鲁克丽丝受辱记》的主题取材历史，而非神话。事件发生在公元前509年，在第一次现存的记述——罗马历史学家李维的《罗马史》（公元前27—25年）中就已十分传奇。莎士比亚似乎主要使用的是奥维德公元8年所作的诗歌《岁时记》（或译《编年史》）中的记述。他似乎也援引了罗马历史学家李维和其他的来源。莎士比亚关注历史的私人性而非政治性，仅凭一点叙事材料，就延展出了很多内容。

THE LORD CHAMBERMAN

1594年—1603年

AIN'S

宫廷大臣供奉剧团时期 1594年—1603年

1594年

5月**大瘟疫**之后，伦敦剧院重新开张。莎士比亚写作《爱的徒劳》和《错误的喜剧》。

1595年

写作《理查二世》、《罗密欧与朱丽叶》和《仲夏夜之梦》。

1595年

私掠船船长弗朗西斯·德雷克爵士开始最后一次航海，在加勒比海领域抗击西班牙帝国。

1596年

写作《约翰王》、《威尼斯商人》和《亨利四世》（上）。

1596年

西班牙军队攻陷加莱。**伊丽莎白女王将所有非洲人逐出英格兰。**

1596年

伦敦市长禁止演员进城，摧毁了酒馆和戏院，次年禁令解除。

1597年

写作《温莎的风流娘儿们》、《亨利四世》（下）。**莎士比亚在斯特拉福德购置新宅。**

1597年

伦敦剧院被迫**关闭数月**，本·琼生和托马斯·纳什的《狗之岛》被指煽动叛乱。

在1592—1594年大瘟疫之后，剧院重新开放。通过1594年《维纳斯与阿都尼斯》的出版，莎士比亚获得了文学上的成功，这也巩固了他在戏剧界的特殊地位。

戏院重新开放后，宫廷大臣亨斯顿伯爵重建了他的剧团，称为“宫廷大臣供奉剧团”。该剧团集合了当时最重要的演员，如悲剧演员理查德·伯比奇，他演出了莎士比亚最伟大的角色；丑角威廉·坎普，他饰演了莎士比亚创造的最滑稽的角色福斯塔夫；还有莎士比亚自己。最关键的是，主角们都在剧团拥有股份，莎士比亚有10%的股份。这份股份让莎士比亚有了一年200—700英镑的收入——数目不多，但比其他剧作家赚得多多了。莎士比亚生活节俭，在伦敦仍租房居住。1597年，他存下足够的钱，在斯特拉福德镇购置了一处大宅。虽然当时地价不菲，但是莎士比亚仍继续在周边购置地产。

创造力

莎士比亚在剧团的地位给他提供了创作的平台，而他也充分利用了这一点。在因为瘟疫而中断戏剧演出的两年时间里，他磨练了诗歌和戏剧技巧，在接下来的9年时间里，他写作了17部戏剧，从浪漫戏剧《仲夏夜之梦》、《第十二夜》到激动人心的历史剧《亨利五世》，再到悲剧《哈姆雷特》。成千上万的观众挤进戏院，观赏戏剧。

这些早期戏剧究竟何时写作，证据十分有限，但1598年，名不见经传的作家弗朗西斯·梅尔斯在《女神的女管家》中提到了莎士比亚的一些戏剧。梅尔斯宣称：“在英格兰剧作家中，莎士比亚最为优秀；在喜剧方面，他创作了《维洛那二绅士》、《错误的喜剧》、《爱的徒劳》、《爱的得胜》、《仲夏夜之梦》、《威尼斯商人》；在悲剧方面，他撰写了《理查二世》、《理查三世》、《亨利四世》、《约翰王》、《泰特斯·安德洛尼克斯》和《罗密欧与朱丽叶》。”学者们由此得知，所有这些戏剧在当时都已写成。

1598年

写作《无事生非》。**莎士比亚的名字成为卖点**，出现在他的戏剧四开本的标题页中。

1598年

莎士比亚参与了本·琼生戏剧《人各有癖》在幕布剧场的**演出**。

1599年

环球剧院在伦敦萨瑟克**建成**，包括莎士比亚在内的演员都是剧院股东。

1599年

诗人**埃德蒙·斯宾塞去世**。**根据主教禁令**，大量文学作品中都禁止使用讽刺。

1600年

写作《托马斯·莫尔爵士》，但因为审查制度和需要的高额费用，**可能从未上演**。

1601年

伊丽莎白一世曾经的宠臣埃塞克斯发**动反对伊丽莎白一世的叛乱**，被剿灭后砍头。

1601年

写作《第十二夜》。《**理查二世**》在环球剧院**特别演出**，可能引发了废黜女王的行动。

1602年

写作《特洛伊罗斯和克瑞西达》。

边缘化的舞台

尽管宫廷大臣剧团时常在女王御前演出，但戏剧生活还是相当危险的。剧团经常与当局玩猫捉老鼠的游戏，因为当局很想控制他们所谓的色情戏剧。剧院通常设在城墙之外的边缘区域。1598年，肖迪奇剧场（也称为“剧场”）的房东攒升房租，后来又决定拆除剧院。莎士比亚的剧团偷偷地将剧场一根梁、一根梁地拆解开来，再将这些木材运到泰晤士河边的萨瑟克，重建了一座新剧院，起名环球剧院。环球剧院由剧团掌控，立刻大获成功。1599年，剧场开张，上演了《裘力斯·凯撒》、《皆大欢喜》、《亨利五世》和《哈姆雷特》。但剧团要担心的不仅是反复无常的房东。当时，戏剧演出可能引发政治轰动，而演员要与审查官（又称喜庆长官）不断斗争，后者会审查每个剧本。

危险的时代

审查有多严重？从《托马斯·莫尔爵士》剧本的删改中，可以清楚看到这个问题。莎士比亚也参与了这部戏剧的写作，但该剧的作者不止他一个。该剧主要讲述的是亨利八世的大臣不同意国王离婚，显然作者赞成这一做法。有些人认为，莎士比亚是信奉天主教的暴民，往戏剧里塞满了密码一般的意象，想要规避审查，同时给懂得之人传递出有力的信息。倘若这是真的，那么莎士比亚就在玩一个非常危险的游戏。的确，宫廷大臣供奉剧团无惧不同政见。1601年2月7日，吉利·梅里克爵士代表埃塞克斯伯爵，委托剧团在环球剧院特别演出《理查二世》，其中就包括国王被废和谋杀的几场戏——这在当时颇具煽动性。该剧上演次日，埃塞克斯伯爵就带领一小股军队冲入怀特霍尔宫，想要推翻女王，拥立苏格兰的詹姆斯六世为王。埃塞克斯的革命最终以闹剧收场，伯爵本人被处死。这一切可能对莎士比亚和宫廷大臣供奉剧团十分不利，但他们还是平安逃脱了惩罚。■

谁能把爱情和慈悲分而为二？

《爱的徒劳》（1594年—1595年）

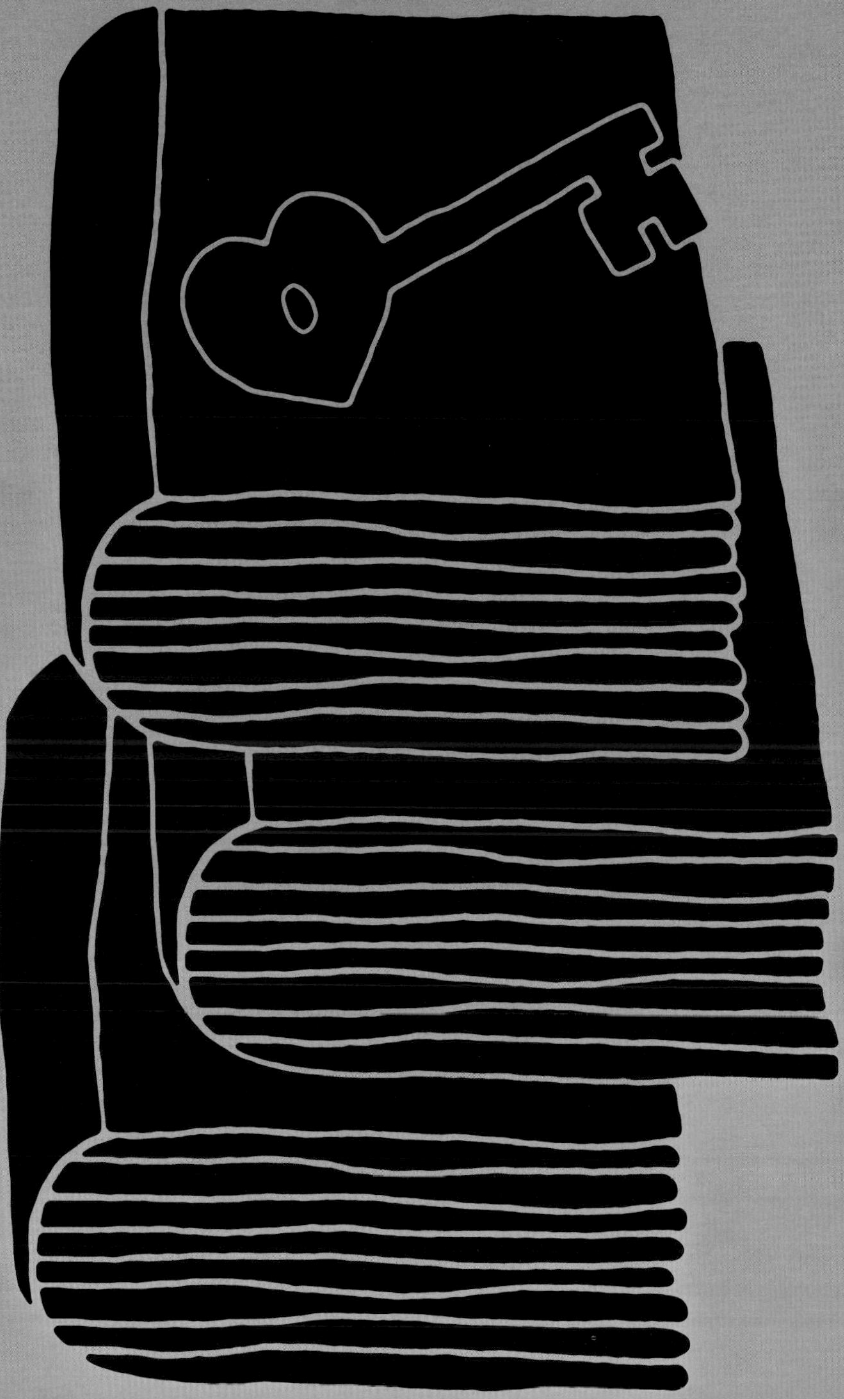

剧中人物

腓迪南：那瓦国王。

俾隆：国王侍臣，爱上了罗瑟琳。

朗格维：国王侍臣，追求玛利娅。

杜曼：国王侍臣，追求凯瑟琳。

法国公主：外交家、娴熟的女猎手、美人儿。之后成为法国女王。

罗瑟琳：公主侍女，俾隆追求的对象。

玛利娅：公主侍女，爱上了朗格维。

凯瑟琳：公主侍女，爱上了杜曼。

鲍益：法国公主侍臣，作为媒人出现。

马凯德：信使。

唐·阿德里安诺·德·亚马多：一个怪诞的西班牙人，爱上了杰奎妮妲。

毛子：亚马多的侍童。

考斯塔德：乡人。

杰奎妮妲：村女。

纳森聂尔：教区牧师。

霍罗福尼斯：满口拉丁语（或近似拉丁语）的牧师。

德尔：目不识丁的巡丁。

那瓦国王腓迪南要求他的**侍臣**在三年里**专心学业**，少睡觉，避免男女之情。

1.1

亚马多把考斯塔德关起来，承认自己也在追求杰奎妮妲。

1.2

那瓦国王和公主讨论阿基坦，**俾隆和罗瑟琳唇枪舌剑**。

2.1

第一幕 **第二幕**

1.1

西班牙人亚马多送来一封信，说他发现**考斯塔德正在“追求”杰奎妮妲**。

2.1

法国公主携侍女到达那瓦，**在城外扎营**。

在那瓦宫廷，腓迪南国王劝告侍臣，若想成功，就必须禁断男女之情，专心学习三年。杜曼同意了，但俾隆颇为勉强。很快，因为法国公主到访，国王本人就必须破例了。俾隆见规则可以松动，也就答应了。自视甚高的亚马多将考斯塔德抓了，说他发现考斯塔德爱上了杰奎妮妲。法国公主抵达。她的每个侍女都称赞一个侍臣如此周到，以至于公主觉得她们都坠入了爱河。公主假装因为受到冷遇而备受冒犯。俾隆和罗瑟琳唇枪舌剑，杜曼和朗格维询问凯瑟琳和玛利娅的名字。鲍益坚持说国王爱上了法国公主，侍女们笑他是“爱情贩子”。

亚马多要侍童毛子替他为杰奎妮妲唱歌，但是毛子和考斯塔德取笑他。亚马多放了考斯塔德，考斯塔德答应替他给杰奎妮妲送一封信。俾隆也让考斯塔德给罗瑟琳送一封信。俾隆骂他因为恋爱变蠢了——还是因为这样一个普通的女

3.1 亚马多放了考斯塔德，前提是要他帮忙送一封信给杰奎妮妲，俾隆也要考斯塔德送一封信给罗瑟琳。

4.2 杰奎妮妲发现了考斯塔德的错误，将信件呈给国王。

4.3 俾隆被迫承认了对罗瑟琳的爱慕之情。俾隆劝说国王和其他人，爱情是最好的教育。

5.2 法国国王去世的消息传来，公主和侍女要求追求者再等一年。

第三幕 第四幕 第五幕

2.1 每个侍臣都询问鲍益某个侍女是否单身：俾隆爱上了罗瑟琳；杜曼爱上了凯瑟琳；朗格维爱上了玛利娅。

4.1 考斯塔德将亚马多给杰奎妮妲的信误送给了罗瑟琳。鲍益把信大声地读给侍女们听。

4.3 三位侍臣偷听到每人都在十四行诗中向一位女士偷偷表白。

5.2 侍女们看穿了侍臣们想要变装追求她们的企图。霍罗福尼斯和他的同伴表演九大伟人。

孩儿。

公主和侍女正在打猎，考斯塔德说俾隆给罗瑟琳写了一封信。公主也想看，但考斯塔德误将亚马多的信件给了鲍益。鲍益发现这封信是写给杰奎妮妲的，但公主要他当众读出来。鲍益猥琐地开起罗瑟琳与俾隆的玩笑，她却礼貌相对。鲍益沉溺于与玛利娅唇枪舌剑，考斯塔德也加入进来，却不明白两人说的是什么。霍罗福尼斯、德尔和纳森聂尔讨论围猎。杰奎妮妲和考斯塔德也来了，要他们读一封亚马多的信。当然，这就是俾隆写给罗瑟琳的信件。霍罗福尼斯一番解释之后，他们将信呈给了国王。

俾隆偷听到国王也在构思爱情的十四行诗。俾隆和国王听见朗格维也在写诗。而朗格维听见杜曼也在写十四行诗。朗格维怪杜曼破坏约定。国王怪朗格维。俾隆怪他们仨。考斯塔德带着俾隆写给罗瑟琳的信出现了。四人同意忘记协议，殷勤地追求起各自的情人。

亚马多、霍罗福尼斯、纳森聂尔、德尔和毛子来演戏助兴。他们乔装打扮，但女人们得到情报，捉弄了他们。男人们换上正装，女士们装作没有认出他们。男人们决定从此以后对爱情诚实以待，但是公主父亲病逝的消息传来。她被迫推迟结婚，侍女们也准备离开。■

背景知识

主题：
浪漫、调情、贞洁、文字游戏、人生的循环

场景：
那瓦国——法国与西班牙之间的一个王国

来源：
16世纪 意大利喜剧传统，老套的角色，尤其是包括一个书呆子、一个自以为是的人、一个丑角。

1586年 皮埃尔·德·拉·普瑞莫戴耶的《法国科学院大词典》在英国出现，勾画了16世纪法国宫廷的哲学思想，可能也影响到莎士比亚。

演出：
1597年 在伊丽莎白一世御前演出，第一版的标题页上写着"上个圣诞节"。

1817年 文学评论家威廉·哈兹里特注意到，"如果非要抛弃作者的一部喜剧，那就是这部了"。

1837年 莎士比亚时期之后的首度演出。

1946年 在皇家莎士比亚剧院，彼得·布鲁克大胆改编，将该剧置于法国艺术家华托式的田园场景。

2012年 在环球剧院，《爱的徒劳》全本首次手语演出。

《爱的徒劳》是莎士比亚戏剧中最具诗意的作品，其中整整三分之二的内容都是韵律诗。剧中机智的言语交锋很受伊丽莎白时期的宫廷精英知识分子欢迎，他们认为该剧是莎士比亚最受欢迎的剧目之一。

但是，当年的笑料可能对后来的观众意义不大。在18、19世纪，《爱的徒劳》是莎士比亚演出次数最少的剧目之一。观看这部剧的观众都会感觉和德尔警官一样。当郊区牧师霍罗福尼斯问他说："你直到现在，还没有说过一句话哩，"他回答道："而且我一句话也没有听懂，先生。"（5.1.142-144）。

诗意的结纹园

近年来，导演们发掘出该剧的诙谐幽默与甜美浪漫，并充分利用了戏剧巧妙的结构，如同自大的西班牙人亚马多在给国王的信中所提到的精致的伊丽莎白时期结纹园一样。它可谓是一部精巧的戏剧，但意义并不限于语言技巧。该剧的结

2002年，英国导演肯尼斯·布拉纳执导了电影《爱的徒劳》，一部20世纪30年代的浪漫好莱坞音乐剧。图中年轻的贵族正在等待女士们大驾光临。

> **啊！这些题目太难，叫人怎么办得到？不看女人尽读书，不吃饭又不许睡觉！**
>
> ——俾隆
> 第一幕第一场

尾也让人吃惊，引起了些许不同的效果。

该剧的情节设置很简单。国内和平期间，那瓦国王要求贵族们专心学习三年——少吃、少睡、不近女色。当然，笑点就在于，他们没法做到，尤其是国王自己。俾隆最为犹豫，他指出："第二条，倘有人在三年之内，被发现与任何女子交谈，当由其他朝臣共同议定最严厉之办法，予以公开之羞辱。这一条，陛下，您自己就要破坏的；您知道法国国王的女儿，一位端庄淑美的姑娘，就要奉命到这儿来，跟您交涉把阿奎丹归还给她的老迈衰弱、卧病在床的父亲；所以这一条规则倘不是等于虚设，就只好让这位众人赞慕的公主白白跋涉这一趟。"（1.1.128-133）。所以，国王很快就为法国公主及其侍女而破例了——一旦破例第一次，整个计划也就很快崩溃了。

该剧更多的幽默之处在于，侍臣和国王装作他们并未拜倒在女士们的浪漫咒语之下，而女士们却一

这座整齐的伊丽莎白时期结纹园位于东苏塞克斯的奈伍德庄园，呼应了《爱的徒劳》中齐整的演员分组和有礼有节的台词。

边看着男人们装腔作势，一边暗自取乐。该剧的情节并不复杂，但莎士比亚用这个直白的故事，创造出精彩复杂的语言游戏。对于当时自以为是的文字游戏，该剧进行了大量尖锐巧妙的嘲弄，有些甚至用了露骨的淫秽之词。

找到爱与自我

该剧主旨鲜明：要让男人避开女人和爱情去了解世界，是不可能的——女人和爱情才是真正的教育。正如俾隆最后所承认的那样："从女人的眼睛里我得到这一个教训：它们是艺术的经典，知识的宝库，是它们燃起了智慧的神火。"（4.3.326-329）。

莎士比亚清楚地意识到，情诗并不能代替现实生活中的爱情，正如他在《罗密欧与朱丽叶》和《皆大欢喜》中所展示的那样，年轻的男子沉溺于写作情诗，常会将爱的想法等同于爱本身。那瓦国王、俾隆、杜曼和朗格维正是沉溺于此，所以他们很容易被女士们捉弄，女士们一交换首饰，他们就追错了对象。

男人们也错误地以为，他们可以变装求爱。女士们没有被愚弄——当男人们各自换回正装，她们装作不认识他们了。最后，俾隆发现他应该做自己，而不是表演爱的影像。他简短地总结了这部戏："让我们放弃我们的誓约，找到我们自己，否则我们就要为了谨守誓约而丧失自己。"（4.3.337-338）。

最后一课

出人意料的是，莎士比亚并未给出一个大团圆结局。在俾隆和其他男人都经历了自我发现的时刻之后，他们坐下来观看亚马多、霍罗福尼斯、纳森聂尔、德尔和毛子表演九大伟人。女人们也安心看戏，但男人们无情地嘲笑演员的表演，即使是书呆子霍罗福尼斯也受了刺激，发表了一番衷心的评论："这太刻薄、太欺人、太不客气啦。"（5.2.622）。

演出中，突然传来了公主父亲病逝的消息。戏剧中常会出现的婚礼结局并未出现。相反，女士们要求他们的追求者再等上一年，多了解了解他人和世界。罗瑟琳建议俾隆照顾病人，俾隆抗议说医院里全是死亡，哪里有什么欢笑。罗瑟琳提醒他说："可笑或不可笑取决于听者的耳朵，而不是说者的舌头。"（5.2.847-848）。剧终时，响起了寓意深刻的季节之歌——先是代表春日的杜鹃，而后是预示冬天之鸱。■

"

先生，他不曾饱餐过书本中的美味；他没有吃过纸张，喝过墨水；他的智力是残缺破碎的。

——纳森聂尔

第四幕第二场

"

下来，下来，我来了；就像驾驭日轮的腓通

《理查二世》（1595年）

剧中人物

理查二世：英格兰的合法国王。

约翰·冈特：兰开斯特公爵，波林勃洛克之父，理查王之叔父。

亨利·波林勃洛克：海瑞福德公爵，约翰·冈特之子，即位后称亨利四世。

托马斯·毛勃雷：诺福克公爵，理查的同盟，之后因为与波林勃洛克争吵而被逐 。

奥墨尔公爵：约克公爵之子，理查的同盟。

约克公爵：理查之叔父，理查不在时的摄政王。

伊莎贝尔王后：理查之妻。

约克公爵夫人：约克公爵之妻。

诺森伯兰伯爵：波林勃洛克的同盟。

布希、巴各特、格林：理查王之近侍。

洛斯勋爵、威罗比勋爵、费兹华特勋爵：波林勃洛克一派的贵族。

勃克雷勋爵、卡莱尔主教：理查的支持者。

亨利·潘西：诺森伯兰伯爵之子，又称霍茨波。

威司敏斯特长老：参与了打倒亨利四世的阴谋，但在被捕之前就死了。

皮厄斯·艾克斯顿爵士：谋杀理查之人。

1.1 波林勃洛克在国王面前指控毛勃雷叛国，两人相互指责，最终**决斗**。

2.1 约翰·冈特去世后，理查**剥夺了波林勃洛克的继承权**，之后去爱尔兰平乱。对他不满的贵族准备约见将要返回英国的波林勃洛克。

2.3 约克寡不敌众，允许波林勃洛克带军**进入勃克雷城堡**。

第一幕

第二幕

1.3 理查平息波林勃洛克和毛勃雷的争端，**放逐了两人**。

2.2 趁国王不在，**约克公爵想要起兵造反**。布希、巴各特、格林力求自保。

本剧开场，波林勃洛克指责毛勃雷谋反。毛勃雷被控谋杀葛罗斯特公爵，但是约翰·冈特怀疑理查王自己也参与了谋杀。理查下令流放波林勃洛克10年，之后改为6年，但将毛勃雷永久流放。

波林勃洛克临行时，众人非常同情他。而理查不断提高税额，与众人渐行渐远。冈特去世后，理查侵占了本应传给冈特之子波林勃洛克的土地和财产。洛斯勋爵、威罗比勋爵、诺森伯兰伯爵同意会见领军返回英格兰海滩的波林勃洛克。

理查正在爱尔兰平叛之时，布希、巴各特、格林安慰王后宽心。波林勃洛克回国和贵族背叛的消息传来。理查请约克在自己不在时摄政，约克表示准备迎战。

在勃克雷城堡，约克指责波林勃洛克叛国。波林勃洛克坚持说，他是被当作海瑞福德公爵放逐，而不是兰开斯特伯爵，而且他有权捍卫自己的继承权。约克允许他们进入城堡。

第三幕

3.1

在勃列斯托尔堡，**波林勃洛克处死了布希和格林。**

3.2

理查抵达威尔士海岸。他得知威尔士大军已散，布希、洛林和威尔特郡伯爵被处决，约克加入了波林勃洛克大军。

3.3

面对全副武装的波林勃洛克的**大军逼近**，理查同意恢复他的继承权，并**向波林勃洛克屈服**。

第四幕

4.1

理查公开脱下王冠、交出权杖，加冕波林勃洛克为亨利四世。

第五幕

5.2

约克发现儿子奥墨尔**卷入**了反对亨利四世的**阴谋**。

5.3

约克发现儿子背叛了国王，但是他的妻子请求饶恕奥墨尔。

5.5

艾克斯顿和四个仆人**在庞弗雷特城堡谋杀了理查**。这可能是出于亨利四世的授意。

5.6

理查的棺材被抬上舞台。波林勃洛克放逐了艾克斯顿，**准备进军圣地赎罪**。

理查来到威尔士海岸，热情洋溢地致敬这片土地。但是，一听到信使带来的消息，他就绝望了。在弗林特城堡，波林勃洛克要求理查收回放逐令，恢复他的继承权。理查同意了。波林勃洛克向理查跪下，但权力已经转移了。理查同意和他一起回伦敦。巴各特指责约克的儿子奥墨尔公爵策划谋杀了葛罗斯特并对波林勃洛克不忠，更多指控也随之出现。约克宣称理查已将波林勃洛克作为继承人，准备逊位之后传位于他。

理查被迫公开宣布放弃王位。他摘下王冠，放下权杖，但是拒绝宣读对他的指控。他看着镜子里的自己，评价说：“一道脆弱的光辉闪耀在这脸上，这脸儿也正像不可恃的荣光一般脆弱。”（4.1.277-278）。波林勃洛克把他送入伦敦塔。在路上，理查见到了王后，两人道别。约克发现儿子奥墨尔卷入了反对波林勃洛克（现在的亨利四世）的阴谋之中。他告诉了国王，但公爵夫人婉言相劝，救了儿子一命。

皮厄斯·艾克斯顿爵士在庞弗雷特城堡谋杀了理查，将尸体献给波林勃洛克，希望得到奖赏。但是新国王陷入了深深的羞愧之中。他流放了艾克斯顿，开始整饬军队，准备去圣地朝圣。■

背景知识

主题：
王权、背叛、性格缺陷

场景：
亨利二世统治时期（1367-1400年）的英格兰和威尔士各地

来源：

1587年 霍林斯赫德的《英格兰、苏格兰和爱尔兰编年史》。

约1592年 克里斯托弗·马洛的《爱德华二世》。

1595年 塞缪尔·丹尼尔的史诗《内战前四书》。

演出：

1601年 演出激起人们支持埃塞克斯伯爵反叛女王。叛乱失败了。

1815年 被埋没了两个世纪之后，埃德蒙·基恩将该剧重新搬上伦敦舞台，将理查塑造为一位勇士。

1937年 英国演员约翰·吉尔古德在伦敦的女王剧院演出该剧，重点突出了该剧的诗意。

1971年 英国导演理查德·科特雷尔执导的电视剧中，伊安·麦克莱恩演出了一个孱弱不幸的理查。

1995年 狄波拉·华纳导演的《理查二世》在伦敦的国家剧院上演，爱尔兰演员菲欧娜·肖演出了一个雌雄同体的理查。

2009年 澳大利亚女演员凯特·布兰切特在澳大利亚悉尼剧院出演理查。

当理查发现自己“下来，下来，我来了；就像驾驭日轮的腓通。”（3.3.177）他描绘出自己悲剧命运的复杂形象。腓通（法厄同）是阿波罗的儿子，希腊神话中太阳神的儿子。根据神话，这个年轻人偷了他父亲的烈火战车，在天空飞驰，但他无法驾驭战车。战车即将坠毁地面之时，天神乔弗用一道雷电把腓通劈死了。

这个神话常被阐释为暴露野心的危险，其实它用来形容篡位的波林勃洛克更为恰当，而非理查这位君权神授的英格兰国王，后者所继承的权力常被形容成太阳。但这个神话也被用来宣告政府的失败，正如理查描述自己和腓通一样，“他的马儿不受羁勒”（3.3.178）。此后，园丁断言，理查是因为无法掌控贵族才倒了台：“我们每年按着时季，总要略微割破我们果树的外皮，因为恐怕它们过于肥茂，反而结不出果子；要是他能够用同样的手段，对付那些威权日盛的人们，他们就可以自知戒饬，他也可以尝到他们忠心的果实。”（3.4.58-64）。

权力斗争

理查的困境反映出14世纪英国贵族和国王激烈斗争的现实。该剧伊始，理查无法平息波林勃洛克和毛勃雷的争端，因为比起为国王效忠，他们二人更在意自己的荣誉。的确，该剧强调神圣王权，有部分原因在于：人们已经认识到，在一群相互竞争、全都有权主张王权的贵族之中，国王只是其中之一。

> **啊，理查！凭着我的沉重的心灵之眼，我看见你的光荣像一颗流星，从天空中降落到卑贱的地上。**
>
> ——萨立斯伯雷
> 第二幕第四场

时代的对应

莎士比亚写作该剧之时，理查二世的故事仍然是个颇具争议的话题，因为他的政权与伊丽莎白一世时期的情形十分相似。1601年，伊丽莎白曾对威廉·兰巴德说过一句名言：“你知道吗，我就是理查二世！”

和理查一样，伊丽莎白也被认为受到了宠臣的不良影响，其中最著名的要数莱斯特伯爵和埃塞克斯伯爵。和理查一样，她也要在爱尔兰平乱，但是她派了埃塞克斯伯爵去爱尔兰，没有犯下理查抛下王国的错误。她也因为没有子嗣而处境艰难。剧中对于布希、巴各特、格林的指控之一就是，他们妨碍理查延续血脉。这不仅是因为理查与王后不和，也是因为理查被指同性恋，也许是呼应了马洛《爱德华二世》中对国王的不同性取向更为明显的指涉。伊丽莎白没有面临这样的指控，但她未能生育子嗣——因为她不愿结婚——这刺激了她身边有权有势的贵族跃跃欲试。倘若她的继承人能被明确决定下来，他们也就会散了。

在埃塞克斯伯爵叛乱前夜，莎士比亚的戏剧上演，事关女王。当时，埃塞克斯在爱尔兰吃了败仗，失去了女王的恩宠。他的支持者命令宫廷大臣供奉剧团于1601年2月7日在环球剧院演出《理查二世》。

理查将自己比作腓通——希腊神话中从天空坠落的少年。米开朗基罗描绘了腓通的坠落，莎士比亚可能也看过雕刻版。

冈特的演讲

“这一个君王们的御座，这一个统于一尊的岛屿，这一片庄严的大地，这一个战神的别邸，这一个新的伊甸——地上的天堂，这一个造化女神为了防御毒害和战祸的侵入而为她自己造下的堡垒，这一个英雄豪杰的诞生之地，这一个小小的世界，这一个镶嵌在银色海水之中的宝石（那海水就像是一堵围墙，或是一道沿屋的壕沟，杜绝了宵小的觊觎），这一个幸福的国土，这一个英格兰！”（2.1.40-50）。

约翰·冈特的演讲是莎士比亚经典中最常被引用的一段，1600年就曾被编入选集。英格兰在海中筑墙，得到自然女神的庇佑，是国家建构的中心，引得士兵和国王为之流血牺牲。这段演讲至少提供了两部二战时期不列颠电影的片名：戴维·林恩的《英雄诞生之地》（1944年）和戴维·麦克唐纳的《这一个英格兰》（1941年）。很显然，这段沙文主义的台词也经历了一些重要调整——因为，至少“这一个英格兰”将当时独立的威尔士和苏格兰归纳在内了。我们也应该记住，冈特的台词是一个男人临死之时的话，表明“这个英格兰”已被毁灭。这个理想已然湮灭了。

亨利·波林勃洛克 V.S. 理查二世

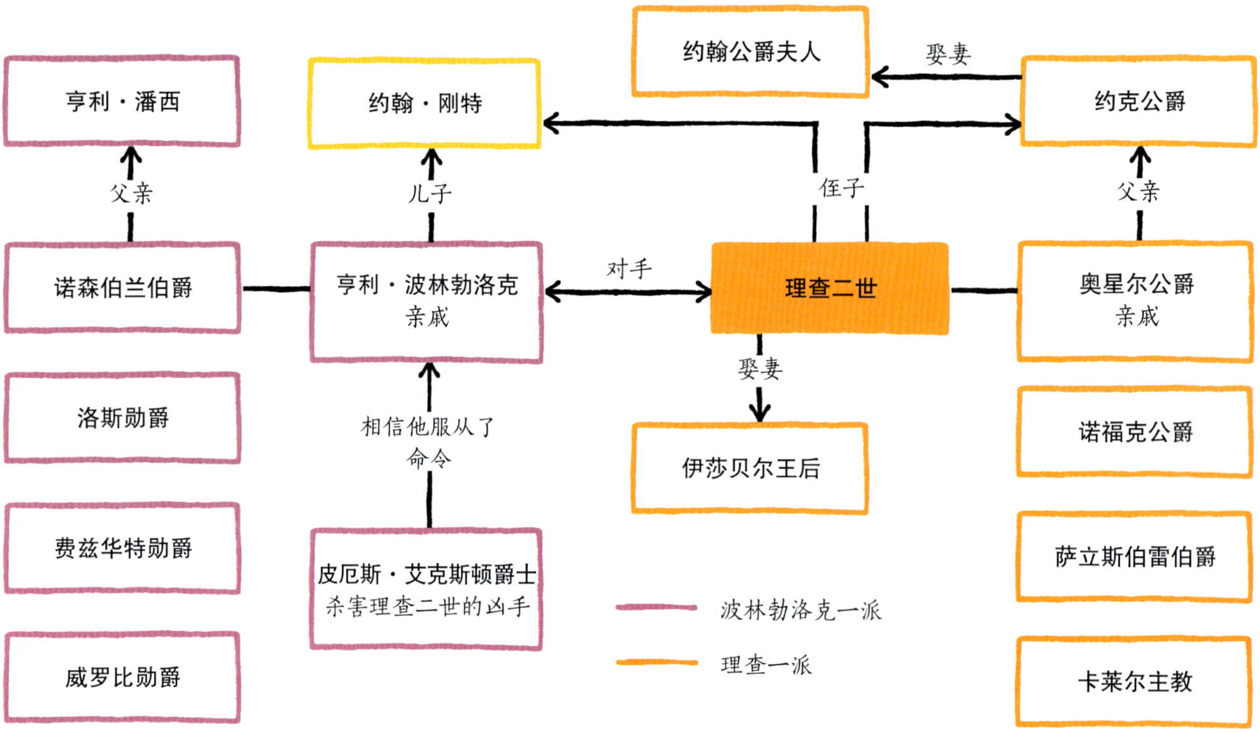

很可能，第四幕第一场罢黜国王一场戏也包括其中。印刷出版该剧可能过于危险，所以直到1608年该剧才出版。第二天，环球剧院的观众发动叛乱，但很快叛乱就平息了，埃塞克斯被控叛国。莎士比亚的剧团接受了调查，但平安无事。

自我实现的预言

《理查二世》是一部历史剧，题为《理查二世的悲剧》。理查描述自己是“驾驭日轮的腓通”，这让人联想起神话里太阳神年轻的儿子，像一颗流星从天空坠落，有一种悲情之美。

这个故事反映出理查有些自我夸张，他的夸台让人惊奇，他的自我感觉也得到了其他人的回应。萨立斯伯雷（原文为冈特）警告他：“啊，理查！凭着我的沉重的心灵之眼，我看见你的光荣像一颗流星，从天空中降落到卑贱的地上。你的太阳流着泪向西方沉没，看到即将到来的风暴、不幸和扰乱。”（2.4.18-20）。理查似乎很喜欢这个“坠落”的悲剧意象，明显想要实现它。的确，该剧是莎士比亚为数不多的一部完全没有出现任何战争场景的历史剧，突显出波林勃洛克夺得王位的轻而易举。当理查提出要“讲些关于国王们的死亡的悲惨的故事”，他隐晦地提到了悲剧在中世纪的定义，即所谓的De Casibus式悲剧，源自薄伽丘《名人的榜样》（13.55-74）所描述的悲剧。剧中人都经历了命运的

> **像你们一样，我也靠着面包生活，我也有欲望，我也懂得悲哀，我也需要朋友；既然如此，你们怎么能对我说我是一个国王呢？**
>
> ——理查二世
> 第三幕第二场

突转，从好运急转直下，直至不幸与死亡。理查差人拿一面镜子，并从镜中读出了自己的衰落，他也许在暗指英国当时一系列相似故事的选集——《为官之镜》（The Mirror For Magistrates），其中就包括了《理查二世》。

心甘情愿的受害者

很明显，莎士比亚的这个角色将自己想象成一个受害者——他被波林勃洛克迫害，受王权天性之累，被命运牵连，可能也受自身缺陷之苦。但造成他悲剧坠落的更显著原因在于，在事情发展成政治的必然之前，他就已然沉溺于逊位的悲哀幻想之中，以至于理查被指为“命中注定、自找苦吃”。比如，波林勃洛克显然只想要他收回放逐令，恢复自己的继承权，但理查早在第三幕第三场就提及国王废位，“国王现在应该怎么办？他必须屈服吗？国王就屈服吧。他必须被人废黜吗？国王就逆来顺受吧。他必须失去国王的名义吗？凭着上帝的名义，让它去吧”（3.3.142-145）。波林勃洛克什么也不必做，只要带领大军站在那里，虎视眈眈地盯着他就行了。

扮演国王

国王对文字游戏的热爱以及沉溺于喋喋不休的兴趣表明，理查是哈姆雷特的先驱。和哈姆雷特一样，理查也是少数曾由女性扮演的莎士比亚式悲剧人物（最近由菲欧娜·肖和凯特·布兰切特扮演），这样的演员阵容强化了理查的高度唯情论（包括想要哭泣）与波林布洛克的自我控制和实用主义的区别。还有一种演出方法是，让理查和波林勃洛克由长相相似的两人扮演，或是由一人扮演，这种方法有效地探索了“什么才能造就国王”。

在一些作品里，由两个演员在两个晚上交替饰演理查和波林勃洛克，暗示了谁当国王都可以的任意性，也预示了玫瑰战争的情景——权力一会儿从兰开斯特转移到约克家，一会儿又从约克家族转移到兰开斯特家。莎士比亚已将一系列同一主题的历史剧搬上舞台：《亨利六世》（上）、（中）、（下）和《理查三世》。在《理查二世》中，莎氏回到了杀害合法国王的情节——这可能会改变对王权的理解。同时，无论理查表现得多么自高自大，该剧支持了他的论点：只要当上国王，就不可避免地会成为一个悲剧循环中的主人公。■

一幅浪漫主义时期的版画描绘了理查在皮厄斯·艾克斯顿手下英勇死去的场景。理查如何被杀，我们并不清楚。有可能，他是被饿死的。

一对不幸的恋人

《罗密欧与朱丽叶》（1595年）

剧中人物

蒙太古家：

蒙太古：蒙太古家族的家长。

罗密欧：蒙太古之子，生性浪漫。

班伏里奥：蒙太古之侄，年轻的和平主义者，但不起作用。

鲍尔萨泽：罗密欧的仆人。

凯普莱特家：

凯普莱特：凯普莱特家族的家长，朱丽叶的父亲，已年过六十。

凯普莱特夫人：朱丽叶的母亲，大约26岁。

朱丽叶：凯普莱特13岁的女儿。

提伯尔特：凯普莱特夫人之内侄，脾气火爆的年轻人，觉得自己剑术精湛。

朱丽叶的乳母：感情丰富而又现实的老妈妈。

其他人：

茂丘西奥：罗密欧的朋友，富有魅力、为人幽默且言语粗俗。

爱斯卡勒斯：维洛那亲王。

帕里斯：亲王的亲戚，傲慢、正直、一心想要朱丽叶的少年贵族。

劳伦斯神父：法兰西斯派教士，秘密主持了罗密欧与朱丽叶的婚礼。

彼得：提伯尔特的追随者。

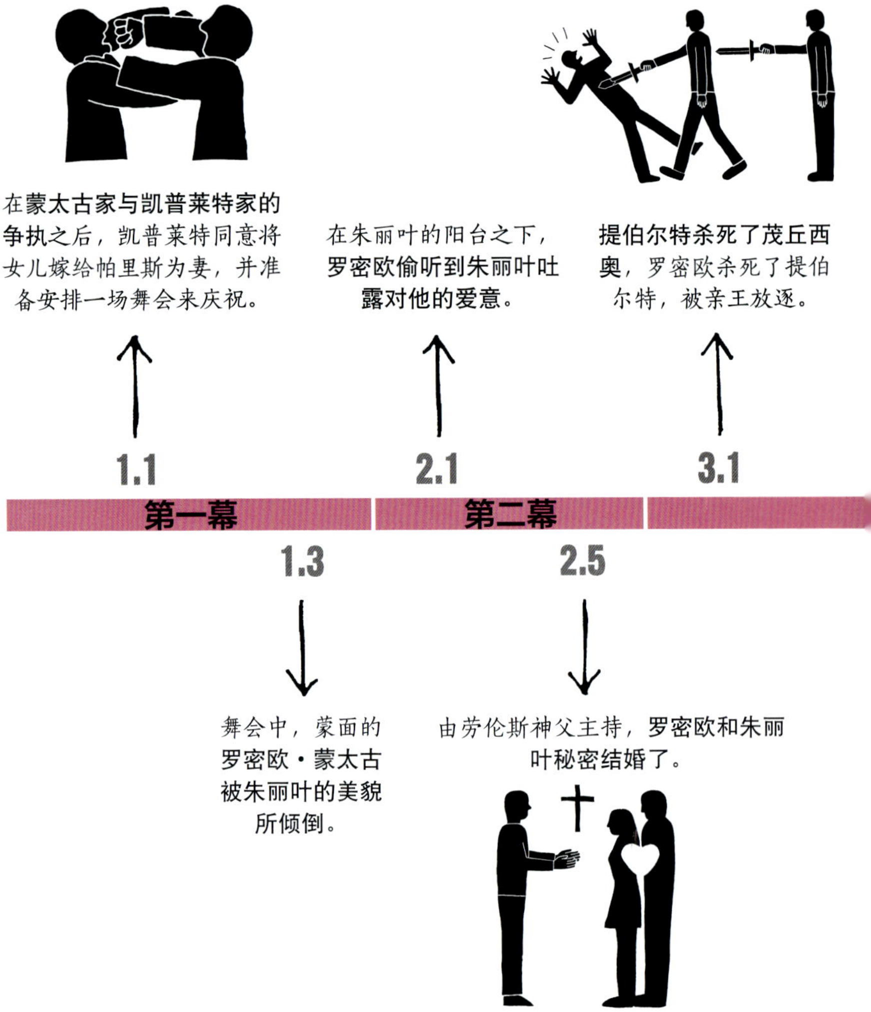

合唱队将观众带到了维洛那，两个家族结下宿怨。戏剧会在两个小时结束。合唱队告诉观众，这是他们两家的两个孩子之间的故事。这两个人是一对被诅咒的恋人，最后会死去，而两个家族的世仇会消解。

戏剧在维洛那的街道展开，蒙太古家和凯普莱特家发生争执，被维洛那亲王制止了。为了消除亲王的怒气，老凯普莱特同意将13岁的女儿朱丽叶嫁给亲王的亲戚——年轻的帕里斯为妻，并安排了一场假面舞会来庆祝。年轻的罗密欧·蒙太古和朋友们（包括机智幽默的茂丘西奥）偷偷潜入舞会，偷看罗莎琳·凯普莱特——罗密欧单相思的对象，但罗密欧很快被罗莎琳的亲戚朱丽叶迷倒了。

当晚，罗密欧来到朱丽叶阳台下的果园，偷听到她说爱上了自己，但介怀于他的姓氏。他就出现在她面前。这对欣喜若狂的恋人决定在次日晚上结婚。劳伦斯神父

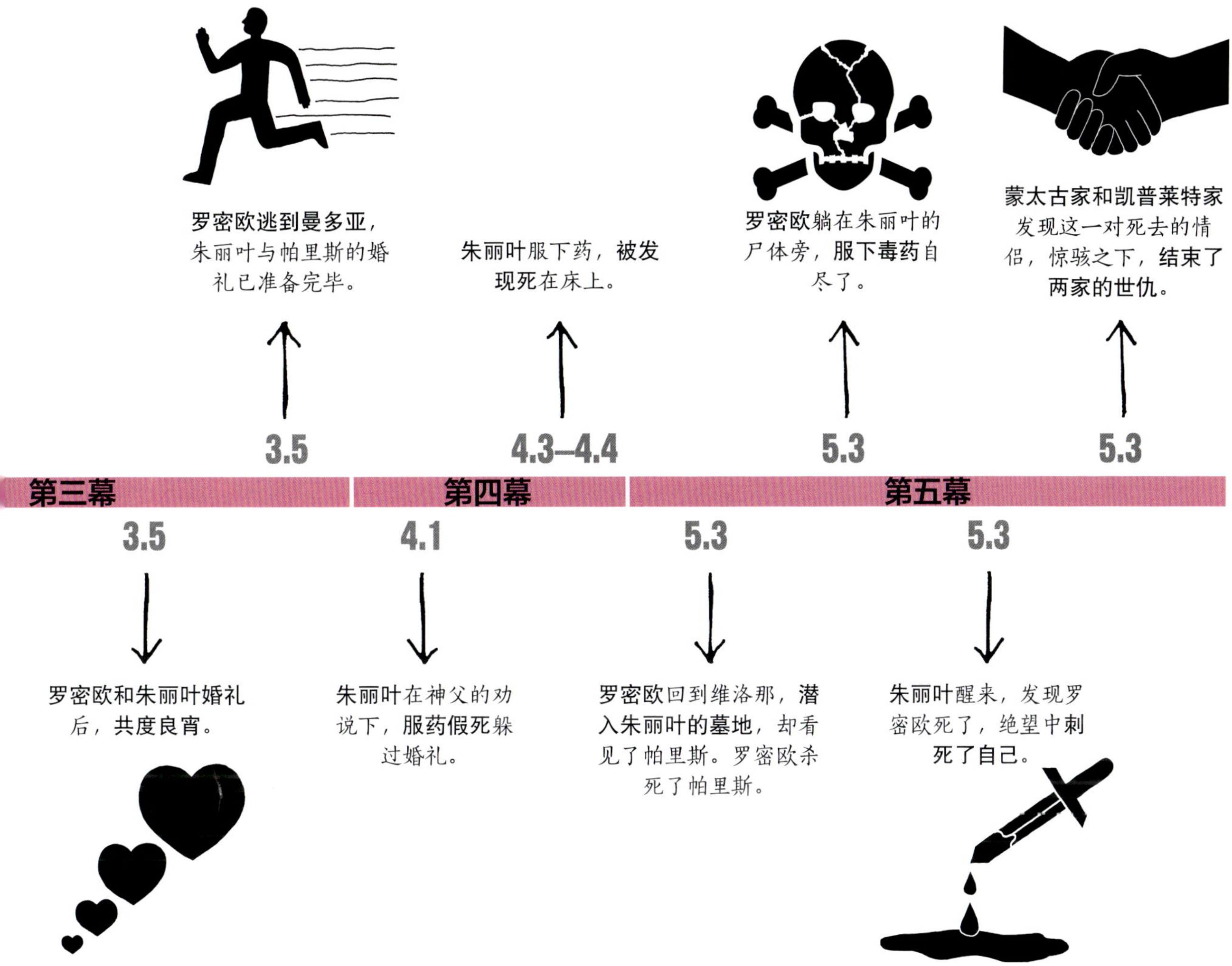

和朱丽叶的乳母答应帮助他们，希望两人的结合可以终结两个家庭的宿怨。第二天，茂丘西奥在街头取笑了提伯尔特，两人比剑决斗。此时，罗密欧知道提伯尔特也是他的亲戚，试图分开两人。但最后，提伯尔特还是伤了茂丘西奥。罗密欧为了复仇，杀死了提伯尔特。亲王将罗密欧逐出维洛那，流放到曼多亚。

朱丽叶神志不清，老凯普莱特不明所以，但还是决定让朱丽叶和帕里斯的婚礼照常进行。朱丽叶在绝望中，请求劳伦斯神父帮助。神父建议她喝下安眠药水，以假死42小时。神父给曼多亚的罗密欧送了一封信，让他等朱丽叶苏醒，去她的家族坟墓救她。朱丽叶同意了计划，婚礼当日早晨，她被发现死在床上。

神父的信并未送到罗密欧手里。罗密欧听说朱丽叶死了，满心悲痛地冲回维洛那，潜入凯普莱特家族墓地，却刚好看见帕里斯。两人打起来，帕里斯被杀死。罗密欧躺在朱丽叶看似毫无气息的尸体旁，饮下毒药自尽。不久，朱丽叶醒来，发现罗密欧身亡。她解下罗密欧的匕首，拔刀自尽。

两人的尸体被人发现，劳伦斯神父向亲王解释了这悲伤的一幕。亲王严厉批评了两个家族，因为他们的世仇才导致了这场悲剧。两位老族长握手言和，了结了两个家族的宿怨。■

背景知识

主题：

嫉妒、忠诚、背叛、浪漫爱情、男性的友谊

场景：

意大利的维洛那

来源：

1562年 阿瑟·布罗克的长诗《罗密欧与朱丽叶的悲剧故事》。

演出：

1679年 英格兰戏剧家托马斯·奥特韦将场景搬到古罗马，并给故事安排了大团圆结局，强调了该剧的政治向度。

1745年 戴维·加里克和斯普朗格·巴里在德鲁里巷和考文特花园争相演出该剧。

1845年 美国人夏洛特·库什曼在伦敦出演罗密欧，他的姐妹苏珊·库什曼出演了朱丽叶。

1935年 演员约翰·吉尔古特和劳伦斯·奥立弗在伦敦新剧院的演出大受欢迎，他俩交替扮演了罗密欧和茂丘西奥。

1938年 俄国作曲家谢尔盖·普罗科菲耶夫的芭蕾舞剧在捷克斯洛伐克的布尔诺上演。

1957年 莱昂纳多·伯恩斯坦和史蒂芬·桑德海姆的音乐剧《西区故事》将场景搬到纽约。

1994年 流亡的马其顿吉普赛剧团普拉利普（Pralipe）在波斯尼亚演出了一个穆斯林的朱丽叶和一个基督徒罗密欧。

《罗密欧与朱丽叶》也许是莎士比亚所有戏剧中最受欢迎的一部：一对年轻的恋人，注定要分离。有缘无分的故事层出不穷，但罗密欧与朱丽叶故事的深刻性赋予了莎士比亚戏剧一种情感的张力，让它在几个世纪里都获得共鸣。

罗密欧与朱丽叶迅速地陷入爱情，第二天就结婚了，两人度过了一个短暂而珍贵的夜晚，就因为家族世仇被迫分开，并卷入了一系列事件之中，最终双双自杀。很少有戏剧能如此巧妙地抓住年少的轻狂和鲁莽——不仅有爱，还有愤怒、活力与反复无常；而在一个破碎的世界里，老年人无法给出明智的指导。难怪该剧语气如此贴近年轻人，就像是在对当时的年轻人说话。

莎士比亚让命运静静等待两人，直到合适的时间一举爆发。在开场的14句台词中，合唱队展示了整个情节，告诉我们戏剧讲的是“一对不幸的恋人”——两人悲惨纠葛的命运写在了星星上——他们会在他们的父母明白以前就死去，“这一段生生死死的恋爱，还有那两家父母的嫌隙，把一对多情的儿女杀害，演成了今天这一本戏剧”（开场诗9-12）。

> **我从前的恋爱是假非真，今晚才遇见绝世的佳人！**
>
> ——罗密欧
>
> 第一幕第五场

> **我们叫作玫瑰的这一种花，要是换了个名字，它的香味还是同样的芬芳。**
>
> ——朱丽叶
>
> 第二幕第一场

对于习惯了悬疑、复杂、纠结的电影剧情的当代观众来说，这样的开头令人吃惊，今天的评论家也会乐于提醒我们，此类开头会令观众扫兴。但恰恰相反，这样的开头却让《罗密欧与朱丽叶》更加吸引人。我们很清楚这对年轻的恋人将会遇到什么，即使他们当时还不知道。我们知道两人受到命运的诅咒，当他们带着迷人的魅力、天真和乐观出场时，我们就知道了。但当他们盲目地奔向注定的结局，我们还是无法掩面不看。

的确，我们发现，他们的爱情如此强烈、如此不可避免，只会以死亡终结，这让整个故事更加吸引观众，自16世纪90年代它首次上演之时就是这样了。对于浪漫主义者来讲，尤其对于年轻人来讲，不顾世界的残酷，却仍飞蛾扑火般地追求爱情，这的确令人着迷。

我们可能会觉得这对恋人很单纯，因而推断他们年纪不大。1968年，弗朗哥·泽菲雷利执导的电影中，饰演朱丽叶的奥利维娅·赫西只有16岁。

故事的取材

年轻人宁愿双双殉情而死，也不愿独活。这样的故事已经相当老套了。比如，罗马诗人奥维德的《变形记》就讲述了恋人皮拉摩斯和提斯柏被迫分开的故事，而莎士比亚在接下来的《仲夏夜之梦》中模仿了这个故事。公元3世纪的希腊作家以弗所人色诺芬的《以弗所传奇》中，就有类似的故事。

罗密欧和朱丽叶的故事在16世纪的意大利颇为流行。1530年，意大利作家波特路易吉·达·波尔图的小说《罗密欧与朱丽叶》里，就有两个世代结仇的家庭——维洛那的蒙泰奇家和克雷蒙那的卡普烈家。两个家庭都是真实存在的，诗人但丁在《炼狱》中曾写过他们是13世纪意大利国内矛盾的中心。莎士比亚同时代的素材可能来自1562年英国诗人阿瑟·布罗克的长诗《罗密欧与朱丽叶的悲剧故事》。

莎士比亚的改编

《罗密欧与朱丽叶》中的许多主要角色都与布罗克诗中的一致，但莎士比亚对于这个故事的处理却不尽相同。在《罗密欧与朱丽叶》中，恋人们只在婚礼后共度了一晚，而在布罗克的诗中，罗密欧每晚都去找朱丽叶，持续了一到两个月之久。莎士比亚的剧情进展迅速，这主要是为了突显这个浪

伊丽莎白时期的世仇

沙翁创作《罗密欧与朱丽叶》之时，英国正经历着前所未有的分裂。1533年，英王亨利八世与罗马教廷决裂所留下的伤痕依然历历在目。亨利八世的女儿、新教女王伊丽莎白一世的统治（如图）受到国内外天主教徒的内外夹击。女王的首席大臣罗伯特·塞西尔带领心腹无情地捕杀天主教异端，而天主教反改教运动亦阴谋毁灭新教英国。

年轻的一代——包括莎士比亚——在战争的间歇喘息，而《罗密欧与朱丽叶》被认为是对于子孙后代悲剧结局的一个提醒。如果用新教和天主教代替蒙太古家族和凯普莱特家族这对有世仇的邻居，罗密欧与朱丽叶在英国应该也有对应之人。

维洛那两大家族的世仇

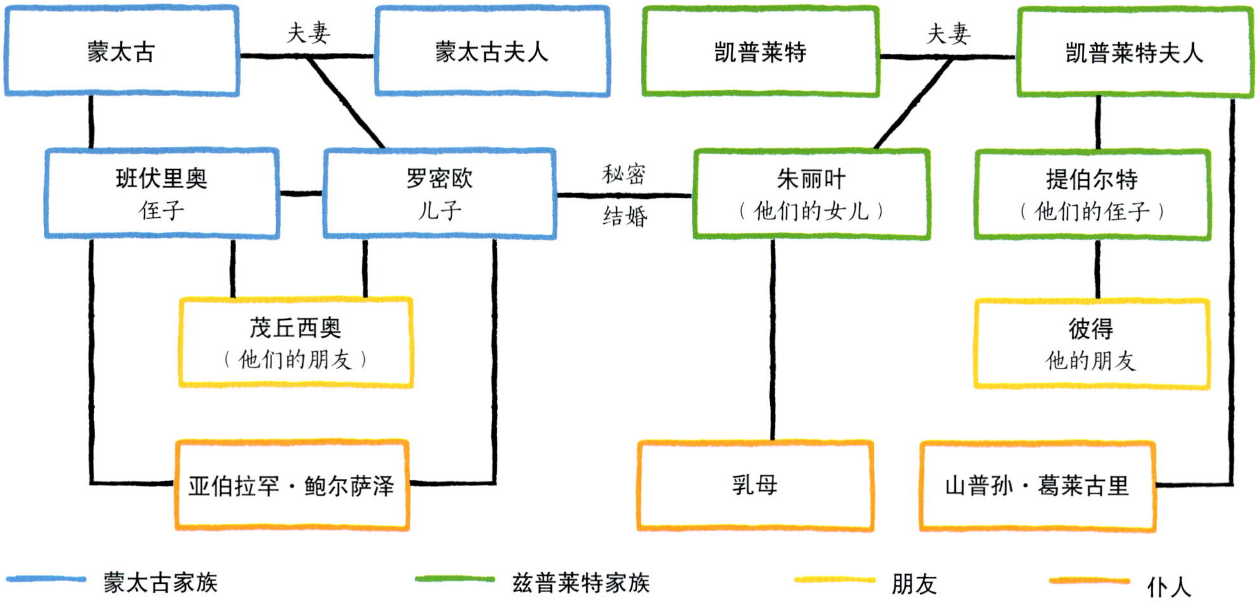

漫故事如此短暂的悲剧。莎士比亚对这对恋人的态度也不一样。布罗克始终不赞同他们；他们是“不幸的恋人；屈从于虚伪的欲望，无视父母的权威和朋友的建议。”莎士比亚却持相反立场。《罗密欧与朱丽叶》中的两人都是无辜的受害者，他们陷在美好热切的爱情之中，超越了父辈的争吵与怨恨。正是这种宽容与同情让莎士比亚得到了广泛认同，也让他传达出了在当时如此颠覆的信息。

> **我的慷慨像海一样浩渺，我的爱情也像海一样深沉；我给你的越多，我自己也越富有，因为这两者都是无穷尽的。**
>
> ——朱丽叶
> 第二幕第一场

布罗克诗中的角色大都是原型人物，而在《罗密欧与朱丽叶》中，他们有血有肉，更加饱满真实。莎士比亚还塑造了一些充满生活气息的小角色，比如善意的劳伦斯神父、絮絮叨叨的乳母。罗密欧的聪明、机智又现实的朋友茂丘西奥也完全是莎士比亚的创造，是他所创造出的最富吸引力的人物。正是第三幕开始时茂丘西奥的身亡，戏剧性地扭转了整部戏剧的氛围。

舞台革命

今天的观众已经很难体会，莎士比亚将这个故事搬上英国舞台，是多么惊世骇俗。没错，意大利小说在年轻人中越来越流行了——莎士比亚写作《罗密欧与朱丽叶》之时，还不到30岁——但之前没人敢在舞台上演出此类戏剧。之前的悲剧主要是在宏大的背景下，讲述贵族和勇士的故事。但在这部剧中，男、女主人公不过是当时的两个寻常少男少女，只是他们的爱情和语言有些不同，场景也只是寻常城市，刚好叫作维洛那，但是叫其他名字也无妨。年轻的莎士比亚写起戏剧开场毫不拖沓，也没有很多早期悲剧中常见的庄严史诗，他的剧本轻快、现实、还爱说脏话。

合唱队以一段简短、整齐的诗歌提示了该剧的场景，莎士比亚似在让我们准备好观看布罗克版本中所出现的警世故事，或观看一段幼稚可笑的爱情。但这些警句甫一结束，我们就被扔到了世仇的无政府现实之中，诗歌让位于维洛那街头的群殴。伴着粗野的对骂和粗鲁手势，两家的仆人山普孙和葛莱古里、亚伯拉罕和鲍尔萨泽互相喊着粗话威胁对方。山普孙威胁要夺去蒙太古家所有女人的贞操。

剑已出鞘，架也开打，很快，两个家族的年轻人就开始比划，老凯普莱特也加入其中，弱弱地举起剑，击打同样孱弱的老蒙太古——如蒙太古年轻的妻子所说，后者也弱弱地亮出自己的武器："剑"。这是一个由雄性力量的男子掌管的不守规则的世界，即使老年人也参与其中，而智慧和教导却旁落到劳伦斯神父和朱丽叶的乳母这样有问题的人手中。

名字里有什么?

在这样一个功能失调的社会，"名字"就是一切，真实的本质与感情被弃之不顾。当罗密欧与朱丽叶开始共谱浪漫，朱丽叶意识到名字可能是个陷阱，她发出了一声著名的哀叹："罗密欧啊，罗密欧！为什么你偏偏是罗密欧呢？……我们叫作玫瑰的这一种花，要是换了个名字，它的香味还是同样的芬芳。"（2.1.75-86）。朱丽叶想要爱人给她一个超越姓名的陷阱的方法："罗密欧，抛弃了你的名字吧；我愿意把我整个的心灵，赔偿你这一个身外的空名。"（2.1.89-91）。但是最终，即使真爱如此，也不足够。被流放之后，罗密欧问劳伦斯神父："告诉我，我的名字是在我身上哪一处万恶的地方？"（3.4.105-106）。他同样意识到名字本身所含的毒性，绝望地想要抛弃它。这个名字判了他死刑。

虚情假意

在虚荣的维洛那世界，即便是爱情，一开始也是假象。当罗密欧第一次出现在舞台，他心不在焉地游荡在群殴之后的街道。他恋爱了，但对方不是朱丽叶，而是凯普莱特家族的另一个女孩儿，名叫罗莎琳。她从未出现在舞台，如同罗密欧对她的爱一样虚无。

当代观众可能会从戏剧家克里斯托弗·马洛的肖像画中认出茂丘西奥。和茂丘西奥一样，1593年，马洛死于一场殴斗。该图绘于1903年。

14世纪修建的一所维洛那大宅的阳台与朱丽叶的阳台类似。这座大宅属于开普莱提家族所有，而凯普莱特家族的故事正是基于此改编的。

对于一个发生在意大利的浪漫故事来讲，罗密欧利用十四行诗表达对罗莎琳的爱情很合适，14世纪的意大利诗人彼特拉克就是早期十四行诗的主要写作者。在莎士比亚写作十四行诗之前，十四行诗就已经是表达爱情的标准文学样式了，尤其是表现单相思之情——而莎士比亚很快改编了这一形式，形成了自己的诗体。十四行诗需要采用很多修辞方法，包括矛盾修辞法——将相互矛盾的单词放在一起。罗密欧写给罗莎琳的十四行诗堆满了传统的矛盾修辞："啊，吵吵闹闹的相爱，亲亲热热的怨恨！啊，无中生有的一切！啊，沉重的轻浮，严肃的狂妄，整齐的混乱，铅铸的羽毛，光明的烟雾，寒冷的火焰，憔悴的健康！"（1.1.173-177）。

> 离别是这样甜蜜的凄清，我真要向你道晚安直到天明！
>
> ——朱丽叶
>
> 第二幕第一场

但罗密欧还没有学习到，爱情需要打破常规，才能找到更真实的东西。即使他第一眼看见朱丽叶，他说出的也是整齐的双行体："我从前的恋爱是假非真，今晚才遇见绝世的佳人！"（1.5.51-52）。

打破常规

罗密欧与朱丽叶第一次对话时，很明显，两人都很紧张，他们分说了十四行诗中的诗句。此处的十四行诗，常常是最为私密、最难以说出口的诗句，构成了一段温情的对话。诗歌最后的双行体由两人合说，像是在强调两人之间奇迹般的关联和纠缠的命运："朱丽叶：你的祷告已蒙神明允准。罗密欧：神明，请容我把殊恩受领（吻朱丽叶）"（1.5.104-105）。

从此以后，他们俩找到了一个更为真诚的新的互动方式，主要用无韵诗体交谈。正是年轻的朱丽叶首先使用了这种方法表达爱意，而罗密欧紧随其后。

阳台场景

在阳台场景中，阳台意味着这对情侣是分开的，罗密欧是站在朱丽叶阳台下的果园里，和她说话。阳台的高度将两人在舞台上隔开，让他们可以激情四溢地交谈。如果两人黏在一起，反倒不会这样了，只会身体上接近彼此。

> 你们这两家倒霉的人家！我已经死在你们手里了——你们这两家人家！
>
> ——茂丘西奥
>
> 第三幕第一场

爱的语言

莎士比亚找到了一种新的语言来表达爱情，既新鲜，又亲密，而且是全新的英语诗歌类型——富含意象，但是真诚而个性化，由这一对热切的恋人打造，寓意丰富的诗性暗指比比皆是。比如，朱丽叶想要变成放鹰人，召回罗密欧这只鹰儿。莎士比亚跨越了以往的分歧，发展出一种全新的、更重雕琢的、也更深刻的语言表达方式和剧情模式。罗密欧和朱丽叶的台词充满真情实感。很少有这样年少的爱情能表达得如此温柔美好。

然而，他们的爱情从一开始就被诅咒了。朱丽叶催促时间过去，呼唤黑夜早点来临："成全恋爱的黑夜"（3.2.5）会允许他们在一起。但夜晚不仅代表爱情，也预示着死亡，想要快速奔跑进黑夜也是想要轻率地奔向俩人悲剧的结局。

《罗密欧与朱丽叶》的悖反对立随处可见——光明与黑暗、年轻与年老、时间飞逝与时间缓慢、月亮与群星、爱与恨。朱丽叶向乳母描述罗密欧："恨灰中燃起了爱火融融"（1.5.137）。

我们知道，最终黑暗会得胜。罗密欧和朱丽叶的爱情无法善终，因为他们浪漫的理想主义无法超越父辈的争执。但经由死亡，他们提供了化干戈为玉帛的催化剂。凯普莱特对蒙太古说，"啊，蒙太古大哥！把你的手给我"（5.3.295），两人各自夸赞起对方的孩子。亲王对着两具尸体致哀："清晨带来了凄凉的和解，太阳也惨得在云中躲闪。"（5.3.304-305）。活着的人都感到一阵深深的愧疚。■

艾德丽安·坎通纳编排并主演了芭蕾舞剧《罗密欧与朱丽叶》，由她的丈夫拉斯塔·托马斯执导。这部戏将普罗科菲耶夫式的场景融入了现代音乐。

改编

莎士比亚的《罗密欧与朱丽叶》至少有30个歌剧和芭蕾舞剧版本。1957年，莱昂纳多·伯恩斯坦和斯蒂芬·桑德海姆的音乐舞台剧《西区故事》将场景搬到纽约西区，两派黑帮（沙克家族和捷特家族）相互火并。很多其他的舞台表演也是改编自莎士比亚的版本，比如法国作曲家捷哈·皮斯葛维克的《罗密欧与朱丽叶之爱恨缠绵》（2001）。

《罗密欧与朱丽叶》的电影改编超过60部，第一部是克莱门斯·莫里斯1900年的作品。最著名的作品之一要数弗朗哥·泽菲雷利1968年的电影，剧中美丽的少男少女演员非常引人注目，其中包括饰演朱丽叶的16岁演员奥利维娅·赫西。赫西全裸出境，引起争议。巴兹·鲁赫曼1996年的作品《罗密欧+朱丽叶》（如图）由影星莱昂纳多·迪卡普里奥和克莱尔·丹妮丝主演，并将场景搬到了一个现代社会边缘少年的世界——加利福尼亚的"维洛那海滩"。

真正的爱情，所走的道路永远是崎岖多阻

《仲夏夜之梦》（1595年）

剧中人物

忒修斯：雅典公爵，阿玛宗的征服者。

希波吕忒：被征服的阿玛宗女王，忒修斯的未婚妻。

伊吉斯：赫米娅之父。

赫米娅：伊吉斯矮小、暴躁的黑发女儿，恋拉山德。

拉山德：浪漫多情，恋赫米娅。

狄米特律斯：比拉山德更顽固，同恋赫米娅。

海丽娜：高个、金发，恋狄米特律斯。

奥布朗：仙王。

提泰妮娅：仙后。

好人儿罗宾：爱捣乱的听差精灵，又名迫克。

豆花、**蛛网**、**飞蛾**、**芥子**：伺候仙后的小仙人们。

昆斯：木匠，表演了开场诗。

波顿：织工，扮演皮拉摩斯，他的头后来变成了驴头。

弗鲁特：修风箱者，扮演提斯柏。

斯诺特：补锅匠，扮演“墙”，担心狮子太可怕。

斯纳格：细工木匠，扮演“狮子”，学得很慢。

斯塔佛林：裁缝，扮演“月亮”。

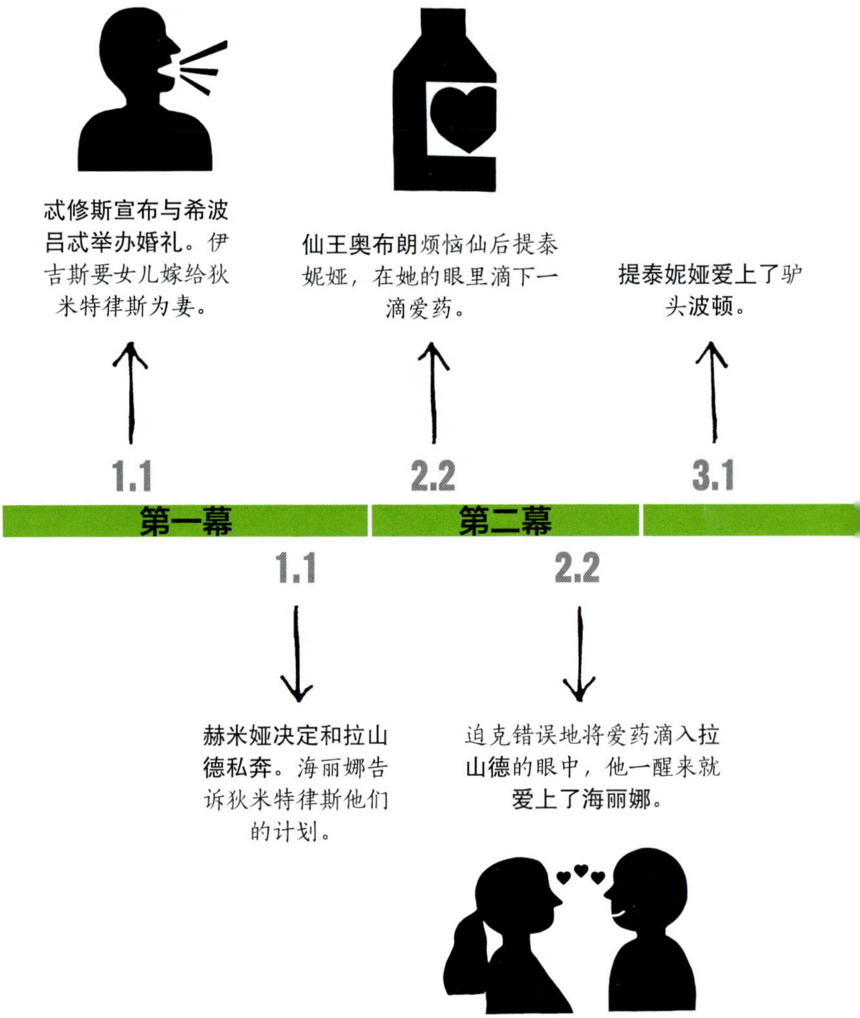

在雅典，忒修斯正准备和他所征服的阿玛宗女王希波吕忒举办婚礼，突然伊吉斯控诉女儿赫米娅不愿嫁给狄米特律斯。他说女儿受了拉山德的引诱。忒修斯下令让赫米娅嫁给狄米特律斯。赫米娅和拉山德决定私奔，相约次日夜晚在森林会合。赫米娅偷偷告诉了海丽娜。海丽娜爱着狄米特律斯。为了赢得他的爱，海丽娜把私奔的计划告诉了狄米特律斯。一帮乐工也约在森林，准备排练一出戏给婚礼助兴。

在森林里，仙王奥布朗和仙后提泰妮娅因为一个偷来的孩子争吵起来。奥布朗让捣蛋的小精灵迫克去找一种花汁。将这种花汁滴入睡着的人的眼中，他们会爱上睁开眼所见到的第一个人。奥布朗将花汁滴入提泰妮娅的眼中。狄米特律斯和海丽娜追逐着赫米娅和拉山德，也进入了森林。奥布朗令迫克将花汁滴入狄米特律斯的眼里，想让他爱上海丽娜——但迫克弄错了对

在森林中一场狂野的追逐后，恋人们都睡着了。

3.3

奥布朗解除了提泰妮娅中的爱药，迫克把波顿的头变回来了。

4.1

恋人们醒来，找到了正确的伴侣。忒修斯下令在雅典举办集体婚礼。

4.1

迫克和仙人们祝福了宫廷。

5.2

第三幕　第四幕　第五幕

3.2

奥布朗将爱药滴入狄米特律斯的眼中。狄米特律斯爱上了海丽娜。

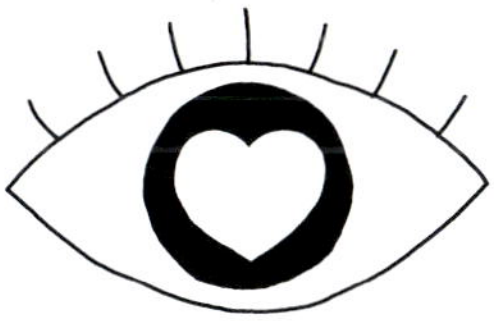

3.3

迫克将解药滴入拉山德的眼里，解除了混乱。

4.1

忒修斯和希波吕忒在林中狩猎，巧遇沉睡的恋人们。

5.1

在雅典举办的婚礼中，乐工表演了皮拉摩斯及提斯柏的故事，引起了很多欢笑。

象，把花汁滴入了拉山德眼中。拉山德醒来看见海丽娜，立刻爱上了她。

乐工在排练，迫克把波顿变成了驴头。波顿的朋友们都吓跑了，但睡在附近的提泰妮娅醒来，爱上了他。奥布朗想改正错误，把花汁滴入狄米特律斯的眼中。但当狄米特律斯也爱上了海丽娜，海丽娜却觉得一切都是一个残酷的玩笑。

少男少女们在森林里打斗、奔跑，终于睡着了。他们入睡时，迫克从拉山德眼里除去了魔咒。

奥布朗也从提泰妮娅眼里解除了咒语。她醒来，发现自己将波顿搂在怀里，大为惊骇。奥布朗令迫克将波顿的头变回来，奥布朗和提泰妮娅最终和解了。

忒修斯、希波吕忒与伊吉斯一同外出狩猎，发现了沉睡的恋人们。恋人们醒来，赫米娅和拉山德凑成一对儿，赫米娅和狄米特律斯也凑成一对儿。忒修斯让他们加入婚礼，三对新人一起结婚。乐工结束了排练，一起返回雅典。

婚礼之后，乐工演出了戏剧《皮拉摩斯和提斯柏》，讲述的是一对分开的恋人。在这出戏中，提斯柏发现了一只狮子，于是逃走了，丢下了她的斗篷。皮拉摩斯发现了斗篷，刺死了自己。提斯柏发现了皮拉摩斯的尸体，也自杀了。宫里的大人们忍不住哈哈大笑，戏剧也就这样结束了。忒修斯念了收尾词。迫克与仙人们佑护着宫廷。■

背景知识

主题：
爱情、身份、理智与疯狂

场景：
神秘的雅典、雅典城外森林

来源：
公元8年 罗马诗人奥维德的长诗《变形记》和希腊神话

演出：
1604年 有记录的首演在詹姆斯一世的宫廷举行。

1662年 一次并不成功的改编；英国人塞缪尔·佩皮斯在日记中写道："鄙人所见最荒谬无趣的一出剧"。

1692年 英国演员托马斯·贝特顿委托亨利·帕塞尔为该剧编排音乐《仙后》。

1905年 澳大利亚导演马克斯·莱因哈特执导的柏林版，使用了旋转舞台。

1914年 英国导演兼演员哈利·格兰维尔-巴克的改编版充满未来主义色彩，引发广泛争议。

1960年 英国作曲家本杰明·布里顿将该剧改编为歌剧。

1970年 彼得·布鲁克为皇家莎士比亚剧团打造的简约主义版本，使用了一个白盒子作为布景。

2006年 受印度金奈版本的影响，英国戏剧导演蒂姆·萨博将该剧打造成一个印度民间传说。

在莎翁的诸多经典之作中，《仲夏夜之梦》可谓独一无二。它浪漫传奇，诗意满满，又言辞幽默，美轮美奂，好似一次梦幻的航程，又如一场魔幻的探险，充分发掘出爱的柔情蜜意、激动人心又危险重重。无论在何种文化之中，《仲夏夜之梦》都能找到共鸣，并在世界各地轮番上演。

该剧并非发生在普通夜晚，而是特指仲夏良夜。自古以来，人们就认为夏至当天具有神奇的魔力。在莎士比亚时期的英国，异教传统比基督教要深厚得多，影响也更为广泛，这就表现为夜晚充满魔幻，精灵和仙女就在他乡。当然，并非所有人都相信仙女的存在，埃德蒙·斯宾塞在同期作品《仙后》中就宣称，"说实话，没有那种东西，连影子都没有。"莎士比亚正是用了"夜晚"来探讨想象与真实、疯狂与理智、爱情与常识的相互关联，他的故事既欢腾魅惑，又探索了人们思想深处的阴暗面。斯宾塞的《仙后》将故事背景架构于仙土之上，描绘的却是真实世界的女皇，即伊丽莎白一世。《仲夏夜之梦》也是如此：在仙后提泰妮娅和阿玛宗女王希波吕忒的身上，不难看到伊丽莎白女王的影子。

婚礼与婚姻

《仲夏夜之梦》何时写成，这

蒂姆·萨博为皇家莎士比亚剧团打造的《仲夏夜之梦》（2006年）将场景搬到了印度。剧中台词既有英语，又混杂了六种印度方言。图为波顿哀叹自己长出了驴头。

> **疲乏的夜啊！**
> **冗长的夜啊！**
> **减少一些你的时辰吧！**
>
> ——海丽娜
> 第三幕第二场

仍是个谜。有人认为，该剧是为婚庆而作，可能是为1595年年轻的伊丽莎白·德·维尔与德比公爵的婚礼献礼。但也有人驳斥这一说法。不容置疑的是，该剧采取了典型的宫廷假面剧写法。它以宣布婚礼开始（这一幕通常出现在戏剧结尾），并在三场婚礼同时举行的良宵终结。

婚礼即将在真实世界雅典举行，交代出这场精灵森林魔幻之旅的背景。情人、仙人和"工人"的世界既对应工整，又相互交叠。最后，随着"工人"加入游行队伍，在神奇火炬的映照中，一场魔幻之舞结束了全剧。该剧既可看作一幕精致的婚礼庆典，也可看作一篇对爱情本质的说明，好让观戏的小夫妻在婚姻生活开始之前懂些道理。

城市和森林

《仲夏夜之梦》具有三重结构。它以城市场景开头，随后进入森林，最后又重返城市。城市代表秩序、理性和纪律，但在这个城市里，秩序被破坏了。人们必须进入野外，学习教训，获得真实经历。在很大程度上，这也是一场内在的修行，即寻求自知之旅。它既是自我的个人旅行，也让社会重新发现了什么才最重要。很明显，雅典城有很多东西亟待学习。《仲》剧伊始，忒修斯解释说他如何以武力赢得了阿玛宗女王希波吕忒（著名的女勇士）的爱情："希波吕忒，我用我的剑向你求婚，用威力的侵凌赢得了你的芳心"（1.1.16-17）。

老伊吉斯宣称，如果女儿赫米娅不愿嫁给狄米特律斯为妻，他要立刻处死女儿。即便忒修斯愿意"宽恕"她，也只应允让赫米娅终身为修女。很明显，法律站在忒修斯和伊吉斯的一边，但他们"理性"和"义"的世界并不认同人类的爱情和感觉。相反，忒修斯全然无视想象与诗意，乃至爱情。他将爱情等同于癫狂："疯子、情人和诗人，都是幻想的产儿"（5.1.7-8）。对于忒修斯而言，爱情是一派疯狂胡言，诗歌只是眼睛狂放的一转。

> **疯子、情人和诗人，都是幻想的产儿。**
>
> ——忒修斯
> 第五幕第一场

一首英格兰的田园诗

《仲夏夜之梦》中的森林据说在雅典城外，但事实上，它就在英格兰，就如莎士比亚所熟知的阿登森林一样。《仲》剧可谓是一首英格兰的赞美诗，它充满魔力，却又如此现实——它也许在提醒位高权重者什么才最重要。

奥布朗提及的野花，正是出自英国园林，很可能是在作者儿时路边的必经之处。作者以一颗柔软善感的心灵，展现出丰富知识，笔下的花卉栩栩如生。经由奥布朗之口，莎士比亚写道："我知道一处茴香盛开的水滩，长满着樱草和盈盈的紫罗丝，馥郁的金银花，芗泽的野蔷薇，漫天张起了一幅芬芳的锦帷。"（2.1.250-253）。

提泰妮娅口中的迷雾、湿漉漉的田野、困乏的农夫，都充满英式风情，绝非雅典可见。而技工们的喜剧表演也绝对是英国式的，只有英国人才听得明白。

> 这些都是因为嫉妒而捏造出来的谎话。
>
> ——提泰妮娅
> 第二幕第一场

雅典与维洛那的双线并构

在某种程度上，忒修斯的雅典与维洛那一样病态。维洛那的世仇导致了《罗密欧与朱丽叶》的悲剧（大致写于同时）。与罗密欧和朱丽叶一样，拉山德与赫米娅也是一对不幸的恋人，因为父辈的愚蠢和专制而被迫分离。当拉山德哀叹"真正的爱情，所走的道路永远是崎岖多阻"（1.1.134），他就像在说罗密欧与朱丽叶。罗密欧和朱丽叶若要获得幸福，蒙太古和凯普莱特两家就必须也来一场《仲夏夜之梦》式的森林之旅。

思想的森林

四位恋人和技工们一同进入森林。森林充满想象、幻想与美梦，将世间秩序掀了个底朝天。现今的心理学家可能会说到无意识领域，批评家会探索剧中的心理意象、性欲和性别问题，但在莎士比亚的时代，这就是梦和仙女的世界。事实上，整出戏剧就表现为一个我们误入的梦境。正如迫克在收场白中所说："要是我们这辈子有拂了诸位的尊意，就请你们这样思量，一切便可得到补偿；这种种幻景的显现，不过是梦中的妄念；这一段无聊的情节，真同诞梦一样无力。"（收场白1-6）。

梦幻森林颠倒了常态。与其说这是个梦，不如说是个噩梦。各色人物轮番上演，头戴面具，身着戏服，变换角色，行为失当，言语失常，交换身份和恋人，织工波顿甚至长出了个驴头。理性和"常识"的世界消失了，一切不再笃定，个体身份也不停转换变化。

> 她个子虽小，却异常凶猛。
>
> ——海丽娜
> 第三幕第二场

身份困扰

身份的丧失让人沮丧，乃至恐惧。什么是爱？为什么爱情如此变化无常？爱情与身份有关系吗？当热恋的爱人拉山德突然恨起她来，赫米娅这位最坚定的恋人，开始质疑自己的身份："难道我不是赫米娅了吗？难道你不是拉山德了吗？"（3.2.274）。但海丽娜戏剧一开始就哀叹，自己若是赫米娅就

改编作品

《仲》剧与众不同的结构，意味着改编者通常不会因循守旧。尤其是17世纪，许多作品都是自由发挥，例如，只演出戏剧化元素。《仲》是一场盛装游行，引发出许多配乐作品。其中最著名的要数英国作曲家亨利·帕塞尔的《仙后》（1692年），帕塞尔在每一场之间都加入了精致唯美的假面音乐剧。1842年，费利克斯·门德尔松加入的优美配乐中，就包括了著名的《婚礼进行曲》。

20世纪的改编者对剧中的心理意象和性意象更感兴趣。彼得·布鲁克1970年的作品将布景简化成一个平淡无奇的白盒子，他更关注成人主题，而非景观设计。本杰明·布里顿1960年的歌剧版《仲》加入了一个男童合唱团，以童贞反衬成人世界的淫荡。电影改编包括马克斯·莱因哈特场面华丽的史诗巨作（1935年）及近来迈克尔·霍夫曼的托斯卡纳肥皂剧（1999年）。（如图）

《仲夏夜之梦》的人物关系

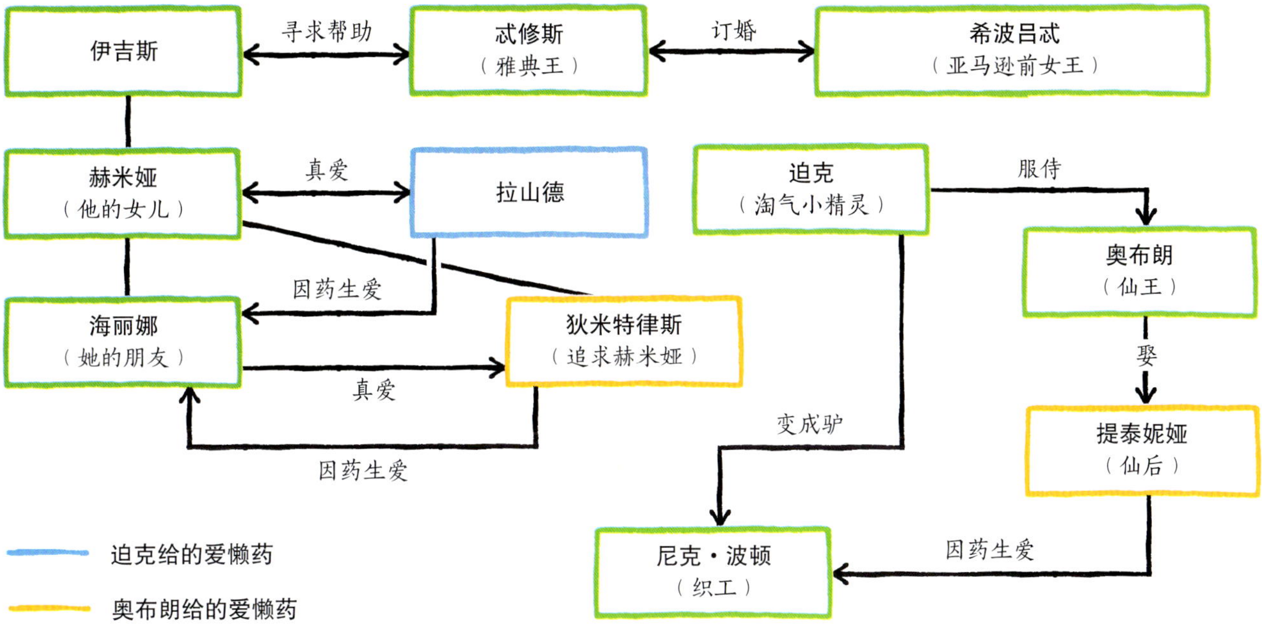

好了，可以被狄米特律斯爱着会有多幸福——她甚至愿意放弃整个世界，“变身”为赫米娅。

在森林里，变化多端的淘气小精灵迫克让他们都“变身”了，但结果绝对是个噩梦。神奇的爱懒花花汁让他们变身，也让爱变成恨，恨变成爱，从一个极端走向另一个极端。波顿是变身最戏剧化的一个，而他又是最稳定的一个。的确，他长出了个驴头，但他始终对提泰妮娅和照顾他的众仙女大献殷勤，他与提泰妮娅的关系虽有些荒谬，但却最为柔情。其实，对于爱情，波顿是最为理智的一位。他对提泰妮娅说：“您这可太没有理由。不过说老实话，现今世界上理性可真难得跟爱情碰头；也没有哪位正直的邻居大叔给他俩撮合撮合做朋友，真是抱歉得很。”（3.1.135-137）。

欢乐的结局

该剧在工人们身上显示出对爱情本质的理解。在穿越疯狂森林的旅途中，工人们并未丧失理智。他们也出演戏剧角色，却保持了身份的稳定。斯诺特并未变成墙，只是如他自己所言，“扮演”墙。

这些普通人出现在戏剧结尾非常恰如其分。他们带来欢笑，同时将剧作拉回现实，将梦幻世界留给仙子，重新树立起界限。剧终时分，各人沉沉睡去，将这个狂野之夜抛诸脑后。仙子们再临居所，守护起人们的梦境：“但他们所说的一夜间全部的经历，以及他们大家心理上都受到同样影响的事实，可以证明那不会是幻想。虽然那故事是怪异而惊人，却并不令人不能置信。”（5.1.23-27）。■

> 饿狮在高声咆哮；
> 豺狼在向月长嗥；
> 农夫们鼾息沉沉，
> 完毕一天的辛勤。
>
> ——迫克
> 第五幕第二场

建立在血泊中的基础是不会稳固的

《约翰王》（1596年）

剧中人物

约翰王：英格兰国王，虚荣、残酷、优柔寡断。

艾莉诺：约翰王之母。

庶子腓力普：约翰长兄理查一世的私生子，之后被晋升为理查·普兰塔琪纳特爵士。

路易：腓力普王的儿子，法国皇太子。

白兰绮：西班牙郡主，约翰王之侄女。

潘杜尔夫主教：教皇使臣。

奥地利公爵：之前杀死了理查一世，现在是亚瑟的保护人。

亚瑟：约翰王的哥哥杰弗雷的儿子，之后被封为布列塔尼公爵。

康斯丹丝：亚瑟之母。

亨利亲王：约翰王之子，之后的亨利三世。

赫伯特·德·勃格：约翰王的忠实追随者。

彭勃洛克伯爵、**萨立斯伯雷伯爵**：反对约翰王的贵族。

福康勃立琪夫人：庶子腓力普的母亲。

罗伯特·福康勃立琪：罗伯特·福康勃立琪爵士之子，福康勃立琪夫人的婚生子。

法王腓力普支持**亚瑟挑战约翰王的王权**，想要约翰王退位，但是约翰王斥责了他。

1.1

潘杜尔夫主教因为约翰王蔑视教皇，将他**逐出教廷**。腓力普王打破英法同盟。

3.1

英军获胜。约翰王命令赫伯特杀死亚瑟

3.3

第一幕 第二幕 第三幕

2.1

法国人和英国人在安及尔斯城门僵持不下。约翰王的侄女白兰绮和法王腓力普的儿子路易联姻，**宣告停战**。

3.2

在英法交战中，**庶子腓力普砍了奥地利公爵的头**，从法军阵营里救出**艾莉诺王后**。

英格兰和法国备战正酣。罗伯特·福康勃立琪与兄弟腓力普争执起来。他们都说自己是父亲财产的合法继承人，但罗伯特宣称腓力普是“狮心王”理查一世的私生子。艾莉诺王后从腓力普身上认出了儿子的身形，将他擢升为理查·普兰塔琪纳特爵士，但之后腓力普还是被称为“庶子”。

在安及尔斯城外（该城位于法国境内，但归属英国），法国国王和英格兰国王都要求居民为自己打开城门。战争爆发，双方都称己方得胜。约翰王的侄女白兰绮和法王腓力普的儿子路易联姻，英法停战，而除安及尔斯之外的所有属于英格兰的法国领土，都将作为她的嫁妆。潘杜尔夫主教作为教皇使臣出场，重新挑起冲突。约翰王蔑视教皇的权威，潘多尔夫宣布将他逐出教廷。腓力普国王破坏了英法同盟。

庶子砍下奥地利公爵的头（他杀死了私生子的父亲理查一世），

4.1 赫伯特准备用烙铁烫瞎亚瑟的眼睛，但是亚瑟的恳求让他动心饶过了亚瑟。

4.3 亚瑟想要逃跑，但是从城墙上摔下死了。

5.2 对约翰王不满的贵族发誓效忠法国皇太子，准备为皇太子而战。

5.7 约翰王死了，似乎是被一个僧侣投毒而死。贵族们和解，效忠于新王亨利三世。

第四幕　第五幕

3.4 康斯丹丝夫人哀悼亚瑟被俘。潘杜尔夫主教建议路易在亚瑟死后主张英国的王位。

4.2 约翰王得知法军准备入侵，艾莉诺王后和康斯丹丝夫人都死了。赫伯特透露亚瑟没死。

5.1 约翰王宣布服从教皇。

5.4 战场上，萨立斯伯雷和彭勃洛克发现法军要随后处死他们，于是转而支持约翰王。

救出了艾莉诺王后。亚瑟被约翰王囚禁，交由赫伯特看守。赫伯特接到命令，要杀死亚瑟。红衣大主教听闻约翰王要除掉亚瑟，十分高兴，因为这会让英国人反对约翰王。他招募了皇太子路易，向英国进军。

赫伯特无法铁下心来杀死亚瑟，但他向约翰王发誓说亚瑟已死。约翰王第二次戴上了王冠。当国王宣布亚瑟死于急病，贵族们都激愤地指责他。信使通报说，法军将要踏上英国国土。庶子带来了预言者彼得·邦弗雷特，他预言约翰王将要在耶稣升天节那天正午以前交出王冠。约翰王将彼得投入监狱。约翰王听到赫伯特坦白亚瑟还活着，松了一口气。但是亚瑟在逃跑时摔死了。他的尸体被彭勃洛克、萨立斯伯雷和俾高特发现，他们不相信亚瑟之死是意外。

约翰王宣布服从教皇，潘杜尔夫红衣大主教解散了法国军队。在耶稣升天节当日，约翰王将王位交给潘杜尔夫。庶子谴责了这一切，坚持认为国王应该继续抗击法国皇太子。法国皇太子急于开战，不听大主教的劝告。由于缺少补给，再加上英国贵族的顽抗，法军被大大削弱。运气这次站在了英国人一边，约翰王却病倒了。他去世时，他的儿子、现在的亨利三世陪在身边。英国贵族宣誓效忠新国王，红衣大主教斡旋英法休战。■

背景知识

主题：
继承、身份、王权、忠诚

场景：
英国宫廷、法国的安及尔斯城

来源：
1587年 霍林斯赫德的《英格兰、苏格兰和爱尔兰编年史》。

约1589年 《约翰王麻烦不断的统治》对莎士比亚也有影响，该剧作者不详。

演出：
1737年 在伦敦皇家剧院进行了该剧迄今为止已知的首次演出。

1899年 英国演员赫伯特·比尔博姆·特里演出《约翰王》中的约翰王的死亡一幕，是迄今为止已知的最早的莎士比亚电影改编。

1936年 苏赫拉布·莫迪导演的印度版《李尔王》在印度拍摄完毕。

1953年 理查德·伯顿在伦敦老维克剧团演出了一个神气活现的私生子。

1980年 魏玛国家剧团在德国演出了该剧残酷、毫不妥协的战争场景，大获好评。

2012年 亚美尼亚语版《约翰王》在伦敦演出。该剧凸显了《约翰王》中的喧嚣与幽默，将约翰王塑造成一个小丑一般的角色。

当约翰王承认“靠着他人的死亡换到的生命也决不会确立不败”（4.2.105），他指的是他谋杀亚瑟的决定——亚瑟是王位的竞争者。谋杀并未巩固约翰的政权，反而从根本上摧毁了他的权威，因为英格兰的贵族不再会追随“在那到处留下血印的足跟之后”（4.3.25-26）。

血腥连连

制造一件又一件血腥事件，杀死其他主张王位的人，并不能保证一个人夺取王权。这一律法在莎士比亚的英国历史剧中屡次出现。如在《理查二世》中，亨利四世虽然杀死理查王篡位，却产生了新的敌人。《约翰王》的不同之处在于，当国王明白了这一点，命运却跟他开了个玩笑，因为观众已经知道，亚瑟还活着。观众会觉得约翰幸运，因为他被暂时解救了。但正当赫伯特赶去通知贵族们亚瑟没有死，贵族们却在城墙下发现了亚瑟的尸体。这个情节反映了《约翰王》的一大特色。从语气到结构，这部剧都看起来那么与众不同。

该剧挫败了大人物们的野心和行动，事事处处让他们措手不及。比如，法国国王想要与英格兰议和，但正如庶子所说，法王有用心不良之嫌。然而，英法联姻至少可以避免未来的流血。但腓力普刚一表示忠诚，他就被潘杜尔夫主教逼迫再次宣战。主角似乎对任何事情都无法保持稳定的政策，该剧因此实现了悲剧效果（值得注意的是，“悲剧”一词并未在标题出现）。悲剧指的是在面对普遍的反

该剧囊括了约翰与贵族的争执，却未提及争执的结果——约翰被迫于1215年签订《大宪章》。一年后，约翰死于诺丁汉郡的纽瓦克城堡（如图）。

对和不幸时，仍保持一贯的英勇和主见——但这肯定讲的不是约翰王。

争执不断的王位继承

约翰断言，“建立在血泊中的基础是不会稳固的”（4.2.104），这关系到身份和继承的理念。该剧一开始讨论的政治问题就是理查和杰弗雷（艾莉诺的长子）死后，谁在血缘上更接近王位。争议在于，应该继承王位的到底是儿子（亚瑟），还是兄弟（约翰）。但即便是艾莉诺，也暗示亚瑟更具优越性。

继承问题也牵涉到父亲身份的确认，而这一点难度更大，也更复杂。这种焦虑聚焦于庶子腓力普身上，从外表来看，他被认定是狮心王理查的私生子。腓力普被要求选择身份——是继承罗伯特爵士的财产，还是承受私生子的耻辱烙印，但被认作理查的儿子。他选择了后者，但是这一选择的任意性强化了“所有男人的孩子”（1.1.63）的怀疑，即：谁是自己的父亲。在

> **疯狂的世界！疯狂的国王！疯狂的和解！**
>
> ——庶子腓力普
> 第二幕第一场

> **我简直发呆了，在这遍地荆棘的多难的人世之上，我已经迷失我的路程。**
>
> ——庶子腓力普
> 第四幕第三场

艾莉诺和康斯丹丝的舌战（2.1）中，亚瑟和狮心王理查都被指为庶子。

无论是残酷无情的政治运动，还是毋庸置疑的纯正血统，看起来都不足以保证王权。该剧提倡了忠诚的重要性，尤其是贵族的忠诚。新王亨利三世看见彭勃洛克、萨立斯伯雷和俾高特在他面前跪下，不禁哭泣起来。这一反应多少有嘲讽之嫌——三人先是背叛了约翰王，而后又背叛了法国皇太子——但私生子的最后几句话明显改变了这一切。他强调了统一的必要性：“只要英格兰对它自己尽忠，天大的灾祸都不能震撼我们的心胸。”（5.7.117-118）。该剧最深刻的讽刺正在于此——狮心王理查的血脉无法统治国家，但合法的国王却可以。■

庶子腓力普

在《约翰王》中，罗伯特·福康勃立琪比其他人更受欢迎，他常被视为该剧的主人公。在莎士比亚戏剧中，私生子通常是个恶棍（如唐·约翰、伊阿古、埃德蒙）。“私生子”意味着道德缺陷，他无法继承财产，也被打上了无情的印记。但《约翰王》中的私生子却是一个喜剧角色，“哎哟，我们这儿来了一个多么莽撞的家伙！”（1.1.84）。他既是讽刺的合唱队，透露出主角的真实动机，又是剧中的英雄。在玛利亚·阿伯格2012年的皇家莎士比亚剧团作品中，腓力普的性别被改写了。他由皮帕·尼克松扮演，杂糅了温柔与嘲讽（图左）。

腓力普意识到由一个私生子来保卫道德秩序的讽刺性，而剧终之时，萨立斯伯雷建议新王亨利承担责任，去“整顿这一个混杂凌乱的局面”（5.7.26）。腓力普说了该剧的最后几句台词，这可能表明了他的领袖魅力以及观众对他的喜爱，也表明新国王建立理想“局面”的艰难。

你们要是用刀剑刺我们，我们不是也会出血的吗？

《威尼斯商人》（1596年）

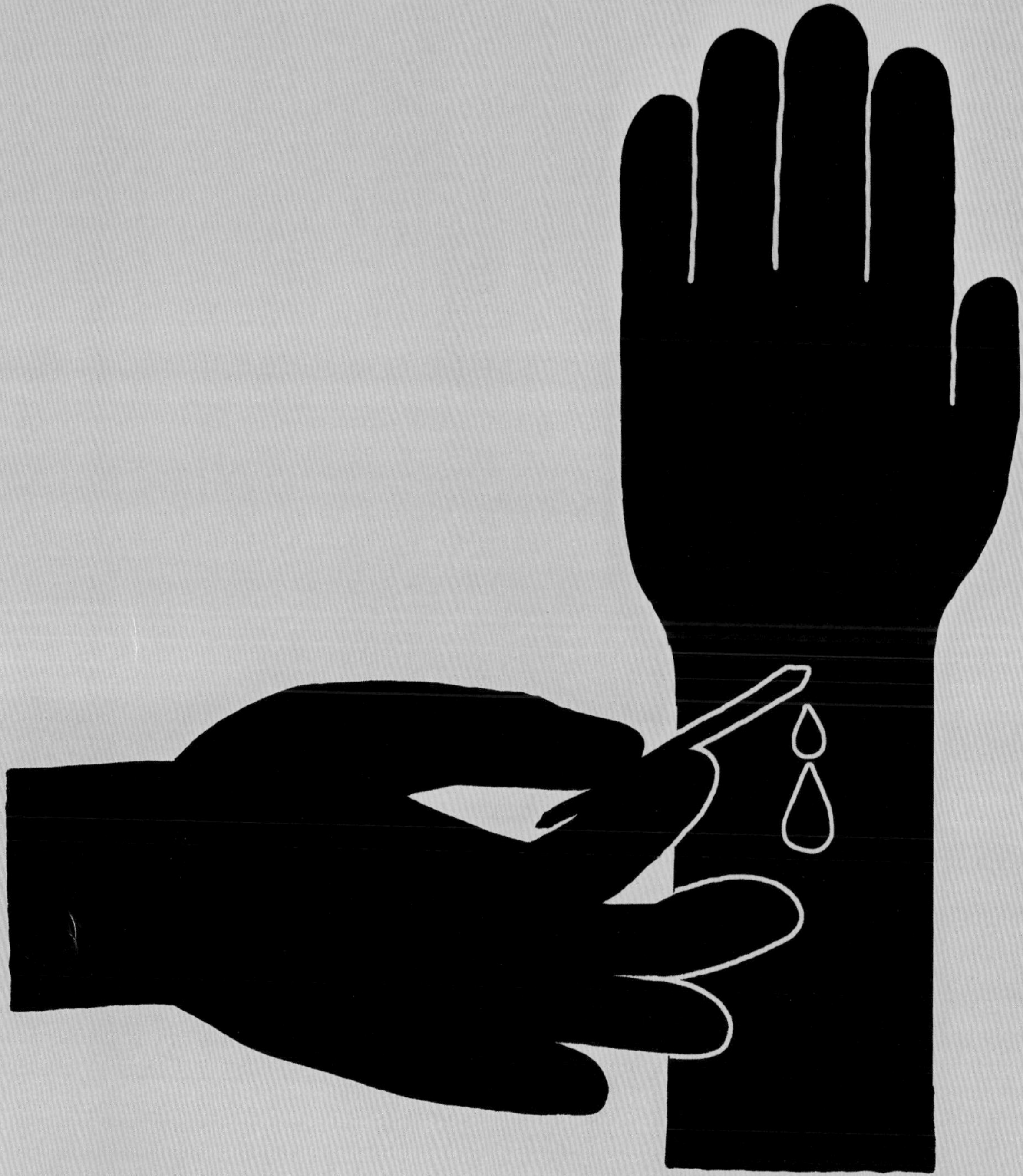

剧中人物

安东尼奥：威尼斯商人，以“一磅肉”为朋友巴萨尼奥借债作保。

巴萨尼奥：安东尼奥的朋友，鲍西娅的追求者。

里奥那多：巴萨尼奥的仆人。

葛莱西安诺，萨莱尼奥，萨拉里诺：安东尼奥和巴萨尼奥的朋友。

罗兰佐：安东尼奥和巴萨尼奥的朋友，杰西卡的恋人。

夏洛克：犹太高利贷富商，杰西卡的父亲。

杰西卡：夏洛克的女儿，罗兰佐的恋人。

杜伯尔：犹太人，夏洛克的朋友。

朗斯洛特·高波：小丑，夏洛克的仆人。

老高波：朗斯洛特的父亲。

鲍西娅：富家嗣女，将自己伪装成法学博士，化名“鲍尔萨泽”，救了安东尼奥的性命。

尼莉莎：鲍西娅的侍女，葛莱西安诺的恋人。

鲍尔萨泽，斯丹法诺：鲍西娅的仆人，也是鲍西娅和尼莉莎的化名。

摩洛哥亲王：鲍西娅的求婚者。

阿拉贡亲王：鲍西娅的求婚者。

威尼斯公爵：威尼斯法律的执行者。

第一幕

1.1 威尼斯商人**安东尼奥的船只全部出海了。他答应帮助朋友巴萨尼奥。**

1.2 在贝尔蒙特，富家嗣女**鲍西娅因为求婚者而沮丧**，因为根据父亲的遗愿，她必须嫁给从三个匣子中选出正确匣子的人。

1.3 犹太人**夏洛克放贷给巴萨尼奥**，让他可以追求鲍西娅，但要求巴萨尼奥的一磅肉作为保证。

第二幕

2.2 小丑**朗斯洛特·高波决定离开夏洛克**，去服侍巴萨尼奥。

2.6 **夏洛克的女儿杰西卡**与基督徒罗兰佐**私奔**，还**带走了夏洛克的财产**。

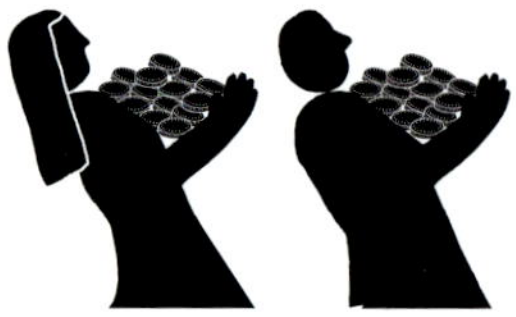

在威尼斯，商人安东尼奥闷闷不乐，但是他答应帮助好友巴萨尼奥筹款，追求美丽的女继承人鲍西娅。同时，在贝尔蒙特，鲍西娅也不高兴。因为按照父亲的遗愿，她必须嫁给能从三个匣子中选中正确匣子的人。巴萨尼奥承诺让安东尼奥为他作保。夏洛克找到了报复安东尼奥的机会，因为安东尼奥曾经嘲弄他。他要安东尼奥的一磅肉作为担保。在威尼斯，夏洛克的仆人朗斯洛特决定离开主人，投奔巴萨尼奥。夏洛克的女儿杰西卡也不开心，因为朗斯洛特要离开，她决心私奔。她把一封信交给朗斯洛特，要他交给巴萨尼奥的朋友罗兰佐。夏洛克受邀与巴萨尼奥同席，他离开之时，杰西卡偷走了夏洛克的钱，化妆成男童逃去了贝尔蒙特。在贝尔蒙特，摩洛哥亲王和阿拉贡亲王选择分别选了金匣子和银匣子，但都失败了。

在贝尔蒙特，鲍西娅问巴萨尼奥是否要稍后再选，以延长两

2.7–2.9

在贝尔蒙特，摩洛哥亲王和阿拉贡亲王选择了错误的匣子，求婚失败了。

第三幕

3.1

夏洛克对于女儿的私奔非常愤怒，但因为安东尼奥的船只沉没、找到了报仇的机会，而倍感安慰。

3.2

巴萨尼奥选中了铅匣子，赢得了鲍西娅。鲍西娅给他一枚戒指。葛莱西安诺追求鲍西娅的侍女尼莉莎。

3.4

巴萨尼奥飞速赶去威尼斯营救安东尼奥，同时鲍西娅和尼莉莎决定变装成律师，追随他们而去。

第四幕

4.1

鲍西娅（化装成鲍尔萨泽）认可夏洛克可以取走巴萨尼奥的一磅肉，但是不能让他流血。

4.1

鲍尔萨泽表示，夏洛克想让基督徒流血，所以必须接受惩罚。夏洛克被迫交出所有财产。

4.1

巴萨尼奥被说服将鲍西娅的戒指送给鲍尔萨泽作为感谢。

第五幕

5.1

回到贝尔蒙特，鲍西娅表明自己的身份，鲍西娅和巴萨尼奥、尼莉莎和葛莱西安诺、杰西卡和罗兰佐都有了幸福的结局。

人相处的时间。但让他和鲍西娅高兴的是，他选中了藏有鲍西娅肖像的铅匣子。巴萨尼奥的朋友葛莱西安诺和鲍西娅的侍女尼莉莎决定结婚。欢乐的气氛被夏洛克打破了，因为夏洛克要取回安东尼奥身上的一磅肉。鲍西娅提出要以“二十多倍”偿还债务，巴萨尼奥于是启程回威尼斯。鲍西娅化装成一名男律师，追随巴萨尼奥，尼莉莎也变装为“他”的书记。

在威尼斯的法庭上，夏洛克要求拿回一磅肉。鲍尔萨泽（鲍西娅化妆）前来审判。鲍尔萨泽请求夏洛克慈悲，但法律仍会捍卫他的利益。夏洛克高兴地准备取走一磅肉。但鲍尔萨泽告诉他，不能让安东尼奥流一滴血。夏洛克惊骇之下，想要接受巴萨尼奥的赔款。但鲍尔萨泽无情地告诉夏洛克，作为一个异乡人，他威胁了威尼斯人的生命，应该被处死，除非他上交所有财产。威尼斯公爵原谅了夏洛克，提出要他将一半财产赠予安东尼奥。安东尼奥只要求夏洛克在死后把钱留给杰西卡和罗兰佐。作为回报，鲍尔萨泽只想要拿走鲍西娅送给巴萨尼奥的戒指。

鲍西娅和尼莉莎返回家中，罗兰佐和杰西卡正沐浴于爱河之中。两个女孩责怪巴萨尼奥和葛莱西安诺将戒指送给了其他女人。安东尼奥申辩后，鲍西娅和尼莉莎坦白了。鲍西娅告诉安东尼奥他的船只没有倾覆，而尼莉莎也将夏洛克的新遗嘱通知了罗兰佐和杰西卡。■

背景知识

主题：
嫉妒、复仇、公义、钱和爱情

场景：
意大利的威尼斯和虚构的贝尔蒙特城

来源：
该剧情节的主要元素——一磅肉的契约和选匣子的故事——均来自于民间传说。夏洛克的情节取材自以下内容：

14世纪 意大利人乔瓦尼·菲奥伦蒂诺的故事集《傻瓜》

1589年 克里斯托弗·马洛的《马耳他的犹太人》

演出：
1605年 该剧在忏悔星期二为詹姆斯一世演出。

1959年 蒂龙·格斯里在以色列执导该剧，阿哈隆·麦斯金出演夏洛克。该剧受现代文化影响，将夏洛克塑造成一个资本家。

1970年 劳伦斯·奥立弗在伦敦国家剧院出演夏洛克，将夏洛克塑造为一个无法同化的犹太人，并将场景搬到了19世纪80年代的威尼斯。

1992年 约翰·格罗斯在《夏洛克》一书中，认为该剧对犹太人的处理让人感到“空气中经久不散的寒意”。

2004年 迈克尔·雷德福执导的电影中，艾尔·帕西诺出演夏洛克，杰里米·艾恩斯出演安东尼奥，琳恩·科林斯出演鲍西娅。

很少莎剧像《威尼斯商人》一样，引起了如此多的争议。《威尼斯商人》的情节综合了两个民间故事：一是邪恶的高利贷商人要求借款人给出极端的赔偿——一磅肉；一是年轻的公主经由三个匣子的测试选出了如意郎君。对于大多数人来说，《威尼斯商人》的结局可谓皆大欢喜：年轻的恋人们喜结连理。在鲍西娅身上，莎士比亚创造出了一个极富吸引力的女主人公，她谦卑可爱，但在法庭场景中却尽显聪敏锐利。而对于高利贷商人夏洛克来说，他的犹太人形象十分关键。夏洛克的结局悲惨，引发了观众和演员的深层焦虑。

犹太人原型

本剧的焦虑感源于它是不是一部反犹主义戏剧。一个反复无

16世纪，威尼斯犹太人被迫居住在一处圈定的犹太聚居区内。在这幅17世纪早期的威尼斯地图中，犹太人居住地被标以一颗星。

常、一毛不拔的高利贷商人夏洛克当然符合犹太人的典型形象。1597年左右，即莎士比亚写作该剧之时，犹太人的形象大致就是如此。在1590年左右写作的《马耳他的犹太人》中，克里斯托弗·马洛就塑造了这样一个负面的典型犹太人形象。夏洛克和马洛笔下的犹太人巴拉巴斯明显相似，他们都是鳏居的父亲，带着一个漂亮的女儿。但两个女儿都不愿接受父亲“错误的”犹太主义立场，皈依了基督教。很可能两位戏剧家并非直接取材于生活。犹太人很久以前就被逐出英格兰了。于是，巴拉巴斯和夏洛克也被看作是老套的恶人形象。

毫无疑问，《威尼斯商人》强化了几个世纪以来的犹太人的典型形象。起初，这可能来自哑剧中的传统的恶人角色。但最令人不安之处在于，20世纪30年代后期，纳粹德国将《威尼斯商人》搬上舞台，来说明攻击犹太人属于正当行为。这到底是后人的误读，还是要怪罪莎士比亚本人？评论界分为两派。

真的，我不知道我为什么这样闷闷不乐。你们说你们见我这样子，心里觉得很厌烦，其实我自己也觉得很厌烦呢。

——安东尼奥
第一幕第一场

很多评论家为莎士比亚辩论，他们列举出剧中的种种细微差别，指出莎士比亚并非反犹主义者。其他人则建议我们牢记莎士比亚时期的历史背景，当时的很多人并不具有当今的政治敏感性和种族敏感性。莎士比亚只是在写外国故事中的人物，如《奥赛罗》。对于今天的我们来说，也许这个问题的关键之处在于，当我们已经意识到此类原型的危险时，我们应该如何处理？

偏见的受害者

在大屠杀之后，演出该剧大都需要考虑夏洛克角色的危险性，因而大多数作品都将夏洛克塑造为种族偏见和宗教偏见的可怜受害者。夏洛克被当作局外人，受到威尼斯基督徒的排斥和侮辱，被自己的女儿误解、抛弃，最后受尽屈辱，丧失了财产、名誉，还被迫皈依基督教。正是由于莎士比亚的编剧技巧，这样的悲剧才被展现在戏剧中。在一段著名的强有力的台词中，夏洛克回击了自己所受到的种种屈辱：“我是一个犹太人。难道犹太人没有眼睛吗？难道犹太人没有五官四肢、没有知觉、没有感情、没有血气吗？他不是吃着同样的食物，同样的武器可以伤害他，同样的医药可以疗治他，冬天同样会冷，夏天同样会热，就像一个基督徒一样吗？你们要是用刀剑刺我们，我们不是也会出血的吗？”（3.1.54-59）。

达斯汀·霍夫曼在1989年彼得·霍尔执导的《威尼斯商人》中出演夏洛克一角。霍夫曼将这个高利贷商人塑造为一个好人，因为难以忍受虐待而实施报复。

这段台词时常被截取、引用，作为对种族歧视的深切控诉，或是为整个希伯来民族所发出的悲愤痛苦的呼声。但也许并非如此简单。当夏洛克说出“你们要是用刀剑刺我们，我们不是也会出血的吗？”，他说的不仅仅是犹太人一脉，也是指当时的女巫审

可是恋爱是盲目的，恋人们瞧不见他们自己所干的傻事。

——杰西卡
第二幕第六场

> 告诉我爱情生长在何方？是在脑海？还是在心房？
>
> ——歌队
>
> 第三幕第二场

判——刺破女巫的大拇指，看她们是否会流血。

这席话是否在宣扬人报复的权力？是否是犹太恶人的又一典型形象？无论怎么看，当莎士比亚的观众听到剧中这典型的恶棍嘴里吐出这样的话语，就已经足够震惊了。

忧郁的商人

夏洛克通常吸引了评论家过多的注意，以至于谈到剧名中的“商人”，人们总以为是他。但夏洛克是高利贷商人，并非真的商人。剧中的商人指的是安东尼奥。他在这部主要讲述爱情本质的戏剧中，属于外围角色。

该剧的第一句台词，就是安东尼奥哀叹：“真的，我不知道我为什么这样闷闷不乐。”他的朋友们尝试找出理由，但没有得出结果。鲍西娅也有一个明显的呼应。下一场开场，鲍西娅感叹：“真的，尼莉莎，我这小小的身体已经厌倦了这个广大的世界了。”

有什么东西在整个世界里投下了阴影，而整个戏剧历程就是通过爱的救赎力量，冲破这沉重的氛围。正如在《第十二夜》中，薇奥拉的任务就是打破奥西诺和奥丽维娅沉溺其中的哀伤。两部戏的女主角——鲍西娅和薇奥拉——都是女扮男装，但她俩真正的光芒都穿透了服装。两部戏剧中都有一个厌世之人——在《第十二夜》里是马伏里奥，在《威尼斯商人》里是夏洛克——在剧终的欢乐氛围里，两人都被忽略了。

> 这样的夜色就像一个昏沉的白昼。
>
> ——鲍西娅
>
> 第五幕第一场

这种伤感从何而来？莎士比亚将场景设在威尼斯，可能并非巧合。威尼斯是当时欧洲的商业中心，而该剧聚焦一名商人。也许无情地追求金钱和人类关系的商品化已经偷走了这个世界的欢乐。当女儿杰西卡私奔，夏洛克头脑中出现的最重要的东西就是钱。该剧也暗示，巴萨尼奥甚至需要借钱来追求鲍西娅。

生命的价值

在三个匣子的测试中，鲍西娅

达科·特雷什尼亚克2007年作品的场景设置充满未来主义色彩。剧终，该剧暗示几对新人的婚姻都不会美满，所以，不仅是夏洛克（F. 穆雷·亚伯拉罕饰）一个人在受苦。

不会在珍贵的金匣子和银匣子中找到真爱，却被藏在破旧的铅匣子里。当巴萨尼奥选中铅匣子，鲍西娅解释说她自己没有任何金钱上的价值："我这一身却是一无所有，我只是一个不学无术、没有教养、缺少见识的女子；幸亏她的年纪还不是顶大，来得及发愤学习。"

对于夏洛克来讲，除了钱，生命里没有其他内容。"不，把我的生命连着财产一起拿了去吧"，"你们夺去了我的养家活命的根本，就是活活要了我的命。"

为了实现大团圆结局，所有恋人都必须远离威尼斯的商业世界，躲进鲍西娅在贝尔蒙特的天堂一般的家。只有在那儿，罗兰佐和杰西卡才看到了夜空和音乐的美丽和丰富，"天宇中嵌满了多少灿烂的金钹"。同样在贝尔蒙特，鲍西娅得到了一封神秘来信，告诉安东尼奥他的船只并未沉没。但这样的欢乐是要付出代价的。

回到威尼斯，夏洛克变成了一个孤独、衰弱的老人。他受尽侮辱诽谤，散失钱财，女儿也与人私奔不在身边，只等着他一死好继承财产。伊丽莎白时期的观众可能认为这是犹太人咎由自取。但莎士比亚成功地将夏洛克的失败塑造得有血有肉，充满了人情味儿。■

威尼斯的朋友们

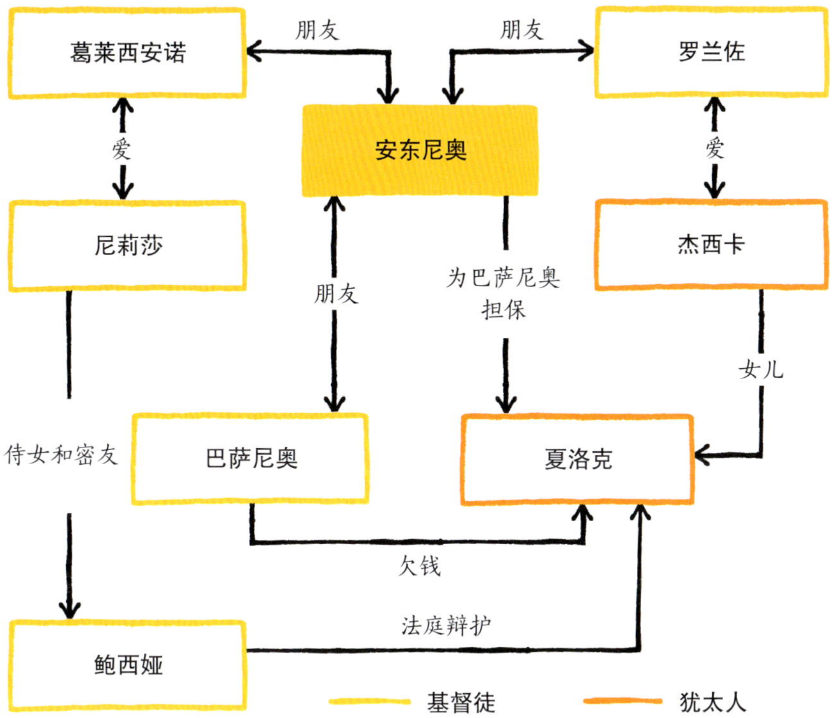

被妖魔化的犹太人

自1290年开始，犹太人被驱逐出英国。直到1655年，犹太学者玛拿西·本·以色列得到克伦威尔的准许，得以正式返回英国。在伊丽莎白时期的英国，一些犹太人居住在伦敦，但没人敢进行公开的宗教活动，否则会被处死。16世纪90年代，伦敦的犹太人大部分是马拉诺人（Marranos）——被迫改信基督教的西班牙和葡萄牙境内的犹太人后裔——包括女王的医生罗德里戈·洛佩兹。1594年，洛佩兹被控企图毒杀女王，被绞死、溺毙及分尸。有些学者认为洛佩兹是夏洛克的原型，但莎士比亚当时并不缺少负面形象的素材，尤其是马洛的巴拉巴斯。因为基督教禁止放高利贷，所有犹太人被迫从事高利贷，这已有很长的历史。对犹太人的歧视司空见惯，这部分是由于基督教认为犹太人背叛了耶稣基督。犹太人在很多方面都被妖魔化了，比如传播瘟疫和结交女巫。

荣誉不过是一块铭旌

《亨利四世》（上）（1596年—1597年）

剧中人物

亨利四世：英格兰国王，也被称为波林勃洛克。

威尔士亲王亨利：国王的长子，也被叫做哈尔。

华斯特伯爵：叛军首领。

潘西，诺森伯兰伯爵：华斯特伯爵的兄长和同谋。

亨利·潘西：诺森伯兰伯爵之子，也被称为霍茨波。

凯德：潘西夫人，霍茨波之妻。

约翰·福斯塔夫爵士：臭名昭著的骑士，哈尔王子的酒肉朋友。

快嘴桂嫂：开设于伦敦依斯特溪泊之野猪头酒店主妇。

奥温·葛兰道厄：威尔士的贵族，摩提默夫人之父。

摩提默夫人：葛兰道厄之女，摩提默之妻。

埃德蒙·摩提默大人：马契伯爵，霍茨波的姐夫/妹夫。

理查·凡农爵士：叛徒之一，在索鲁斯伯雷战役后被处死。

华特·勃伦特爵士：忠于国王的贵族，战死于潘西之手。

耐德·波因斯：福斯塔夫的追随者。

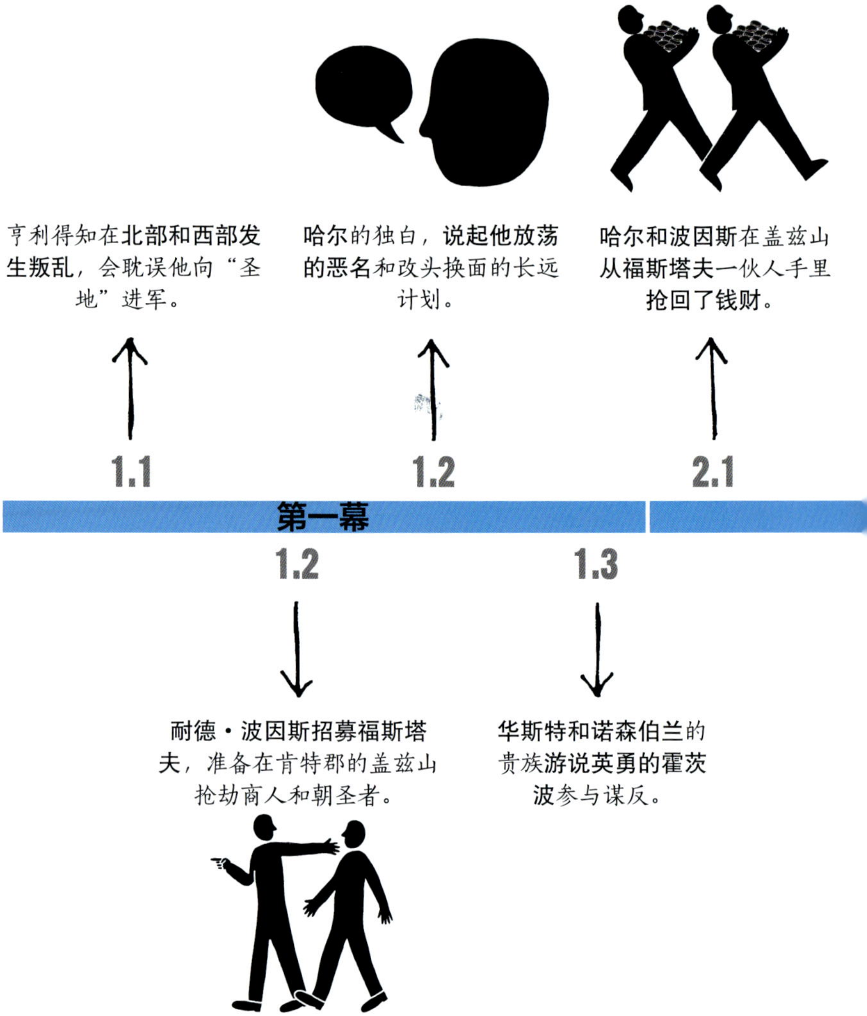

一直困扰着亨利四世政权的大麻烦，源自他推翻并谋杀了理查二世（参见早期的同名戏剧）。亨利四世深感负罪，一直想派十字军去圣土，洗清自己的罪孽。同时，在国内，他也深受威尔士和北方叛军之搅扰。

在威尔士，埃德蒙·摩提默认为自己才是理查王的合法继承人，他的岳父威尔士贵族葛兰道厄随之响应。在北方，以诺森伯兰伯爵为首的协助亨利四世篡位的贵族们，也害怕失去各自的封地。亨利向霍茨波擒获的苏格兰囚犯索要赎金。面对亨利王的最后通牒，暴怒的霍茨波发泄了自己的怒火。贵族们乘机拉拢霍茨波加入叛军。他们深感亨利四世不知感恩，计划联合摩提默和苏格兰人一起对付亨利四世。

亨利的儿子哈尔王子也给他父亲添乱。他不愿承担威尔士亲王的责任，而是在依斯特溪泊乱糟糟的地下王国混日子。他的替身父亲福斯塔夫结交了一群酒鬼、小偷和妓

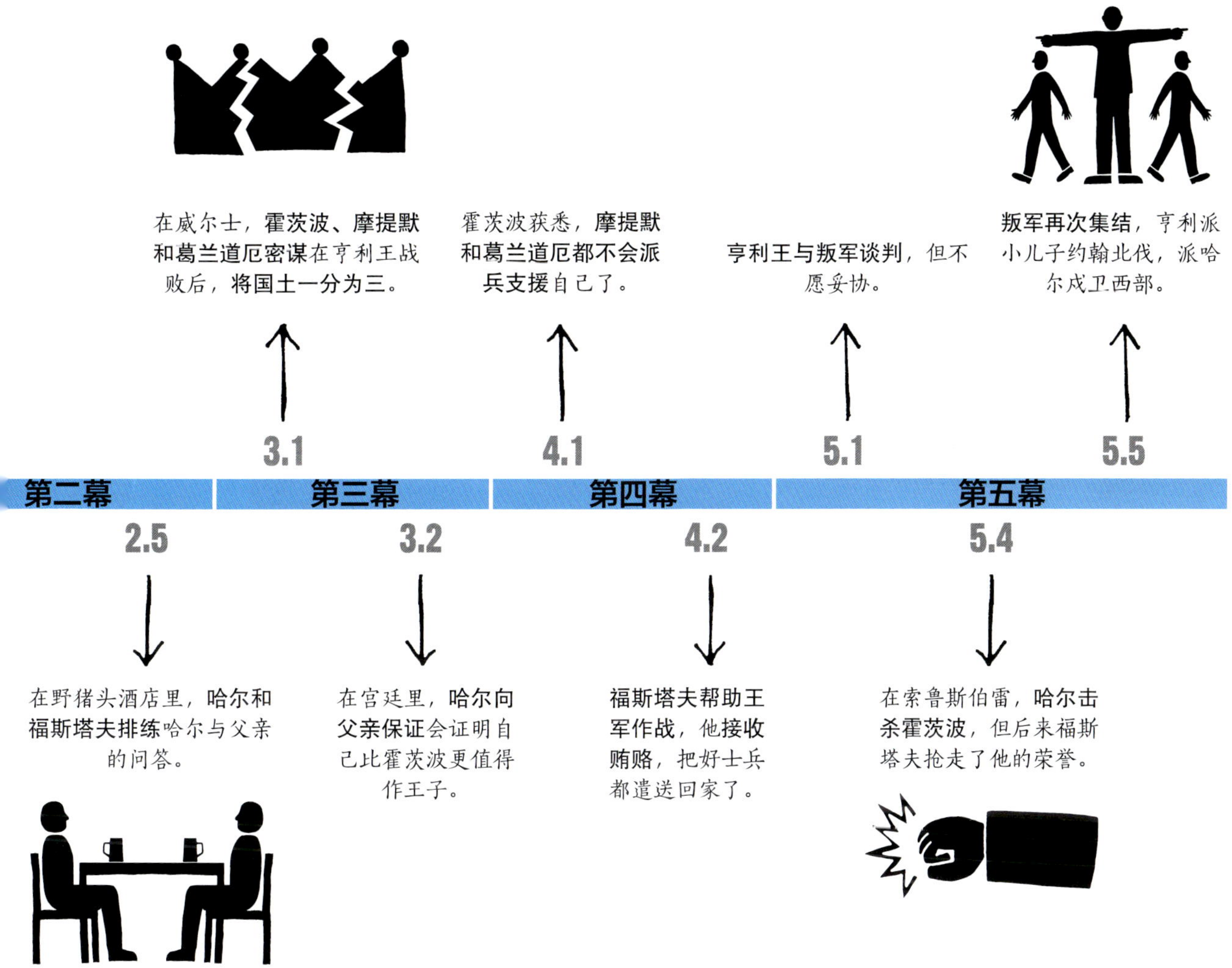

女。哈尔也一起寻欢作乐，但他告诉我们，他要像浪子一样，终有一天会远离这些肉欲的追求，承担起王子的责任，那时他会更加耀眼。

在哈尔最终要回宫面对父亲之前，福斯塔夫扮演哈尔为自己的荒淫无道辩护，说这是生命的庆典。但哈尔扮演自己的父亲，认为这种恶习有害生命，而自己将在合适的时候离弃福斯塔夫。他似乎既是在作为国王说话，也是在说自己。

叛军集结之时，哈尔也回到宫中，演出了酒店排练的一幕。他发誓要打败霍茨波，恢复自己的名誉。亨利四世终于看到儿子继承了自己的雄心壮志，稍稍有些宽慰。父子二人与叛军和谈。哈尔提出要与霍茨波单独决斗，但顽固的亨利王拒绝了。他拒绝叛军求和，重复了自己的要求。

两军在索鲁斯伯雷对垒，哈尔与霍茨波单独决斗。杀死对手之后，王子赞扬了对手的高贵。随后他发现了福斯塔夫的尸体，哀悼失去了一个没那么高贵的朋友。但这次一如往常，福斯塔夫还是装死。哈尔刚一离开，狡猾的骑士就看到了发财的机会。他背起霍茨波的尸体，好像是他的功劳。途中遇见哈尔，福斯塔夫又说服王子宽恕他说谎。同时，新一波的叛乱将亨利四世的政治难题带入了该剧下篇。■

背景知识

主题:
欺骗、篡位、荣誉、混乱

场景:
亨利四世的宫廷、野猪头酒店、英格兰和威尔士的叛军营地、索鲁斯伯雷

素材:

1587年 霍林斯赫德的《英格兰、苏格兰和爱尔兰编年史》。

1594年 《亨利五世的大胜利》,作者不详,莎士比亚可能也观看过该剧。

1595年 塞缪尔·丹尼尔的诗歌《约克和兰开斯特两家族间的内战》前四章出版。

演出:

1597年-1613年 该剧大获成功,并出版了五个四开本版本。

1600年 《亨利四世》上部和下部中的人物如"霍茨波"和"约翰·福斯塔夫爵士"屡被提及,显示这些角色在当时十分受欢迎。

1642年-1660年 清教时期,福斯塔夫爵士被当作滑稽角色,被冠以"弹跳的骑士"之称。

1951年 在埃文河畔斯特拉福德的一场演出中,理查德·伯顿出演英勇的哈尔王子。

1966年 奥森·威尔斯执导并出演了改编成电影的《午夜钟声》。

1982年 特雷弗·纳恩的皇家莎士比亚剧团版本将亨利四世的英格兰表现为一个危险的木质脚手架。

废黜国王不是什么荣耀的事儿。亨利四世戴上的王冠,正是他在以诺森伯兰伯爵为首的一帮独立贵族的协助下,从病弱的国王理查二世头上抢来的。现在,他想要统一英格兰。但这意味着要削减这帮贵族的封地,代之以中央集权制,这些贵族不乐意了。他们发起了声势浩大的叛乱,在北方和西方给亨利四世不断制造麻烦。

亨利四世需要这些贵族的支持,因为他不仅要他们守卫边疆,而且更重要的是要维持他的统治。他不能说,自己的王位是继承的。他夺取王位,靠的是实力,所以他需要他们的支持。亨利四世作为国王的困境正是在于,他镇压叛乱在多大程度上是合法的。因为,他的合法性也是来自叛乱。

政治与骑士精神

莎士比亚将亨利重塑为一个文艺复兴式的君王,而非他的本来形象——中世纪的帝王。他企图重建一个王权之下的民族国家,而这正是之后的都铎王朝的计划,这是一个政治家的深谋远虑。这一精明的计划击穿了骑士的荣誉之盾(盾上印有纹章),也打破了前任国王理查二世建立的纹章礼仪。

> **我要利用我的放荡的行为,作为一种手段,在人们意料不及的时候一反我的旧辙。**
>
> ——哈尔王子
> 第一幕第二场

> **在这风雨飘摇、国家多故的时候,我们惊魂初定,喘息未复。**
>
> ——亨利四世
> 第一幕第二场

叛徒们开始怀念理查,认为他是一位完美的国王。他们一如既往地忘记了理查二世之前的自私自利、陷英格兰于不顾,现在又大骂起篡位者毁灭了理想。骑士精神的幻象点燃了霍茨波的想象,他要追求理想——"从脸色苍白的月亮上摘下光明的荣誉……揪住溺死的荣誉的头发,把它拉出水面"(1.3.200,203)。但事实上,这些东西都是碰触不到的,说明了理想有多脆弱。

老年人和年轻人

这出剧通过一系列父子和替身父子之间的关系,展示出想象的过去和冰冷的现实之间的冲突。诺森伯兰和华斯特等人希望强化过去,英勇善战的年轻人霍茨波加入其中。他们发现霍茨波的理想主义中包含着政治上的天真,他们可以利用。但是他们将他排除在决策之外，同时也怀疑国王的承诺，拒绝亨利的停战条款。最后，还是诺森伯兰不值得信任。在索鲁斯伯雷战役前，他和葛兰道厄拒绝对霍茨波施以援手。霍茨波英勇地面对这一切，他说这可以“显出我们更大的勇气”（4.1.78）。但匹夫之勇敌不过老谋深算，他的结局是致命的。

亨利在霍茨波身上看见了他所缺失的东西。霍茨波代表了亨利为篡权所偏离的骑士美德。在这方面，他是亨利丧失的理想，也是他想要的儿子，“他的声名流传众口”（1.1.80）。他自己的儿子哈尔王子却是个叛逆少年，他不得不接受这样的儿子，因为一个高贵的继承人可以增加他的政权血缘的合法性，重整英格兰的秩序，但他自己的王位却是篡权而来。

现在，哈尔选择了迷乱的生活。他远离宫廷的不安，成日厮混于依斯特溪泊的小酒馆。在那里，日常生活就是纵情声色，尤其体现在体态臃肿、挥霍无度的福斯塔夫身上。他代表着肉体、精神、道德上的混乱和偶尔的放下。如果说，

在皇家莎士比亚剧院1951年的一次演出中，理查德·伯顿出演冷漠而英勇的哈尔。评论家注意到伯顿的眼神，说他的眼睛里似乎蕴藏了哈尔的命运。

审查

约翰·福斯塔夫爵士（图右，皇家莎士比亚剧团作品，2014年，安东尼·谢尔饰演）是莎剧中最为淫猥的一个角色。他爱说脏话，其实是承袭自长久以来的舞台传统。但在16世纪晚期，这一传统不断触动着清教徒敏感的神经。因为直接将角色命名为约翰·奥德卡瑟爵士(Sir John Oldcastle)，与清教圣徒同名，莎士比亚已经惹了大麻烦。愤怒的张伯伦爵士（奥德卡瑟爵士的后人）要求莎士比亚更名，并道歉。演员迫于压力，净化了台词。1606年《演员用词限制法令》的颁布，从形式上禁止了演员在舞台上说淫言秽语。从此以后，演员不可以说任何脏话或反宗教的台词。这一传统一直延续到20世纪。最激烈的台词净化运动可能是托马斯·鲍德勒编纂的《家庭版莎士比亚全集》（1818），该书对原著进行了大量删改，尤其是《奥赛罗》一剧，几乎删改得不知所云。

霍茨波代表着纯粹的荣誉，那么福斯塔夫，则完全相反，他视荣誉为空话。在这一方面，福斯塔夫是亨利的戏仿。才智和卑劣狡猾是福斯塔夫的工具，也是国王的治世手腕。而且，他俩都是窃贼。

三个世界

莎士比亚利用霍林斯赫德所述亨利王“不平静的统治”的文本细节，构建了自己的叙事，但本剧大部分情节来自于莎翁自己的创造。其结果就是，这出戏剧结构紧密，三部分故事都聚焦于一个麻烦不断的国王、一群野心勃勃的贵族和一个任性不羁的继承人之间的关系。我们看到了三个清晰的世界：宫廷、叛军营地和野猪头小酒馆。前两个世界按历史时间呈现事件，第三个世界是对历史的诙谐改写，作为陪衬出现。小酒馆既是叛逆之所，也是一个翻转的宫廷，是对前两个世界的颠覆。福斯塔夫的原则和亨利四世相同，但仅限于私人生活领域。宫廷里党派分裂，气氛庄严；酒馆里，法律却被嬉笑打破，荣誉倍受嘲弄。依斯特溪泊的祸患横行，是对亨利四世宫廷里连连祸事的戏仿。在福斯塔夫身上，相比权力，福斯塔夫更贪图享乐。

> **可是，小子，在你这胸膛里面，是没有信义、忠诚和正直的地位的；它只是塞满了一腔子的脏腑和横膜。**
>
> ——哈尔王子
> 第三幕第三场

在环球剧院2010年的一场演出中，在喧杂的野猪头酒店里，福斯塔夫（罗杰·奥勒姆饰）弹奏鲁特琴，哈尔（杰米·帕克饰）跳舞。

哈尔的命运

哈尔更愿意留在依斯特溪泊。但他也不是完全不喜欢他的父王。他看似一个叛逆不羁的王子，但这只是长远计划的一部分。正如他在第一幕结束时偷偷告诉我们的，他和普通人一起消磨时光，为的是有朝一日，改头换面，发出更耀目的光芒。至于我们会作何反应，评论家分为两派，多数人关注个体表现。只有君王更了解臣民，才能更好地治理国家吗？倘若如此，哈尔的计划就是明智的，这表明，他遵循的是一条中间路线，介于霍茨波对荣誉的纯粹追求与福斯塔夫的自私自利和对荣誉的鄙夷之间。另一方认为，哈尔和父亲一样有政治手段，他明确知道该如何表演。在一个骑士精神逐渐消亡的世界，荣誉“不过是一块铭旌”（5.1.140），哈尔使用了政治家的手腕。

依斯特溪泊的世界拓展了哈尔的角色范围。哈尔模仿酒馆掌柜，表示他可以“用他们自己的语言跟

> **我也可以教你怎样用真理来羞辱魔鬼的方法；魔鬼听见人家说真话，就会羞得无地自容。**
>
> ——霍茨波
>
> 第三幕第一场

他们谈话了”（2.5.18-19）。当哈尔与福斯塔夫排练哈尔与父亲的谈话时，多层次的酒馆场景（2.5）将王权与表演作了最巧妙的排比。哈尔拿了一个垫子当王冠，扮成国王，对于放逐福斯塔夫的要求，他诚实地回答道：“我偏要撵走他”（2.5.486）。这一时刻具有丰富的可能性，不仅哈尔说的是自己，而且放逐的威胁也是真的。随后的敲门声强化了哈尔世界的冷酷现实：时间会打破喜剧世界，审判最终会降临到他们身上。

当国王父子见面时，国王本人也承认了政治与表演的类比。他告诉哈尔，作为波林勃洛克，他算计着自己的表演，在公共场合行事小心，很快将理查二世的观众掌握在手里。他担心王子如果与人民过于接近，会像理查二世一样受到伤害。但哈尔已经有了自己的打算。他向父亲保证，就像亨利利用理查一样，他也会利用霍茨波来恢复自己的名誉：“我的好陛下，潘西不过是在替我挣取光荣的名声”（3.2.147-148）。哈尔的商业化用语更像是一个文艺复兴时期的商人，而不是中世纪的骑士。政治家王子利用霍茨波的纹章，塑造了自己的英勇形象。

两人在索鲁斯伯雷战场相见。在舞台上，这是一个利用刀剑比划吸引观众的好机会。双方实力相当，结果两人相互钦慕对方的武功，哈尔的肯定也让霍茨波之死更显辛酸：“再会吧，伟大的心灵！……当这个躯体包藏着一颗灵魂的时候，一个王国对于它还是太小的领域”（5.4.86，88-89）。

含混的结尾

哈尔转身离开，看见福斯塔夫的尸体倒在一旁，就向他的替身父亲道了再会。但哈尔刚一离开，胖骑士就一跃而起，对哈尔的道别气愤难当。我们一边笑，一边因为福斯塔夫只是装死而高兴，但我们也被邀请思考：福斯塔夫的假死是不是对亨利四世策略性成功的一个评注？因为，国王在战役中使用了诱饵——他让其他人穿着他的衣服，拿着他的盾牌。这再次肯定了叛军的观点：亨利四世不过是个冒牌君主。

当福斯塔夫背着霍茨波的尸体，开始编织如何击杀英雄的谎言，讲故事代替了骑士精神。当哈尔路遇福斯塔夫卸下尸体，他也同意替他“装点门面”（5.4.155）。老爵士的谎言构成一个模糊而悲观的结尾，这预示着哈尔既要告别之前的生活，也要作别他那两个不甚高尚的父亲了。■

哈尔王子限于两难境地，承受着剧中“三个世界”的压力——小酒馆和他的替身家庭；王宫和他对父亲的责任；叛军营地和霍茨波所代表的、哈尔知道自己无法企及的骑士荣誉理想。

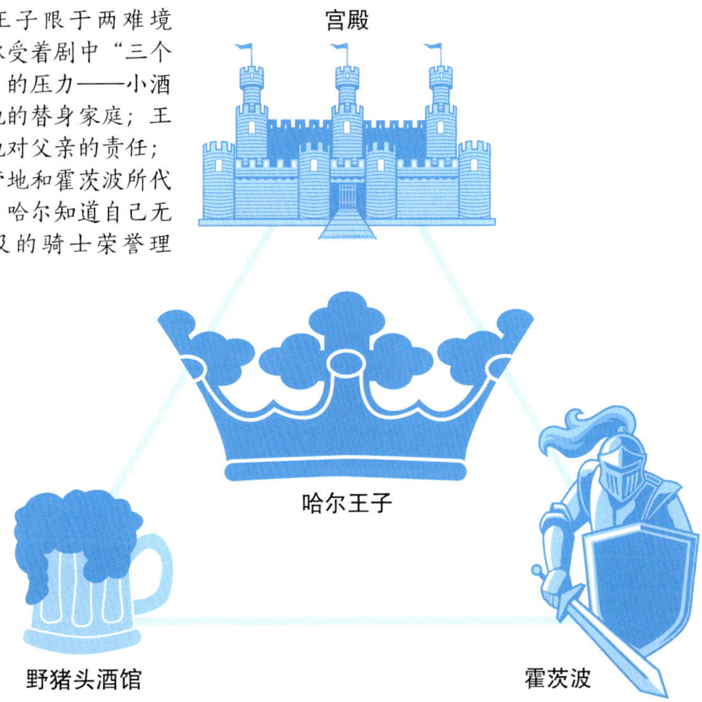

风流娘们不一定轻狂

《温莎的风流娘儿们》（1597年—1598年）

剧中人物

玛格莱特·培琪大娘："娘儿们"之一。

培琪：玛格莱特的丈夫。

安·培琪：他们的女儿。

威廉·培琪：培琪的幼子，是个学童。

爱丽丝·福德大娘："娘儿们"之二。

福德：爱丽丝的丈夫，有时变装为白罗克。

约翰、罗伯特：福德的仆人。

嘉德饭店的店主

休·爱文斯爵士：威尔士籍牧师。

卡厄斯医生：法国籍医生。

约翰·勒格比：卡厄斯医生的仆人。

快嘴桂嫂：卡厄斯医生的管家，安·培琪的媒人。

罗伯特·夏禄：乡村法官。

斯兰德：夏禄的侄儿，安的追求者。

范顿：少年绅士，安的恋人。

辛普儿：斯兰德的仆人。

约翰·福斯塔夫爵士：《亨利四世》中的胖骑士，住在嘉德饭店。

巴道夫、毕斯托尔、尼姆：福斯塔夫的追随者。

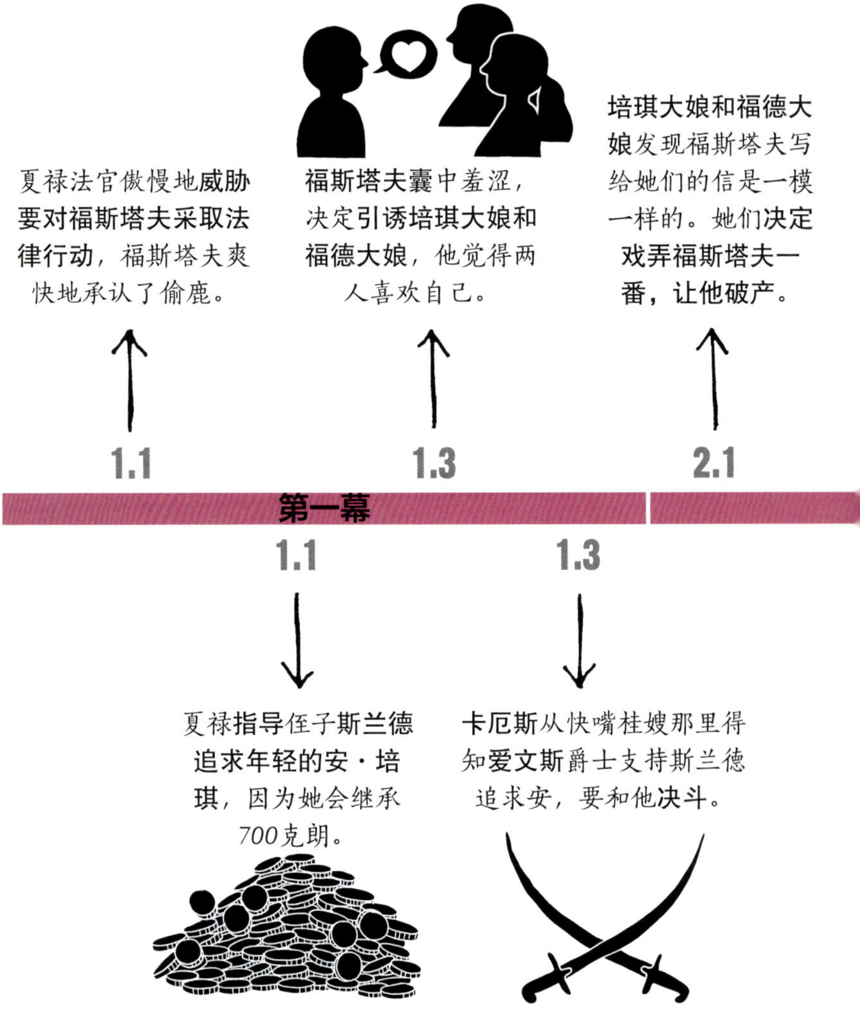

在温莎，夏禄法官威胁要告发福斯塔夫偷鹿。福斯塔夫爽快地承认了他的不良行为。夏禄授意侄子斯兰德去追求年轻的安·培琪，因为她会继承一笔财产。在嘉德饭店，福斯塔夫哀叹自己囊中羞涩，计划写信给福德大娘和培琪大娘，骗取他们丈夫的钱财。

卡厄斯医生看见爱文斯师傅协助斯兰德追求安·培琪，十分愤怒。卡厄斯自己也想娶安。

年轻的范顿最后登场，他也想娶安。培琪大娘和福德大娘收到了福斯塔夫送来的一模一样的情书，两人决定给胖骑士一个教训。毕斯托尔被福斯塔夫搜刮一通，很是气恼，于是告诉福德，福斯塔夫给他的妻子写信，而尼姆也如此告诉了培琪。培琪不为所动，但气愤的福德伪装成"白罗克"，去嘉德饭店会了会福斯塔夫。

福德大娘邀请福斯塔夫去她家里，她丈夫不在家。白罗克装作自己是福德大娘的追求者，提出给

福斯塔夫向福德（伪装成白罗克）吹嘘说，他会让大家看看自己是如何勾引福德大娘的。

2.2

按照福德大娘的指点，福斯塔夫钻进发臭的洗衣篮，躲过了她的丈夫，并被沉入河中。

3.3

福斯塔夫穿上老妇服装，想要逃出福德大娘的家。福德再次错过了福斯塔夫，感到很困惑。

4.2

福斯塔夫装作猎人赫恩，在森林里被“小精灵”袭击，又被众人嘲弄。

5.5

第二幕 | 第三幕 | 第四幕 | 第五幕

2.2

快嘴桂嫂告诉福斯塔夫，福德大娘要他明天去她家一趟。

3.2

嘉德饭店的店主送爱文斯和卡厄斯去不同的地点决斗。

3.5

快嘴桂嫂装作支持安的所有三位追求者，但是鼓励安按自己的想法选择范顿。

4.4

福德大娘和培琪大娘告诉各自的丈夫福斯塔夫的事儿，四人决定在温莎森林给他一个教训。

福斯塔夫一笔钱，让他去引诱自己的妻子。福德对培琪大娘和福德大娘准备戏弄福斯塔夫的计划一无所知，生气地尾随福斯塔夫幽会福德大娘。福德回到家以后，福德大娘（按计划）告诉福斯塔夫躲进脏衣篓里，把他扔到河里。之后，福斯塔夫在嘉德酒店恢复过来，快嘴桂嫂告诉他这完全是个错误，福德大娘想要再见他一面。在福德大娘的屋子里，福斯塔夫被劝说换上了老妇的衣服来躲避福德，但福德误以为福斯塔夫是他讨厌的阿姨，把他打得青一块紫一块。

福德大娘和培琪大娘告诉各自的丈夫现在发生的一切，四人一起谋划最后羞辱福斯塔夫。他们邀请福斯塔夫装作神话里的猎人赫恩，晚上去森林里见他们。培琪安排斯兰德和安私奔，但对此一无所知的培琪大娘安排卡厄斯带安私奔。同时，安和范顿私奔了。培琪告诉斯兰德安会穿一身白衣，在森林里等他。培琪大娘告诉卡厄斯安会穿一身绿衣，在森林里等他。

在森林里，福斯塔夫被“小精灵们”（其实是爱文斯训练的儿童）吓怕了，毕斯托尔和尼姆用燃烧的蜡烛戏弄他。卡厄斯和一个穿绿衣服的男孩私奔，斯兰德和一个穿白衣服的男孩私奔。培琪大娘和福德大娘告诉了福斯塔夫她们的恶作剧，福斯塔夫承认他被作弄——卡厄斯和斯兰德也回来了，承认他们被愚弄。范顿出场，与安成婚。■

背景知识

主题：

爱、忠诚、原谅

场景：

温莎，伦敦附近泰晤士河上的一座城镇

来源：

该剧没有直接来源，主要是《亨利四世》的衍生戏剧。它是莎士比亚为数不多的完全发生在英格兰的戏剧，许多喜剧元素来自于当时的英国人才能听懂的笑话。

演出：

1597年 4月，该剧或在温莎伊丽莎白一世的御前首演。

1623年 第一对开本净化了剧中的"亵渎语言"。

1786年 俄国女皇叶卡捷琳娜二世改编的俄语版是该剧为数不多的非英语的成功之作。

1799年 意大利宫廷作曲家安东尼奥·萨列里将该剧改编成歌剧，1893年朱塞佩·威尔第也改编过歌剧版本。

1902年 在伦敦精彩上演，庆祝爱德华七世加冕。

1985年 英国戏剧导演比尔·亚历山大与皇家莎士比亚剧团演出"新伊丽莎白时期"作品，将背景设定在20世纪50年代的郊区。

2012年 该剧的斯瓦西里语版本在伦敦"从环球剧院走向全世界"戏剧节演出，戏剧节中，共有37种语言演出了37部莎士比亚戏剧作品。

《温莎的风流娘儿们》是莎士比亚最为欢乐的一部作品，但不太出名。它讲述的是一个可爱的恶棍想要占女人便宜，却陷于女人之手，得到应有惩罚的故事。这样的戏剧类型在此后不停重复，从复辟时期的戏剧到舞台闹剧，再到电视情景喜剧。本剧里的恶棍，当然是莎士比亚的独创——"胖骑士"约翰·福斯塔夫爵士。

城郊喜剧

值得一提的是，莎士比亚戏剧是其后出现的所有喜剧的蓝本，是它们的一大源头。莎士比亚写作《温莎的风流娘儿们》之时，大多数戏剧讲的都是贵族、神话人物和英雄人物。描述"城市郊区"中产阶级缺点的戏剧还闻所未闻。尽管年轻一些的英国戏剧家（如约翰·弗莱彻和本·琼生）很快以尖锐的"城市"讽刺紧随而上，但城郊喜剧仍是莎士比亚的原创。

据说，伊丽莎白一世非常喜欢《亨利四世》（下）中的约翰·福斯塔夫爵士，想要看看"恋爱中的福斯塔夫"，而《温莎的风流娘儿们》就是莎士比亚不落俗套的回应。但这个消息是否确凿，无法考据。另一个推测是，这部戏曾于1597年4月，也就是一年一度的温莎城堡嘉德骑士节之前，献演于女王御前，或者说，《温莎的风流娘儿们》充分利用了《亨利四世》（下）中的收尾诗："把本剧的故事继续搬演下去，让约翰爵士继续登场"。

> **……少不了一顿臭骂，骂得鬼哭神愁，伦敦的官话不知要给他糟蹋成个什么样子啦。**
>
> ——快嘴桂嫂
> 第一幕第四场

> **那么我要凭着我的宝剑，去打出一条生路来了。**
>
> ——毕斯托尔
> 第二幕第二场

胖骑士的快乐时光

本剧故事发生时，福斯塔夫到底多大岁数？学者们众说纷纭。很明显，本剧发生在《亨利五世》福斯塔夫死亡的消息以前，但是到底是在他在依斯特溪泊小酒馆吃喝玩乐的日子之前，还是之后？或许，这并不重要，因为莎士比亚在《温莎的风流娘儿们》中规避了所有对于15世纪历史背景的指涉——就像福斯塔夫被人从他自己生活的时代里抠出来，放入了莎士比亚时代的

在2008年伦敦环球剧院的一场演出中，克里斯托弗·本杰明饰演自欺欺人的福斯塔夫，想象着有人给自己暗送秋波。

市民生活之中。

毫无疑问，福斯塔夫是该剧的明星，这个粗暴吵闹的角色是喜剧的源头。他跌入温莎的枯燥生活里，制造出一系列混乱。他想象自己在这个封闭的乡下地方，凭着骑士头衔和能言会道就能作威作福，但结果还是吃了一惊。有两个非常顺服的家庭主妇，他觉得可以轻易搞定，但她们很快翻转了局面，一而再、再而三地羞辱了他。

福斯塔夫如此吸引观众，正是因为他与众不同的乐观精神，即便遇到挫折也能很快恢复的不负责任的态度。即使在戏剧结尾，福斯塔夫在森林里被彻头彻尾地愚弄了，他也很快恢复过来："想不到我活到今天，却让那一个连英国话都说不像的家伙来取笑吗？"（5.5.141-142）。在整部戏剧中，当其他角色都言语混杂，让现代观众通常难以理解，他的智慧却闪耀出来。

不地道的英国话

该剧含有大量荒唐的用词和错误的发音，通常还是隐晦的词语。快嘴桂嫂哀悼说，"哎哟！那怎么怪得了她？那两个仆人把她气死了，谁想得到他们竟误会了她的意思"，福斯塔夫回答说，"我也是气死了，会去应一个傻女人的约。"

该剧大部分内容讲的是妻子们对小镇的掌控力。她们不易愚弄，值得尊重，也表现出了幽默感。快乐并未让她们声名狼藉，她们无需当忧郁的修女，也无需变成毫无吸引力、谈性色变的女人。正如培琪大娘所说，"风流娘们不一定轻狂"（4.2.95）。

爱的胜利

然而，妻子们见到范顿和安收获了真正的爱情，还是大吃一惊。培琪一家想要把女儿安许配给她不喜欢的丈夫，安和范顿私奔了。"你们用可耻的手段，想叫她嫁给她所不爱的人"，范顿告诉他们，强调他俩的结合出于真正的爱情，会"避免强迫婚姻所造成的无数不幸的日子"。时至今日，这一信息仍有共鸣。■

我们曾经听过半夜的钟声

《亨利四世》（下）（1597年—1598年）

剧中人物

谣言：在楔子中登场。

亨利四世：英格兰王。

哈尔王子：国王的长子，被称为哈尔，后来的亨利五世。

华列克伯爵、萨立斯伯雷伯爵、威斯摩兰伯爵；哈科特、高厄和约翰·勃伦特爵士：国王的支持者。

约翰·兰开斯特王子、葛罗斯特公爵亨弗雷、克莱伦斯公爵托马斯：哈尔的兄弟。

王家法庭大法官：福斯塔夫的天敌。

诺森伯兰伯爵潘西：反王党军阀。

约克大主教斯克鲁普、巴道夫勋爵、毛勃雷勋爵、海司丁斯勋爵、约翰-科尔维尔爵士：叛逆的贵族。

福斯塔夫爵士：哈尔的酒肉朋友.

波因斯、巴道夫、毕斯托尔：福斯塔夫的追随者。

快嘴桂嫂：野猪头酒店女店主。

桃儿·贴席：妓女。

凯德：潘西夫人，霍茨波的遗孀。

罗伯特·夏禄：格罗斯特郡的乡村法官。

赛伦斯：夏禄的同事。

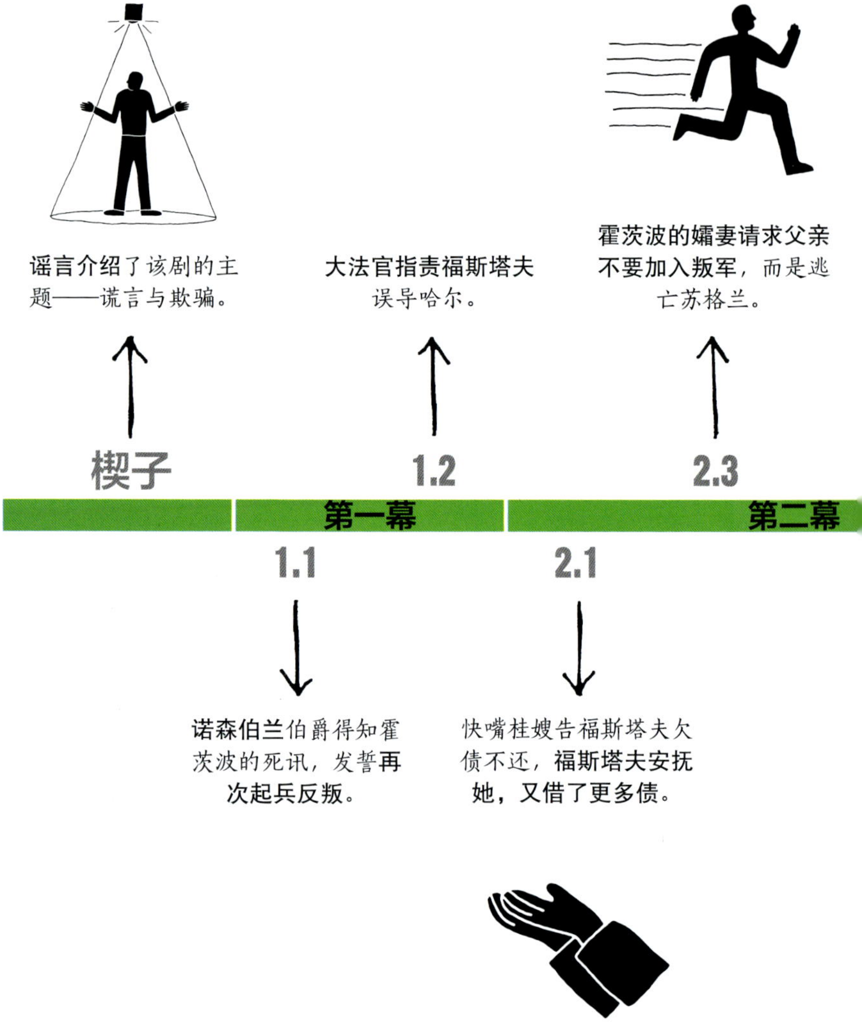

谣言开场，揭示了诺森伯兰伯爵刚好接到的一个谎言：霍茨波在索鲁斯伯雷击败了亨利四世的军队。这一欢乐的消息先于真相到达，但事实刚好相反——霍茨波被杀，叛军溃败，国王北伐大军兵临城下。诺森伯兰伯爵强忍悲痛，答应加入约克大主教的军队再战。大军集结之际，诺森伯兰伯爵却逃到了苏格兰，陷叛军同伙于危难之中。叛军同意和谈，将他们的不满传达给约翰王子，后者代表父亲同意重启和谈。毛勃雷举棋不定，其他人却解散了军队，准备和谈。他们一解散军队，约翰王子就以叛国罪逮捕了叛党，并将他们处决。

各地谣言四起。福斯塔夫本应与约翰王子在北方作战，但身体不适和财务危机将他留在了伦敦。大法官指责福斯塔夫误导哈尔王子，快嘴桂嫂告他欠账不还，要抓他。福斯塔夫满口空话稳住桂嫂，又借了更多债。他肆意诽谤哈尔王子，王子偷听到了这些叛国之辞。在

第三幕 第四幕 第五幕

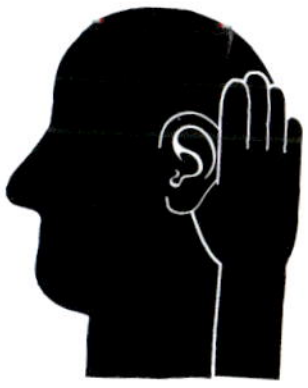

2.4 毕斯托尔大摇大摆走进小酒馆，引起更多喧闹。**哈尔偷听到福斯塔夫诽谤他。**

3.1 **国王因为叛乱再起而忧虑**，无法入眠。

3.2 **福斯塔夫回忆**起格洛斯特郡的夏禄和赛伦斯，而后征召了最孱弱的士兵。

4.1 在高尔特里森林，约翰王子让叛军相信和谈有望，随后**以叛国罪逮捕了他们。**

4.3 **哈尔**以为沉睡的父亲已经死了，**偷走了王冠。**父亲责骂他，他承诺做一个高贵的君王。

5.1 在葛罗斯特郡，毕斯托尔带来了**亨利四世去世**的消息，而哈尔即将登基为王。

5.2 **哈尔**向忧虑的大法官**承诺会遵守法律。**

5.4 **哈尔甫一登基，就驱逐了福斯塔夫。**约翰王子提及英法将有一战。

依斯特溪泊地下世界的混乱与喧嚣中，哈尔病重的父亲突然宣召他，适时点明了亲王的不负责任，浪费时间。

福斯塔夫发现自己即将不久于世，想要在离世前从桃儿·贴席那里寻求慰藉。他要去葛罗斯特郡招募新兵，但因为收受贿赂而免征了一批新兵，导致作战部队全是老弱病残。

在宫廷里，国王因为帮助他篡位的同一帮贵族倒戈相向而彻夜不眠，也因为担心不羁的王子当上国王的未来而忧虑不安。睡前，他摘下王冠，放在枕边。哈尔上场，以为父王已死，就拿走了王冠。这让国王更加确信，儿子想要他死。哈尔安慰父亲，说他其实心怀畏惧，承诺一旦继位，将成为一位正义之君。

亨利四世驾崩，福斯塔夫希望可以对宫廷施加影响。但哈尔履行了他的诺言。哈尔向大法官承诺会遵守法律，并在加冕礼时驱逐了前来朝贺的旧友福斯塔夫。福斯塔夫因为债务被捕之时，约翰王子提醒哈尔，英法即将开战的谣言四起。我们知道，阿金库尔战役就要打响了。■

背景知识

主题：

时间的侵蚀、忠诚与背叛、记忆的错误

场景：

亨利四世的宫廷，伦敦的野猪头酒馆，葛罗斯特郡，约克郡的高尔特里森林

素材：

1587年 霍林斯赫德的《英格兰、苏格兰和爱尔兰编年史》。

1594年 《亨利五世的大胜利》，作者不详，莎士比亚可能看过这出戏。

1595年 塞缪尔·丹尼尔的诗歌《约克和兰开斯特两家族间的内战》前四章出版。

演出：

因为《亨利四世》(下)很少单独演出，所以它的大部分演出史是和《亨利四世》(上)联系在一起的。

18世纪早期 演员兼经理托马斯·贝特顿的改编在伦敦舞台上掀起了福斯塔夫热。

1821年 该剧在乔治四世的加冕庆典中献礼演出。

1945年 劳伦斯·奥立弗在伦敦的新剧院(New Theater)出演夏禄法官，令人难忘。

1966年 奥森·威尔斯的电影《午夜钟声》聚焦哈尔与福斯塔夫、哈尔与国王的父子关系。

2012年 BBC版《空王冠》系列中，西蒙·拉塞尔·比尔塑造了一个忧郁的福斯塔夫。

福斯塔夫回忆，在克里门学院上学时，他把蜡烛的两头一起烧，他听见了伦敦教堂的钟声。上灯的时间预示着年轻人的自由时光。而现在垂暮之年想起，预示着事物的终结。福斯塔夫的话语既温暖又人性，完美地揭示了该剧甜美与苦涩交织的本质，午夜的钟声对于剧中的国王、叛军和普通百姓一样，都代表了结束和最终审判。

我们预期，《亨利四世》（下）会是上部的续集。在某种程度上，这没有错。正如1600年四开本的标题所示，我们会再次见到滑稽的约翰·福斯塔夫爵士，见到他的新伙伴毕斯托尔，一直到亨利四世驾崩和英雄国王亨利五世的加冕。这对于喜爱《亨利四世》（上）的伊丽莎白时期观众来讲，可谓是一场胜利连着另一场胜利。然而，《亨利四世》（下）虽然也有喜剧元素，但气氛更为阴沉，展示的历史事件也没那么波澜壮阔，而是沾染上了政治手段的气息。

> 过去和未来都是好的，现在的一切却为他们所憎恶。
>
> ——约克大主教
> 第一幕第三场

该剧明显是写给看过《亨利四世》（上）的观众看的。它固然保持了两部剧在叙事和结构上的相似性，但不同之处也尤为明显。虽然这部剧导向了亨利五世的加冕礼，但它聚焦之处都是回顾性的，重温了与上部相关的事件和关系，叙事结构更缓慢，也更微妙。

1997年，在伦敦老维克剧院的一场激动人心的舞台演出中，英国演员蒂莫西·韦斯特饰演年老昏聩的福斯塔夫。愤世嫉俗的哈尔王子侧立一旁，由韦斯特的儿子塞缪尔扮演。

屈从时间

《亨利四世》（上）的三个世界——宫廷、小酒馆和叛军阵营——现在都感受到了时间和死亡的不利影响。胖爵士约翰·福斯塔夫——哈尔的替身父亲和酒馆之王——身体已经病弱；《亨利四世》（下），他说的第一句话就是关于尿和健康。国王自己也脱下礼袍，换上睡衣，他长期失眠，而叛

从中世纪国王到伊丽莎白一世

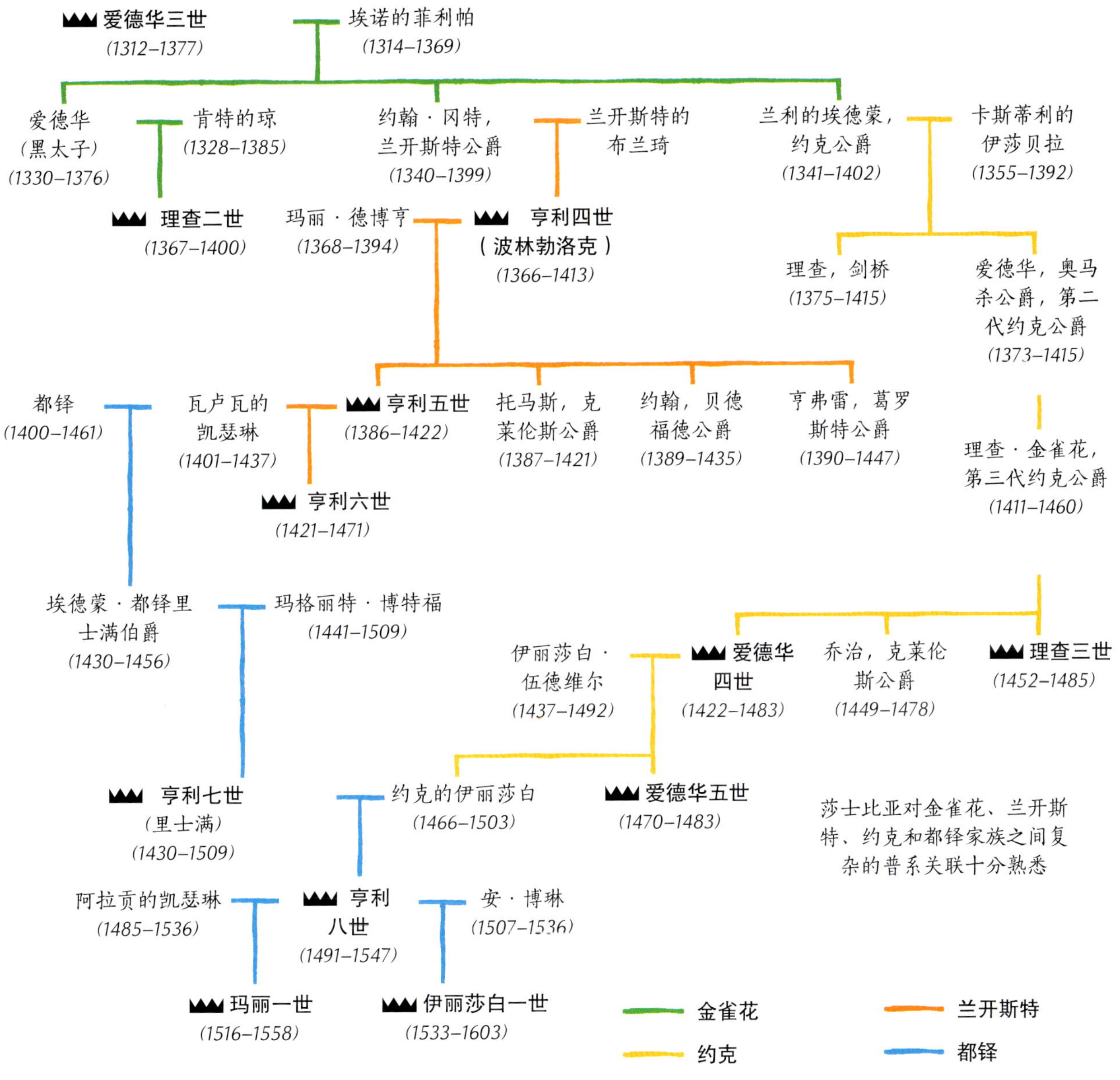

乱问题和继承人问题加重了他的病情。叛军也承认，他们与国王无休止的长期冲突让他们害了病：“我们都是害着重病的人；过度的宴乐和荒淫已经使我们浑身像火烧一般发热，我们必须因此而流血”（4.1.54-57）。即使中心场景设在葛罗斯特郡，菜单上列着苹果点心和美酒佳酿，英国看似正在黎明时分，但老者衡量着羊只的价格，数点着旧友的死亡。

即使哈尔也无法对疾病的蔓延视若无睹。首次登场，他就承认自己“疲乏极了”，看似已经厌倦了这种浪荡的生活。继续保持叛逆不羁的浪子形象已经越来越难了，因为父亲病重，亲王向波因斯坦诚他的心里“正在悲伤泣血”。他也很担心，不知朋友们会如何看他。他知道福斯塔夫希望将来对宫廷施加影响，他的亲密伙伴波因斯也滥用

约翰爵士，约翰爵士，您这种颠倒是非的手段，我一副若无其事的神气。

——大法官
第二幕第一场

了他俩的友情，到处跟人发誓说哈尔要娶他的妹妹耐儿。尽管波因斯解释说这是福斯塔夫在说谎，但仍给依斯特溪泊新添了些许不安。

时间即将走到终点，肉体是软弱的，美梦即将破灭。时间带来的伤害和谎言已经在开篇由谣言呈现出来，可能当时谣言还穿着一件绘满舌头的长袍。他不仅揭示出霍茨波的死亡谎言，而且说明，最大的危机其实来自于我们自说自话的谎言："虚伪的喜讯，它将要说出真实的噩耗给人更大的不幸"。

回望过去

《亨利四世》（下）的角色花费大量时间，不断回忆过去，而且他们不可思议地重塑了历史，以供当下之用。比如，贵族为他们再次叛乱找借口，他们说起理查二世的死亡，说起亨利当上国王以后，发过的誓言就不作数了。他们忘记了在亨利篡权的过程中，他们自己的复杂性，而且危险地低估了国王会如何"把国内的敌对势力根除净尽"。出于恐惧，亨利四世无法入眠，于是他回顾当初，感叹这些贵族如何轻易地变节。此时，他忘记了自己也曾背叛过前任国王。

同时，受益于击杀霍茨波的谎言，福斯塔夫将自己重塑为绅士，装模作样，丑态百出。他在路上撞见了大法官，大法官并不为福斯塔夫的幽默言语所动，福斯塔夫无法像平常一样脱困。与此同时，大法官亲自警告福斯塔夫时光短暂，审判无可避免。全剧终结，大法官将福斯塔夫以欠债不还之罪收监。

上帝知道，我儿，我是用怎样诡诈的手段取得这一顶王冠。

——亨利四世
第四幕第五场

叛军也发现，时间并未站在他们一边。在临死之前，诺森伯兰知道儿子并未得胜，而贵族们收到了他逃亡苏格兰的消息，但为时已晚。约翰王子利用时间优势，布下罗网，扭转了败局。尽管毛勃雷举棋不定，但其他叛军首领却轻信了约翰王子，还未仔细审议王子的承诺细节，就匆匆解散了军队。一旦贵族们失了势，约翰便将他们全都

语言和地区

依斯特溪泊小酒馆是一个中转区，每个角色都被莎士比亚赋予了个性的语言：随从毕斯托尔的空话大话，快嘴桂嫂对过去多愁善感的描绘，巴道夫单调的话语，还有桃儿的脏话。

相反，葛罗斯特郡的人们也有当地特有的语言：泰福郡的小约翰·杜易特、考兹华德的威尔·斯奎尔和山上的克里门·珀克斯。与依斯特溪泊不同，在这个国家中有一种连续性传统，事件更多由时间推动，而不是人力。福斯塔夫破坏了这一英国田园传统。在某一明显的时刻，女装裁缝弱汉与福斯塔夫腐败的招兵行为唱了反调："为王上效劳是每一个人的天职……真的，我可不存那种卑劣的心思"（3.2.234-235, 238）。弱汉的单纯正直反衬了福斯塔夫的卑鄙营生，也驳斥了卑劣的算计，而这算计最终正是来自于弱汉想要以生命效忠的国王。

2011年彼得·霍尔执导的《亨利四世》中，哈尔（汤姆·米森饰）以为父亲（戴维·叶兰德饰）已死，试戴了王冠。

处死。时机就是一切。正如海司丁斯勋爵所说，“我们是受时间支配的，时间命令我们立刻前去。”多亏约翰王子的计策，在该剧中段，亨利四世的所有敌人都被铲除。

继承

莎士比亚篡改了历史，暗示国王要儿子施行诡计，设计骗局。《编年史》将此归因于国王的贵族。按政治术语来讲，约翰的行为是明智的，因为他避免了流血。但正如剧终时，他坚持“今天并不是我们，而是上帝奠定了这次胜利”（4.1.37），胜利被灌注了它不应得的荣誉，政治策略被重新视作战场的胜利。约翰明显继承了父亲的老谋深算。如福斯塔夫所说，他就是一个“冷血的孩子”，缺少幽默感，也不爱喝酒。胖骑士发表了一通对白葡萄酒的长篇大论，说哈尔继承了父亲的冷血，但小酒馆的葡萄酒能让他的血液温热起来。

哈尔展示出了避免与国王正面冲突的能力。亨利四世将王冠搁在枕边。哈尔以为父亲已死去，迅速偷走了王冠。两人交谈之时，王冠就摆在他们中间。国王想听什么，王子就说什么，但他稍稍改动了拿走王冠的时间。之前，他说父亲把王冠当作盔甲来保护自己。现在，他对国王说，是国王在保护王冠并深受王位之苦。哈尔说他只是接受王冠，并非强取，因为王冠不是他主动从理查二世手里抢来的。而亨利也接纳了儿子奉承的谎话。哈尔还赞同了虚构的事实，说亨利是合法继承王位，并将自己也置于合法继承的地位：“您好容易挣来这一顶王冠，好容易把它保持下来，现在您把它给了我，我当然对它有合法的所有权。”父子二人都改写了亨利四世统治的关键问题，这恰恰说明了莎士比亚为该剧设定的主题——重读历史。

> **我那狂放的感情已随父亲同葬。**
>
> ——哈尔王子
> 第五幕第二场

哈尔发誓效忠父亲，安慰父亲，也接受了父亲的建议——亨利四世说，一旦哈尔当上国王，应该发动对外战争，将人民凝聚起来。

阴沉的结尾

莎士比亚以降调结束了该剧。哈尔确立了合法地位，福斯塔夫最终被驱逐。这一幕，正是《亨利四世》（上）小酒馆里幽默排练的真实上演。福斯塔夫以一贯的方式向哈尔致意，但哈尔全新的执政风格让他哑口无言：“我不认识你，老头儿”。当约翰提到战争的谣言，我们记起了亨利四世临死前对儿子的建议。我们知道阿金库尔战役最终以英格兰的胜利告终，而哈尔将实现父亲的计划，将国家重整于统一王权之下，尽管他的统治并未维持多久。■

不要脸的！正是这样！

《无事生非》（1598年—1599年）

剧中人物

里奥那托：梅西那总督，希罗的父亲。

希罗：里奥那托的女儿和唯一的继承人。

唐·彼德罗：阿拉贡亲王，从战场回来，可能与唐·约翰不和。

唐·约翰：唐·彼德罗的庶弟，两人勉强和解。

克劳狄奥：佛罗伦萨的少年贵族，在军事行动中表现出色。

培尼狄克：帕度亚的少年贵族，也在唐·彼德罗手下做事，信誓旦旦要做单身汉。

贝特丽丝：里奥那托的侄女。

波拉契奥：唐·约翰的侍从，编造情节阻止克劳狄奥和希罗成婚。

玛格莱特：希罗的侍女，在波拉契奥的阴谋里扮演了双重角色。

欧苏拉：希罗的侍女，在波拉契奥的阴谋里扮演了双重角色。

法兰西斯神父：教堂司事，安排了希罗的假死。

安东尼奥：里奥那托之弟。

康拉德：唐·约翰的侍从，和波拉契奥一起被捕，被迫坦白。

道格培里：警吏，爱装腔作势。

里奥那托得知**唐·彼德罗**和随从经历了一场恶战，就要**抵达梅西那**。

邪恶的**唐·约翰阴谋破坏节**日的气氛。

唐·彼德罗与人设计，让培尼狄克认为**贝特丽丝偷偷地爱着他**。

1.1　1.3　2.3

第一幕　**第二幕**

1.1　2.1

培尼狄克和贝特丽丝继续唇枪舌剑，唐·彼德罗答应帮助克劳狄奥追求希罗。

在假面舞会上，唐·约翰告诉克劳狄奥，唐·彼德罗追求希罗是为了自己。**谎言揭穿，婚礼商定下来，**日期也确定了。

梅西那总督里奥那托收到消息，阿拉贡亲王唐·彼德罗从战场得胜归来，军团中的一位少年贵族克劳狄奥英勇善战，超乎众人。贝特丽丝开玩笑地打听培尼狄克的表现如何，为他俩爱恨交加的关系设定了主题。这对年轻人唇枪舌剑，互不相让，打断了正规的欢迎仪式，也与克劳狄奥对里奥那托的女儿希罗初生的爱意形成了鲜明对比。克劳狄奥向唐·彼德罗和培尼狄克坦白了自己的感情，想寻求他们的帮助。唐·彼德罗提议冒充克劳狄奥，帮他在晚上的假面舞会上赢得希罗，发誓做个单身汉的培尼狄克却嘲笑理想的爱情。在舞会上，人们头戴面具，隐藏了真实身份，沉浸于含沙射影、性玩笑、报复和欺骗之中。唐·约翰抓住机会玩弄了克劳狄奥的不安全感，暗示唐·彼德罗是为了自己追求希罗。

谎言揭穿，良缘结成，里奥那托高兴地祝福了他俩。对于克劳狄奥和希罗来讲，剩下的问题就是，

第三幕

3.1

希罗和侍女让**贝特丽丝偷听到她们讨论培尼狄克偷偷爱着她。**

3.2

唐·约翰的第二个阴谋，他计划向唐·彼德罗和克劳狄奥证明**希罗并不贞洁。**

3.3

警吏偷听到**波拉契奥吹嘘自己的阴谋。**

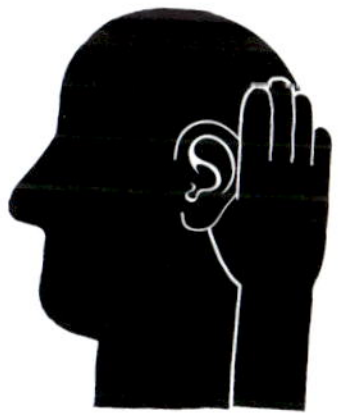

3.5

婚礼当天早晨，**道格培里想要告诉里奥那托有阴谋**，但没有成功。

第四幕

4.1

在婚礼上，**克劳狄奥抛弃希罗**，希罗的父亲不认希罗，法兰西斯神父提出了一个让她洗除污名的好方法。**培尼狄克和贝特丽丝偷偷相爱了。**

第五幕

5.1

贝尼迪克向克劳狄奥挑战，**波拉契奥承认了阴谋。**克劳狄奥发誓要改正错误。

5.3

克劳狄奥哀悼希罗的“死亡”。

5.4

克劳狄奥的新娘被发现是希罗，而培尼狄克和贝特丽丝的爱情也公之于众。**现在可以举行婚礼了。**

他俩还未说过一句话。两人窃窃私语之时，贝特丽丝拒绝了唐·彼德罗开玩笑口吻的求婚。

直到婚礼当天，唐·彼德罗一直为两人牵线搭桥。在培尼狄克和贝特丽丝的相互敌对之中，他找到了和谐之处，决定设计让两人吐露对彼此的爱意。他安排了两场戏：让培尼狄克偷听到唐·彼德罗、克劳狄奥和里奥那托讨论贝特丽丝的感情问题。同时，让贝特丽丝也偷听到希罗和欧苏拉泄露培尼狄克对自己的爱情。

波拉契奥设计阻挠婚礼。他在希罗结婚前夜，在希罗的窗口，跟打扮成希罗模样的玛格莱特亲热，而唐·约翰要确保克劳狄奥和唐·彼德罗刚好看到两人见面。在婚礼上，克劳狄奥残忍地抛弃了希罗，称她不贞洁。希罗晕倒了。克劳狄奥和唐·彼德罗离开了。神父相信希罗是无辜的，并提出一个解救方案。出于对希罗和贝特丽丝的担心，培尼狄克也留了下来。他俩深深相爱，并倾诉了对彼此的爱意。贝特丽丝要培尼狄克杀了克劳狄奥。

决斗并未开始，因为警吏偷听到了波拉契奥吹嘘自己的阴谋。真相大白，洗清了希罗的名声。克劳狄奥相信神父说的希罗已经死了，答应在“墓地”哀悼希罗，并娶他未曾谋面的里奥那托“弟弟的女儿”为妻。这位小姐其实就是希罗。剧终，传来了唐·约翰被捕的消息。两个婚礼即将举行，舞会先行开场。■

背景知识

主题：
社会法规与社会地位、爱情、婚姻和欺骗

场景：
梅西那，西班牙统治下的西西里的一个港口城市。

来源：
该剧没有直接来源。希罗的情节来自于一个古老的故事，间接取材自：

1516年 路德维柯·阿里奥斯托的《疯狂的罗兰》（1591年译为英语）。

1554年 马代奥·班戴洛的《短篇小说集》（1569年译为法语）。

演出：
1613年 该剧为詹姆斯国王的女儿伊丽莎白的婚礼献礼。

1662年 威廉·达文纳特的《反恋人的法律》，综合了《无事生非》的部分情节和《一报还一报》，该剧影响了许多复辟时期的喜剧。

1861年 埃克托·柏辽兹的歌剧《贝特丽丝和培尼狄克》塑造了与该剧同名的一对夫妇，两人的年纪稍大一些，她俩唇枪舌剑，带着闪亮的爵士切分节拍。

1993年 肯尼斯·布拉纳的电影将该剧搬到了托斯卡纳山区，营造出轻松愉快的度假氛围。

1996年 迈克尔·博伊德的皇家莎士比亚剧团作品充分利用了镜子、画框和肖像画，呈现出表象与现实的主题。

《无事生非》展示出许多外表的“假象”。戏剧题目中Nothing（无事）和Noting（发现、注意）的文字游戏提示戏剧的观众，本剧的主题是关于观察。第一幕第一场信使的报告表明，梅西那明显是一个在意外表的社会。但建立在外表之上的报告和传闻都是不堪一击的，面对自相矛盾的解释，他们很容易就破灭了。

表象和观察

剧中的两段爱情故事都取决于表象和观察。克劳狄奥爱上了希罗，因为她看起来是个甜美、贞洁的少女。但克劳狄奥无法确定自己的判断力，于是，他想从年长一些的培尼狄克和唐·彼德罗那儿得到确认。在希罗身上，培尼狄克区分了“发现”和“看”。他的回答让人注意到感受的主观性，正如仅凭“看”她，无法透露出这个年轻女性的更多非凡特征；但克劳狄奥的“发现”让她成为无价之宝：“全世界所有的财富，可以买得到这样一块美玉吗？”克劳狄奥没有从培尼狄克那里得到任何对他萌发的爱情的认可，也就不愿再向唐·彼德罗倾吐自己对于希罗的爱意。只是当亲王再三坚持“这位小姐是很值得你眷恋的”，克劳狄奥才坦白了自己的爱情。

> **友谊在别的事情上都是可靠的，在恋爱的事情上却不能信托；所以恋人们都是用他们自己的唇舌。谁生着眼睛，让他自己去传达情愫吧，总不要请别人代劳。**
>
> ——克劳狄奥
> 第二幕第一场

> **他们见到这种似乎是千真万确的事实，一定会相信希罗果真是一个不贞的女子，在妒火中烧的情绪下决不会作冷静的推敲。**
>
> ——波拉契奥
> 第二幕第二场

克劳狄奥追求希罗，遵循的是一种非常正式的方式。首先，恋人们要隔着一段距离相互倾慕。克劳狄奥甚至没有自己去追求希罗，而是委托给亲王。直到两人的长辈同意了婚事、里奥那托也祝福了两人，这对情侣还没说过一句话。此刻，希罗还未说过任何台词，但文本暗示，她已在公开场合给了克劳狄奥一个轻吻。

因为追求形式的限制，克劳狄奥和希罗很难说了解对方。因此，当唐·约翰告诉克劳狄奥，他哥哥追求希罗是为了自己，克劳狄奥对希罗的信心很容易就动摇了。克劳狄奥毫不怀疑希罗会选择唐·彼德罗。这个消息很快被证明是假消息，被亲王和里奥那托一笑置之。但唐·约翰仍然决心阻挠这桩婚事，而且由于波拉契奥阴谋相助，他让克劳狄奥和唐·彼德罗相信，希罗在结婚前夜仍与男人寻欢作乐。克劳狄奥误将玛格莱特认作希罗，立刻断定她是不贞洁的，而他偶像式的爱立刻变成了仇恨与厌恶。

求爱行为的正式和程式化也反应在婚礼中——克劳狄奥打断婚礼仪式，公然抛弃了希罗。克劳狄奥误解了他的“发现”。他就像抛弃一个“烂橘子”（4.1.32）一样抛弃了希罗，确信“她的脸红是因为罪恶，不是因为羞涩。”（4.1.42）克劳狄奥无法将希罗看作真实的她自己，于是从一个极端（贞洁、单纯、无辜的希罗）走向了另一个极端（放荡的、水性杨花的希罗）。她在他面前所呈现出的模样，取决于其他人想要他看见什么。所以，当波拉契奥招供了阴谋，克劳狄奥马上回到了对她的第一印象。这丝毫不令人奇怪。

在1993年出品的这部电影中，肯尼斯·布拉纳删减了原文，让情节更为流畅。该片众星云集，包括凯特·贝因赛尔、艾玛·汤普森（前排）和布拉纳自己（右二）。

诡计和真相

外表将克劳狄奥和希罗的爱情故事扭转成悲剧，却给培尼狄克和贝特丽丝的爱情故事添加了喜剧效果。这两人看起来互相仇视，简直天下无双。在两人的言语交锋之外，他们在躲避爱情可能被拒所带来的伤害。线索就存在于两人的打趣之中：“您总是像一匹不听话的马儿一样，望岔路里溜了过去；我知道您的老脾气。”

他俩的朋友都确信两人很般配，在两个偷听场景中，他们利用报告和偷听戏弄二人，最终让他们袒露了心意。克劳狄奥、唐·彼德罗、里奥那托描绘出贝特丽丝陷入爱情的绝望图景，但他们觉得最好还是别让她告白，恐怕她被无情的培尼狄克嘲弄。培尼狄克相信三人说的都是实情，因为“诡计是不会藏在这样庄严的外表之下的”。培尼狄克确信贝特丽丝对他的爱情会得到报偿。即使朋友可能会嘲笑他改变了婚姻观，也吓不倒他。

希罗和欧苏拉也赞美培尼狄克“在意大利首屈一指”。他们指责贝特丽丝自恃才情、自命不凡，作为独身主义者，即使是最完美的男人，她也要把他批评得体无完肤。如果她得知培尼狄克的爱情，她就会“讥笑”它。贝特丽丝听到这样的评论，清醒过来，准备“把这颗狂野的心收束起来，呈献在你[培尼狄克]温情的手里。”培尼狄克自己就明白贝特丽丝的美丽、贞洁、聪明，贝特丽丝也无需听别人说三道四，来确认培尼狄克的价值。与希罗和克劳狄奥不同，培尼狄克和贝特丽丝明显更了解彼此。

语言与现实

该剧语言充满了文字游戏、打趣和妙语。培尼狄克和贝特丽丝一出场，就卷入了唇枪舌剑中：“培尼狄克：哎哟，我的傲慢的小姐！您还活着吗？贝特丽丝：世上有培尼狄克先生那样的人，傲慢是不会死去的；顶有礼貌的人，只要一看见您，也就会傲慢起来。”。唐·彼德罗与侍从的对话非常轻松、充满了世俗的笑话，尤其是培尼狄克不相信女人、抗拒婚姻：“彼德罗：好，咱们等着瞧吧；有一天野牛也会俯首就轭的。培尼狄克：野牛也许会俯首就轭，可是有理性的培尼狄克要是也会钻上圈套，那么请您把牛角拔下来，插在我的额角上吧；我可以让你们把我涂上油彩，像人家写‘好马出租’一样替我用大字写好一块招牌，招牌上这么说：‘请看结了婚的培尼狄克。’”这也表现出了梅西那社会对于被戴绿帽子的根深蒂固的恐惧。与婚姻所带来的，是对出轨的恐惧——唐·约翰对希罗的指控很容易就被相信了。在婚礼一幕，幽默的语言转变为意味深长的指控，正如克劳狄奥使用婚礼仪式这一场合来抛弃、羞辱希罗。他在希罗坟前的哀悼也具有仪式的正式性。克劳狄奥和唐·彼德罗早已准备好解散乐工、参加下一场婚礼，这让我们惊奇，克劳狄奥的悲伤是否只是“表象”。

> **可是人们的丈夫气概，早已消磨在打躬作揖里，他们的豪侠精神，早已丧失在逢迎阿谀里了；他们已经变得只剩下一条善于拍马吹牛的舌头。**
>
> ——贝特丽丝
> 第四幕第一场

语言不仅是用来建立社会平等的工具。在与男人们的对话中，贝

真爱之路

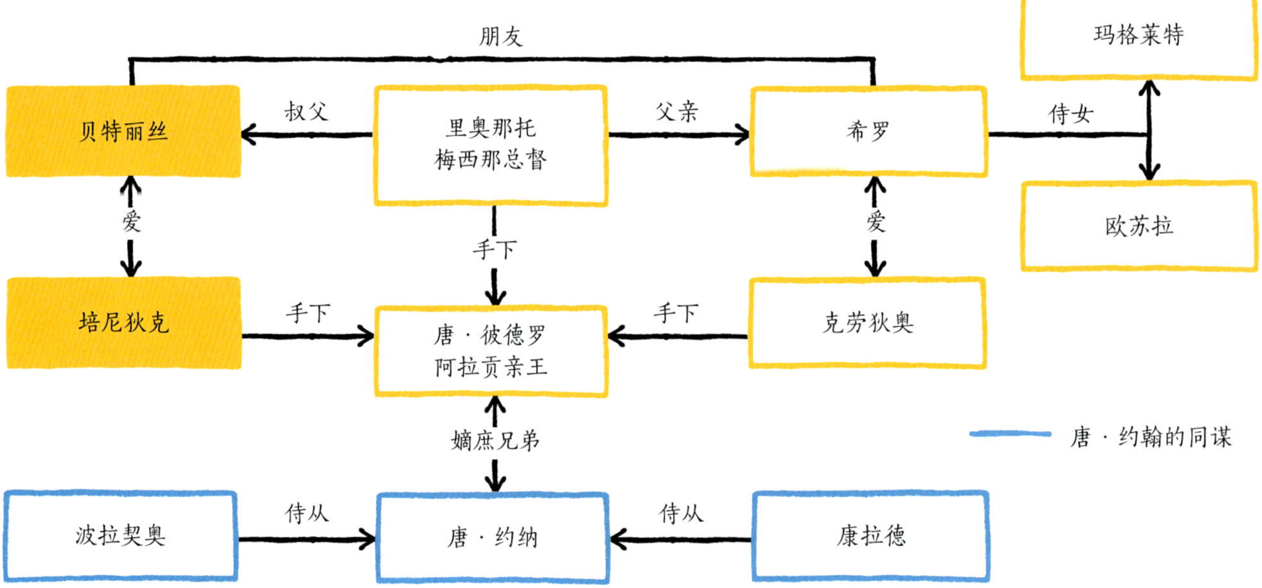

培尼狄克和贝特丽丝之间的斗嘴是该剧的魅力所在。在2007年伦敦国家剧院的演出中，西蒙·拉塞尔·比尔和佐伊·沃纳梅克出演了这对情侣。

特丽丝妙语连珠，与他们平等交谈。玛格莱特和道格培里都认为，语言可以抬升他们的身份，让他们当上老爷。玛格莱特与培尼狄克的简短交谈深化了该剧的阶级和性别意识，展示出她对于社会阶层上升的渴望。剧中玛格莱特打扮成希罗的样子，被培尼狄克当场发现。得到社会阶层的外在标志，让玛格莱特成为社会的一大威胁，因为标志对于社会十分重要。

情侣和框架

该剧是围绕一对一对的人物组织结构的：里奥那托和他的兄弟安东尼奥、克劳狄奥和唐·彼德罗、波拉契奥和康拉德、道格培里和弗吉斯。在梅西那，人人都必须结婚。唐·彼德罗想要撮合培尼狄克和贝特丽丝，并非出于好玩。他把两个反对梅西那价值观的个体排列到一起，两人都更享受单身生活。希罗被证明贞洁后，克劳狄奥和希罗很容易就和解了。但培尼狄克和贝特丽丝却好像并不想承认两人的恋情。最后几句台词，贝特丽丝暗示她也许会拒绝婚姻。许多作品遵循了评论传统，让培尼狄克一边说着“别多话！让我堵住你的嘴”，一边吻上贝特丽丝。但在四开本和对开本原著里，这句话却由里奥那托说出，他可能是在使用父权，让贝特丽丝屈服。正如《驯悍记》一样，本剧的结尾也是含混的。

本剧结尾，只剩下唐·彼德罗单身一人。因为没有继承人，他的财产很容易被他人觊觎，比如他的兄弟唐·约翰。作为一个圈外人，约翰极力抗拒，不愿进入梅西那的编码之中。在这个文字游戏的世界，他保持了沉默：“我是一个不会说话的人”。他被捕的消息传来，给节日气氛抹上了一丝沉重。在1990年皇家莎士比亚剧团的演出中，他站在舞台边缘看着唐·彼德罗，就像该剧伊始所暗示的那样，重新点燃了冲突。■

> 当我在世的时候，我是您的另一个妻子；当您爱我的时候，您是我的另一个丈夫。
>
> ——希罗
>
> 第五幕第四场

> 一个希罗已经蒙垢而死，但我以清白之身活在人间。
>
> ——希罗
>
> 第五幕第四场

好朋友们，再接再厉，向缺口冲去吧

《亨利五世》（1599年）

剧中人物

合唱队：起到设置每一幕场景的作用。

亨利五世：曾经的哈尔王子，现在的战士和帝王。

葛罗斯特公爵、克莱伦斯公爵：国王的兄弟。

约克公爵、萨立斯伯雷伯爵、威斯摩兰伯爵、华列克伯爵：英国贵族。

坎特伯雷大主教、伊里主教：教堂的高级教士。

弗鲁爱林、高厄：亨利军队的军官。

约翰·培茨、亚历山大·考特和麦克·威廉斯：英国士兵。

毕斯托尔、尼姆、巴道夫：依斯特溪泊人，哈尔王子之前的酒肉朋友。

快嘴桂嫂：野猪头酒店女店主，现为毕斯托尔太太。

查理六世：法国国王。

皇太子：理查六世的儿子。

蒙乔：法国传令官，陪伴亨利去阿金库尔的使臣。

法国大使：将网球送给亨利。

伊莎贝尔：法国王后。

凯瑟琳：法国公主。

艾丽丝：公主的侍女。

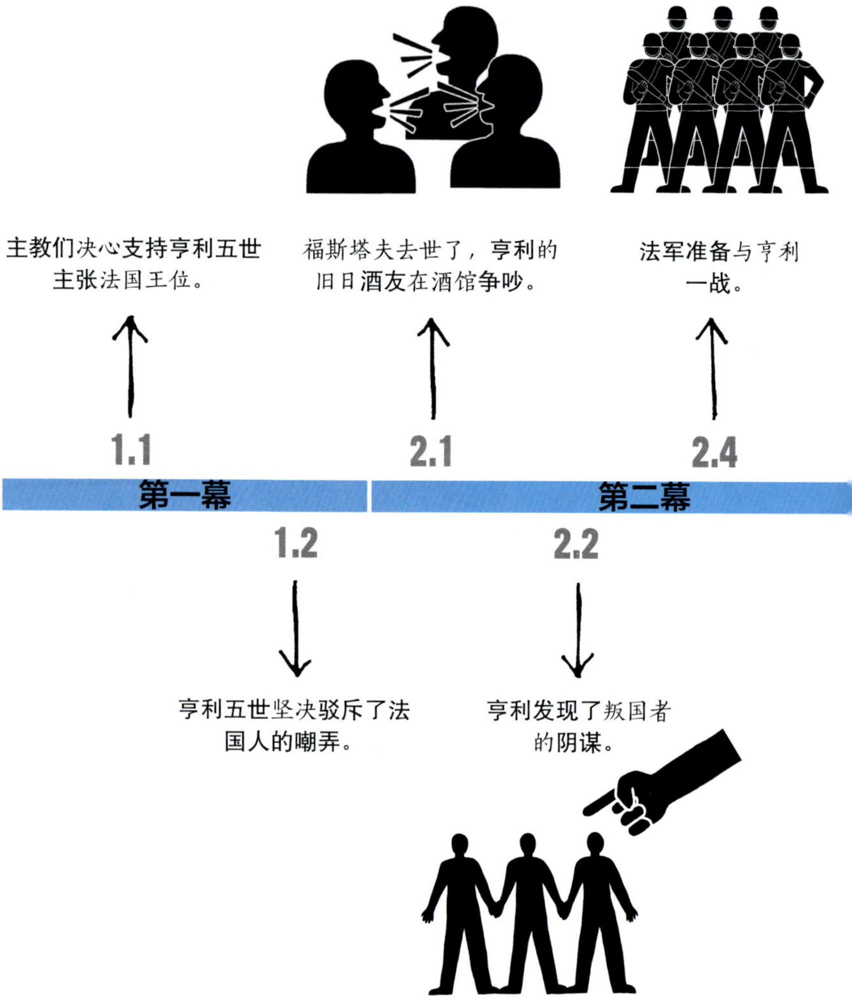

合唱队恳请观众忽视舞台的局限，想象即将上演的史诗事件。亨利五世一改年少时的轻狂。坎特伯雷大主教认可了他对法国王位的要求。法国大使送来一份嘲弄的礼物——网球，亨利还击说，他会击倒法国的王冠。

在南安普顿，合唱队描述了年轻的英国士兵如何奋勇作战，但提醒我们出现了三个叛徒。亨利旧日酒友在小酒馆相聚，巴道夫提起了尼姆和毕斯托尔之间的矛盾——女店主快嘴桂嫂先和尼姆订了婚，后来却嫁给了毕斯托尔。亨利发现了叛徒，将他们处死。快嘴桂嫂讲述了老福斯塔夫之死——他因为被亨利驱逐而伤透了心，三个朋友和亨利启程去法国。

在法国，法国国王查理六世和皇太子备战正酣，嘲笑亨利的年少放荡。亨利的使臣爱克塞特提醒法国人小心提防。在法国，亨利在哈弗娄打响了战役，威胁该城居民若不投降，他就要屠城。与此同时，

第三幕

3.1 亨利五世在哈弗娄发出了可怕的威胁，法王下令抓捕亨利。

3.6 巴道夫抢劫被抓，被亨利下令处决。

第四幕

4.1 战斗前夜，亨利微服夜巡英军阵营。

4.6 战斗开始，亨利下令杀死法国俘虏。

4.8 英军得胜。

第五幕

5.1 毕斯托尔被弗鲁爱林用一根韭菜打败，哀悼耐儿之死。

5.2 法国向亨利求和，同意他对王权的主张。

5.2 亨利追求法国公主凯瑟琳。

巴道夫和同伙为是否打仗吵了起来。在法国宫廷，法国公主凯瑟琳学习英语。国王斥责亨利，但皇太子指责法国女人与英国人交好。

在英军阵营，巴道夫抢劫被抓，亨利下令处死他。法国使臣劝说亨利退兵，亨利拒绝了。亨利伪装成亨利·勒·劳，与士兵威廉斯讨论战争的好坏。亨利的士兵人数以寡敌众，以一敌五。次日清晨，亨利发表演讲，表示与他一起作战的士兵将会永远被牢记在这一天——克里斯宾节。

法国人开始再次进攻，亨利命令将法国俘虏全部杀死，以解放看守的英军。高厄报告法国人屠杀英国儿童，亨利发誓不会对法国人心慈手软。亨利获胜，杀死了一万名法国人，只折损了三个英国贵族。亨利准备凯旋回国。

在法国宫廷，查理王迎接了亨利。亨利答应，只要法国满足了他的要求就停战——包括他向凯瑟琳公主的求婚。亨利开始追求法国公主，两人的对话因为她不流利的英语和他糟糕的法语而十分困难。最终，亨利亲吻了她。合唱队叙述命运如何安排亨利和凯瑟琳的儿子做了亨利六世，而他的朝臣又如何再次失去了法国。■

背景知识

主题：

战争、爱国主义、王权

场景：

英国的伦敦和南安普顿，法国王宫，法国的哈弗娄和阿金库尔

来源：

1577年 爱德华·霍尔的《兰开斯特和约克两大高贵显赫家族的联合》。

1587年 关键素材来自霍林斯赫德的《英格兰、苏格兰和爱尔兰编年史》。

演出：

1738年 130年间的首次全本演出在伦敦举行，当时英法又将开战。

1897年 弗兰克·本森在埃文河畔的斯特拉福德镇出演英勇的亨利王，尤其是他撑杆一跳，跃上哈弗娄的城墙。

1944年 劳伦斯·奥立弗执导并出演了该剧电影版。电影得到了英国政府的部分资助，强化了剧中的爱国主义元素。

1986年 迈克尔·波格丹诺夫与英国莎士比亚剧团巡演，改编了一个左倾版本，将亨利五世描绘成一个冷酷的犬儒主义者。

1989年 肯尼斯·布拉纳的电影将铁一般的现实带入战场场景。

2003年 尼古拉斯·海特纳作为国家剧院总监的首次演出，将《亨利五世》搬到了当代的伊拉克。

《亨利五世》常被称为莎士比亚的战争剧。与其他莎剧不同，该剧没有展现复杂的人生经历或人物关系，看起来就像是一个简单而刺激的故事，讲述年轻英勇的战士兼国王亨利五世如何排除万难，取得了阿金库尔战役的胜利，充满了战争的诗意。

过去，许多人都认为《亨利五世》是莎士比亚最具爱国主义情怀的一部作品——他歌颂了英国历史上最高潮澎湃的历史时期，讲述了一小“帮”英国人如何击溃了法国骑士精英大军。最重要的是，他塑造了一位无与伦比的英雄君王，这位君王带领军队取得了一场不可思议的胜利。每每陷于危难之时，人们都会从该剧摘选演讲片段，激励士兵。最著名的就是，英国首相丘吉尔在广播演讲中引用了亨利五世的“我们，是少数几个人，幸运的少数几个人”（4.3.60），让公众感谢“少数几个”飞行员在1940年不列颠战役中拯救了整个国家。

> **‘智慧’，真像天使降临，举起鞭子，把犯罪的亚当驱逐出了他的心房。**
>
> ——坎特伯雷大主教
> 第一幕第一场

改编角度

随着时代变化，人们对于该剧的态度和对于战争与民族主义激情的态度在不断改变。现在的评论家

二战时期，劳伦斯·奥立弗拍摄了这部振奋民心的电影。他删除了亨利的恶毒行为，如下令绞死巴道夫，将亨利塑造为一个英雄人物。

> 我觉得，你们挺立在这儿，就像上了皮带的猎狗，全身紧张地等待着冲出去。这一狩猎开始啦。一鼓作气，往前直冲吧，一边冲，一边喊：'上帝保佑亨利、英格兰和圣乔治！'
>
> ——亨利五世
> 第四幕第一场

和戏剧总监更为审慎。他们通常会寻找戏仿军国主义的颠覆性政治信息——或者将舞台从过去的英格兰搬到争议颇多的当代情境之中，比如战争时期的伊拉克，或者关注剧中隐含的战争对人的损伤。很多评论家走得更远，他们提出，《亨利五世》被误读了。该剧并非美化战争，而是对战争悲惨境地和政治宣传威力的复杂探索。

该剧不仅包含了以亨利为中心的场次顺序，还有依斯特溪泊人的煎熬和苦难，以及普通士兵的艰苦历程。多视角的现实表明，该剧不仅是亨利的英雄主义表演，而且每个事件都与亨利的中心叙事交错牵连。

宣传家亨利

合唱队开场，将虚构的戏剧经历突显在前台。合唱队为剧场演不出宏大的历史故事而致歉，但他们的道歉却又如此震动人心："啊！光芒万丈的缪斯女神呀，你登上了无比辉煌的幻想的天堂；拿整个王国当做舞台，叫帝王们充任演员，让君主们瞪眼瞧着那伟大的场景！"

开场白激情四溢，比起亨利五世对军队发出的著名的有关克里斯宾节的演说，也毫不输阵。合唱队问："难道说，这么一个'斗鸡场'容得下法兰西的万里江山？"与亨利五世战前发表的"未来会记住现在"的承诺一样，开场白像魔术一样，创造出了虚幻之境。

旌旗之上

在合唱队的开场白之后，接下来的并不是英雄主义的场景，而是英格兰两大主教见不得光的讨论。两大主教讨论的不是道德问题，而是想通过支持亨利夺取法国王位而避税。教会领袖如此唯利是图，也许人们应该质疑他们的论断——成为国王后，之前的浪荡王子哈尔表现出一种宗教皈依式的中规中

> 但愿我是在伦敦的酒店里！我愿意拿我一世的'英名'来跟一壶酒和眼前的安全交换。
>
> ——童儿
> 第三幕第二场

历史上的阿金库尔

《亨利五世》聚焦阿金库尔战役，这是英法两大统治家族——英国的普兰塔琪纳特家族和法国的瓦卢瓦家族——1337年至1453年间一系列冲突（史称"百年战争"）的转折点。

1414年10月25日，阿金库尔战役打响，地点正是现在法国北部的阿金库尔（一译阿赞库尔）附近，亨利五世确实参加了战役。英国军队人数少于法军，但技术和运气更佳。亨利五世的弓可以一分钟连发六箭，法国人却拿着笨重的十字弩，穿着笨重的盔甲，行动迟缓，选择的冲锋之地还满是泥泞。

战役并非莎士比亚所描述的一边倒，但杀死俘虏的情节确有发生。这场战役的影响也与该剧所描述的不同，并非起到了决定作用。事实上，亨利又花了五年才与法国达成协议。亨利五世于35岁时英年早逝，并未当上法国国王。

> **啊，战神！使我的战士们的心像钢铁样坚强，不要让他们感到一点儿害怕！**
>
> ——亨利五世
> 第四幕第一场

矩：“‘智慧’，真像天使降临，举起鞭子，把犯罪的亚当驱逐出了他的心房”。在整个叙事中，亨利将自己描述成一个基督教君王，被上帝庇护，在奇迹般的阿金库尔战役之后，他没有居功，而是将胜利归给上帝：“上帝，在这儿你显出了力量！我们知道，这一切不靠我们，而全得归功于你的力量！”但这全凭想象。也许这也是国王必要的伪装？事实上，我们从未见到亨利打仗，也没有听过他讨论任何谋略。亨利是因为长于言辞，才为世人瞩目。

演说家亨利

有两段台词高度显示了莎士比亚语言的雄辩力量。第一场是亨利在哈弗娄城墙下催促他的士兵进攻“再接再厉，向缺口冲去吧，冲不进，就拿咱们英国人的尸体去堵住这座城墙！”。第二场是在阿金库尔战役之前，他承诺“克里斯宾节，从今天直到世界末日，永远不会随便过去，而行动在这个节日里的我们也永不会被人们忘记。我们，是少数几个人，幸运的少数几个人，我们，是一支兄弟的队伍”。

无情的领袖

亨利所呈现出的形象，并非简单的英勇。莎士比亚笔下的亨利王，不仅是一位激励人心的领袖，还是一个严厉、残暴的领袖。他寻求正义的手段相当无情，以至于叛徒无法忍受折磨，只求一死，而亨利也不顾旧日酒友巴道夫的求情，下令处死他，因为他在教堂行窃。亨利的依斯特溪泊伙伴们——巴道夫、尼姆和毕斯托尔——本就不是什么英雄人物，也毫不顾惜名誉。他们懒惰，懦弱，喜好争辩，还常常戏仿哈尔的修辞，如巴道夫就曾高呼：“冲，冲，冲，冲，冲呀！向那缺口冲去，向那缺口冲去！”在前传《亨利四世》中，这些人物都是逗人开心的角色，是不负责任的约翰·福斯塔夫爵士的跟班，是主情节的幽默反衬，但在《亨利五世》中，诸多喜剧元素被剥离，前传中可爱的流氓恶棍变成了受害者，比起其他角色，他们为战争付出了更大的代价。

在肯尼斯·布拉纳的电影中，阿金库尔战役发生在泥泞积雨的战场。与稍早的劳伦斯·奥立弗作品相比，布拉纳着重强调了战争的荣誉。

福斯塔夫没有出场，就无声无息地死去了——快嘴桂嫂坚持认为，他是死于亨利王的无视旧情，“是皇上使他心碎了呀”。因为抢劫，巴道夫和尼姆在舞台之外被绞死，而正是抢劫的行为，让他们在前传中如此让人喜爱。最终，快嘴桂嫂死于花柳病。这也发生在舞台之外。只有毕斯托尔幸存下来，但他也受到侮辱，被弗鲁爱林强迫吃了韭菜。亨利充满英雄气概的新纪元升腾而出，携带着巨大能量，将属于上个时代的角色卷入余波之中。

国王亨利

比起激动人心的演讲，《亨利五世》所描绘的国王肖像更为模糊。可以肯定的是，亨利并非只逞匹夫之勇。他是国王，有着国王的洞察力。正如他微服出行时，向培茨和威廉斯解释的那样，“他也不过用眼睛来看、耳朵来听啊。把一切荣衔丢开，还他一个赤裸裸的本相，那么他只是一个人罢了”。

亨利知道，在王冠之下，他只是一个人罢了。但他也敏锐地意识到，作为国王，他不能和其他人一样。“我并不是什么暴君”，他坚持说自己“是一个基督徒国王，一切无常的喜怒都为理性所控制——就像那不法的歹徒被囚禁在我们的狱中。”他将人类的情感比作被锁起的可恶囚徒，这让人不安，而他也明确表示，人需要自我控制和自我牺牲。亨利的个性被大部分隐藏了。只在一个时刻，他显露出自己的个性——夜巡结束后，他发表了一段很长的独白——但即便在此处，他对于王权责任的看法似乎仍然出自理论，而并非个人情感。亨利是一个完美的演员，他可以成为他的人民所需要的任何人——他可以与大主教讨论神学，可以成为普通人，与士兵交谈，还可以变成凯瑟琳公主魅力四射、不受约束的情人。

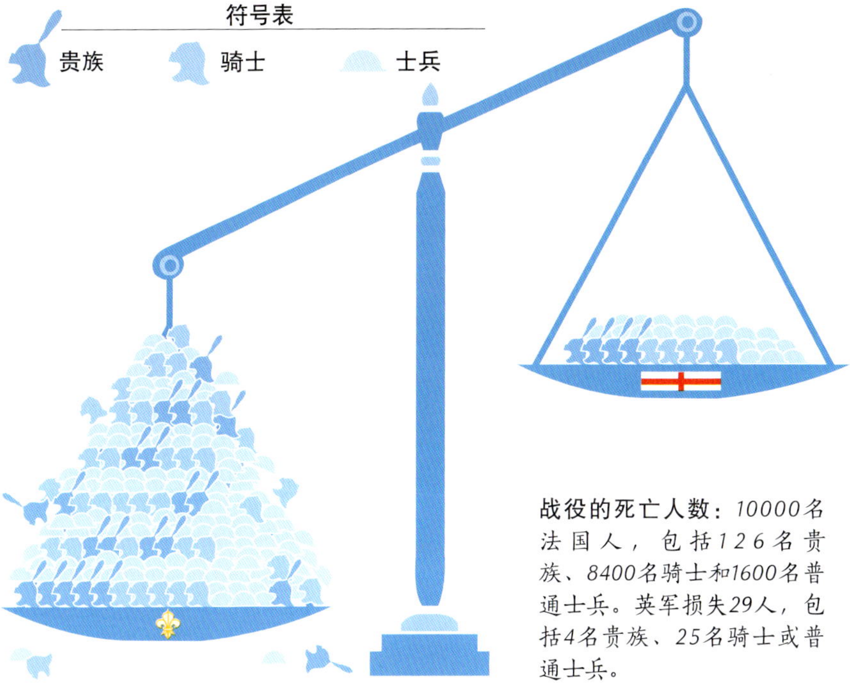

战役的死亡人数：10000名法国人，包括126名贵族、8400名骑士和1600名普通士兵。英军损失29人，包括4名贵族、25名骑士或普通士兵。

> **接受了吧，上帝，这全是你的荣耀！**
>
> ——亨利五世
> 第四幕第八场

《亨利四部曲》

《亨利五世》是莎士比亚历史剧“亨利四部曲”的第四部，其他三部是《理查二世》《亨利四世》（上）和《亨利四世》（下）。四部曲叙述了从理查二世（1377-99）到理查三世（1483-85）统治时期的整部英国编年史。《亨利五世》展示了一位与“亨利四部曲”开篇第一位国王理查二世完全相反的国王，理查二世的弱点变成了亨利的优势。失去王位时，理查砸碎了一面镜子。而在英格兰备战之时，合唱队将亨利描述为“所有基督教君主的一面镜子”。亨利是我们自己的投影，是我们想要他成为的君主的模样，这或许可以解释，为什么我们对这位主人公如此难下定论。■

世事的起伏本来是波浪式的，人们要是能够趁着高潮一往直前，一定可以功成名就

《裘力斯·凯撒》（1599年）

剧中人物

裘力斯·凯撒：罗马将军和元老，击败了暴君庞贝，被加冕为皇帝。

支持凯撒之人

玛克·安东尼：忠实于凯撒的元老。安东尼颇有权谋，可以煽动平民反对勃鲁托斯。

凯尔弗妮娅：凯撒之妻，恳求他不要在三月十五日去元老院。

奥克泰维斯·凯撒：裘力斯·凯撒的侄子和养子，凯撒的继承人。

伊米力斯·莱必多斯：凯撒死后罗马的执政官之一。

预言者：警告凯撒要小心三月十五日。

阴谋反对凯撒之人

玛克斯·勃鲁托斯：元老和坚定的共和主义者，被凯歇斯说服反对凯撒。

凯歇斯：富有手段、贪婪，他利用勃鲁托斯对共和政体的忠心推翻凯撒。

鲍西娅：勃鲁托斯之妻，忠诚、可爱且值得信任。

路歇斯：勃鲁托斯的侍童。

特莱包涅斯、狄歇斯·勃鲁托斯、麦泰勒斯·辛伯、西那、里加律斯：密谋反对凯撒之人。

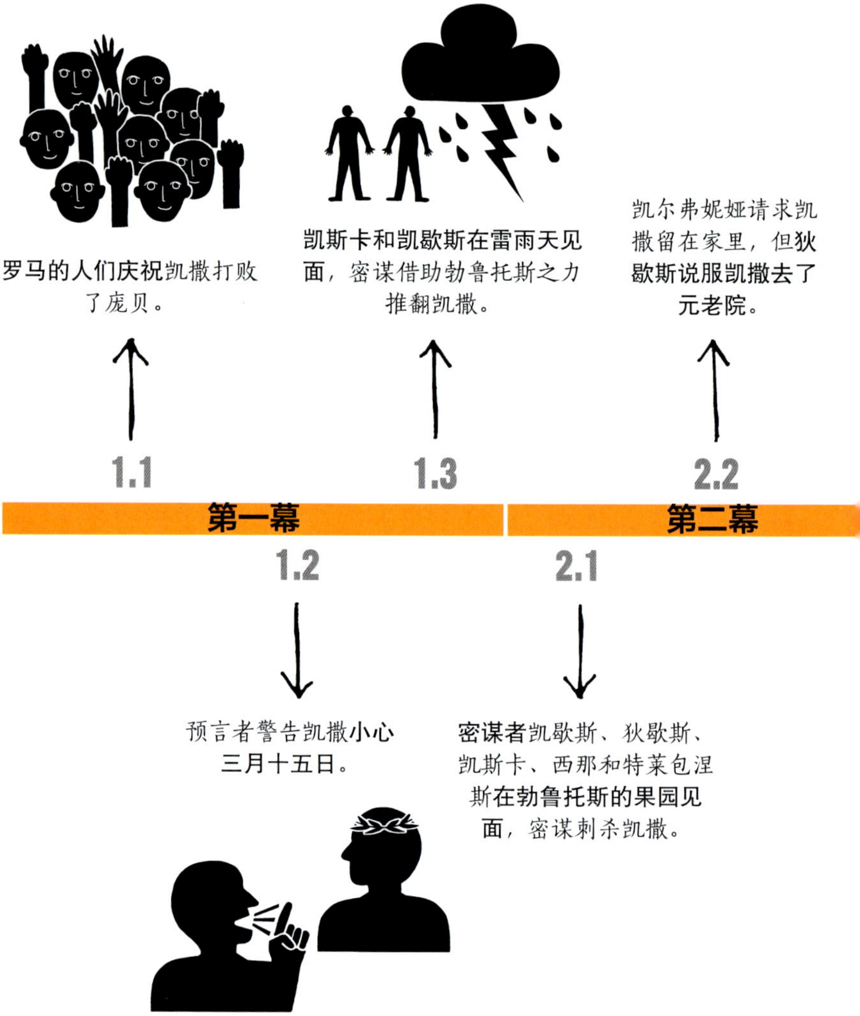

在罗马，人们庆祝卢柏克节，也迎接击败前领袖庞贝、得胜归来的凯撒。

凯撒在向追随者致意时，一名预言者让他小心3月15日。凯撒没有理会，说预言者是在做梦。他离开时，凯歇斯把勃鲁托斯拽到一边，说凯撒太自以为是，勃鲁托斯立场中立且受民众尊敬，他才是更好的领袖。之后，凯歇斯和勃鲁托斯从凯斯卡那里得知，凯撒被三次献上皇冠，但都拒绝了，但每一次都比前一次更客气。最后他答应当皇帝，成为罗马唯一的领袖。凯歇斯独自离开，坦言他会使用任何欺骗手段，说服勃鲁托斯推翻凯撒。

在一个暴风雨之夜，正是凯撒加冕的前夜，凯斯卡注意到许多不祥的预兆。反对凯撒之人在勃鲁托斯的家里聚会，密谋刺杀凯撒，将国家从独裁者之手解救出来。勃鲁托斯举棋不定，但也同意必须杀死凯撒，阻止他的野心。

次日，正是3月15日这个命中

第三幕

3.1

在元老院，凯斯卡首先刺杀凯撒，之后其他叛党依次刺杀凯撒。安东尼站在凯撒的尸体旁，发誓复仇。

3.2

勃鲁托斯说服平民，凯撒应有一死。安东尼很快说服他们反对勃鲁托斯、反对谋杀凯撒。

3.3

诗人西那被愤怒的平民袭击，因为他参与了谋杀凯撒。

第四幕

4.1

安东尼、奥克泰维斯和莱必多斯建立了三头统治，他们发动了对凯撒暗杀者的战争。

4.2

鲍西娅死了，凯撒的鬼魂拜访勃鲁托斯，预言他会死在腓力比。

4.2

勃鲁托斯指责凯歇斯中饱私囊，但两人和解了。

第五幕

5.3

凯歇斯相信狄提泰尼乌斯战败了，拔出刺杀凯撒的剑，自刎而死。

5.5

勃鲁托斯被安东尼和奥尔泰维斯的大军击败自杀。征服者承诺将他厚葬。

注定的日子，狄歇斯说服凯撒去了元老院，每个密谋者都刺了凯撒一刀。伟大的战士玛克·安东尼听闻此事，哀悼凯撒之死，但对谋杀之人表示了敬意，并询问他们可否在凯撒的葬礼上对人民发表演讲。凯歇斯警告说，如果让安东尼以凯撒的名义聚集民众，将会是十分危险的。但勃鲁托斯还是同意了。

勃鲁托斯演讲之后，安东尼说服人民，凯撒是被叛党不义谋杀的，而正义必须得到声张。人们埋葬了凯撒的尸体，公然发动叛乱。凯撒的儿子奥克泰维斯回到罗马，和安东尼一同发起了反对勃鲁托斯和密谋者的战争。勃鲁托斯看见了凯撒的鬼魂，明白自己大势已去。随后，他发现凯歇斯也死了，就让他的侍童路歇斯举起剑，自己冲向剑自杀了。战后，安东尼和奥克泰维斯作为胜利者出现，他们哀悼了勃鲁托斯之死，认为虽然勃鲁托斯对凯撒犯下了罪行，但他的动机是所有叛党中最为高尚的。剧终，奥克泰维斯承诺将勃鲁托斯体面安葬。■

背景知识

主题：
权力、野心、反叛、内战

场景：
古罗马

来源：
1579年 托马斯·诺斯爵士翻译的普鲁塔克的《古希腊罗马名人传》。

演出：
1599年 该剧在岸边区的一家剧院演出，被记录在瑞士旅行家小托马斯·普拉特的日记中。这座剧场很可能就是环球剧院。

1898年 英国演员和经理赫伯特·比尔博姆·特里在伦敦女王剧院成功演出了莎士比亚戏剧，第一部就是盛大的《裘力斯·凯撒》。

1937年 在欧洲大陆的法西斯背景下，时年22岁的奥森·威尔斯将大量改编、服装现代的戏剧搬上了纽约的水星剧院。

1977年 被囚禁于南非的罗本岛期间，尼尔森·曼德拉标出了凯撒的台词“懦夫一生死多次”来激励自己。

2013年 在伦敦多玛仓库剧院，菲利达·劳埃德执导了全女性演员演出的《裘力斯·凯撒》，将场景设定为当代的一所女子监狱。

《裘力斯·凯撒》是莎士比亚的第一部罗马剧，讲述的是野心、政治手段和责任的故事。剧中真正的悲剧人物是勃鲁托斯，他的所作所为，都是出于为罗马服务的高尚动机。勃鲁托斯一边爱着凯撒，一边又担心凯撒会当上暴君，举棋不定，最终成为一个可悲又可敬的悲剧人物。

根据普鲁塔克的历史纪年，该剧追踪了导致凯撒被刺及内战爆发的一系列事件。元老对于凯撒领导力的担心，折射出1599年该剧上演之时伊丽莎白女王的继承人问题。女王的继承和遗产未被讨论，更不必说是嘲讽了，但可以经由历史侧面得知。

莎士比亚将对于人性的敏锐洞察带入了故事之中。他的历史人物并不仅仅是罗马名人的传记式记录。恰恰相反，他的角色都历经艰难、焦虑，比起普鲁塔克笔下的人物，他们在道德上更为模棱两可。比如，凯撒是否会成为勃鲁托斯所担心的暴君？凯歇斯是否是典型的自私自利之人？甚至奥克泰维斯能否胜任继父凯撒的继承人？这都令人存疑。这样的含混性，让美国历史学家加里·威尔斯指出，该剧没有恶棍，因此也是莎士比亚悲剧中绝无仅有的一部。

> **嘿，老兄，他像一个巨人似的跨越这狭隘的世界；我们这些渺小的凡人一个个在他粗大的两腿下行走，四处张望着，替自己寻找不光荣的坟墓。**
>
> ——凯歇斯
> 第一幕第二场

> **阴谋啊！你在百鬼横行的夜里，还觉得不好意思显露你的险恶的容貌吗？**
>
> ——勃鲁托斯
> 第二幕第一场

修辞的魅力

该剧的权力并非来自实力、荣誉或是军事力量，而是工于心计、老谋深算的修辞。没有民众的协助，元老就无法避免国内动乱，于是，如何去说服、安抚和组织罗马公民就成了领袖们的当务之急，由此引起了凯撒遇刺后，勃鲁托斯对人民的演讲和安东尼关于凯撒名望的演讲。

安东尼这段常被引用的演讲以“各位朋友，各位罗马人，各位同胞”（3.2.74）开头，是精心撰写的修辞佳作，旨在引发群众对勃鲁托斯的猜疑和对逝者凯撒的崇敬。安东尼指责公众刚才在

1953年，约瑟夫·曼凯维奇的电影《裘力斯·凯撒》中，马龙·白兰度饰演安东尼。白兰度在该剧另一位明星约翰·吉尔古德的指导下，练习朗诵了莎士比亚诗句。

卢柏克节上庆祝凯撒凯旋，现在就成了“残暴的野兽”，而残暴（Brutish）正应和了勃鲁托斯的名字（Brutus）。安东尼暗示他的敌人是个骗子，同时将凯撒赞为一位举世无双的英雄。因为这篇演讲，也因为他对于凯撒遗愿的解读，安东尼得到了罗马公民的支持，并激发出他们对于行刺凯撒之人的新仇恨，为内战找到了理由。

在民众的帮助下，安东尼引发街头暴乱，导致诗人西那被杀。这类暴行无人负责，因为民众是出于义愤和恐惧。安东尼理解这一切，但是他选择继续鼓励平民质疑密谋之人，以实现自己的利益。元老也利用有说服力的华丽修辞，互相操控。安东尼用同样方法，说服民众密谋之人是叛国的杀人犯。凯歇斯也用同样方法，说服勃鲁托斯剪除凯撒。最强有力的修辞来自密谋者在凯撒死后所发出的呼声：“自由！解放！暴君死了！”无形的理念被巧妙借用，显示出凯撒遇刺的恐惧。对于罗马的政治策略家们来说，修辞和说服是不可分割的一体，因此凯歇斯才锐声宣告，“谁是那样刚强，能够不受诱惑呢？”

无人注意的女性

在雄性政治主导的罗马，女性被呈现为配合的、斯多葛式的妻子。勃鲁托斯的妻子鲍西娅和凯撒的妻子凯尔弗妮娅之所以存在，就是为了缓和她们丈夫的激情，但并不成功。

当代改编

2012年，导演乔治·多兰将一部具有政治争议的改编剧搬上舞台。该剧受当代独裁政治启发，采用全黑人阵容，将场景设置在某个不知名的非洲国家，描述了一个对暴君、内战、迷信、诗歌和疾病习以为常的国度。20世纪独裁者的所作所为——如伊迪·阿敏、博卡萨和稍近一些的罗伯特·穆加贝——与2010年开始的阿拉伯之春运动一起，为该剧增添了注解。

雷·费隆饰演的安东尼深具领袖魅力和政治手腕，他站在一个升起的舞台上，既是对民众发表演讲，也是对着凯撒血迹斑斑的尸体诉说。凯撒由杰弗里·基苏扮演。勃鲁托斯由帕特森·约瑟夫扮演，他将勃鲁托斯塑造为一个天真而可敬之人。凯撒自己的暴政被巧妙地投射在领袖的巨大塑像上。塑像由迈克尔·韦尔设计，代表了20世纪的独裁者偶像。2012年下半年，该剧被改编为电影。

凯尔弗妮娅诉诸于凯撒对于名誉和荣誉的追求，想要他在3月15日留在家里。鲍西娅则恰恰相反，她弄伤了自己的大腿，通过高贵的痛苦证明了她自己和丈夫是平等的。她吞下热炭自杀，为勃鲁托斯之死设定了高度的荣誉。

与这个世界中的男人一样，女人们也精心编织自己的话语。鲍西娅催促丈夫告诉自己为何焦虑，连用了三个一组的问题："勃鲁托斯要是有病，他应该松开了衣带，在多露的清晨步行，呼吸那种潮湿的空气吗？什么！勃鲁托斯害了病，他还要偷偷地从温暖的眠床上溜了出去，向那恶毒的夜气挑战，使他自己病上加病吗？不，我的勃鲁托斯，您害的是心里的病，凭着我的地位和权利，您应该让我知道。"

尽管勃鲁托斯答应妻子要更坦白对待她，但她还是不知道丈夫决定刺杀凯撒。对于凯撒来讲，凯尔弗妮娅也同样缺乏影响力。

命运的主人？

对于密谋者而言，自全剧伊始，时间和机会就对他们有利。凯撒还没当上皇帝，也没有变成暴君。在这两者坐实之前，勃鲁托斯就相信，刺杀凯撒是为了人民和国家的利益："世事的起伏本来是波浪式的，人们要是能够趁着高潮一往直前，一定可以功成名就；要是不能把握时机，就要终身蹭蹬，一事无成。我们现在正在涨潮的海上漂浮，倘不能顺水行舟，我们的事业就会一败涂地。"（4.2.270-276）

勃鲁托斯说起"趁着机会的高潮"，暗示命运的无常，若能更好地把握机会，就会功成名就。这个理论是他从凯歇斯那里借用的，凯歇斯认为自治是实现成功之路：

> **懦夫在未死以前，就已经死过好多次；勇士一生只死一次。**
>
> ——裘力斯·凯撒
> 第二幕第二场

"人们有时可以支配他们自己的命运；要是我们受制于人，亲爱的勃鲁托斯，那错处并不在我们的命运，而在我们自己。"

勃鲁托斯相信命运，这解释了他为何会接受自己在腓力比战败。尽管他抓住机会剪除了凯撒，但是这个敌人的鬼魂和报复引发了勃鲁托斯的失败。换言之，命运也参与进来，惩罚了密谋之人。如果命运带领这些人走向他们命定的结局，那么自由意志如何存在、又有何意义呢？这个问题让勃鲁托斯耗尽了生命，也对凯撒至关重要。尽管莎士比亚并未对命运和自由意志的冲突提出任何解决方案，但贯穿全剧之中，有一种铺天盖地的对于命运的意识，尤其是情节中出现的种种预兆。

凶兆

在同样不祥的暴风雨中，凯斯

在2014年环球剧院的这部作品中，谋杀凯撒的剑已出鞘。凯撒由乔治·欧文饰演，凯歇斯由安东尼·豪厄尔饰演。

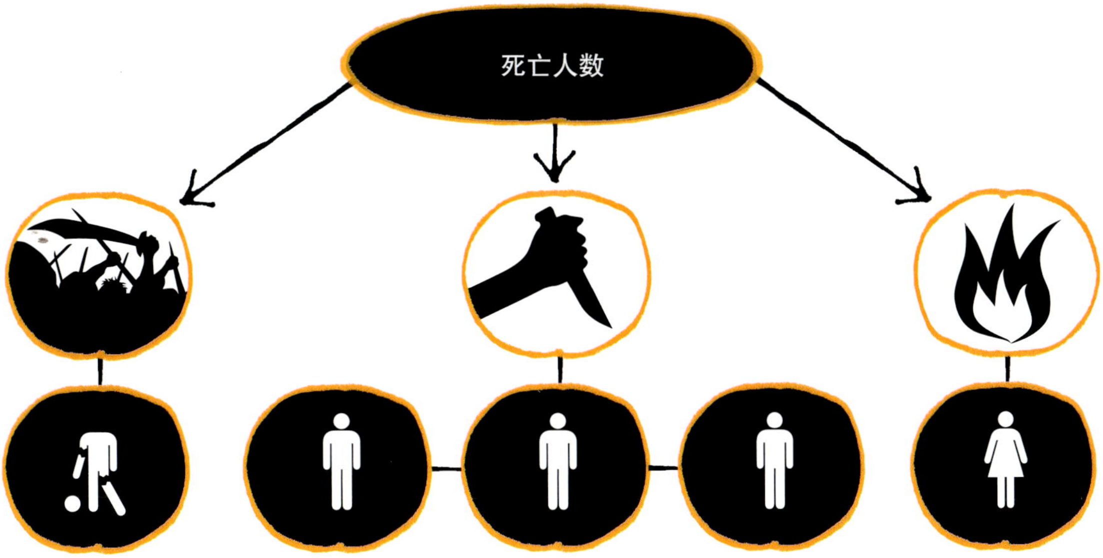

卡解释了即将引发3月15日事件的不正常现象。天上降下火焰，浑身发着火焰的男子在街道上来来去去，狮子漫步在罗马街道，夜枭栖在市场上，发出凄厉的鸣声。凯斯卡宣称，“我相信它们都是上天的示意，预兆着将有什么重大的变故到来”（1.3.31）。

凯歇斯和勃鲁托斯将这些现象解释为诅咒的预兆，应和了预言者对凯撒的警告：“留心三月十五日”。凯撒没有理会这些凶兆，赶走了预言者，但密谋者却将凶兆作为袭击凯撒的预兆，而不是对他们将要进入大混乱的警告。凯撒和勃鲁托斯都误解了这些预兆，决定继续悲剧的结果。当凯斯卡解释凶兆，元老西塞罗回应说：“是的，这是一个变异的时世；可是人们可以照着自己的意思解释一切事物的原因，实际却和这些事物本身的目的完全相反。”这句话，对悲剧中的每个人来说，都如此真实可信。凶兆并非偶然。换言之，有一种更为强大的力量，提前警告了这些人各自的命运，但如何解释这些警告，又如何按照警告行事？这取决于个人。勃鲁托斯抓住了眼前的机会，但仍以战败告终。奥克泰维斯和玛克·安东尼会击败勃鲁托斯，正如勃鲁托斯利用了凯撒不理会3月15日的警告一样。

> 因为我喜爱光荣的名字，甚于恐惧死亡。
>
> ——勃鲁托斯
> 第一幕第二场

在命运的复杂性之外，该剧也清楚地表明了剧中人物对彼此的尊重。勃鲁托斯对于凯撒的爱让他未能在腓力比战胜自己的罪恶感；凯撒对于勃鲁托斯的信任让他在被杀时惊呼：“et tu，Bruté？（勃鲁托斯，你也在内吗）？”；凯歇斯虽然利用了勃鲁托斯的正直，但仍忠诚于他；安东尼尊敬勃鲁托斯，在他看来，勃鲁托斯“在他们那一群中间，他是一个最高贵的罗马人”，他们在彼此身上寻找到高贵。这一点，将该剧与《李尔王》、《哈姆雷特》和《麦克白》等悲剧区分开来，因为剧中的每个角色都可以救赎，也值得救赎。■

全世界是一个舞台，所有的男男女女不过是一些演员

《皆大欢喜》（1599年—1600年）

剧中人物

老公爵：弗莱德里克公爵的兄长，被放逐到亚登森林。

罗瑟琳：流亡公爵的女儿，之后变装为盖尼米德。

阿米恩斯：流亡公爵的从臣，有才华的歌手。

杰奎斯：流亡公爵的从臣，忧郁的哲学家。

弗莱德里克公爵：篡位者，西莉娅的父亲。

西莉娅：弗莱德里克公爵的女儿，罗瑟琳的堂姐妹，之后变装成爱莲娜。

试金石：宫廷小丑。

勒·波：弗莱德里克的侍臣。

查尔斯：拳师。

奥列佛：罗兰·德·鲍埃爵士的长子。

奥兰多：奥列佛未受过教育的弟弟。

贾奎斯·德·鲍埃：奥列佛的弟弟。

亚当：罗兰·德·鲍埃爵士之前的侍臣。

柯林：老牧羊人。

西尔维斯：爱上菲芘的年轻牧羊人。

菲芘：牧羊女，对西尔维斯不屑一顾。

威廉：乡人，追求奥德蕾，试金石的情敌。

奥德蕾：村姑，与试金石订婚。

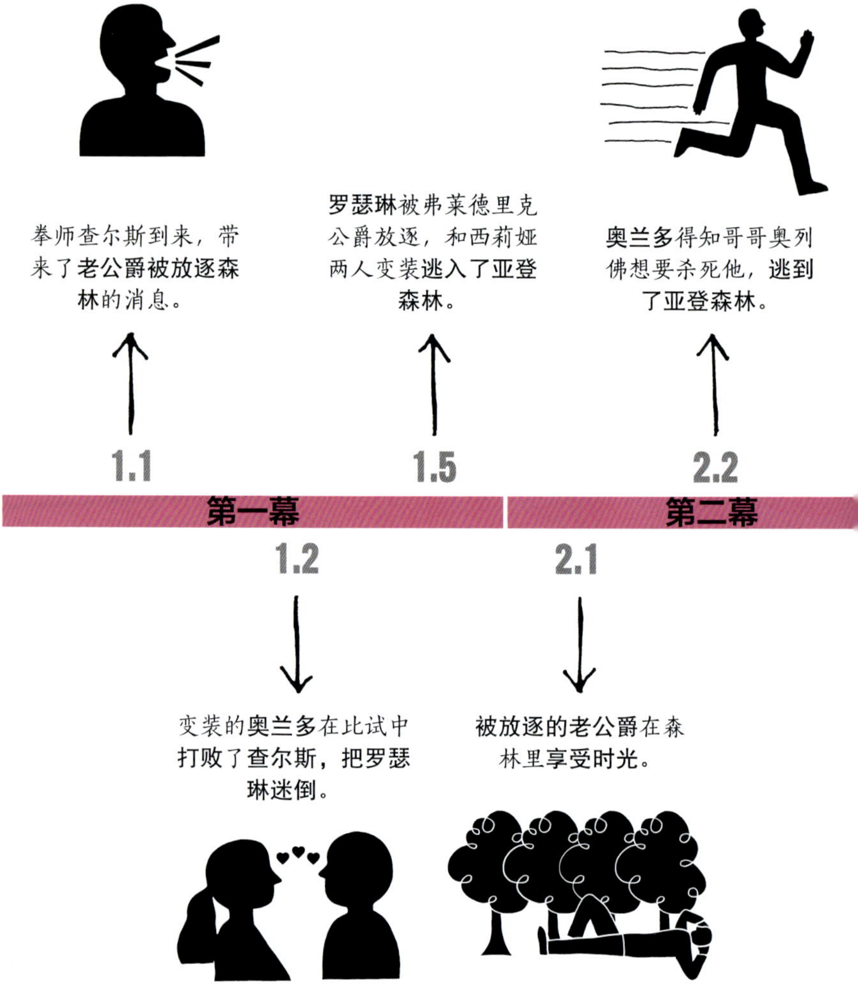

父亲死后，奥兰多一直待在家里，他的哥哥奥利佛不让他上学。奥列佛知道奥兰多要和拳师查尔斯比试，就想让查尔斯下手杀了他。在宫廷里，罗瑟琳哀悼他被放逐的父亲——老公爵。她和西莉娅一起看着奥兰多和查尔斯摔跤，奥兰多令人惊奇地击败了查尔斯，两人都爱上了奥兰多。奥兰多爱上了罗瑟琳，但是奥列佛想要他的命，他必须和老亚当一起逃到森林。西莉娅的父亲弗莱德里克公爵觉得罗瑟琳太受人喜欢，让他感到威胁，于是流放了她。罗瑟琳变装成男孩盖尼米德，和西莉娅、小丑试金石一起，也逃往森林。在森林里，老公爵和他的侍臣，包括忧郁的杰奎斯，都很享受现在的简单生活。

弗莱德里克公爵组织人马追赶罗瑟琳和西莉娅。在森林里，罗瑟琳和西莉娅看见西尔维斯，他正向老牧羊人柯林倾诉对菲芘的单相思。奥兰多饥饿晕倒，遇见了老公爵的侍臣，拔剑相向。他们请他一起晚餐，他也加入了他们一伙。

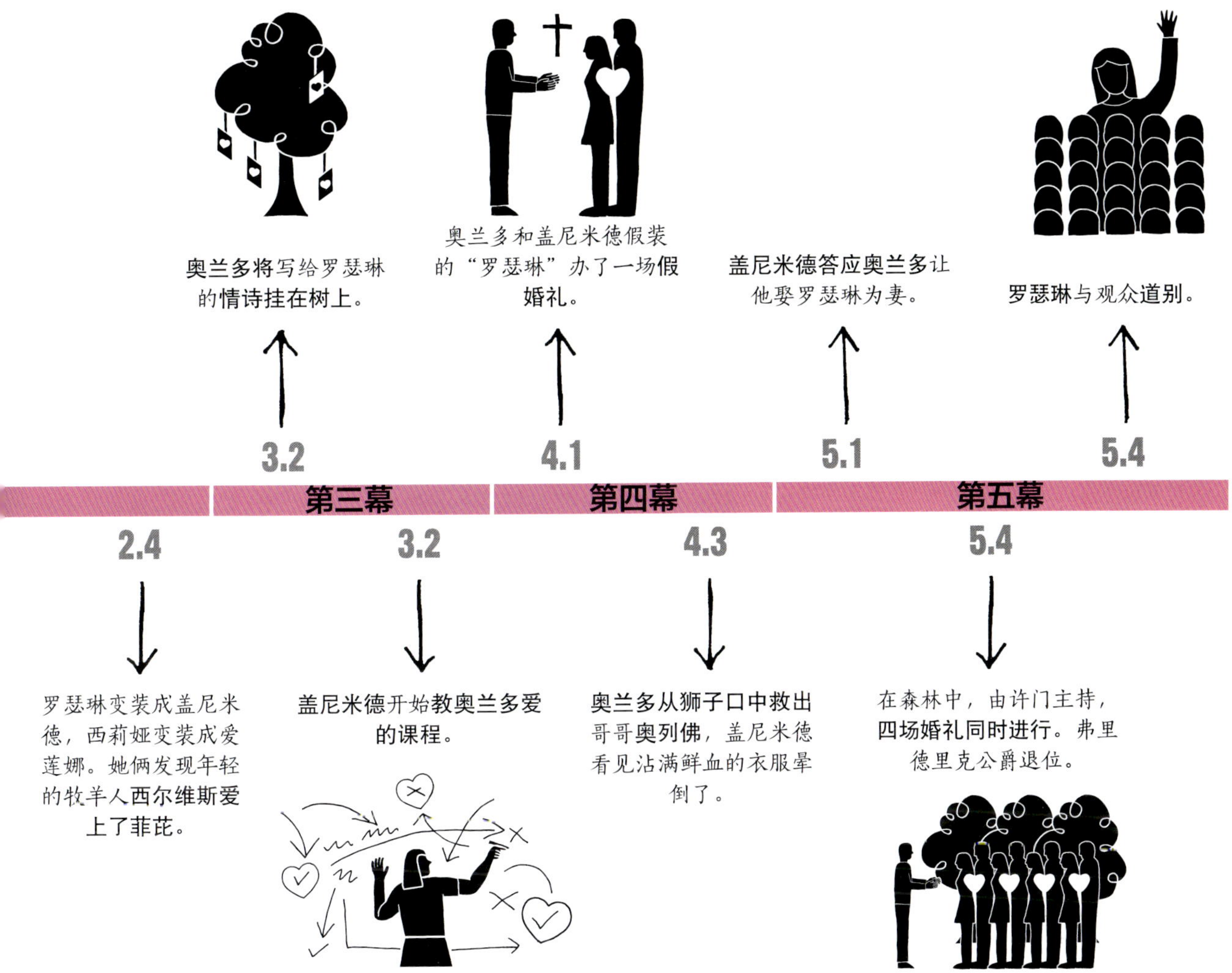

奥兰多为罗瑟琳而憔悴，将写给她的情诗挂在树上。试金石和柯林比较了不同的生活方式。罗瑟琳发现了奥兰多的诗，等他出现，装作盖尼米德教他如何追求罗瑟琳。扮作盖尼米德的罗瑟琳和扮成爱莲娜的西莉娅遇见了菲芘。罗瑟琳（盖尼米德）劝菲芘对西尔维斯的爱情心存感激，但是菲芘却爱上了盖尼米德。

罗瑟琳（盖尼米德）装作罗瑟琳，与奥兰多办了一场假婚礼，爱莲娜充当牧师。奥兰多离开，答应当天下午回来，但他没有按时回来。罗瑟琳被菲芘写给盖尼米德的一封痛苦的情书转移了注意力。突然，奥列佛带着一块沾满鲜血的布出现了。好像是奥兰多发现他在树下，就要被野兽袭击。他救了奥列佛，自己却被母狮伤了。奥列佛与奥兰多和好，这块布是奥兰多要给罗瑟琳的。罗瑟琳晕了过去。试金石吓跑了情敌威廉。奥列佛和爱莲娜决定结婚。奥兰多迫不及待想要和真正的罗瑟琳相处，盖尼米德答应他，会使用魔法变出罗瑟琳，这样两人就能结婚了。她也向西尔维斯承诺，让他和菲芘成婚。

在大日子那天，盖尼米德和爱莲娜偷偷溜走，变作罗瑟琳和西莉娅，带着许门一起回来了。四场婚礼同时举行，由许门主持。有消息传来，说弗莱德里克公爵做了隐士，将公国交还老公爵。扮演罗瑟琳的演员向观众道别。■

背景知识

主题：
爱、浪漫、死亡。

场景：
法国宫廷、亚登高地森林（比利时）、亚登森林（英格兰）。

来源：
1590年 托马斯·洛奇的散文故事《罗瑟琳》。

演出：
1603年 《皆大欢喜》可能在詹姆斯一世御前演出。

1723年 查尔斯·约翰逊改编的《森林之爱》公演，该剧也加入了其他莎剧中的场景。

1741-1757年 爱尔兰演员佩格·沃芬顿在伦敦舞台上演出罗瑟琳，共计16年。

1879年 在埃文河畔斯特拉福镇演出，一大特点是用了刚在华威郡森林猎杀的鹿。

1961年 英国导演迈克尔·艾略特的皇家莎士比亚剧团作品中，凡妮莎·蕾格烈芙演出了一个男孩子气的罗瑟琳。

1977年 德国导演彼得·斯泰因在柏林演出了一部大型室外作品。

1996年 肯尼斯·布拉纳的电影将场景移置于19世纪日本的一处欧洲殖民地。

2013年 玛利亚·阿伯格的皇家莎士比亚剧团当代青春版上演，音乐家劳拉·马林创作的音乐是该剧一大特色。

《皆大欢喜》是莎士比亚最经久不衰的戏剧。它在美丽的阿登森林，演出了一幕幕或轻松浪漫、或充满智慧、哲学思考和喜剧的幕间剧。罗瑟琳是全剧最富吸引力的角色，她聪明、热情、顽皮，我们看着她在亚登森林装扮成一个男孩——盖尼米德。

奇怪的是，《皆大欢喜》里发生的事件很少。罗瑟琳和奥兰多两个年轻人跑进了亚登森林，躲避难以相处的亲戚——罗瑟琳躲避的是叔父弗莱德里克公爵，他篡夺了自己父亲的权力（罗瑟琳父亲已经逃去森林了），奥兰多躲避的是哥哥奥列佛。在森林里，罗瑟琳变装为盖尼米德，教奥兰多如何去爱，并见识了各种各样的人。经历了一系列误会之后，罗瑟琳和奥兰多及其他三对新人一起举办了婚礼。在森林里，他们都找到了浪漫的爱情，而所有的家庭纷争也都解决了。这就是故事的所有内容。

1950年，好莱坞明星凯瑟琳·赫本扮演罗瑟琳。她评价这个角色说，“这个角色是对女演员的演技最好的测试之一，我也想知道自己演得怎么样。”

> 什么样的一种情感重压住我的舌头？虽然她想跟我交谈，我却想不出话来对她说。
>
> ——奥兰多
>
> 第一幕第二场

浪漫的废话

爱尔兰戏剧家萧伯纳指责该剧非常浅薄，认为它是一部哗众取宠的愚蠢作品。萧伯纳暗示，“皆大欢喜”这样的题目就是莎士比亚依照观众对浪漫的喜好，脱口而出的题目。然而，尽管对《皆大欢喜》好恶不定，大多数评论家还是认为萧伯纳并未抓住要点。该剧的确是一出聪明、老练的戏剧。它也许比其他所有莎剧更令人新奇、愉快，但它也充满了对于生活和爱情的想法和洞见。该剧的剧名并非脱口而出的废话，它可能既是庆祝剧场的欢乐气氛，也是邀请人们开放思想。正如皇家莎士比亚剧团所揭示的那样，“这部剧中的性别角色、自然和政治都很复杂，反映出生活本来的迷人和全然的欢乐”。

> 那时我没有请您让她留下；那是您自己的主意，因为您自己觉得不好意思。
>
> ——西莉娅
>
> 第一幕第三场

剧本可能没有设置太多情节，但却充满了浪漫与戏剧性——诗与歌，才智与斗嘴，所有一切都从角色的唇齿之间不断激发出来。它是一场智力和诗意的野餐，观众们受到邀请，花几个小时享受快乐和精神上的刺激。之所以没有更多情节发生，是因为没有什么需要发生。对于亚登森林里的人们来讲，时间似乎刹那间静止了，正如奥兰多所说，“森林里没有时钟”。对观众来讲，也是如此。他们像在剧场度了个假。这是个精神充电和重新思考的好机会——“逍遥地把时间消磨过去”——远离日常生活的压力。

在休·汤姆森1915年的插画（第一幕第三场）中，西莉娅和罗瑟琳思忖着离开宫廷。去往田园诗般森林的暗示，显示在孔雀精美的羽毛上。

乡村v.s.城市

《皆大欢喜》可以分为三个部分。它开始于宫廷或城市，暴露出无法解决的问题；接着进入大自然或梦幻世界，问题被揭开；最后带着已经解决的问题，返回宫廷，即真实世界。事实上，在最后返回宫廷之前，《皆大欢喜》就已经结束了。在舞台之外，弗莱德里克公爵突然转变了心意，但是很明显，杰奎斯还会继续留在森林里。

剧中占据大部分舞台的是亚登森林。因为这个缘故，本剧也被称作“田园剧”。田园文学的定义，在当时还很模糊——英国评论家弗兰克·科默德把《皆大欢喜》评为“最典型的喜剧”，因为它最能牵动当时人们的智力兴趣。“田园”一词，字面上指的是牧羊人的生活。但它讲的不是真正的牧羊人，而只是一种理想——一个和谐的“阿卡迪亚”（世外桃源）。田园文学中的牧羊人并不放羊，而是

在《皆大欢喜》中，音乐是田园娱乐生活的关键。正如纽约戴拉寇特剧院2012年的一场演出所示，该剧的歌曲数量比其他所有莎剧中的都要多。

诗人、哲学家和歌手。田园世界是一个幻想中的黄金时代，是伊甸园，也是一个安静、没有污染的地方，在那里可以重新找到和谐，远离日常现实的压力和冲突。

在莎士比亚生活的时代，田园文学非常高端。它是诗歌和散文，充斥着受尽相思之苦的牧羊人和倨傲的少女，很明显，那些名字古香古色、怪里怪气的角色是度假的朝臣，并不是什么真正的乡下人。田园文学虽然关注简单生活，但和真正的大自然没什么关系。在《皆大欢喜》中，莎士比亚出于舞台效果考虑，将田园诗改成了大众的娱乐形式。他继续颠覆着这一形式，让现实主义渗透进理想的世界，温和讽刺了陈腐的田园文学。比如，奥兰多将诗挂在树上，这就是真正的牧人兼诗人风格；而在紧接着的下一场戏中，老牧人柯林却说起他满手羊脂，脏兮兮的。

乡村生活不断将理想与现实交错编织，也将古典与英国本土联结起来。即使森林的名字——“亚登”——也十分含混。在莎士比亚的素材中，托马斯·洛奇小说《罗瑟琳》（1590年）的场景位于亚登高地，法国与比利时交界之处的山区。该剧的一些版本保留了比利时语的拼写方法“Ardenne”——莎士比亚保留了某些角色的法语名，如杰奎斯和阿米恩斯——但在其他版本中，这个森林叫做“亚登”。亚登森林就在莎士比亚童年居住的沃里克郡老家附近，也是他的祖母（玛丽·亚登）的姓氏。无论是巧合还是有意，“亚登”（Arden）的名字都让人想起“阿卡迪亚”（Ar-cadia）和伊甸园（E-den）。

牧羊人的生活

田园文学的源头可以追溯到希腊人赫西奥德（公元前约750-650年）、忒俄克里托斯（公元前约270年）以及最著名的罗马诗人维吉尔（公元前70-19年）的《牧歌集》。他们的写作对象都是黄金时代和乡村田园。在文艺复兴时期，这一类型在欧洲被重新发现了。在伊丽莎白时期的英国，田园的理念在知识分子和诗人中十分流行。其中一部重要作品就是埃德蒙·斯宾塞的《牧羊人日记》，该诗于1579年首次出版，此后经常被人模仿。其他作品还包括了菲利普·锡德尼爵士的长篇散文《阿卡迪亚》和克里斯托弗·马洛的浪漫诗歌《激情牧人的情歌》（1599年）。

田园文学很容易出现颠覆性信息，这通常被解释为当代世界树立一面镜子。《皆大欢喜》写作之时，讽刺手法刚被教会禁止。剧中，西莉娅有一句台词指的就是这个禁令：“自从把傻子的一点点小聪明禁止发表之后，聪明人的一点点小小的傻气却大大地显起身手来了”。（1.2.84-86）

"奇怪啊！奇怪啊！奇怪到无可再奇怪的奇怪！奇怪而又奇怪！说不出来的奇怪！"

——西莉娅

第三幕第二场

含混的罗瑟琳

该剧含混的中心，就是罗瑟琳。在森林里，罗瑟琳打扮成一个男孩，取了一个非常古典的名字盖尼米德——希腊神话中的一个非常美丽的特洛伊男孩。在伊丽莎白时期的舞台，她可能由男性儿童演员扮演，而该剧的一大有趣之处就是她不停地变换性别身份。在某一刻，装作盖尼米德的罗瑟琳又假装是"罗瑟琳"教奥兰多如何恋爱。于是，这一刻，在舞台上，你可以看见一个男童演员表演一个装作男孩去扮演女孩的女孩！同时，奥兰多并不是爱上了盖尼米德假扮的罗瑟琳，而是爱上了"真正的"罗瑟琳，而罗瑟琳此时正在扮演扮演着罗瑟琳的盖尼米德！菲芘——这个女孩也是由男童演员扮演的——爱上了盖尼米德，错将她当做男孩，但"他"实际上是一个男孩扮演的女孩！该剧的许多娱乐之处，正是来自它如何巧妙地控制了这些混乱，并在结尾解决了混乱。

评论家讨论过很多《皆大欢喜》中的性别问题，以及其中蕴含的同性恋问题。比如，菲芘对于盖尼米德/罗瑟琳的爱情，西莉娅对于罗瑟琳的爱，奥兰多对盖尼米德的调情。确实，希腊神话中的盖尼米德是个漂亮的男孩子，他最终成了宙斯的恋人，代表了男人和娈童之间的性爱关系。在该剧的收尾诗中，"罗瑟琳"以模糊性别为乐。她走出自己的角色，作为一个男童演员逗弄观众，还献上一个吻给"凡是生得一副好胡子"的观众。正如标题所示，莎士比亚戏剧为爱与性而欢庆，无论是哪一种。

真爱

在角色扮演和性别转换中，出现了对爱情的现实性描述。奥兰多说他会为爱而死，罗瑟琳立刻指出，这句浪漫的废话实则漏洞百出："人们一代一代地死去，他们的尸体都给蛆虫吃了，可是决不会为爱情而死的。"

但罗瑟琳并非杰奎斯式的犬儒主义者，她相信爱情。在这一刻，她"深深地"爱上了奥兰多，"我不看见奥兰多便活不下去"。

"不，不，奥兰多，男人们在未婚的时候是四月天，结婚的时候是十二月天；姑娘们做姑娘的时候是五月天，一做了妻子，季候便改变了。"

——罗瑟琳

第四幕第一场

田园般的乡村场景在莎士比亚的素材——小说《罗瑟琳》中，是比利时的亚登高地（如图）。莎士比亚的森林，或许部分灵感来自英格兰的亚登森林。

人生的七个阶段

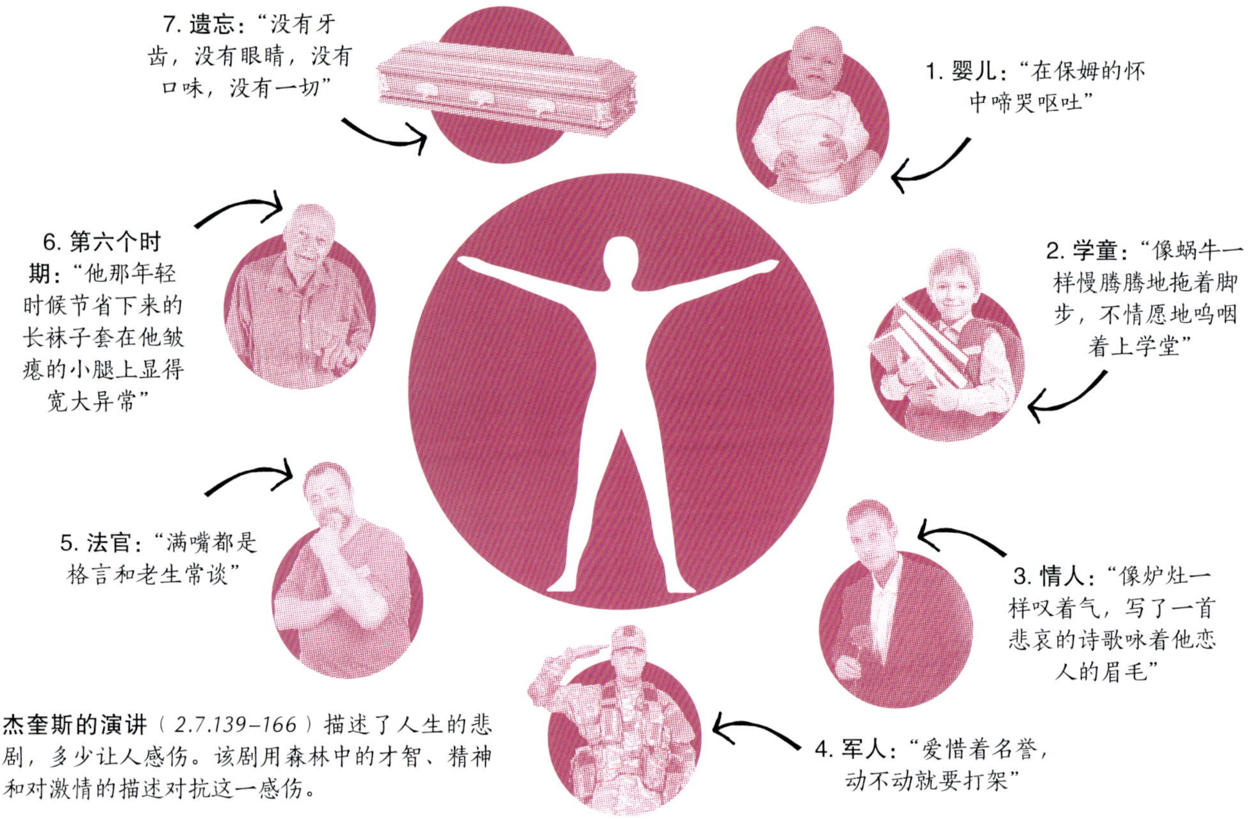

杰奎斯的演讲（*2.7.139–166*）描述了人生的悲剧，多少让人感伤。该剧用森林中的才智、精神和对激情的描述对抗这一感伤。

尽管他有异议，但此时她的确十分爱他，比他爱她更多。此刻，奥兰多爱上的更多是爱情本身，而非罗瑟琳。罗瑟琳必须仍然化身为盖尼米德，教导他如何爱真实的她。她兴致勃勃、有洞察力、聪明、热情，但只有当奥兰多不再假装爱情，她才能停止扮演盖尼米德。

在这部剧中，爱情被穿上了许多外衣。试金石突然发现自己的心飞向了奥德蕾，颇为不悦。哥哥奥列佛曾经行为卑鄙，却对西莉娅一见钟情。西尔维斯作了如此荒谬的诗作和宣言，却也与菲芘修成正果。然而，在所有这些外衣之下，爱情仍是如此真实，如此重要。

世界是个舞台

在《皆大欢喜》中，最广为人知的要数杰奎斯的台词："全世界是一个舞台，所有的男男女女不过是一些演员；他们都有下场的时候，也都有上场的时候。一个人的一生中扮演着好几个角色。"

这段台词显示，我们不过是戏剧角色，被描述为人生的七个阶段，从婴儿到孱弱的老年。这段对于人生的简单暗喻常常被抽离文本、广为引用，以至于脱离了莎士比亚为整部剧设置的主题和它的戏剧性。这个关于人生虚无性的信息十分凄凉。它和麦克白所发出的凄凉感叹没有什么区别："人生不过是一个行走的影子，一个在舞台上指手划脚的拙劣的伶人，登场片刻，就在无声无臭中悄然退下；它是一个愚人所讲的故事，充满着喧哗和骚动，却找不到一点意义。"（《麦克白》）。

小丑试金石偷偷提醒我们杰奎斯是"某某先生"，杰奎斯发音是Jakes，和伊丽莎白时期"厕所"的俚语一样。莎士比亚借用杰奎斯嘲笑了伊丽莎白时期的一类人——忧郁的年轻哲学家，他们总是带着

“那么我不再用空话来叫你心烦了。”

——罗瑟琳
第五幕第二场

当时流行对人生的厌倦态度。杰奎斯或许和把情诗挂在树上的奥兰多一样，都错过了重点。当杰奎斯结束了他关于老年是“孩提时代的再现，全然的遗忘”的凄凉总结，老亚当适时出现，他伏在奥兰多背上，再现了衰弱的老年。这是个有趣的时刻，表明我们不应该太把杰奎斯当回事儿。杰奎斯自己也不怎么当回事儿，因为他很享受自己讽刺的才华，而非真的忧郁。他虽然愤世嫉俗，但似乎积极地享受着痛苦。这是他的人生选择——也许和其他人的选择一样正确。当新人们举办婚礼，之前的一切都被忘记，满满的幸福和“舞步”对于杰奎斯来说难以承受。他不顾其他人恳求，执意再次流放自己。

剧终，罗瑟琳上台，消除了角色和演员的界限，请求观众“皆大欢喜”地享受戏剧。她念了收尾诗：“我相信凡是生得一副好胡子、长得一张好脸蛋或是有一口好气息的诸君，当我屈膝致敬的时候，都会向我道别。”■

维多利亚时期的风景画家詹姆斯·托马斯·瓦茨，绘制了一幅西莉娅、罗瑟琳和试金石在森林里的画，捕捉到森林田园的美景。乡村田园是维多利亚时期非常流行的题材。

扮演罗瑟琳

在1599年环球剧院的首演成功之后，《皆大欢喜》在整个17世纪一点儿也不时兴，直到1740年才再次被查尔斯·麦克林在伦敦特鲁里街搬上舞台。在麦克林的作品中，汉娜·普理查德饰演罗瑟琳，这个角色从此成了戏剧宠儿。出演过罗瑟琳的演员包括伊迪斯·埃文斯、凯瑟琳·赫本、凡妮莎·雷格烈芙（如图）、麦琪·史密斯和菲欧娜·肖。1991年CHEEK BY JOWL剧团打造了全男性演员阵容的《皆大欢喜》，其中阿德里安·莱斯特饰演罗瑟琳。

该剧的电影改编主要有三部。保罗·锡纳1936年的版本异想天开，让德国人伊丽莎白·伯格纳扮演罗瑟琳，该剧也是莎士比亚的早期有声影片。克里斯汀·艾德扎德1992年的版本很新潮，让罗瑟琳穿上了卫衣和牛仔裤，在伦敦的“纸板屋”贫民区里穷困潦倒。肯尼斯·布拉纳2007年的改编着重表现色欲，将场景搬到了19世纪的日本，由萝玛拉·嘉瑞扮演罗瑟琳。

命运的暴虐的毒箭

《哈姆雷特》（1599年—1601年）

剧中人物

哈姆雷特：前国王之子，今国王之侄。

克劳狄斯：丹麦新国王，娶了兄弟的遗孀乔特鲁德。

福丁布拉斯：挪威国王的侄子，丹麦王位的继任者。他想要为父亲之死向丹麦复仇。

波洛涅斯：御前大臣，克劳狄斯的心腹。奥菲利娅和雷欧提斯之父。

乔特鲁德：哈姆雷特之母，老国王哈姆莱特之妻。现在的克劳狄斯之妻，丹麦王后。

雷欧提斯：波洛涅斯之子，奥菲理娅之兄。之前在法国学习，回到丹麦为父亲之死寻仇。

罗森格兰兹、吉尔登斯吞：哈姆雷特的大学同学，哈姆雷特厌恶二人。

奥菲利娅：波洛涅斯之女，雷欧提斯之妹。

霍拉旭：哈姆雷特之友，哈姆雷特向他透露了全部计划。

哈姆雷特父亲的鬼魂：想要哈姆雷特为他父亲之死复仇。

四个演员：他们出演了哈姆雷特的戏剧。

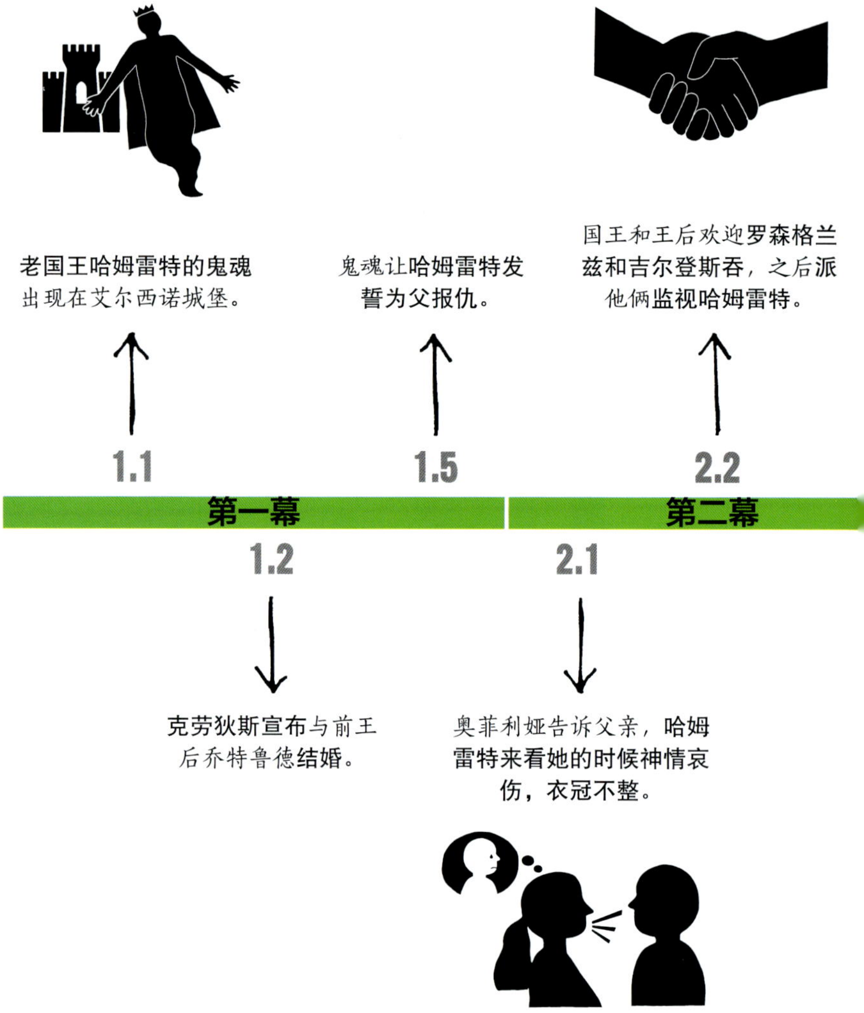

在丹麦的艾尔西诺城堡，克劳狄斯国王为前任国王、他的兄弟的离世哀悼。他匆忙地娶了已故国王的遗孀乔特鲁德，让消息传到挪威——丹麦的仇敌和邻国，防止挪威王子福丁布拉斯入侵丹麦。乔特鲁德的儿子哈姆雷特也因为父王去世而悲伤不已。朋友霍拉旭告诉他，他父亲的鬼魂夜晚出现在城垛，并带他亲自去看。鬼魂告诉哈姆雷特，他的父亲是被他的叔父谋杀的。哈姆雷特发誓要为父报仇。但他不确定能否相信鬼魂，于是一边装疯来转移同伴的注意力，一边探查事实真相。

宫廷大臣波洛纽斯将哈姆雷特的奇怪举止解释为他因为爱上奥菲利娅，发了病。波洛纽斯告诉了国王，两人遂设计用奥菲利娅刺探哈姆雷特。哈姆雷特心知肚明，残忍地否认了对奥菲利娅的感情。

为了帮助哈姆雷特纾解悲伤，国王和王后派人请来了他的大学同窗罗森格兰兹和吉尔登斯吞，但

克劳狄斯观看巡演剧团演出国王被兄弟杀死的情节，**透露出内疚之情**。

哈姆雷特被送往英格兰杀死。

哈姆雷特回到丹麦，**发现了父亲弄人郁利克的骷髅**，想到死亡。

哈姆雷特刺杀克劳狄斯，逼他喝下剩余的毒酒。**哈姆雷特死亡**。福丁布拉斯焚烧了他们的尸体。

3.2　4.3　5.1　5.2

第三幕　**第四幕**　**第五幕**

3.1　3.4　4.7　5.2

波洛涅斯和克劳狄斯利用奥菲利娅诱陷哈姆雷特，想要看看他是否爱她。哈姆雷特指责奥菲利娅不贞，命她去女修道院。

波洛涅斯藏在乔特鲁德的房间里，偷听哈姆雷特。**哈姆雷特以剑挑帘**，杀死了波洛涅斯。

国王答应帮雷欧提斯杀死哈姆雷特，**乔特鲁德通报奥菲利娅溺亡**。

哈姆雷特和雷欧提斯在决斗中受伤。克劳狄斯赐给哈姆雷特一杯毒酒，但被乔特鲁德喝下。她死了。

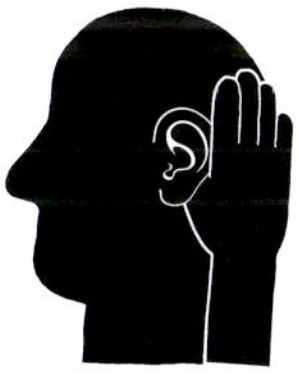

现在哈姆雷特不信任他们。他反而注意到宫廷里来了巡演剧团，命令他们表演一出弑兄篡位的戏。哈姆雷特发现克劳狄斯国王被戏剧所触动，因此认定他是有罪的。

在去乔特鲁德房间的途中，哈姆雷特听见国王祷告并承认自己的杀人罪行。同时，波洛涅斯藏在乔特鲁德房间的挂毯之下，偷听哈姆雷特谈话。哈姆雷特责备母亲不应再嫁。波洛涅斯大呼救命，哈姆雷特以为是国王在喊，于是一剑刺入挂毯，杀死了波洛涅斯。

为了处罚哈姆雷特，国王把他和罗森格兰兹和吉尔登斯吞一起送去英格兰，想要在船抵岸之时杀了他。但是他们路遇海盗，哈姆雷特幸而逃脱，重返丹麦。

雷欧提斯来到艾尔西诺，誓为波洛涅斯报仇。奥菲利娅难忍父亲被杀之痛，发了疯，掉到河里淹死了，这更加深了雷欧提斯对哈姆雷特的仇恨。

霍拉旭和哈姆雷特目睹了奥菲利娅的葬礼。哈姆雷特表露了自己的爱，要与雷欧提斯决斗。雷欧提斯用涂了毒药的剑刃刺伤哈姆雷特，之后自己也被同一把剑刺中要害。乔特鲁德喝下国王赐给哈姆雷特的毒酒死去了，雷欧提斯指控克劳狄斯正是凶手。哈姆雷特刺杀了国王，逼他喝下剩余的毒酒，自己也死在霍拉旭的怀里。福丁布拉斯率领大军抵达，带走了遗体。■

背景知识

主题：

复仇、背叛、荣誉、死亡

场景：

丹麦的艾尔西诺

来源：

1185年前后 丹麦历史学家萨克索·格拉玛提库斯撰写的“阿姆雷特”故事。故事讲述了一个丹麦王子的传奇故事，他的叔父杀死了国王，娶了王后。

1580年 法国诗人弗朗索瓦·德·贝尔福莱斯特重写了这个故事，收录在其所著的《悲剧故事集》当中，并于1609年译为英语。

演出：

1602年 有记录的首演在7月26日。

1742年 英国演员戴维·加里克成为当时最著名的哈姆雷特扮演者。

1827年 爱尔兰女演员哈里特·史密森在巴黎剧场演出奥菲利娅；该剧在法国大获成功。

1919年 诗人T.S.艾略特认为哈姆雷特的角色是艺术上的失败。

1948年 英国演员劳伦斯·奥立弗的电影改编具有阴暗的弗洛伊德式的潜层含义。

1964年 格里高利·柯静采夫执导了苏联电影版。

1996年 英国演员肯尼斯·布拉纳执导了一部4小时长的电影。

2001年 导演彼得·布鲁克在巴黎执导了多语种的《哈姆雷特》，演员说日语和斯瓦西里语。

《哈姆雷特》是莎士比亚最长的一部戏剧，剧中的主角也许是最具挑战性的角色。该剧讲述的是有关王权、战争、疯狂和报复的故事，也是一个因为无法调和对父亲和王国的责任与个人的本能和性情的矛盾，而备受煎熬的故事。戏剧取材自丹麦传奇国王阿姆雷特的传奇故事，但不同之处在于，毫无疑问，《哈姆雷特》是一部诗体悲剧——在第一对开本中，它的题目叫做《丹麦王子哈姆雷特的悲剧》。莎士比亚保留了阿姆雷特装疯、发誓复仇的细节，但添加了新内容，比如鬼魂的名字也叫哈姆雷特，还给主人公加上了一位好友霍拉旭。此外，莎士比亚还加入了另两个儿子——雷欧提斯和福丁布拉斯，他们也想为死去的父亲报仇。

2000年的电影改编将《哈姆雷特》搬到纽约城，由伊森·霍克主演。鬼魂出现在中央监控中，戏中戏以视屏游戏的方式呈现。

> **它们不过是悲哀的装饰和衣服；可是我的郁结的心事却是无法表现出来的。**
>
> ——哈姆雷特
>
> 第一幕第二场

《哈姆雷特》是一个不幸英雄的故事，一个“命运的暴虐的毒箭”受害者的故事，也是一个情绪不稳定、优柔寡断的年轻人的故事。但无论怎样解读，这个角色和他生活的世界都充满了忧郁和腐败。

丹麦王子

哈姆雷特30岁，他既是儿子、侄子、朝臣，也是威登堡大学的学生。作为前任国王唯一的男性子嗣，哈姆雷特应该马上继承王位。他的叔父克劳狄斯得以继位，主要是因为与乔特鲁德“过于迅速的”（2.2.57）结合，她自己也明确承认了这一点。结果，当观众第一次见到哈姆雷特时，他的父亲被抢走了，他对母亲的所有信任被抢走了，本属于他的王位也被抢走了。他外表安静、心怀憎恨且情绪低落，这丝毫不令人奇怪。

克劳狄斯叫手下人一起商议福丁布拉斯、雷欧提斯和哈姆雷特之事。按照重要性排列，他的关注重

点依次为政治关系、社会关系和家庭关系。这看似正当，但他将雷欧提斯和他想要出国游历的想法置于哈姆雷特显而易见的悲伤之上，这在哈姆雷特的眼里看起来很不负责任，也相当无情。这也解释了为何开场时，哈姆雷特会出语如此尖

> 啊！复仇！——嗨，我真是个蠢材！我的亲爱的父亲被人谋杀了，鬼神都在鞭策我复仇，我这做儿子的却像一个下流女人似的，只会用空言发发牢骚，学起泼妇骂街的样子来，在我已经是了不得的了！
>
> ——哈姆雷特
>
> 第二幕第二场

该剧的场景设在艾尔西诺城堡。事实上，它位于克伦堡，是丹麦系兰岛的一个古代堡垒。该城堡建于16世纪80年代，图中的外观和莎士比亚戏剧中的几乎一模一样。

刻——克劳狄斯叫他“我的孩子”，他却回答道，“超乎寻常的亲族，漠不相干的路人”（1.2.65）。

尽管哈姆雷特看起来阴沉忧郁，他却得到了同辈人的爱和尊敬。霍拉旭看见鬼魂，第一个想到的就是告诉哈姆雷特，而不是告诉国王；要知道演员们来到宫廷，第一个朝见的就是国王。在该剧的最后一场，霍拉旭说哈姆雷特有一颗“高贵的心灵”（5.2.311），这也呼应了奥菲利娅早些时候称赞哈姆雷特有一颗“多么高贵的心”（3.1.153）。事实上，奥菲利娅说起哈姆雷特，就像说起了希望。她称他为“国家所瞩望的一朵娇花；时流的明镜、人伦的雅范、举世瞩目的中心”（3.1.155-157）。

祷告一幕

19世纪的学者和演员们不遗余力地想要证明，哈姆雷特想要复仇并非邪恶之事。在祷告一幕中，克劳狄斯承认有罪，但哈姆雷特并未动手。这一幕被删除了，直到19世纪80年代才恢复。在这一刻，哈姆雷特发出了狠毒而令人不安的诅咒，这曾在16世纪和19世纪引发热议。诅咒某人陷于永恒的地狱，这并非基督徒的想法。无论哈姆雷特的复仇是否公义，维多利亚时期的观众都不想在舞台上听到这样的字眼。

在现代舞台上，祷告一幕的著名表演案例包括戴维·坦南特的《哈姆雷特》（2009年，上图）。这部成功的舞台剧被BBC拍摄下来，制作成特别电影版。在电影版中，哈姆雷特将匕首放在克劳狄斯（帕特里克·斯图尔特饰演）头上，由画外音念出独白，而不是直接对着观众说话。

不稳定的哈姆雷特

哈姆雷特也被塑造地没那么正面。他充满了“紊乱而危险的疯狂”（3.1.4）、“忧郁”和“不正常的悲伤”，带着“未设防的心，没耐心的头脑”（1.2.96）。换言之，他情绪不稳定，做事冲动。

尽管哈姆雷特的高尚引起尊重，但他的态度也备受争议。他特别喜欢给别人提建议。他建议奥菲利娅不要结婚，而是去修道院；他指点演员的表演技艺；他指责雷欧提斯不应在奥菲利娅的葬礼上哭泣。哈姆雷特凭什么认为自己比奥菲利娅的亲哥哥更有资格哀悼她呢？他有什么经验、又凭什么权威来指点演员们演戏？他又是出于什么动机要把奥菲利娅送去修道院？

剧中的“小东西”

鬼魂告诉哈姆雷特，他的父亲在果园睡觉时，被人往耳朵里灌了毒药而死。这相同的一幕也发生在《捕鼠记》中，哈姆雷特意安排这

图为1868年的大歌剧《哈姆雷特》的海报。大歌剧由法国作曲家昂布鲁瓦·托马创作。经由历险小说家大仲马的译介，哈姆雷特的故事在法国很受欢迎。

出戏在国王和王后御前演出。饰演国王兄弟的演员出现在果园的阴暗角落，将毒药灌进饰演国王的演员的耳朵里。哈姆雷特特意安排这出戏作为媒介，来验证鬼魂的故事是否真实。首先，他向演员解释，戏剧和表演的作用“是反映自然，显示善恶的本来面目，给它的时代看一看它自己演变发展的模型”（3.2.21-24）。在哈姆雷特的眼里，戏剧就是反映现实生活真相的一种方法。正是出于这样的逻辑，他宣称这部剧会“发掘国王内心的隐秘”（2.2.607）。戏剧的力量在于感动个体，使人流泪、内疚或欢乐，这一点既表现在此处，也表现在主演对哈姆雷特发表的那段关于特洛伊陷落的演说中。这段独白聚焦于赫卡柏深切的悲痛，她的丈夫普里阿摩斯死于希腊人的屠杀。很明显，哈姆雷特被赫卡柏悲痛的深度打动了，也被演员情感投入的程度打动了。他将自己和母亲作了不公允的比较，因为乔特鲁德没有哀悼丈夫的死亡，而哈姆雷特努力振作为父报仇。

母亲情结

毫无意外，哈姆雷特上演《捕鼠记》，并不全是为了刺探克劳狄

可怜的郁利克

该剧的一个不可分割的主题就是存在的本质。也许，莎士比亚悲剧中的最经典形象就是哈姆雷特赏鉴郁利克的骷髅。在那一刻，哈姆雷特认清了死亡的现实性。他回忆着父王弄臣郁利克的头颅、嘴唇、舌头和机智，比较与这个古怪残骸的不同。

一个掘墓人把郁利克的骷髅递给了哈姆雷特，也在悲剧中发掘出幽默。他很现实地谈起，奥菲利娅（自杀而死）是否值得基督教的葬礼，又随意挖出墓中尸骨，清理空间。在一部充满了哈姆雷特式深思的戏剧中，掘墓人的发声很受欢迎，他让死亡的深沉含义变得琐屑起来。

1930年，G. 威尔森·奈特提出，哈姆雷特对死亡的执迷，毒害了他身边的每一个人，是他引发了整部悲剧。尽管哈姆雷特宣称自己是命运的受害者，但我们也可以反过来说，他最终要对自己的命运负责。

> 可是唉！哪一种祈祷才是我所适用的呢？‘求上帝赦免我的杀人重罪’吗？那不能，因为我现在还占有着那些引起我的犯罪动机的目的物，我的王冠、我的野心和我的王后。非分攫取的利益还在手里，就可以幸邀宽恕吗？
>
> ——克劳狄斯
> 第三幕第三场

斯隐而未现的罪恶。哈姆雷特也在利用这出戏，试探他母亲的良心。确实，哈姆雷特的忧郁大都来自于对母亲的愤怒，他觉得母亲下嫁克劳狄斯是乱伦。出演王后的演员念了一段关于忠诚的台词，丈夫离世之时，她发誓永不再嫁："妇人失节大半贪慕荣华，多情女子决不另抱琵琶；我要是与他人共枕同衾，怎么对得起地下的先灵！"（3.2.173-176）。

通过这一出戏中戏，哈姆雷特拿起武器，反击了自己的苦恼，夺取了事件的控制权。这在剧中十分少见。哈姆雷特常常因为优柔寡断而拖延行动，这正是他性格中的致命缺陷。

暴虐的命运？

哈姆雷特所处的位置并不好。他30岁离校返家；此时父亲已死，他无法与再婚的母亲好好相处，也被迫秘密承担起为父报仇的责任。尽管哈姆雷特著名的问题是"生存还是毁灭，这是个问题"（3.1.58），但他随之脱口而出了那个困扰他许久的问题："默然忍受命运的暴虐的毒箭，或是挺身反抗人世的无涯的苦难，通过斗争把它们扫清"（3.1.59-62）。

哈姆雷特选择了忍受暴虐的命运，他认为这是外部的攻击，而非内心的冲突。他就像罗密欧一样，坦承自己是命运的受害者。哈姆雷特不愿行动起来承担自己的责任，换言之，他拖延了报仇，杀死了波洛涅斯，听任罗森格兰兹和吉尔登斯吞被害。在该剧最后一场，哈姆雷特说起天意和他击败国王的必然性。但若将所谓的暴虐的命运从这个等式中除去，剩下的就是一系列会招致恶果的错误决定了。

这个悲剧漩涡越卷越大，无法控制，因为丹麦世界里的所有角色都做出了错误的决定，导致了一系

> 你是王后，你的丈夫的兄弟的妻子，你又是我的母亲——但愿你不是！
>
> ——哈姆雷特
> 第三幕第四场

哈姆雷特（图右，拉迪·爱莫鲁瓦饰）与克劳狄斯（图左，约翰·道格尔饰）在环球剧院的一场演出。该剧预计于*2014–2016*年在全世界*205*个国家巡回演出。

列更糟糕的后果。不仅是哈姆雷特威胁要向克劳狄斯报复，而且他意外刺死了波洛涅斯，又引起雷欧提斯向他复仇。他以羞辱和毁灭性的方式拒绝了奥菲利娅，当她得知昔日的恋人杀死了自己的父亲，她丧失了理智，可能也丧失了尊严。波洛涅斯也并非无可指摘。他派间谍去法国试探儿子，说服奥菲利娅去诱陷哈姆雷特，尤其是他提出要躲在挂毯之后偷听乔特鲁德母子的对话，这表明他的判断力有问题。奥菲利娅意外溺亡，克劳狄斯赐下的毒酒却被乔特鲁德意外喝掉，雷欧提斯被自己淬毒的剑刃所伤，此类种种，加深了这一系列不幸的事件，这个悲剧世界充满了命中注定的意外，剧中角色的选择和他们的命运确实看起来是“暴虐”的。

> **啊，多么鲁莽残酷的行为！**
>
> ——乔特鲁德
>
> 第三幕第四场

复仇

首先，讲述的是复仇的故事。复仇的主题贯穿全剧，不断重复，不仅三个复仇者都想要为父报复，而且他们都陷入了毁灭与悲伤的恐怖循环，在这个循环中，无论如何，都要完成复仇。

作为一个复仇故事，《哈姆雷特》遵循了英国戏剧家托马斯·基德在《西班牙的悲剧》（1587年）所设定的惯例，后者是当时最为流行的复仇悲剧。莎士比亚的故事包含了鬼魂、戏中戏和亡者之物（表现为郁利克的骷髅），呼应了复仇故事的传统。主人公被迫搁置自己的良心，以还击犯罪的源头，在这个案例中，此源头就是克劳狄斯。

复仇悲剧很著名，不仅因为它充满残忍，也因为剧中的戏剧笑话，在莎士比亚的这部戏剧中，

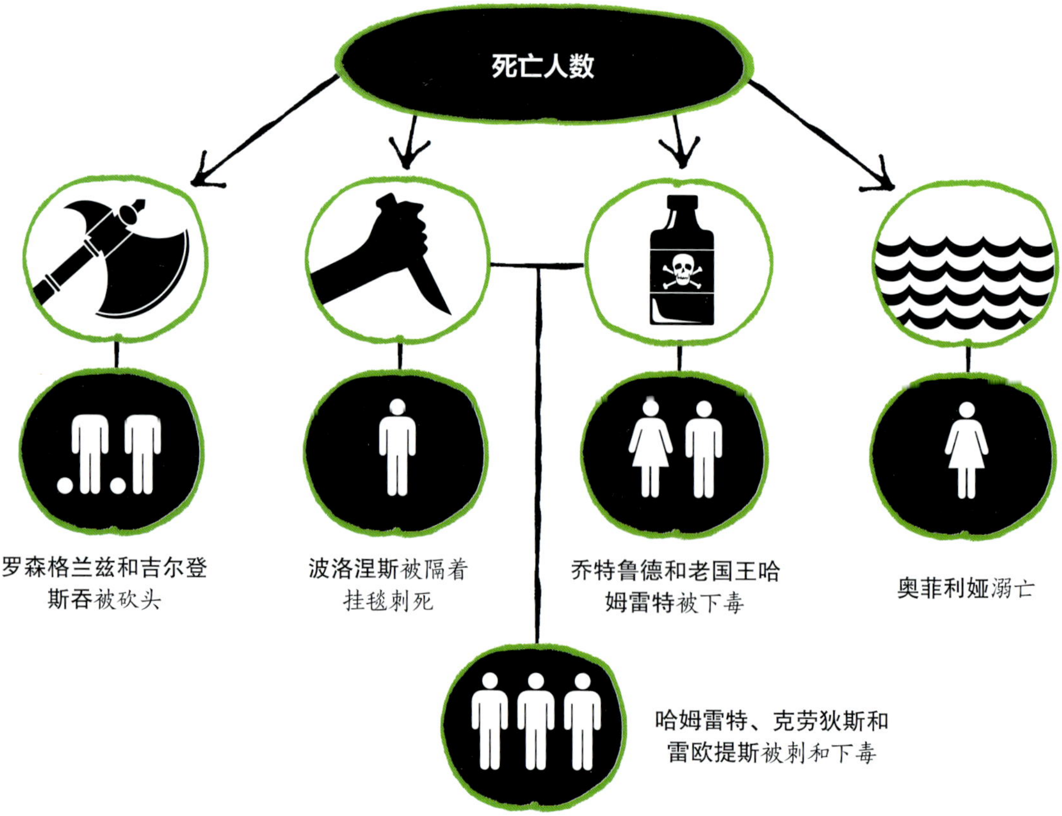

这幅画作描绘了奥菲利娅之死，让人过目不忘。它由英国艺术家约翰·艾佛雷特·米莱作于1852年，画中漂浮的鲜花正是来自剧中对奥菲利娅所戴花环的描述。

体现为鬼魂大声召唤霍拉旭和马西勒斯。哈姆雷特叫鬼魂“老鼹鼠”，而且是“生活在地底下的家伙”（1.5.153），懂行的观众会注意到，演员是从舞台地板之下呼喊的，而不是仅仅听到无形的怪声。但是，哈姆雷特并非简单的复仇主人公：他陷于对叔父的恨、对父亲的爱、对母亲的厌恶和对鬼魂的不信任之中，备受折磨。他故意拖延了对克劳狄斯的报复，选择思考自己的行为和自身存在的意义。哈姆雷特的方法，让他与雷欧提斯和福丁布拉斯形成了鲜明的对比，后两者也要为父报仇。当波洛涅斯死亡的消息传到了雷欧提斯耳边，他不顾所有的礼仪和责任，一心想挑战国王，纵使被指叛国、丧失名誉也在所不惜。与哈姆雷特不同，雷欧提斯没有延迟，他甚至“诅咒”一切，为父报仇（4.5.131）。尽管雷欧提斯行为鲁莽，还被想要害死哈姆雷特的国王利用了，但他的动机和意图却与哈姆雷特没有区别。第三个复仇者是福丁布拉斯，他的父亲被哈姆雷特的父亲、前任丹麦国王杀死。相比哈姆雷特的延宕和雷欧提斯的鲁莽，福丁布拉斯巧妙地集结大军，谋划侵略丹麦，将他的复仇变成了政治行为，而非个人行为。雷欧提斯和福丁布拉斯没有哈姆雷特的悲剧性缺陷——哈姆雷特的怀疑与优柔寡断，这一缺陷将他无情地引向最终的命运。■

> **一颗高贵的心现在碎裂了！晚安，亲爱的王子，愿成群的天使们用歌唱抚慰你安息！**
>
> ——霍拉旭
>
> 第五幕第二场

转眼青春早化成衰老

《第十二夜》（1601年）

剧中人物

奥西诺：伊利里亚公爵，爱上了奥丽维娅。

薇奥拉：一位女性因为沉船留在了伊利里亚，伪装成侍童西萨里奥，想要赢得奥西诺的爱情。

西巴斯辛：薇奥拉之同胞兄长，她以为他在海里淹死了。

安东尼奥：船长，西巴斯辛之友。他被逮捕，但是最后被原谅。

另一船长：薇奥拉失事船只的船长。

奥丽维娅：富有的伯爵小姐，哀悼父亲和哥哥的死亡。她向西萨里奥求爱，后来嫁给了西巴斯辛。

玛利娅：奥丽维娅的侍女，策划羞辱了马伏里奥。

托比·培尔契爵士：奥丽维娅道德败坏的叔父，对愚蠢的安德鲁·艾古契克爵士搞恶作剧。

安德鲁·艾古契克爵士：富有但一无所长的年轻人，自称是奥丽维娅的追求者。

马伏里奥：奥丽维娅清教徒般拘谨却又爱卖弄学问的管家。

费斯特：奥丽维娅的小丑，一个聪明有天赋的骗子，喜爱和家里人斗嘴。他是每个事件的评论员。

凡伦丁、丘里奥：公爵侍臣。

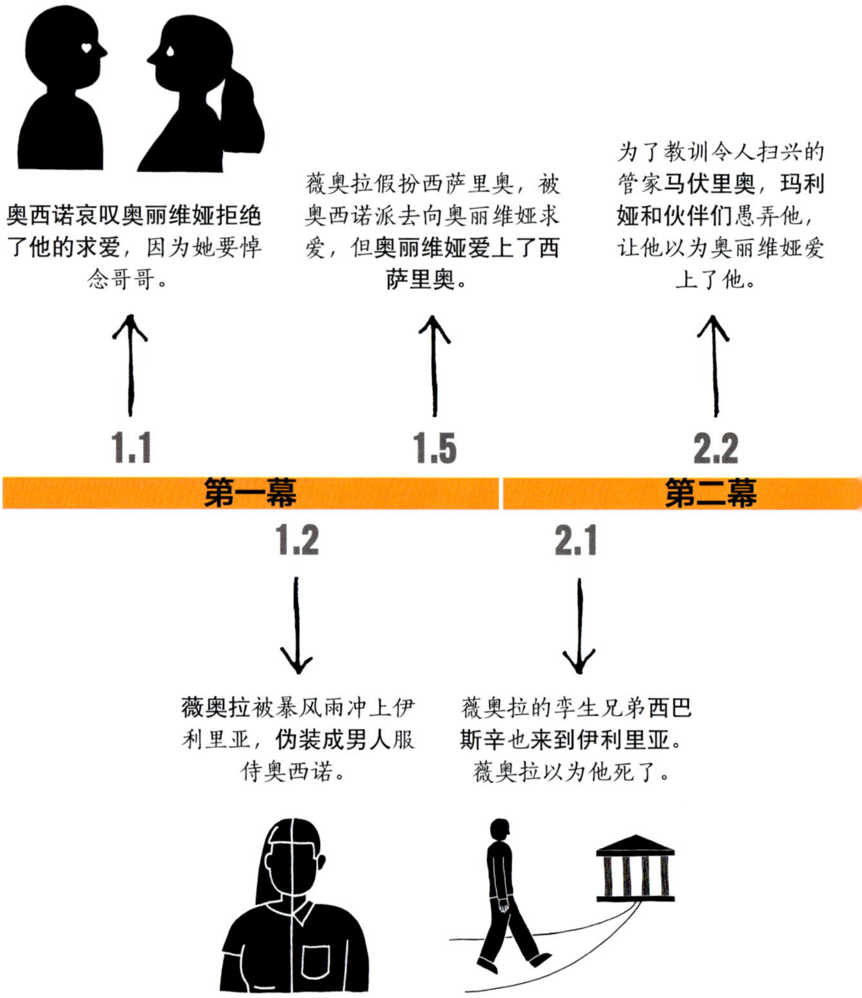

伊利里亚公爵奥西诺被美丽的奥丽维娅拒绝，想要听悲伤的音乐，以呼应他现在的相思之苦。薇奥拉乘坐的船被暴风雨摧毁，她被冲上伊利里亚海滩。薇奥拉以为孪生兄弟西巴斯辛已经遇难，于是变装成男童，做了奥西诺的仆人。同时，奥丽维娅道德败坏的叔父托比·培尔契爵士和侍女玛利娅劝说富有但愚蠢的安德鲁·艾古契克爵士追求奥丽维娅。奥西诺派薇奥拉（扮成西萨里奥）替他向奥丽维娅求爱。但奥丽维娅一眼就爱上了西萨里奥。

小丑费斯特想要哄奥丽维娅开心，纾解她的哀伤，却被奥丽维娅清教徒式的管家马伏里奥大骂一通。西萨里奥的到来打断了这一切。奥丽维娅为了西萨里奥神魂颠倒。西萨里奥刚一出门，奥丽维娅就派马伏里奥追上他，说他遗忘了一枚戒指。

薇奥拉的孪生兄弟西巴斯辛被同伴安东尼奥救下，也来到伊利

安东尼奥临别时将钱包交给西巴斯辛。

3.3

安德鲁爵士和维奥拉准备决斗，但安东尼奥介入，救下了他的朋友“西巴斯辛”。

3.4

西巴斯辛（作为西萨里奥）和奥丽维娅结婚了。

4.3

西巴斯辛上场，薇奥拉坦白了自己的变装，故事以大团圆结局，除了马伏里奥。

5.1

第三幕 第四幕 第五幕

3.2

安德鲁·艾古契克爵士以为西萨里奥是他的情敌，写信给西萨里奥要求决斗。

3.4

一贯严肃的马伏里奥被玛利娅欺骗，换上了花哨的服装，让奥丽维娅大吃一惊。

4.2

奥丽维娅误以为西巴斯辛是西萨里奥，救了他。西巴斯辛爱上了奥丽维娅。同时，不幸的马伏里奥开始给奥丽维娅写情书。

5.1

奥丽维娅的新郎西萨里奥和奥西诺一起离开，令奥丽维娅心碎。

里亚。马伏里奥把奥丽维娅的戒指送给薇奥拉，薇奥拉发现奥丽维娅爱上了西萨里奥。托比爵士和朋友们正在宴乐，扫兴的马伏里奥出现了，抱怨起他们制造噪音。马伏里奥离开，他们计划报复，伪造了一封奥丽维娅写给马伏里奥的情书。马伏里奥发现情书，信以为真。

应奥西诺的请求，薇奥拉打扮成西萨里奥回到奥丽维娅那里，奥丽维娅向西萨里奥表明了自己的心意。托比爵士怂恿安德鲁爵士与西萨里奥决斗。马伏里奥听了玛利娅怂恿，以为奥丽维娅想要自己穿得鲜艳一些，于是换上了黄色的长筒袜。安德鲁爵士准备与西萨里奥决斗。安东尼奥误以为西萨里奥就是西巴斯辛，救走了西萨里奥，但西萨里奥却说自己不认识他。

托比爵士认为西巴斯辛就是西萨里奥，要攻击他，但奥丽维娅误以为他是西萨里奥，救了他，并向他求婚。而西巴斯辛也爱上了奥丽维娅，就答应了婚事。安东尼奥把西萨里奥当成了西巴斯辛，因为对方不认他而深感伤害。奥丽维娅宣称西萨里奥是她的丈夫。但令她大吃一惊的是，西萨里奥和奥西诺在一起，于是奥丽维娅请出神父来证明他俩已婚。西巴斯辛出现，饱含深情地向安东尼奥问好，一切真相大白。奥西诺发现自己爱上了西萨里奥，向她求婚。作弄马伏里奥的恶作剧也被揭露，马伏里奥发誓要报复。■

背景知识

主题：
错误的身份、交换性别、爱情

场景：
伊利里亚，罗马时期亚得里亚海上的一个省份（现在的克罗地亚和斯洛文尼亚）

来源：
1531年 一出伤风败俗的意大利戏剧《受骗的人》。

1581年 英国作家巴纳博·瑞奇的《告别军事生涯书》。

演出：
1602年 2月2日在伦敦中殿演出。

1741年 在特鲁利街的演出重现了整出戏剧，薇奥拉由汉娜·普理查德扮演。

1897年 威廉·普尔将该剧按照伊丽莎白时期的风格搬上伦敦中殿的舞台。

1912年 哈利·格兰维尔-巴克的现代改编主要用了黑色和银色，由莉拉·麦卡锡塑造出一个生动活泼的薇奥拉。

1955年 约翰·吉尔古德的作品在埃文河畔斯特拉福上演，影星劳伦斯·奥立弗和费雯·丽加盟。

1968年 摇滚音乐剧《你自己的事》在纽约开演，将《第十二夜》搬到了现代。

1996年 导演特拉·沃将故事搬到了19世纪，由伊莫金·斯塔布斯饰演薇奥拉。

《第十二夜》，或名《各遂所愿》，是一部关于性别转换、身份错位的喜剧。该剧塑造了一位极富吸引力的女主人公——薇奥拉。这位少女遭遇沉船，乔装成男童，觅得真爱。但该剧也有一些阴暗之处，比如折磨清教徒式的管家马伏里奥。

混乱之夜

该剧的全名《第十二夜》，指的是圣诞节的第12天前夜，即1月5日。这一天也是主显节，根据传统，东方三博士会带来礼物，献给婴儿耶稣基督。在伊丽莎白时期的英国，第十二夜也是圣诞假期的最后一天。这一天，人们是最后一次放纵，因为第二天就要工作了。这是一个“无法无天”的日子，正常的规矩都被短暂推翻了：主人变成仆人，仆人成为主人；男人扮成少女，女人扮成男子。人们通常还会做一个大蛋糕。谁吃到夹着硬币或是豆子的那块蛋糕，谁就是当晚的“混乱之王”。

众所周知，莎士比亚写这部戏剧，是作为第十二夜的娱乐节目演出的。该剧的第一次有记录的公演是1602年2月2日，在当时的一所律师学院——中殿。但该剧并非完全针对第十二夜。在这个颠倒错乱的世界，仆人逾越了自己的身份，少女扮成男童，身份被混淆。可能为了向农神节献礼，薇奥拉在变装男童时，叫自己西萨里奥。而且在整部剧中，小丑费斯特（这个名字暗示节日）常常扮演智者兼傻瓜。从某种程度上来说，他的确是剧中唯

拉斐尔之前的画家瓦尔特·豪威尔·德弗雷尔绘制了第二幕第四场的场景。途中，费斯特唱了一首咏唱爱情残酷的歌曲。歌曲的开头为：“走开，走开吧，死亡。”

情人和追求者

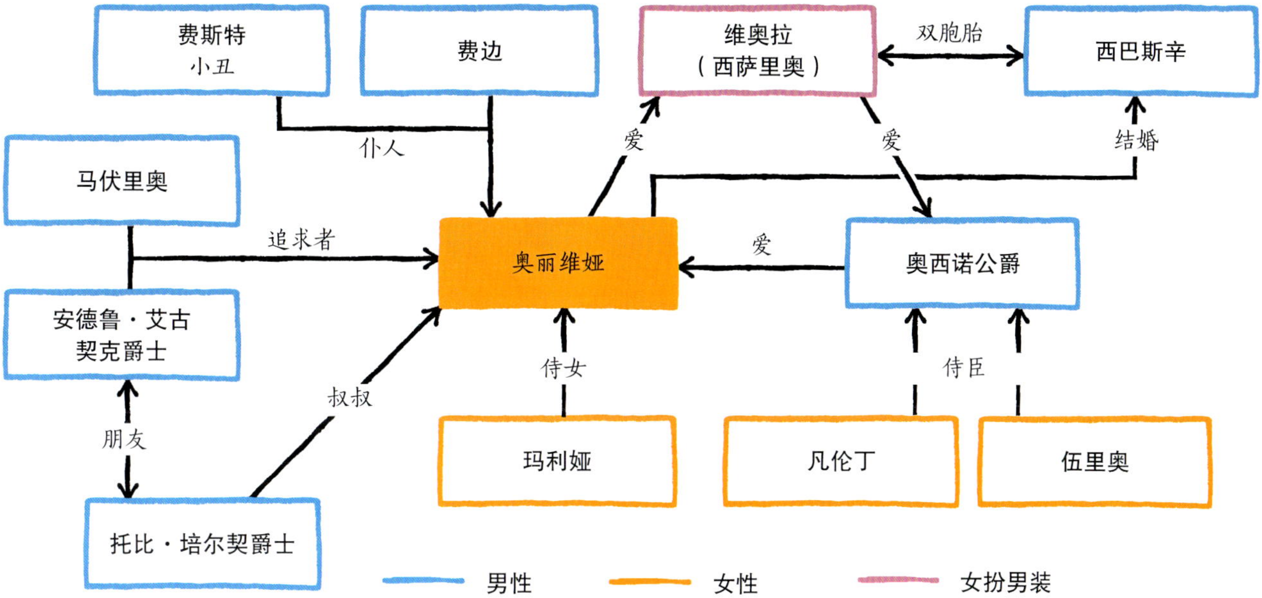

一清醒的人。

悲伤之地

该剧伊始，一位少女遭遇海难，独自来到一个陌生的国度。离奇的是，这个国家正沉浸于悲伤之中。伊利里亚公爵因为追求美丽的奥丽维娅遭拒，而沉溺于悲伤之中，这也是伊丽莎白时期英国流行的痛苦。他病态地要求多听音乐，以至于毁坏了自己对音乐的喜爱："假如音乐是爱情的食粮，那么奏下去吧；尽量地奏下去，好让爱情因过饱噎塞而死。"

与此同时，他思慕的对象——奥丽维娅也陷于更深的悲伤之中。她悲切地哀悼去世的哥哥，发誓7年不摘下面纱。阴郁的管家马伏里奥以不让任何人开心为己任。奥西诺和奥丽维娅都将自己锁在忧郁的黑暗之所——这就像后来马伏里奥被恶作剧地锁进暗室一样。

> 好好地吊死常常可以防止坏的婚姻。
>
> ——费斯特
> 第一幕第五场

从某种意义上说，这种忧郁代表着一种吞没伊利里亚的疯狂。奥丽维娅和奥西诺因为过度沉溺悲伤，都显得很愚蠢，正如费斯特所说：

"**费斯特**：你为什么悲伤？

奥丽维娅：为了我哥哥的死。

费斯特：小姐，我想他的灵魂是在地狱里。

奥丽维娅：傻子，我知道他的灵魂是在天上。

费斯特：这就越显得你的傻了，我的小姐；你哥哥的灵魂既然在天上，为什么要悲伤呢？"

欢乐的使者

薇奥拉的角色打破了忧郁的魔咒。她就像第十二夜的狂欢精神一样，将快乐与真爱注入了这个世界。当时，很多清教徒对于在圣诞节举行欢庆活动极为不满（1647年，他们成功地禁止了圣诞庆祝活动），指责戏院纵情狂欢。

薇奥拉也要面对自己的丧亲之痛。她流落到伊利里亚的海滨，确信哥哥已经溺亡，她在这个世界已然孤身一人。但她并未像奥丽维娅

喜剧演员斯蒂芬·弗莱（图左）在2012年环球剧院的演出中饰演马伏里奥。马克·瑞兰斯扮演剧中的奥丽维娅。该剧采用了全男性演员阵容。

一样哀悼，而是采取了行动。

薇奥拉的选择是打扮成像哥哥一样的男孩子。这个选择很奇怪，但是它引发了喜剧和浪漫的诸多可能性。它让薇奥拉更接近心上人奥西诺，同时也避免了暴露自己的心意。当西巴斯辛登场，两人的身份错位就制造出了一系列混乱。

> 她像是墓碑上刻着的‘忍耐’的化身，默坐着向悲哀微笑。
>
> ——薇奥拉
> 第二幕第四场

女性化的表演

从一开始，奥西诺就奇怪地被他的小侍童所吸引。他认为，这是因为西萨里奥的青春：“因为像你这样的妙龄，还不能算是个成人；狄安娜的嘴唇也不比你的更柔滑而红润；你的娇细的喉咙像处女一样尖锐而清朗；在各方面你都像个女人。”对于沉浸于自恋之中的奥西诺来讲，西萨里奥的相貌、声音就像是女子——但对于西萨里奥的身体细微之处的思忖和含沙射影，显示这里存在着一种更模糊的吸引力。当然，薇奥拉最初是由男童演员扮演的，这让性别界限更加模糊。当薇奥拉扮成西萨里奥拜访奥丽维娅，她的处境更加微妙。奥丽维娅很快为这个年轻的“侍童”放下了面纱。只在一面之后，她就如此渴望再见到他，以至于让马伏里奥追上去，装作西萨里奥掉落了一枚戒指。和奥西诺一样，她愈加思忖起奥西诺的吸引力：“你的语调，你的脸，你的肢体、动作、精神，各方面都可以证明你的高贵”。然而，似乎这更多来自欲望，而非爱情。

解开难解之结

薇奥拉爱上了奥西诺，但是情况可不容许。薇奥拉称自己是“可怜的小鬼”，既不是男人，也不是女人，“因为我是个男人，我没有希望叫我的主人爱上我；因为我是个女人，唉！可怜的奥丽维娅也要白费无数的叹息了！”

薇奥拉哀叹“叫我打开这结儿怎么成！”但是这个结儿松动了，因为薇奥拉的孪生兄弟西巴斯辛并没有溺亡，而是登场了。当薇奥拉的悲伤愈加真切而痛苦，该剧对我

> 来吻着我吧，你双十娇娃，转眼青春早化成衰老。
>
> ——费斯特
> 第二幕第三场

> 一样的面孔，一样的声音，一样的装束，化成了两个身体；一副天然的幻镜，真实和虚妄的对照！
>
> ——奥西诺
> 第五幕第一场

们来说却变成了一部喜剧，因为我们明白接下来会发生什么。看到西萨里奥被当做西巴斯辛、而西萨里奥被当做西巴斯辛所造成的喜剧的混乱，我们捧腹大笑。

当奥丽维娅将西萨里奥当做西巴斯辛，很快与他成婚，再来到奥西诺面前时——她突然发现西萨里奥似乎完全背叛了她。他否认办过婚礼，对困惑的奥西诺发誓忠诚。不久，西巴斯辛和西萨里奥同时出现，一切真相大白，所有人都惊奇于两人竟如此相像："一样的面孔，一样的声音，一样的装束，化成了两个身体；一副天然的幻镜，真实和虚妄的对照！"

解决方案很简单。奥丽维娅继续做西巴斯辛的妻子，而薇奥拉表明自己是女人，嫁给了她深爱的奥西诺。但性别的含混性并未完全消失。西巴斯辛对奥丽维娅说，"您现在同时是一个女人和一个男人的未婚妻了"，尽管奥西诺和薇奥拉剧终时一起离场结婚，薇奥拉却依然做男装打扮，而奥西诺称她为"主人的女主人"。

性别偏移

很多评论家探索了《第十二夜》的同性恋主题，这并不奇怪。因为西巴斯辛和安东尼奥如此热切地表达了对彼此的爱，许多现代戏剧作品将他们的关系演绎为同性恋，并在奥丽维娅和西萨里奥的关系中也发现了同样的隐含之意。

但是在莎士比亚的时代，同性恋的想法与今日并不相同。两个男人之间的密切关系，可能会被理解为理想的友谊。也许，莎士比亚讨论的是我们的双重性：每个人即有"男性"元素，也具有"女性"元素。正如奥西诺所说，"西萨里奥，来吧；当你还是一个男人的时候，你便是西萨里奥——等你换过了别样的衣裙，你才是奥西诺心上情人。"该剧的副标题"各遂所愿"也许传达出这样的信息——让我们所有人拥抱爱情，无论你在何处找到它。■

2006年的电影《她是个男人》将故事移至美国的一所学校，校名为伊利里亚。为了加入男子足球队，薇奥拉扮成男孩，去哥哥的学校上学。

马伏里奥

在《第十二夜》的故事里，马伏里奥就像是一个阴暗的影子，他的名字是对奥利维娅和薇奥拉名字的回文构词法，意大利语意为"邪恶"（Mal）和"我想要"（Volio）。当外在世界逐渐觉醒，愈加快乐，马伏里奥的内心世界却越来越凄凉。

托比爵士、玛利娅和他们的朋友设计让马伏里奥相信奥丽维娅爱上了他——于是自欺欺人的马伏里奥很容易就成了这场游戏里的猎物。他们愚弄他穿上小丑一般的鲜艳衣服对着奥丽维娅咧嘴傻笑，而奥丽维娅正是因为他仪态严肃，才雇他当的管家。他愚蠢地认为信中的字句"有的人是生来的富贵，有的人是挣来的富贵，有的人是送上来的富贵。"说的肯定是他。但这个玩笑有些残酷——在对马伏里奥最终的羞辱中，恶作剧被揭穿，我们听到了他的最后一句话，几乎有些同情他了："我一定要出这一口气，你们这些东西一个都不放过。"

永远是战争和奸淫

《特洛伊罗斯与克瑞西达》（1602年）

剧中人物

特洛伊人

普里阿摩斯：特洛伊国王

赫克托：普里阿摩斯之长子，特洛伊军队的领袖

帕里斯：赫克托和特洛伊罗斯的兄弟。帕里斯爱上海伦，引发了特洛伊战争

特洛伊罗斯：特洛伊勇士，赫克托和帕里斯的弟弟。他爱上了克瑞西达

潘达洛斯：大臣，克瑞西达的舅父

安德洛玛刻：赫克托之妻

卡珊德拉：赫克托、帕里斯和特洛伊罗斯的姐妹，能预知未来。她预言了特洛伊的陷落

希腊人

海伦：墨涅拉俄斯之妻，帕里斯的情人

阿伽门农：受人尊敬的希腊主帅

俄底修斯：哲人

涅斯托：智慧的老人

阿喀琉斯：传奇英雄，希腊军队的骄傲

埃阿斯、狄俄墨得斯：希腊将领

克瑞西达：发誓爱上了特洛伊罗斯，但后来证明并非真实

卡尔卡斯：特洛伊祭司，克瑞西达之父，投降于希腊

帕特洛克罗斯：阿喀琉斯的同伴

忒耳西忒斯：战争的评论者

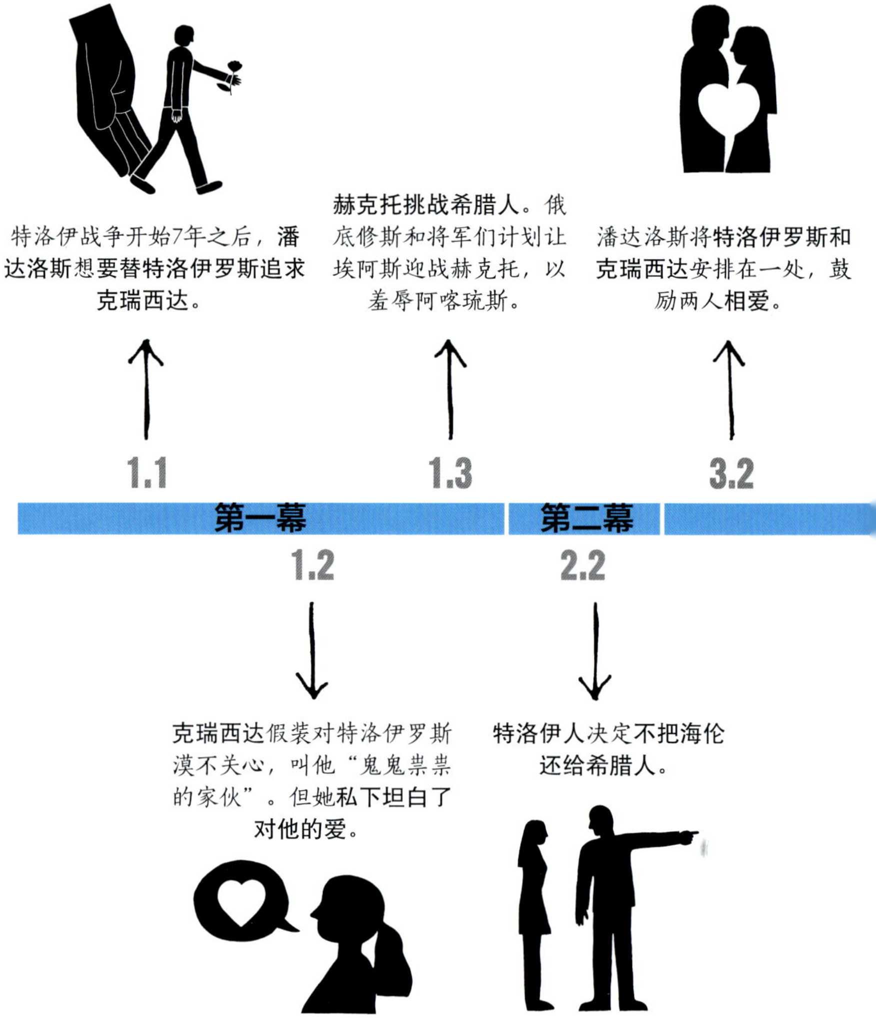

开场诗宣告，本故事开始于特洛伊战争打响7年之后。特洛伊罗斯是特洛伊国王普里阿摩斯的儿子，赫克托和帕里斯最小的弟弟。他爱上了叛徒的女儿克瑞西达，请克瑞西达的叔父潘达洛斯替自己追求她。克瑞西达对特洛伊罗斯表面淡漠，但是偷偷承认自己很喜欢他。

特洛伊城外，希腊阵营陷入一片混乱。阿喀琉斯拒绝出战，希腊人的领袖墨涅拉俄斯不被战士信任。与此同时，特洛伊城内，朝臣们讨论与希腊大军长年战争的目的和代价。赫克托承认，是特洛伊人掠走海伦引发了战争，必须将她交还希腊人。

赫克托挑战希腊军队，提出要与所有希腊勇士决斗。俄底修斯宣布由愚蠢的埃阿斯迎战赫克托，羞辱了阿喀琉斯。埃阿斯与特洛伊王子有母系的血缘关系，他的母亲是普里阿摩斯的姐妹。

回到特洛伊。在潘达洛斯家

第三幕 | 第四幕 | 第五幕

3.3

卡尔卡斯请求阿伽门农**用安忒诺耳交换克瑞西达**。狄俄墨得斯被派去特洛伊交涉。

4.5

特洛伊罗斯给了克瑞西达一截袖子，作为忠贞的象征。作为回报，克瑞西达给了他自己的手套。**狄俄墨得斯把克瑞西达从特洛伊带走**，答应特洛伊罗斯好好待她。

4.7

赫克托和埃阿斯在荣誉的**决斗**中打成平手。阿喀琉斯被激怒了。特洛伊罗斯求阿喀琉斯带他去克瑞西达的帐篷。

5.2

狄俄墨得斯和克瑞西达见面，被特洛伊罗斯、俄底修斯和忒耳西忒斯偷听。克瑞西达将特洛伊罗斯的袖子给了狄俄墨得斯，答应次日夜晚与他会面。

5.3

特洛伊罗斯不听潘达洛斯，将他从**克瑞西达**那里带回的**信撕碎**。

5.6

特洛伊罗斯与埃阿斯和狄俄墨得斯一战。赫克托迎战阿喀琉斯。

5.9

赫克托被阿喀琉斯和部下**击杀**。

5.10

特洛伊罗斯宣告赫克托死亡，发誓要报复希腊人，挽回损失。

里，特洛伊罗斯成功地俘获了克瑞西达，俩人共度良宵。是夜，卡尔卡斯与希腊首领阿伽门农作了一笔交易，要用希腊囚犯安忒诺耳交换女儿克瑞西达，让克瑞西达加入父亲所在的希腊阵营。信使狄俄墨得斯将交换的信息通知了特洛伊罗斯，特洛伊罗斯被迫交出克瑞西达。

克瑞西达不情愿地接受了希腊将士的亲吻礼。这让俄底修斯认定这个女人是个危险分子。决斗当天，埃阿斯和赫克托打成平手。阿喀琉斯憎恶赫克托，发誓要杀了他。战后当晚，特洛伊罗斯随俄底修斯潜入克瑞西达的帐篷，忒耳西忒斯也在偷听。在与克瑞西达见面前，特洛伊罗斯发现她和狄俄墨得斯关系暧昧。克瑞西达将特洛伊罗斯的袖子送给狄俄墨得斯，这也是特洛伊罗斯送给她的爱的象征。特洛伊罗斯既心碎又失望，发誓要报复狄俄墨得斯，指责克瑞西达不忠。

次日早晨，赫克托不顾妻子和妹妹的劝告，迎战阿喀琉斯。赫克托胜利了。但是失败刺伤了骄傲的阿喀琉斯，他和手下骑士一起谋杀了赫克托。特洛伊人眼睁睁看着阿喀琉斯拖着赫克托的尸体绕行战场，特洛伊罗斯再次发誓为哥哥报仇。潘达洛斯被特洛斯罗斯驱逐出境，剧终只留下这个愤世嫉俗的老人诅咒后世必遭灾难。■

背景知识

主题：

色欲、战争、背叛、荣誉、英雄主义

场景：

公元前12世纪的特洛伊

来源：

1598年 荷马讲述特洛伊战争的史诗《伊利亚特》，被乔治·查普曼翻译成英文。

1385-86年 英格兰诗人杰弗瑞·乔叟的《特洛伊罗斯与克瑞西达》。

1460-1500年 苏格兰诗人罗伯特·亨利森根据乔叟的故事所虚构的续集《克瑞西达的证言》。

演出：

1609年 该剧被四开本列为喜剧。

1679年 英国诗人约翰·德莱顿改编了该剧，让这对恋人和狄俄墨得斯一起死去，而克瑞西达一直对特洛伊罗斯忠贞不贰。

1898年 莎士比亚版的《特洛伊罗斯与克瑞西达》登上慕尼黑舞台，这也是莎士比亚时代以来的首次演出。

1938年 由迈克尔·麦考文恩执导的戏剧在伦敦上演，作为反战宣传，忒耳西忒斯被塑造为愤世嫉俗的战地记者。

2012年 两个剧团在斯特拉福德合演了该剧。皇家莎士比亚剧团演出希腊人，一个纽约剧团演出特洛伊人。两个剧团不同的演出风格彰显了两方的文化差异。

《特洛伊罗斯与克瑞西达》讲述的是战争和欲望的故事。它被认为是一出带着知识分子口吻的问题剧，无论是阅读，还是表演，都有难度。17世纪的英国诗人约翰·德莱顿称该剧是“一堆垃圾”，但现代观众却聚焦于剧中角色所承受的苦难。评论家A.D.那托尔称，该剧是一出“病态而聪明的戏剧”。

该剧取材自一部传奇史诗，包括阿喀琉斯、赫克托、埃阿斯、俄底修斯、帕里斯和墨涅拉俄斯等诸多传奇人物。但莎士比亚挑战了这些响当当的名字，解构了“英雄”的概念。帕里斯被塑造成一个自私、虚荣的年轻人，阿喀琉斯是个相思成疾的叛逆之徒，埃阿斯像是一只有勇无谋的野兽，墨涅拉俄斯被戴了绿帽子，完全是个笑柄。大勇士特洛伊罗斯被塑造成一个忧郁的情人，被克瑞西达迷得晕头转向。唯一的英雄主义代表是赫克托，他渴望面对一个值得一战的英雄。但是，赫克托在毫无防备之时，被阿喀琉斯的手下杀死了。莎士比亚通过这些多情、冷漠和无耻的军人，讽刺了战争中的英雄主义。

> **女人在被人追求的时候是个天使；无论什么东西，一到了人家手里，便一切都完了；无论什么事情，也只有正在进行的时候兴趣最为浓厚。**
>
> ——克瑞西达
> 第一幕第二场

2009年，在伦敦环球剧院的一场演出中，劳拉·派普将克瑞西达塑造成一个正在经历自我探索和发现的少女，想方设法在这个男人和战争的世界里生存下来。

为了强调荣誉的缺失，战争的起因被归咎于一个女人，她看起来并不值得付出如此沉痛的代价。剧中角色花了整整三幕来讨论海伦的德行，以及将她留在特洛伊的目的。当海伦终于在第三幕出现，她没怎么说话，只是慨叹相思之苦：“你要给我唱一支爱情的歌；这个爱情要把我们一起葬送了。啊，丘比特，丘比特，丘比特！”

海伦和帕里斯所代表的，是在腐朽的特洛伊城里，淫荡而自私的

> **我们那闯祸的兄弟帕里斯放了一把火，把我们一起烧成灰烬啦！痛哭吧，特洛亚人！痛哭吧！海伦是我们的祸根！痛哭吧，痛哭吧！特洛亚要烧起来啦，快把海伦放回去吧。**
>
> ——卡珊德拉
>
> 第二幕第二场

爱情。海伦对丈夫的不忠以及与帕里斯的颓废也映射出克瑞西达对特洛伊罗斯的不忠。正如忒耳西忒斯所提醒观众的那样，这个世界里什么都没有，只是充满了“奸淫，奸淫；永远是战争和奸淫”。

价值观的本质

在一场有关海伦的讨论中，帕里斯、赫克托和特洛伊罗斯从是否“值得”的方面展开了讨论。

特洛伊罗斯提出，当一件东西的代价很大，它也就变得珍贵了。克瑞西达明白特洛伊罗斯会这么想，所以她拒绝他的求爱，想要在他眼里变得更有价值。但赫克托认为，一件东西必须确有可贵之处，才能确立价值。只有帕里斯对海伦的迷恋，才使得她值得特洛伊对她效忠，而非她的自身价值。这个清醒的事实，似乎让剧中战争的创伤丧失了全部意义。对于希腊大军来讲，这恐怕也是真的：他们不尊重领袖墨涅拉俄斯，也不认同他想要报复特洛伊的动机。

尽管赫克托认为海伦的价值被错估了，但是保护她的荣誉却是符合特洛伊利益的，也是为了那些以海伦之名丧命的人。在这座城里，这样的经济学可能跑偏了，但在赫克托的理想世界里，价值和值得必须是努力获得的。他死于阿喀琉斯之手，他的英勇变得完全不值得，这让赫克托尤为悲惨。特洛伊罗斯和赫克托都对爱和战争抱着理想主义的幻想，但在剧终之时，两人都各自经历了幻灭。无论是海伦，还是克瑞西达，都“配不上”她们所带来的眼泪和痛苦，而赫克托自己的价值也毁于阿喀琉斯之手。

在莎士比亚所呈现的这个政治腐败、道德败坏的世界里，一个现实主义者就是言语粗鲁、身体畸形的私生子兼战场评论员忒耳西忒斯。他理解战争的真正价值和代价。他用一个基本的真理打断了关于荣誉的华丽修辞，也打断了希腊将军使用的等级：“争来争去不过是为了一个王八和一个婊子，结果弄得彼此猜忌，白白损失了多少人的血。”“荣誉”和“值得”再一次被欲望和对于战争和荣誉的渴望

> **空话，空话，只有空话，没有一点真心。**
>
> ——特洛伊罗斯
>
> 第五幕第三场

在德国导演彼得·斯泰因2006年的作品中，战场被呈现为一个倾斜的舞台，观众可以同时观看几处战斗。

曲解和腐蚀了。

这对恋人和他们的媒人潘达洛斯一起，预言自己会流芳百世，而战争本身已经变成了关于海伦的传奇争端。这个故事家喻户晓，让恋人山盟海誓的一幕变成了讽刺。特洛伊罗斯发誓会对爱情永远不变，以至于造出了“像特洛伊罗斯一样忠心”的词语。作为回报，克瑞西达也发誓，如果她不守誓言，她会让世世代代的人高呼 “像克瑞西达一样负心”。潘达洛斯封印了两人的誓言，赞叹道： “让世上所有可怜的媒人们都叫着我的名字，直到永远！让一切忠心的男人都叫做特洛伊罗斯，一切负心的女子都叫做克瑞西达，一切做媒的人都叫做潘达洛斯！大家说阿门。”

尽管这样的结果不可避免，莎士比亚还是给了角色机会，来改变各自的命运。潘达洛斯从未被要求或诱劝做媒。特洛伊罗斯选择将克瑞西达交给狄俄墨得斯，这并非他唯一的选择。作为勇士和王子，他理应更加重视王国而不是恋人，正如赫克托主动选择了战场，而不是听从妻子安德洛玛刻的恳求。克瑞

特洛伊人 V.S.希腊人

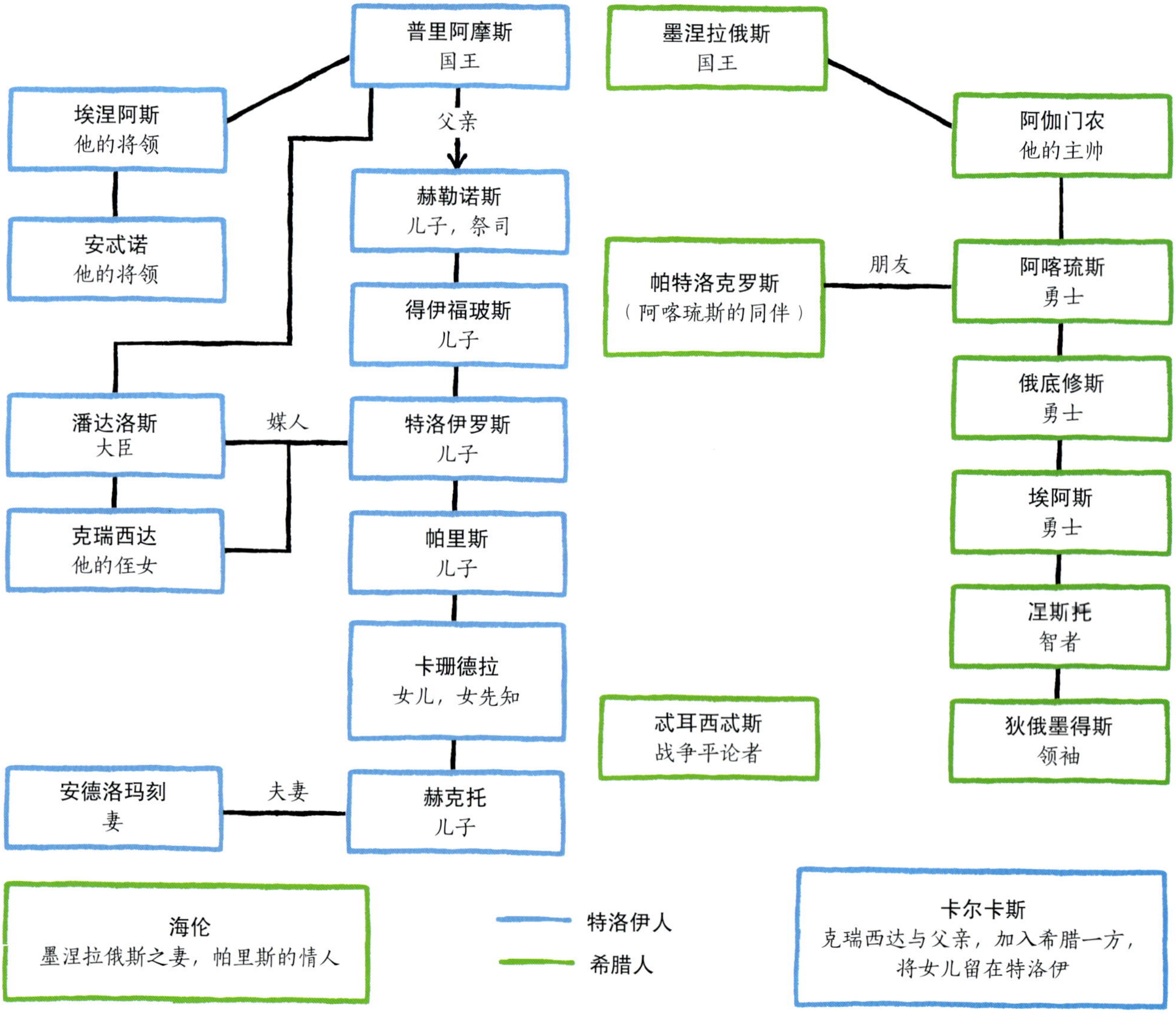

在2012年的一场演出中，Ngakao Tao剧团将故事搬到前欧洲时期新西兰的毛利部落战争中，并以一段哈卡舞（一种战舞）开场。

西达似乎欣然接受了前往希腊阵营的事实，她允许将军和士兵吻她，这让俄底修斯质疑她的品性。尽管在背叛特洛伊罗斯时，克瑞西达深感内疚，但她还是没有拒绝狄俄墨得斯；是她鼓励狄俄墨得斯这么做的。这些决定，都是他们的自由选择，暗示这些人物要为自己的悲剧负责，不能怪罪命运或宿命。

> 你是个私生子，我也是个私生子，我喜欢私生子，一个私生子生我出来，教养我成为一个私生头脑、私生血气的变种。
>
> ——忒耳西忒斯
> 第五幕第八场

是何文类？

1609年首次出版时，该剧题为《特洛伊罗斯与克瑞西达的历史》。出版商的介绍里将该剧划为喜剧。第一对开本却将该剧列为悲剧，增加了问题的复杂性。但是，在剧中死去的，只有英勇的赫克托一人。该剧语带嘲讽，但通过对于传说中勇士们和海伦性格的颠覆性描写，该剧似乎又蒙上了一层恶作剧式的黑色幽默精神。

尽管剧中角色都曾经历幽默场景，该剧却充满绝望与失望。俄底修斯讨论起秩序对于军队的重要，想让阿喀琉斯懂得荣誉与名望，但只是徒劳。阿喀琉斯更喜欢偷偷摸摸地谋取荣誉，像懦夫一样地谋杀赫克托，而不是在战场上决斗。莎士比亚强迫观众一起经历特洛伊罗斯的痛苦，看着他亲眼看见克瑞西达将自己与她互换的爱情信物送给了新恋人。在那一刻，特洛伊罗斯对于爱和忠诚的信仰破灭了。这种感情没有丝毫可笑之处。

19世纪后期，英国学者弗雷德里克·伯厄斯将该剧重新划分为“问题剧”，意即该剧采取喜剧结构，但在主题和语调上却是悲剧。1884年，爱尔兰戏剧家萧伯纳也对该剧产生了研究兴趣，他提出该剧的主题“开始于20世纪”。换言之，它是一部现代戏剧，表达出了新时代的忧虑。它有意识地语带嘲讽，不让角色和事件满足我们的正义感。同样，就其本身而言，这部剧也被看作莎士比亚最尖刻也是最幻灭的一部戏剧。■

我蔑视与国王交换身份

《莎士比亚十四行诗》（1593年—1603年）

背景知识

主题：
浪漫爱情、柏拉图式爱情、猜忌、宗教信仰、性

来源：
14世纪 意大利诗人弗朗希斯科·彼特拉克首创了十四行诗，诗歌表达了对一位遥不可及的女神不求回报的爱。

相关作品：
18世纪 在受到一个多世纪的冷落后，莎士比亚的十四行诗受到浪漫派诗人约翰·济慈和威廉·华兹华斯的追捧。

1889年 由奥斯卡·王尔德创作的故事《威·休先生的画像》成功出版，书中暗示这些十四行诗是写给一位名叫威利·休斯的少年演员，1921年，在王尔德死后21年后，该书的加长版问世。

1958年 英国作曲家本杰明·布里顿为男高音和管弦乐队创作的《夜曲》以十四行诗第四十三首做结尾。

1960-1980年 十四行诗第六十六首中的语句"艺术的咽喉受制于权威"变成了东欧共产党抵制审查制度的标语。

1961年 英国歌手克丽欧·莲恩制作了一套十四行诗爵士乐唱片，该套曲目由她的丈夫尊尼·丹沃茨创作。

2012年 加拿大音乐家洛福斯·温莱特制作了自己的音乐唱片，其中包含几首十四行诗，如第29首。

"商籁体（十四行诗）"一词源自意大利词汇"Sonnetto"，意思是"一点点声音"。在莎士比亚时期，这个词可以指代任何短诗，但现在它仅限于拥有特定押韵格式的十四行诗。

十四行诗结构

一首典型的莎士比亚十四行诗共有14行，并且每一行都是抑扬格五音步——一行有10个音节，由五个音步组成，在每个音步中，一个非重读的音节后边要跟着一个重读的音节，例如"And look upon myself and cursemy fate"（十四行诗第29首），诗歌的韵脚如下：a b a b c d c d e f e f g g。

以十四行诗第29首为例（见下图），仔细观察，不难发现这首诗并未精确遵照以上韵脚。例如，第一行诗中，我们很自然会重读第一个音节，而非第二个音节。在第三行诗中，我们很自然地重读"deaf"和"heaven"的第一个音节，第二行和第四行则符合常规的格式。这样的破格可以避免单调缓慢的韵律，将读者的注意力吸引到那些具有特别意义的词汇或短语上。

这首十四行诗结构清晰，这在一定程度上归功于它的押韵规则。前四行（也称为四行诗）设置了一个情景：诗人感到不开心；随后的四行诗详细地介绍了他不开

> **对抗着死和泯灭一切的敌意，你将前进，人类将永远歌颂你，连那坚持到世界末日的人之子也将用眼睛来称赞你不朽的美丽。**
>
> ——十四行诗第55首

十四行诗第29首

When, in disgrace with fortune and men's eyes,
I all alone beweep my outcast state,
And trouble deaf heaven with my bootless cries,
And look upon myself and curse my fate,
Wishing me like to one more rich in hope,
Featured like him, like him with friends possessed,
Desiring this man's art and that man's scope,
With what I most enjoy contented least:
Yet in these thoughts myself almost despising,
Haply I think on thee, and then my state,
Like to the lark at break of day arising
From sullen earth, sings hymns at heaven's gate;
　　For thy sweet love remembered such wealth brings
　　That then I scorn to change my state with kings'.

心的原因。十四行诗在第九行转变语风是很常见的；这通常被称为“Volta”（“转折”的意大利语），此处，诗人想起了自己的友人或者爱人（诗中的“你”）这让他振奋起来，而通过一路高歌、从地面飞入天堂的云雀意象，他的快乐被传递出来；第11行结尾的“arising”多出一个音节，这样可以不中断地过渡到下一行（这一效果被称为跨行连续，前一行的感官直接贯穿至下一诗行）。诗人新的快乐一定程度上由“sings hymns at heaven’s gate”中强有力的节奏传达出来，此句，我们会自然地重读“sings”和“hymns”。随后，结尾的两行诗句对新的情景做了总结，其中“sweet love”和“such wealth”两个音节都重读，诗歌通过最后一行的有力节奏，以及将诗人刚刚陷入爱恋的幸福状态与国王对比，得意地做出了结论。

并非所有的十四行诗都像这首诗一样结构清晰。

> **只要人类在呼吸，眼睛看得见，我这诗就活着，使你的生命绵延。**
>
> ——十四行诗第18首

意大利诗人弗朗希斯科·彼得拉尔卡（英文中常被称为彼特拉克）创作了一系列十四行诗，都是写给一位名为劳拉的女子。诗人一直远远地暗恋着她。

意大利十四行诗

十四行诗起源于中世纪的意大利，其中名气最大的都由弗朗希斯科·彼特拉克（1304-74）所作，表达的大都是诗人对一位遥不可及的理想爱人没有希望的爱慕之情。莎士比亚在《罗密欧与朱丽叶》中提到了彼特拉克，当时茂丘西奥以为罗密欧仍旧爱慕着罗莎琳，于是说：“现在他又要念起彼特拉克的诗句来了。”

最早的英国十四行诗由托马斯·怀亚特爵士和萨里伯爵在16世纪中期创作而成。他们的诗歌被收录进《托特尔杂集》，又名《歌与十四行诗》，最早出版于1557年。莎士比亚在《温莎的风流娘儿们》中提到了此书，剧中一位腼腆的年轻人亚伯拉罕·斯兰德想用此书追求安·培琪小姐，他说：“我宁愿要一本《歌与十四行诗》，即使现在有人给我四十个先令。”（1.1.181-182）。

十四行诗写什么？

通常来讲，十四行诗是讴歌浪漫爱情的诗歌，多数直接对被爱慕者说话，但几个世纪以来，十四行诗也服务于不同的创作目的。其中常见的是创作一批或一系列相互关联的十四行诗，都是写给同一位真实存在或想象出来的人物。例如，英国诗人兼军人菲利普·锡德尼爵士在写给他挚爱之人的诗集中，称呼自己为“阿斯托菲尔”，称呼爱人为“斯泰拉”，诗集名为《阿斯托菲尔和斯泰拉》，在他死后的第五年即1591年发表。1591年至1597年间，很多诗人都争相模仿这本诗集，来创作十四行诗。后来在

> **快乐的空气，让你的活跃光芒留在这里；还有你，清澈流淌的溪流，为何我不能与你交换生命的轨迹？**
>
> ——彼特拉克
>
> 十四行诗第227首

伊丽莎白时期，十四行诗的形式时常被用来写作宗教诗——姑且可以说是写给上帝的爱情诗。莎士比亚同时期的诗人兼牧师约翰·邓恩（1572-1631）创作了大量的《圣十四行诗》，而莎士比亚十四行诗的第146首也是一首宗教诗歌。

戏剧中的十四行诗形式

直至1609年，莎士比亚的十四行诗鲜有发表，但在此之前，他已经常使用十四行诗的形式。部分莎士比亚戏剧，尤其是他的早期作品，都出现了十四行诗，其中的典型代表就是《罗密欧与朱丽叶》的开场白。莎士比亚写作该剧的对话时，也使用了十四行诗形式，最引人注目的就是罗密欧与朱丽叶的首次对话的台词（见图）。

最早提及莎士比亚十四行诗的作品出现在1598年，弗朗西斯·梅尔斯在评论同时期其他作者的《智慧女神的女管家》（又名《智慧宝库》）中，曾含蓄地提到“莎士比亚的十四行诗在好友中流传”，暗示莎士比亚创作的诗歌是关于爱情或友谊的，因此它们可以在亲密的朋友圈内小范围传播。随后的一年里，两首十四行诗——第138首和第144首——的不同版本被发表在一本名为《热情的朝圣者》的书中，该书同时收录了《爱的徒劳》中的三个选段以及其他或有可能出自莎士比亚之手的短诗。

1609年，一本名为《莎士比亚十四行诗》的诗集印刷出版，其中囊括了154首十四行诗。在这154首十四行诗之后，还附有一首长诗，即《情女怨》（224页）。目前，我们尚不清楚诗集的出版是否出自莎士比亚本人的意愿，但书中含有大量奇怪之处，例如，标题页并非如我们所期待的写着“十四行诗，莎士比亚创作”，而是写着“莎士比亚的十四行诗，尚未出版之作”，似乎暗示着不仅有其他什么人代表莎士比亚发表了这些诗歌，而且人们已经知晓这些诗歌的存在，并期待着它们能够在某一时刻发表。

> **这样，你就能吃掉吃人的死神，而死神一死，死亡就不会再发生。**
>
> ——十四行诗第146首

罗密欧和朱丽叶的初次对话

罗密欧
要是我这俗手上的尘污
亵渎了你的神圣的庙宇，
这两片嘴唇，含羞的信徒，
愿意用一吻乞求你宥恕。

朱丽叶
信徒，莫把你的手儿侮辱，
这样才是最虔诚的礼敬；
神明的手本许信徒接触，
掌心的密合远胜如亲吻。

罗密欧
生下了嘴唇有什么用处？

朱丽叶
信徒的嘴唇要祷告神明

罗密欧
那么我要祈求你的允许，
让手的工作交给了嘴唇。

朱丽叶
你的祷告已蒙神明允准。

罗密欧
神明，请容我把殊恩受领。（吻朱丽叶）

“W. H. 先生”

更奇怪的是，与诗集《维纳斯与阿都尼斯》和《鲁克丽丝受

> **你被责备了，这不是你的过失，因为诽谤专爱把美人当箭靶；被人猜忌恰好是美人的装饰**
>
> ——十四行诗第70首

第145首十四行诗可能是莎士比亚青年时期的作品，用来追求他未来的妻子安妮·海瑟薇。她来自一个富裕家庭，居住在埃文河畔斯特拉福德的这幢房子中。

辱记》的做法不同，该书致辞并未出现在作者姓名上方，而是列在了出版商托马斯·索普姓名的首字母“T. T.”上方。致辞以墓志铭格式呈现，但在其他很多方面仍令人迷惑，尤其是被致敬者也只用了首字母缩写，如下：“献给本十四行诗唯一的促成者，W.H.先生，祝先生一切安好，恰如我们不朽的诗人笔下所许，芳名永存，心存善念而冒昧付梓者”。至于谁是“W.H.先生”？这个问题成为长期困扰文学史的谜题。很明显，有一些十四行诗是写给一位男性或男孩的（第108首中的“美少年”和第126首中的“可爱的孩子”），据猜测，索普认为这个人就是十四行诗的“促成者”。另外两位候选者分别是叙事诗部分被提献者南安普敦伯爵，亨利·里奥谢思利和1623年第一对开本的被提献者彭布罗克伯爵威廉

> **别把我的爱唤作偶像崇拜，也别把我爱人看成是一尊偶像，尽管我所有的歌和赞美都用来献给一个人，讲一件事情，不改样。**
>
> ——十四行诗第105首

姆·赫伯特，但是这两位候选者都不适合被称为“先生”。此外，“促成者”一词有可能只是指支持手稿创作的人，但没人知晓索普的真正意图——正如诗人W.H.奥登所言，现在想寻找这一谜题的答案，实在是一份“愚蠢的工作”。我们有充分的理由相信，莎士比亚在相当长的时期内，时而逐一创作，时而成批创作相互关联的作品，很可能他所写的第一首十四行诗——甚至可能是他第一次尝试写诗——是第145首。但不合常规

亨利·里奥谢思利，第三任南安普顿伯爵。画中呈现的是1590年左右、青少年时期的亨利，他被认为是第1首至第126首十四行诗所写的匿名年轻男子。

的是，这首诗由八音节组成，而非常见的每行诗十音节。人们相信，这首诗创作时间较早，部分原因是它的语气较轻且手法不够老练，但更主要的原因是在最后两行诗句中，“hate”和“away”两词使用了作者18岁时的未婚妻安妮·海瑟薇的姓氏谐音，因而可以认作是一首求爱诗。

诗集的前17首似是写给同一位年轻男子的，作者十分喜爱这位年轻人。从第18首到第126首，诗歌涉及了一个或多个年轻男性，这些人与诗人都保持着亲密、友爱的感情，但他们之间可能并未掺杂性爱关系。

黑女郎

最后26首诗明确献给了一名女性，显然诗人与这位女郎有过一段曲折的两性关系，其中一些十四行诗暗示，这位女子不仅皮肤黝黑，甚至性格阴暗，她争夺诗人对友人的爱，让诗人因为爱她而丧失理智。正因为如此，这些诗歌也被称为黑女郎十四行诗，人们曾尝试寻找这一时期特征相符的女性，但最终都归于徒劳。

十四行诗第145首

爱神亲手缔造的嘴唇
对着为她而憔悴的我
吐出了一句“我厌恶……”的声音：
但是只要她见到我难过，
她的心胸就立刻变宽厚，
谴责她那本该是用来
传达温和的宣判的舌头；
教它重新打招呼，改一改：
她就马上把“我厌恶……”停住，
这一停正像温和的白天
在黑夜之后出现，黑夜如
恶魔从天国被扔进阴间。
她把“我厌恶……”的厌恶抛弃，
救了我的命，说——“不是你”。

我爱人起誓，说她浑身是忠实，我真相信她，尽管我知道她撒谎；使她以为我是个懵懂的小伙子，不懂得世界上各种骗人的勾当。

——十四行诗第138首

爱的方方面面

尽管所有的十四行诗形式大同小异，但它们在风格和理解难易度上却极为不同，且囊括了爱的方方面面，从浪漫的理想主义到粗暴的性爱现实，因而我们很难一口气将它们读完。

其中一些诗歌成了最为优美且最受欢迎的英文爱情诗。这些诗歌描述了爱情和友谊的强大力量，这种力量可以传递幸福，可以穿越时空，甚至可以让被爱的人永生。“我能否把你比做夏日？你可是更加可爱，更加温婉”，诗人在第18首十四行诗中如是说，而第116首十四行诗则成为爱情的伟大赞美诗。

其他诗歌则在语气和激发读者情感方面差异明显。一些诗歌谈及竞争：“我有两个爱人：安慰和绝望，他们像两个精灵，老对我劝诱；善精灵是个男子，十分漂亮，恶精灵是个女人，颜色坏透。”（第

十四行诗第116首

让我承认，两颗真心的结合
是阻挡不了的。爱算不得爱，
要是人家变心了，它也会变，
或者人家改道了，它也会改。
不啊！爱是永不游移的灯塔光，
它正视暴风，决不被风暴摇撼；
爱是一颗星，它引导迷航的桅樯，
其高度可测，其价值却无可计算。
爱不是时间的玩偶，虽然红颜
到头来总不被时间的镰刀遗漏；
爱决不跟随短促的韶光改变，
就到灭亡的边缘，也不低头。
假如我这话真错了，真不可信赖，
算我从没写过，算爱从来不存在！

144首）。另一些诗歌则论述了爱情理想的幻灭和自我欺骗："我爱人起誓，说她浑身是忠实，我真相信她，尽管我知道她撒谎。"（第138首）。第147首则更直率地论证了这一点："我曾经赌咒说你美，以为你灿烂，你其实像地狱那样黑，像夜那样暗。"

我们可以从这些十四行诗中探究诗人复杂的爱情观。第149首中诗人在爱人面前卑躬屈膝："冷酷的人啊！你怎能说我不爱恋你？事实上我跟你一起厌弃了我自己！"第147首中书写了自我厌恶之情，因为他沉迷于一位自认为不值得爱的人："我的爱好像是热病，它老是渴望，一种能长久维持热病的事物。"第129首则表达了诗人屈服于淫欲的羞耻心："生气丧失在带来耻辱的消耗里，是情欲在行动"。

然而，诗中也有对肉欲的颂扬。第146首中，诗人写到身体的衰落可以充实我们的灵魂："靠你的奴仆的损失而生活吧，灵魂，让他消瘦，好增加你的贮藏。"第151首中诗人欢快而淫秽地说："你

2009年，美国导演罗伯特·威尔森和加拿大词（曲）作者洛福斯·温莱特共同打造了一场流行歌剧，将莎士比亚的25首十四行诗（德语版）改编成各种风格的音乐作品。

有负于我，我跟我粗鄙的肉体，同谋而有负于我那高贵的部分；我的灵魂对我的肉体说他可以，在爱情上胜利；肉体不爱听高论，只是一听到你的名字就起来，指出你是他的战利品。”第151首诗结尾几行，对所谓“肉体”指的是身体哪一部分，诗人并没有留下悬念：“他因而得意扬扬，十分甘心于做你的可怜的仆役，情愿站着伺候你，倒在你身边。这样做不是没良心的；如果我把她叫做爱，为了她的爱，我起来又倒下。”

名誉

与叙事诗《维纳斯与阿都尼斯》和《鲁克丽丝受辱记》不同，莎士比亚的十四行诗并非成功之作，1609年版也未重印。十四行诗并未收录入1623年的第一对开本，甚至一直未能再次出版。直到1640年，莎士比亚的十四行诗才出现在约翰·本森发行的一本书中，该书删除了八首诗，改变了诗集原有的顺序并加入了其他诗人的作品。此后的150年里，莎士比亚的十四行诗被完全忽略了，以至于约翰·德莱顿、亚历山大·蒲柏、塞缪尔·约翰逊等评论家都对它们只字未提。

直到18世纪后期，十四行诗才重回市面。英国浪漫主义诗人兼评论家约翰·济慈和威廉·华兹华斯非常看重这些诗歌。据说，济慈的桌边一直摆放着一尊莎士比亚的半

他的渊博是浑然天成；他无需带着书本这副眼镜来窥测自然，而是循迹内心找寻到她。

——约翰·德莱顿
(1631-1700)

科布肖像绘于1595年至1610年间，被认为是唯一一张取材生活的莎士比亚画像，很可能是受赞助人和灵感来源亨利·里奥谢思利所托而作。

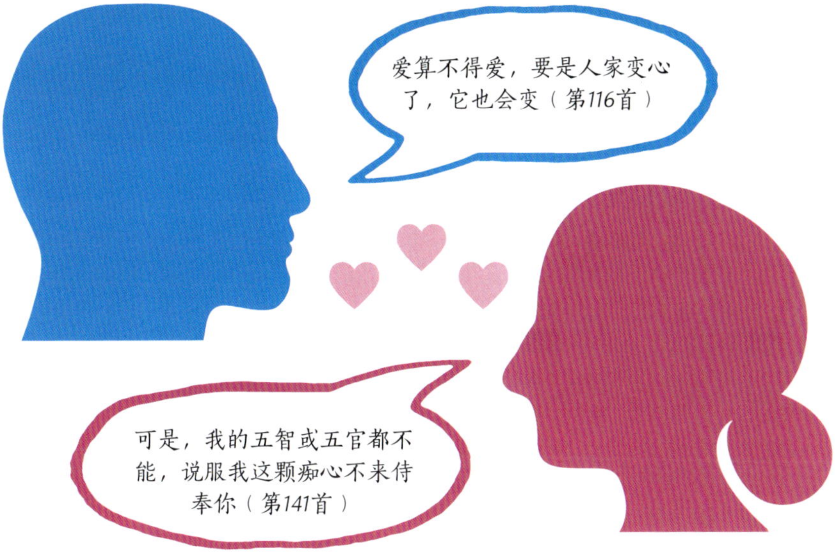

莎士比亚的爱情诗仍能够打动世上无数爱人的心弦，尤其是第116首和第141首，它们经常在结婚典礼和民事伴侣仪式中被朗诵。

身像，他以此时刻勉励自己。1817年5月10日，在写给画家本杰明·罗伯特·海顿的信中，济慈写道："我记得您曾说过，您觉得有位天才在支配自己，近来我也颇有同感——因为有时我随意为之的事情，事后被我的判断力证实有诸多合理之处，我可以斗胆地想象，莎士比亚就是我的这位支配者吗？"

华兹华斯一直以来对莎士比亚戏剧中诗歌的某些方面持批评态度，但他也曾写下著名的评语，他认为十四行诗的形式"是一把钥匙，莎士比亚用这把钥匙开启了自己的心扉"。另一位诗人罗伯特·勃朗宁回复道：如果是这样的话，"他就变得不那么莎士比亚了"。奥登也评论了这种交流，他认为：艺术家不仅要敞开自己的心扉，还要打开戏剧性的大门。

维多利亚时期的冷遇

由于人们对同性恋的反感，莎士比亚十四行诗曾声誉大损，尤其是在维多利亚时期。因为一些诗歌歌颂了男性之间的爱情，这让某些读者更愿意相信，莎士比亚写的是想象中的场景，而非基于个人经历的创作。虽然如此，一些极起浪漫的诗歌仍然具有强大的吸引力，经常被诗文选集引用。

改编十四行诗

人们曾多次尝试重新编排诗歌顺序，赋予它们超于原作的意义，最后都以失败告终。但还是有几首被不同领域的音乐大师成功地灌注了不同的音乐风格，如古典音乐作曲家本杰明·布里顿，爵士乐编曲尊尼·丹沃茨，创作歌手洛福斯·温莱特。■

宗教和美德

莎士比亚十四行诗对宗教的引用，反映出当时关于宗教教义的两大核心分歧。改革家马丁•路德（上图）认为，救赎的唯一关键在于信仰。与之相反，天主教教义宣称，行善、祷告、朝圣和购买赎罪券才能提高个人得到救赎的可能性。诗人在谈及个人美德的价值时，同时借鉴了这两种传统。

十四行诗第88首开篇说道："如果有一天你想要把我看轻，带一眼侮慢来审视我的美德"。此处，他似乎使用了改革家的台词，认为他的美德并无价值。

但在第108首诗中，莎士比亚却换了另一种方式提起美德："能表达我的爱和你的美德的语文里，还有什么新东西要说述和记载？"此处，诗人似乎认为美德绝不是没有价值的。另外，他紧接着说道，"没有，美少年；但是像祈祷一般，我必须天天把同样的话语宣讲"，暗示天主教每天都重复一样的祷告。

啊，他双颊上那虚假的红云

《情女怨》（1609年）

背景知识

主题

爱情、背叛

评论

1790年 爱尔兰莎士比亚研究学者埃德蒙·马龙认为，诗歌的语言表明，莎士比亚可能曾模仿《仙后》的作者埃德蒙·斯宾塞。

1991年 在《悲哀的动机》一书中，约翰·克里根认为，诗歌中的年轻女性、老人和诱惑的追求者形成了叙事三角，呼应了十四行诗中相似的三角形结构。

2007年 布莱恩·维克斯认为，《情女怨》的作者不是莎士比亚，而是赫里福德的约翰·戴维斯。这一结论来自于对诗歌用词的计算机分析，该诗也因此未能收入RSC的英文版《莎士比亚全集》。但维克斯的方法也一直受到质疑。

在1609年版《莎士比亚十四行诗》中，最后一首单独附了一个标题，注明该诗也是出自莎士比亚之手。全诗共329行，诗名为《情女怨》，与《鲁克丽丝受辱记》一样都采用了七行一个诗节的形式，即皇家七行体。对于十四行诗集而言，用被爱人抛弃的女性发出的哀怨和挽歌作为结尾并不罕见。诗中，一位无名的年轻女子惨遭一个她无法抗拒、但又待她不忠的无名年轻男子抛弃，因而为自己的处境恸哭。

该诗与十四行诗差别巨大，它的写作风格矫揉造作、虚伪保守，并运用了一系列疏远的视角。叙述者仅仅负责引入情景，在交代他目睹了一位失恋的姑娘“撕扯着纸片，把戒指全敲碎，恨不能让愁云凄雨把世界摧毁”之后，便离开了舞台，让这位姑娘向“近处看守牛群的一位老者”继续讲述自己的故事，但当女孩讲到诱惑和抛弃的故事时，这位老人也淡出了视线。她的哀怨包含了另一段冗长的控诉，

> 在一颗小小的泪珠里，却能隐藏着多少奸诈和虚伪？
>
> ——《情女怨》

她的爱人那充满诱惑力的演说最终以欲望的眼泪终结，成功地引诱她走向堕落：“哦，老伯啊，在一颗小小的泪珠里，却能隐藏着多少奸诈和虚伪？”

她说，她沦陷了，但在雄辩的劝诱面前她还会忍不住再次沦陷：“啊，他眼中的那毒药般的泪滴，啊，他双颊上的那虚假的红云，啊，那从他心中虚放出的情意，啊，那从他肺中强挤出的呻吟，啊，所有他那些似真实假的行径，很可能让已经吃过亏的再吃亏，让一个悔罪的姑娘重新犯罪。”■

真，美，双双被埋葬

《凤凰与斑鸠》（1601年）

背景知识

主题：

理想爱情的死亡

评论：

许多评论家认为这首诗意含混，无法解读，但人们还是尝试了各种方式，试图解码其中的寓意。

1878年 A.B.格罗萨特认为，这首诗暗示了女王伊丽莎白一世和艾塞克斯伯爵的关系，而艾塞克斯伯爵因为叛国罪在1601年被处死。凤凰则是女王个人的身份标志。

20世纪30年代 美国学者克拉拉·朗沃思指出，这首诗反映出诗人对天主教的同情，其他人也认为这些禽鸟是天主教的殉道者。

2006年 彼得·阿克罗伊德认为，这首诗可能是为1586年斯顿基伯爵的婚礼而创作的，莎士比亚当时为斯顿基伯爵工作。

1601年，在罗伯特·切斯特的《爱的殉道者，或罗莎琳的抱怨》一书中，出现了莎士比亚创作的一首名为“凤凰与斑鸠”的诗歌。

该诗分为三部分，内容循序渐进：第一部分，一群仁慈的禽鸟共同前来庆祝“在火中翱翔，融为一体飞离尘世”的凤凰和斑鸠的丧礼仪式。这对殉情的恋人被视为“爱情和忠贞”逝去的标志：“他们相爱如双生合抱，各有特质却出自一体，两种品格又不分彼此。爱中分你我却是徒劳。”他们对彼此的爱如此浓烈，因而“二者同时又都是对方”。在第三部分，为爱情创作了葬歌：“为了给凤凰和斑鸠送行，爱的双峰啊，恋的双星，乐曲哀唱他们的悲剧”。

这首葬歌也可称为哀歌或挽歌，创作方式比前几部分更具魔咒风格：“美，真，圣洁的情操，单纯之中蕴含的崇高，已化为灰烬，火灭烟消。如今凤凰的巢穴是死亡，斑鸠的无限忠诚的胸膛，休憩在不朽的永恒之乡。他们也没有留下后裔，并非他们有什么痼疾，只因为他们是童贞的结缡。真，有表象，没有真相，美，靠炫耀，本色消亡，真，美，双双被埋葬。让两只非真即美的飞禽，一同进入这只骨灰瓶；为两只死鸟，请哀告神明！”

> **真，有表象，没有真相，**
> **美，靠炫耀，本色消亡，**
> **真，美，双双被埋葬。**
>
> ——凤凰与斑鸠

这首诗歌非常奇特，充满神秘之美。对于最初的读者而言，它很可能意义特殊，但是对我们而言，这些意义早已不复存在。人们曾经尝试过将这首诗理解为一个宗教寓言，或是为庆祝某对真实夫妇的爱情之作，但这些说法都未能成功答疑解惑。■

拥有完全一样的双手，一样的原因，一样的权利，却要弱肉强食

《托马斯·莫尔爵士》（1603年—1604年）

背景知识

主题：
正义、宗教、道德操守

场景：
伦敦

来源：
1575年 尼古拉斯·哈茨菲尔德所著关于莫尔的传记《托马斯·莫尔爵士的生与死》。

1587年 霍林斯赫德的《英格兰、苏格兰和爱尔兰编年史》。

演出：
1922年 目前已知该剧的首演由伦敦大学的学生表演。

1960年 该剧的一个改编版在澳大利亚公共广播电台播出。

1983年 英国广播公司（BBC）编排广播剧，由伊安·麦克莱恩扮演托马斯·莫尔爵士。

2005年 奈杰尔·库克参演了皇家莎士比亚剧团版的该剧演出。

1753年，大英博物馆从书商约翰·默里公司那里得到了一份受人瞩目的遗嘱，内容是关于一份名为“托马斯·莫尔爵士的书”的手写稿。这份稿件可以追溯到1600年左右的戏剧《托马斯·莫尔爵士》的工作草稿。手稿中除了莎士比亚为数不多的几个署名以外，还包含了他的手写笔迹中唯一已知的几个样例。

人们推测，剧本的原创作者是安东尼·芒迪，也许还有亨利·切特尔，在他们将剧本提交到官方审查员埃德蒙·蒂尔尼之后，修订了原剧本内容。稿件既显示出蒂尔尼的参与，也包含了至少四位作家的手迹，其中包括了切特尔，托马斯·海伍德，托马斯·德克尔和莎士比亚。此外还有一位编辑，我们只知道他叫汉德。

> **肉体的愚蠢必须与她脆弱的身躯一同死亡。**
>
> ——莫尔
> 第十七场

审查的权力

该剧的主题十分敏感：天主教的殉道者托马斯·莫尔爵士（1478-1535）。莫尔出身卑微，后来升任国王亨利八世的大法官。他反对新教改革，强烈抵制亨利八世与天主教堂的决裂。1535年，他以叛国罪被处决，因为他不愿核准亨利与阿拉贡·凯瑟琳的婚姻无效，也不赞成亨利随后与安妮·博林的结合。

因为安妮·博林就是后来统治英国的女王伊丽莎白一世的母亲，所以一部支持莫尔的戏剧当然会被认为是妄图动摇伊丽莎白的合法性。选择莫尔爵士作为戏剧主题显然相当大胆，这也解释了为何该剧很可能从未在女王统治期间上演。

1527年，**德国艺术家**汉斯·贺尔拜因在一幅惟妙惟肖的肖像画中，捕捉到莫尔的智慧和尊严，此时的莫尔是亨利宫廷中冉冉升起的新星。

一部不实用的戏剧

这部剧未能被搬上舞台，可能是因为它的实用性和政治性问题。剧中包含了59个有台词的角色，这足以让任何一个剧团难以招架，因为许多演员必须分饰三个以上的角色。

莫尔的一生被分为三部分：他的成长、出任大法官和衰落。戏剧的前半部分展现了莫尔作为伦敦长官的生活，并强调了他的睿智和节制。当一群伦敦人发起暴乱抵制旅居其间的外国人时，莫尔平静地说服他们停止暴乱。

人们认为，戏剧前半部分中的关键场景是由莎士比亚执笔的，似乎莎士比亚并未看过其他部分，仅仅依据编辑的简介而进行创作，因为有些人物被他简单地命名为“其他人”甚至是“哦”，而且莫尔的出场也时常令人困惑。但他所写的部分却在一部整体平庸的戏剧中尤其突出。

对外国人的容忍度

在莎士比亚的手稿中，莫尔镇定地站在圣马丁门的暴徒面前，发表了一段激情四溢的演说，恳请大家宽容那些流亡者。通过描绘一幅外国人（陌生人）被暴乱者暴力驱逐的心酸画面，莫尔告诉大家，这只能说明他们让恃强凌弱大行其道：“想象一下当你看到那些不幸的陌生人，他们背驮着婴孩和羞涩的行囊，步履蹒跚地走到港口和岸边。而你们仿佛国王一般坐享一己之欲……你们拥有的是什么？我来告诉你们：你们只是在证明，傲慢和强权是如何占了上风。”

莫尔询问，如何能够阻止这些恃强凌弱之人欺压异己：“拥有完全一样的双手，一样的原因，一样的权利，却要弱肉强食，人如同贪婪的鱼一般，只会互相掠食。”此外，莫尔继续说道，如果惊动了国王，这些暴乱者也会遭到驱逐，他们当然希望能够体面地前往外国：“你们也愿意来到这样一个性情野蛮的国度吗？”

莫尔直至死亡都保持着一份坚贞，他无法改变自己的意志，去签署承认安妮·博林以及她的子嗣合法性的公文，但他平静地接受了自己的命运。“没有眼睛愿为我的躯体致敬并流下悲伤的泪水”，当刽子手准备将莫尔斩首时，他留下的临终遗言是：“我们从生至死都应如此：无需恐惧。”■

THE KI
MAN

1603年—1613年

NG'S

国王供奉剧团时期

1603年—1613年

1603年

莎翁创作了《一报还一报》和《奥赛罗》。

1603年

女王伊丽莎白一世去世，她的堂兄弟、苏格兰王詹姆斯六世继位，称为詹姆斯一世。

1604年

《伦敦协议》终结了英格兰和西班牙的战争。莎士比亚租住在圣保罗教堂附近。

1605年

《李尔王》和《雅典的泰门》问世。《李尔王》中的主角是特意为国王供奉剧团中的主要悲剧演员理查德·伯比奇创造的。

1605年

旨在炸毁国会的**火药阴谋**（英国天主教徒在国会地下室放置炸药，企图炸死国王）失败了。本·琼森的《狐坡尼》成为在环球剧院上演的首部戏剧。

1606年

《麦克白》、《安东尼与克莉奥佩特拉》和《终成眷属》问世。

1607年

《泰尔亲王配力克里斯》创作完成，并在环球剧院上演。

1607年

蒙特威尔第（巴洛克时期最早出现的重要作曲家）的歌剧《奥菲欧》在伦巴第（现在的意大利）的曼图亚出演。

1603年3月24日，在掌权45年之后，伊丽莎白一世去世。她的王位由其堂兄弟、苏格兰王詹姆斯六世继承。詹姆斯六世是苏格兰女王玛丽的儿子，而16年前，玛丽被伊丽莎白下令斩首。当上国王之后，詹姆斯所做的第一件事就是授予莎士比亚所在的公司皇家特权，让他们成为国王供奉剧团。

国王的监控

这给剧团带来了很大的经济利益，但无形之中也增加了他们的压力。这样一来，他们不仅要娱乐大众，还要满足国王和朝臣们的需求。在詹姆斯执政的13年里，直至莎士比亚去世，国王供奉剧团总共在御前演出187次，平均每个月就要出演一场以上。

在此期间，莎士比亚完全改变了以往的写作风格。他一改之前受众人喜爱的喜剧、浪漫剧以及在伊丽莎白统治后期的历史剧创作风格。实际上，这段时期他撰写的戏剧越来越少，即使有所创作，也多是宏大、黑暗的戏剧。在詹姆斯统治的前三年里，莎士比亚仅创作了六部戏剧，其中五部都是野心勃勃的悲剧，分别是《奥赛罗》、《李尔王》、《麦克白》、《安东尼与克莉奥佩特拉》以及未完成的《雅典的泰门》。甚至连《一报还一报》都紧张激烈，并具有道德挑战性。在莎士比亚创作伟大作品之时，他的剧团将这些让人印象深刻的剧目都完整而传神地表演了出来，使得剧场场场爆满。

躲到斯特拉福德？

没有人知道，这些年莎士比亚究竟做什么。我们只知道，1604年，莎士比亚租住在一个叫克里斯托弗·蒙特乔伊的胡格诺派教徒家里。我们之所以知道这件事，是因为蒙特乔伊和他的女婿打了一场严厉的官司，而这场诉讼案的法律文件居然提到了莎士比亚。

1605年11月5日，莎士比亚的远亲罗伯特·凯茨比卷入了那场臭名昭著的火药阴谋。在这场阴谋

1608年

《科利奥兰纳斯》创作完成。新的黑衣修士剧院开业，但一场突如其来的瘟疫却迫使该剧院很快关门。

1609年

托马斯·索普将莎翁写成的154首十四行诗集结出版。

1609年

《冬天的故事》写成。与莎翁同时代、但年轻一些的本·琼森是专门研究戏剧的批评家。

1610年

莎士比亚创作了《辛白林》和《暴风雨》，后一部剧可能是莎翁独立创作的最后一部戏剧。

1611年

英皇钦定的全新英译本《圣经》于伦敦出版。

1612年

托马斯·谢尔登将塞万提斯的《堂吉诃德》翻译成英文。该书激发了莎士比亚创作戏剧《卡迪尼奥》（后失传）。

1613年

《亨利八世》（《皆为真实》）和《两位贵族亲戚》写成。

1613年

詹姆斯一世的女儿伊丽莎白和波西米亚的弗雷德里克五世成婚。

中，天主教徒试图推翻英格兰的新教政府。但阴谋并未成功，因为一个信奉天主教的贵族得到了秘密警告，并将这个计划泄露给了当权者。有人要他们搜查国会大厦的地下室，而盖伊·福克斯就坐在36桶炸药上。福克斯引爆了炸药，但没有炸掉国会大厦，也没用炸掉附近的怀特霍尔宫和皇家成员。虔诚的天主教徒在当时已经不多，而随后进行的取缔天主教行动有效地终结了天主教徒对英格兰政府的挑战。

最后的戏剧

国王供奉剧团继续繁荣发展，并在1608年获得许可，开了第二家剧院，即黑衣修士剧院。这家新剧院与环球剧院非常不同，它是室内剧院，而且比较小，因此演出基本都要点蜡烛照明。夏天，剧团仍在环球剧院表演；到了冬季，就移至黑衣修士剧院演出。

莎士比亚开始撰写一些适合在黑衣修士剧院演出的戏剧，因为这个剧院更私密一些，而且还配备了好些设备，可以实现壮观的戏剧效果，比如《暴风雨》中的风暴和会飞的精灵，又如《冬天的故事》中复活的雕像等。同时，他又开始和其他剧作家合作了。1606年，莎士比亚与托马斯·米德尔顿（1580—1627）合写了《雅典的泰门》；1607年，与乔治·威尔金斯（1576—1618）合写了《泰尔亲王配力克里斯》；1613年，与约翰·弗莱彻（1579—1625）合写了戏剧《卡迪尼奥》（现已失传）、《皆为真实》（《亨利八世》）和《两个贵族亲戚》。

与弗莱彻的合作是莎士比亚最后的戏剧作品。1613年6月29日，在上演《亨利八世》之时，环球剧院发生了火灾，所幸没有人受伤，但剧院却付之一炬。第二年夏，环球剧院重建，但重新开业之时，莎士比亚却并未到场。我们知道，在此之后他就再没有创作了。三年之后，即1616年4月23日，莎士比亚死在斯特拉福德的家中，享年52岁。而就在去世前一个月，他还签署了一份文件，说明自己“身体状况良好”。■

男人，披着一件简单的权威华服的骄傲男人

《一报还一报》（1603年—1604年）

剧中人物

文森修公爵：维也纳的统治者。将自己伪装成一个修道士，以此观察安哲鲁在他休假这段时期的所作所为，关注他如何管理维也纳。后向依莎贝拉求婚。

安哲鲁：摄政者。在公爵休假期间，领命治理维也纳。他暗示依莎贝拉，如果愿意放弃贞洁陪他，那她弟弟克劳狄奥的死刑可免。

爱斯卡勒斯：公爵的助手，是安哲鲁的执政监督者，批评他的管理方法过于清教徒式。

克劳狄奥：依莎贝拉的弟弟，因致使未婚妻朱丽叶怀孕而被逮捕，并被判处死刑。

依莎贝拉：见习修女，被传唤到法庭为弟弟辩护。她决心拯救弟弟，但也要保护自己的贞洁。

路西奥：不懂礼貌、爱管闲事之人，因流言遍布维也纳而高兴。他因散布诽谤流言而引起公爵的不满，后来被迫与一位妓女结婚。

老鸨：管理妓院者发现安哲鲁打算关闭她的妓院。

玛利安娜：曾与安哲鲁订婚，但安哲鲁拒绝履行婚约。她代替依莎贝拉与安哲鲁同床，以此设下圈套，迫使安哲鲁娶她为妻。

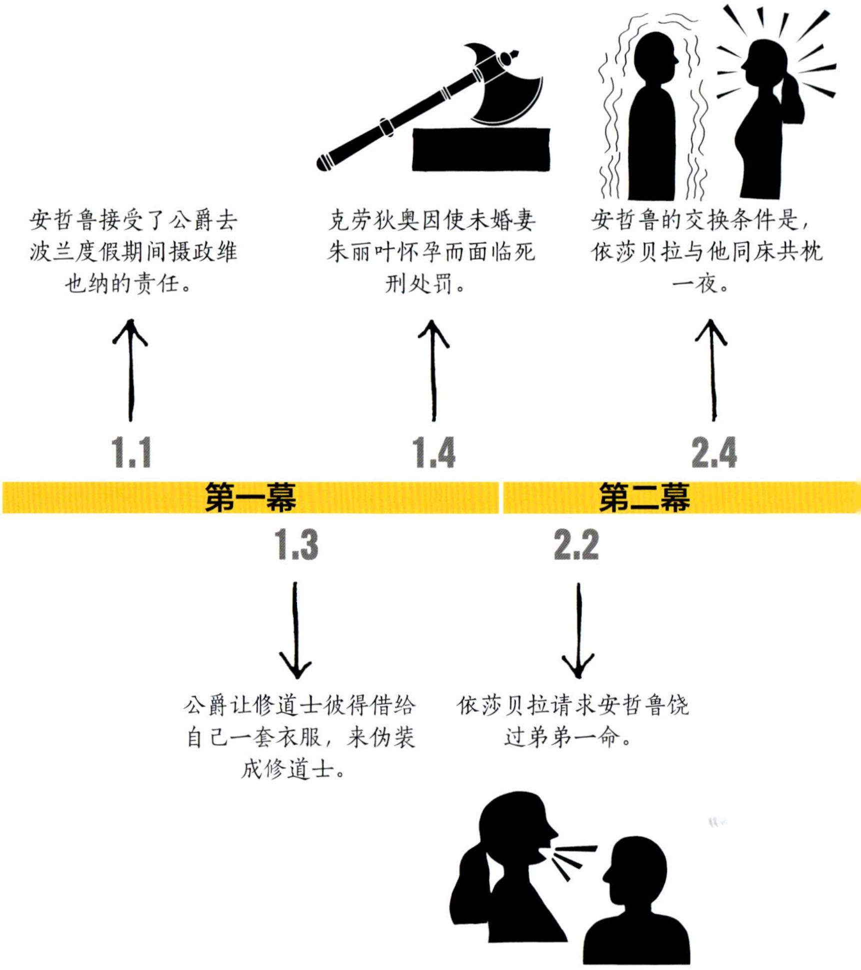

文森修公爵宣布会离开一段时间去国外度假，将权力下放给他亲自挑选的摄政者安哲鲁。在公爵统治的14年间，维也纳成为一个丧失法律约束的城市，皮条客和妓女盛行。公爵计划秘密观察清教徒般的安哲鲁在他外出的这段时期如何管理这个城市。

掌权之后，安哲鲁加强了对整个城市的法律管理。克劳狄奥因为不小心使未婚妻朱丽叶怀孕而被捕。听到克劳狄奥被判死刑的消息后，他的姐姐依莎贝拉立刻离开女修道院，准备去请求安哲鲁赦免他弟弟的罪行。

安哲鲁对依莎贝拉的申辩无动于衷，但要求她次日再来。第二天，依莎贝拉独自前往，而安哲鲁向她提出了一个可怕的交易：他会饶恕依莎贝拉的弟弟，但条件是她陪他睡一夜。

依莎贝拉去狱中探视弟弟，将安哲鲁的交易条件告诉了他。虽然克劳狄奥对安哲鲁的所作所为十分

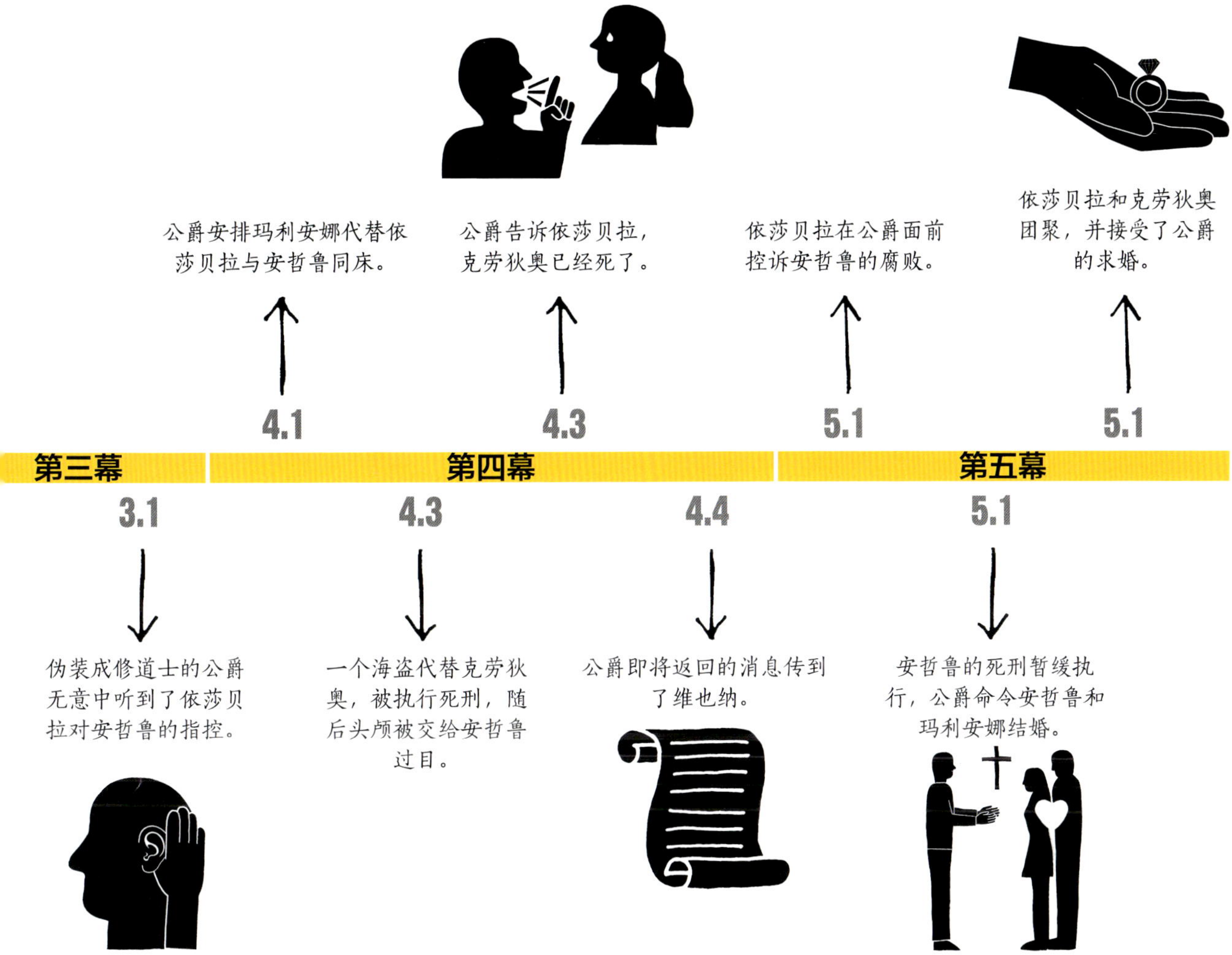

惊骇，但却质疑姐姐为什么在他生命危急之时，还这么重视自己的贞操。这时，伪装成牧师的公爵无意中听到了他们的对话，他告诉依莎贝拉，贞操和弟弟都不会失去的，并提出了一个巧妙的解决方法。他准备安排安哲鲁之前的未婚妻玛利安娜顶替依莎贝拉与安哲鲁同床，在夜色的掩盖下，安哲鲁应该认不出来，这样他就会以为交易完成而释放克劳狄奥。

公爵的计划成功了，但安哲鲁仍然决心处死克劳狄奥。伪装成牧师的公爵再次从中斡旋，用一个死囚犯代替克劳狄奥，并把犯人的头颅送给安哲鲁，让他相信克劳狄奥已死。但公爵并未将后面这个计划告诉依莎贝拉，这个美丽的女孩误以为自己的弟弟已被砍头了。

文森修筹划了一场自己返回维也纳的戏。回来后，他赞扬了安哲鲁执政期间的表现。依莎贝拉在公爵面前控诉安哲鲁的腐败，但她不知道公爵早已伪装身份并洞察了一切。当玛利安娜指认那天晚上和安哲鲁同床之人是她而不是依莎贝拉时，公爵再一次伪装成修道士出现，证明了玛利安娜的说法。路西奥将公爵的面具摘下，安哲鲁请求降罪。令他吃惊的是，玛利安娜居然请求公爵饶恕他。更让人惊讶的是，依莎贝拉竟然也一同哀求。公爵同意了她们的请求，但提出了一个条件：安哲鲁必须与玛利安娜成婚。依莎贝拉和弟弟重聚之时，公爵再次向依莎贝拉求婚。■

背景知识

主题：
公正、道德、权力、性

场景：
维也纳

来源：

1565年 莎士比亚非常熟悉吉拉尔迪·辛提欧的意大利短篇小说《百则故事》。不过，他在故事中引进了玛利安娜这个角色和"床上把戏"这个故事情节。其实，在原著中，依莎贝拉却和安哲鲁同床共枕，并且后来两人结婚了。

1578年 莎士比亚借鉴了乔治·韦特斯顿的英语悲喜剧《普罗姆斯和卡桑德拉》。

演出：

1818年 诗人塞缪尔·泰勒·柯勒律治评论这出喜剧是莎士比亚所有作品中"最让人痛苦的"。

1836年 理查德·瓦格纳根据《一报还一报》，谱写了一部两幕歌剧《爱的禁令》（Das Liebesverbot）。

1950年 在令人深思的大转折中，导演彼得·布鲁克指导扮演依莎贝拉的女演员要暂停，时间越长越好，而后才和玛利安娜一起请求饶恕安哲鲁。

1970年 处理这场戏的另一个方法是这样的：在斯特拉福德的舞台上，导演约翰·巴顿让埃斯泰尔·科勒扮演的依莎贝拉绝望地转向观众，答应了公爵的求婚。

在开场一幕中，文森修公爵对爱斯卡勒斯说，在他离开维也纳期间，会安排安哲鲁"全权处理一切事情"，并希望听听爱斯卡勒斯的意见："你以为怎样？"他还非常想听听随从对安哲鲁的评价："你看，他这人能不能胜任这项工作？"借公爵之口问出这么多问题，是戏剧家的一个手段，目的就是让观众准备好去观察、评估并判断安哲鲁接下来的行为。"掌握到暂时的权力"，安哲鲁会作何反应？这是贯穿整个戏剧的关键所在。

在安哲鲁登场之际，莎士比亚就让大家怀揣期待。观众肯定非常好奇这个连公爵都似乎有些着迷的神秘人物到底是什么样的。安哲鲁在一开始接受"可以决定维也纳人民生死"的权力时，沉默寡言，态度恭敬，还要求在他接受这份权力之前"最好先让他多受一番试验"。他没想到的是，在接下来的整个戏剧中，公爵竟然对他进行了一次又一次他自己并不知情的考验。

> 犯罪的人飞黄腾达，也有正直的人负冤含屈。
>
> ——爱斯卡勒斯
> 第二幕第一场

图中是1933年版《一报还一报》中最纯真的角色——依莎贝拉的扮演者弗洛拉·罗布森。在惠特斯通的故事里，她是一位贞洁的女仆，而在莎翁的戏剧里，她正准备皈依为修女。

考验的时刻

安哲鲁的工作并不简单，因为法律和秩序在维也纳已经消失了很长时间。公爵在将权力交给安哲鲁之后，向一位修道士吐露心声："我们这儿有的是严峻的法律，对于放肆不驯的野马，这是少不了的羁勒，可是这十四年来，我们却把它当作具文……可以把它恣意玩弄，正像婴孩殴打他的保姆一样，法纪完全荡然扫地了。"

公爵执政期间，维也纳变成了一个犯罪和卖淫横行的城市，甚至有人直接诽谤公爵，直指他："不但不因为人家养了一百个私生子而把他吊死，他还要自己拿出钱来抚养一千个私生子哩。"清教徒般的安哲鲁似乎是整肃病态的城市道德秩序、重新树立城市新形象的最佳人选。公爵认为最好的状况是利用安哲鲁并“可以凭借他的名义重整颓风”。但随后发生的事情表明，安哲鲁是一个伪君子，而公爵是一个马基雅维利式的权谋之人。

滥用权力

在戏剧进行的过程中，许多角色都对安哲鲁发表了评论。公爵说安哲鲁“拘谨严肃”，而且他“从不承认他的感情会冲动，或是面包的味道胜过石子”。喜欢说长道短、言行猥琐的路西奥这样描绘安哲鲁：“他似乎挤干了每一滴血液和怜悯”，而且路西奥公开表示：“有人说他是女人鱼产下的卵，有人说他的父母是两条风干的鳌鱼。可是我的的确确知道他撒下的尿都冻成了冰，我也的的确确知道他是个活动的木头人。”

> **法律虽然暂时昏睡也并没有死去。**
>
> ——安德鲁
> 第二幕第二场

虽然安哲鲁并非路西奥想象中的那种怪人，但他却仅仅因为克劳狄奥致使自己未婚妻未婚先孕就判处他死刑，这足以证明他确实缺乏怜悯之心，“受到引诱是一件事……堕落又是一件事”。而且，他处决克劳狄奥的决心，并未因为纯真的依莎贝拉闯入他的生活而动摇。其实，依莎贝拉和安哲鲁很像，两人都拥有“持身严谨、摒绝嗜欲”的声誉。伊莎贝拉在和一位修女的第一次对话中就表达了自己的想法——她是道德的忠实捍卫者，准备好以后一直过一种严守戒律的生活。

如果不是这种互相对抗的情境，安哲鲁和依莎贝拉也许会发现他们之间其实有很多共同点。但他俩第一次见面的情境就已经定义了他们之间的关系，这是非常重要

下图的版画展现的是17世纪初期的维也纳，该地被描述为法度缺失、道德失丧的城市，需要铁腕手段来整肃。放任的公爵选择了严苛的安哲鲁来承担这项工作。

19世纪初期的一幅版画描述的是第五幕第一场的情景。玛利安娜摘下面具，说道："我的丈夫已经吩咐我，现在我可以露脸了"。摘下面具后，她谴责了"狠心的安哲鲁"。

> **好姐姐，让我活着吧。**
>
> ——克劳狄奥
>
> 第三幕第一场

的关键点。依莎贝拉发现，自己面对的是一个握有巨大权力的人物，而且她还面临着说服对方推翻之前对弟弟的死刑判决这样一个挑战。两个恪守原则之人都必须找到一个能说服自己内心的理由，以此原谅一件罪行。莎士比亚借给依莎贝拉一副有说服力的好嗓音。她的话语既体现出强大的逻辑能力，又富有同情心，还用了很多种方法来激发安哲鲁的良知，挖掘出他的怀疑和焦虑。"倘使您和他易地相处，也许您会像他一样失足，可是他决不会像您这样铁面无情。"有时，她的话又激起安哲鲁身上人类共有的仁慈："请您反躬自省，问一问您自己的心，有没有犯过和我的弟弟同样的错误"。最后，她的语言果然得到了她想要的效果：使安哲鲁感到羞愧，并重新考虑自己的决定："唉！有着巨人一样的臂力是一件好事，可是把它像一个巨人一样使用出来，却是残暴的行为"。

强大的说服力

究竟是什么影响了安哲鲁的决定？是依莎贝拉的话语？还是她的美貌？根据路西奥和监狱看守的说法，安哲鲁一直维持着他掌权者的严厉形象，但在依莎贝拉按照他俩的约定再次私下出现在他面前时，安哲鲁的行为竟然发生了戏剧性的转变。依莎贝拉答应"贿赂"安哲鲁。不过，她解释道："我不向您呈献黄金铸成的钱财，也不向您呈献贵贱随人喜恶的宝石；我要献给您的，是黎明以前上达天听的虔诚的祈祷，它从太真纯朴的处女心灵中发出，是不沾染半点俗尘的。"依莎贝拉所说的"贿赂"是毫无邪念，还是她有意识地按路西奥所教运用了女性魅力？她的弟弟确信她可以帮自己摆脱死刑，因为他相信"在她的青春的魅力里，有一种无言的辩才，可以使男子为之心动"。

究竟是依莎贝拉"感动"了安哲鲁，还是安哲鲁自己发现了内心潜藏的感情，这是一个有待探讨的问题。不管是哪种，安哲鲁都从一个法律的强制执行者变成了一个滥用权力之人："我现在一不做二不休，不再控制我的情欲，你必须满足我的饥渴……把你的肉体呈献给我，来救你弟弟的性命，否则他不但不能活命，而且因为你的无情冷酷，我要叫他遍尝各种痛苦而死去。"安哲鲁提出了一个下流的

> **您这是要我向魔鬼求救了！**
>
> ——依莎贝拉
>
> 第五幕第一场

解决方案，依莎贝拉反驳道：“安哲鲁，我要公开你的罪恶，你等着瞧吧！快给我签署一张赦免我弟弟的命令，否则我要向世人高声宣布你是一个怎样的人。”然而，依莎贝拉人微言轻，因为安哲鲁大权在握，也因为她没有证人可以帮自己将这场斗争扳成平局。

权力的腐败

安哲鲁的回答让人骇然。他回道：“谁会相信你呢，依莎贝拉？我的洁白无瑕的名声，我的持躬的严正，我的振振有词的驳斥，我的柄持国政的地位，都可以压倒你的控诉，使你自取其辱，人家会把你的话当作挟嫌诽谤。”实际上，在莎翁借鉴的素材故事中，依莎贝拉一角的确和代理人上床了，但莎翁的这出戏却说“依莎贝拉，你必须活着做一个清白的人，让你的弟弟死去吧”。莎翁用一出“床上把戏”将依莎贝拉从困境中解救出来，他让安哲鲁和之前的未婚妻同床共枕，当然，安哲鲁误以为对方就是依莎贝拉。

从安哲鲁的“虎口”逃出来之后，依莎贝拉又发现自己成了重新掌权的公爵的欲求对象。在戏剧结尾处的两个不同场合，公爵都向依莎贝拉求婚：“亲爱的依莎贝拉，我心里有一种意思，对于你的幸福大有关系；你要是愿意听我的话，那么我的一切都是你的，你的一切也都是我的。”但依莎贝拉既没有答应，也没有拒绝。■

在依莎贝拉（内奥米·弗雷德里克饰）和她的弟弟重新团聚之后，文森修（西蒙·麦克伯尼饰，也是2005年版的导演）想拉她的手，并请求道，“答应我，你是属于我的”（5.1.491）。

问题剧

在这部戏里，莎士比亚没有让依莎贝拉对公爵的求婚做出回应，这是否可以理解为依莎贝拉是因为激动而说不出话来？还是她正努力压抑嫁给这样一位德高望重的当权者的喜悦之情？而且，这位长官在返回维也纳后，行使了自己的职权来揭露安哲鲁滥用职权的恶行。还是说，依莎贝拉的沉默表明她已经对男人失去了信任？弟弟希望她能放弃贞洁拯救他的生命；安哲鲁想和她上床满足自己的性欲；公爵知道她的弟弟活着却仍欺骗她，让她悲痛欲绝。依莎贝拉最后到底会不会接受公爵的求婚？评论界分为两种不同的意见。而她的沉默，则引发了更多不同的解读。

《一报还一报》至今仍常被提起，是因为这部戏是莎翁的一部“问题剧”。虽然戏剧以三段可能成就的婚姻终结，但最后一场的气氛却一点儿也不轻松。这是一出黑色喜剧，莎翁的塑造让人震惊，而不是使人迷醉。

将军，您要留心嫉妒啊；那是一个绿眼的妖魔

《奥赛罗》（1603年—1604年）

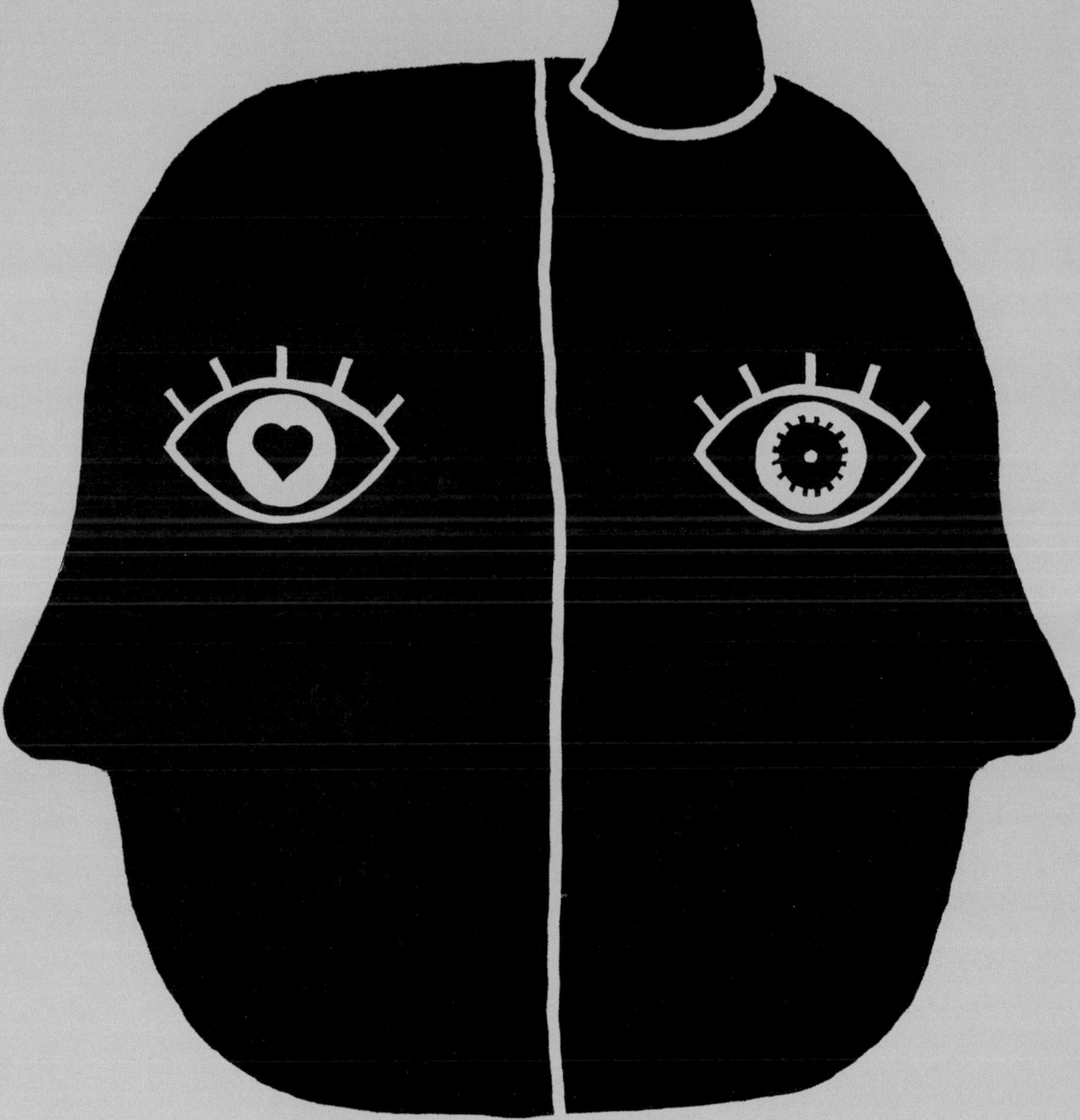

剧中人物

奥赛罗：威尼斯军队的将军，也被称为摩尔人。

伊阿古：奥赛罗的“元老”兼旗官，非常嫉妒奥赛罗的地位。

苔丝狄蒙娜：奥赛罗的新娘，婚后与父亲勃拉班修断绝了联系。她的名字象征着“不幸”。

凯西奥：军队的副官。伊阿古和奥赛罗冤枉他，认为他和苔丝狄蒙娜有染。

爱米利娅：苔丝狄蒙娜唯一的伙伴，也是常被伊阿古冷落的妻子。

罗多维科：苔丝狄蒙娜的追求者，受伊阿古挑唆，想报复奥赛罗。

勃拉班修：苔丝狄蒙娜的父亲，奥赛罗之前的朋友。

蒙太诺：塞浦路斯的总督，将在戏剧结尾处决定伊阿古的命运。

比恩卡：交际花，爱慕凯西奥，但凯西奥却对她的感情视若无睹。

罗德利哥：威尼斯驻塞浦路斯的大使，苔丝狄蒙娜的堂兄。

葛莱西安诺：威尼斯的一位绅士，和罗德利哥一起前往塞浦路斯。

小丑：和凯西奥当街争吵。

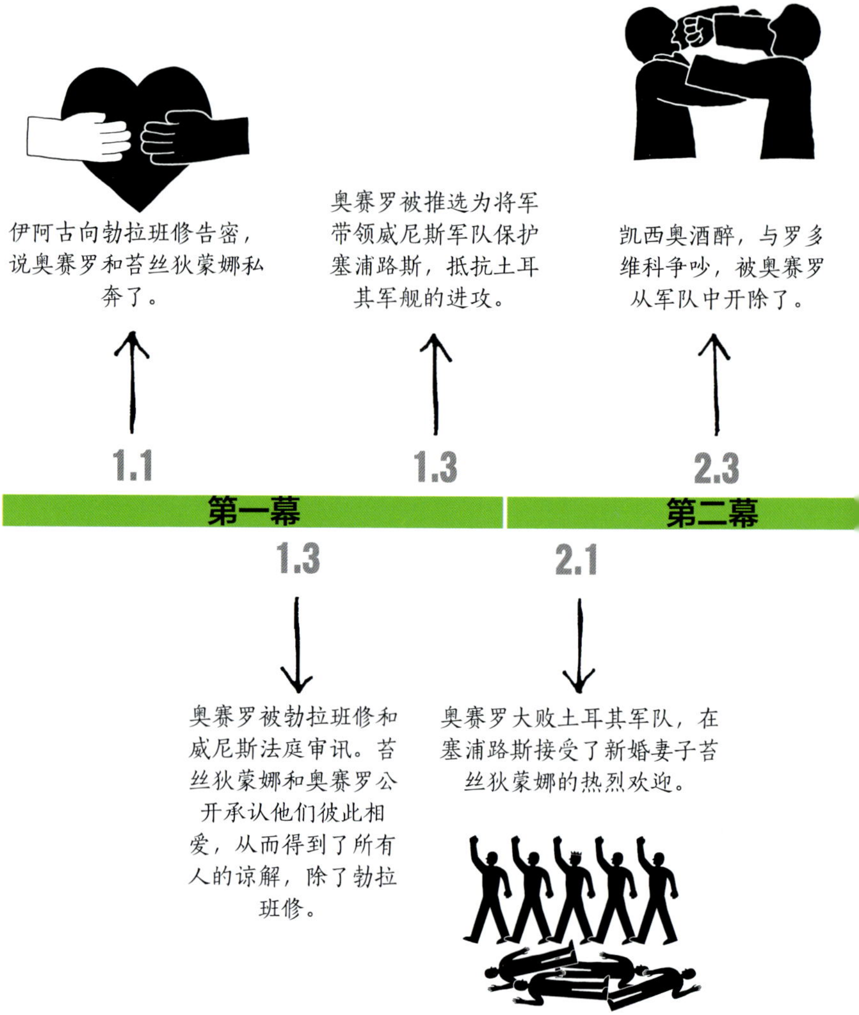

在相思成疾的绅士罗多维科的帮助下，士兵伊阿古策划了一场反对威尼斯的摩尔将军奥赛罗的阴谋。伊阿古告诉勃拉班修，他的女儿苔丝狄蒙娜和奥赛罗私奔了。勃拉班修要求威尼斯法庭给他一个公正的判决，但在听了苔丝狄蒙娜的辩护之后，法律站在了奥赛罗的这一边，况且，奥赛罗必须马上出发去塞浦路斯，抗击土耳其人的入侵。苔丝狄蒙娜坚持要在奥赛罗打败土耳其人的那一刻见到他。

伊阿古一直在奥赛罗面前煽风点火，使他开始怀疑苔丝狄蒙娜和凯西奥的关系。同时，伊阿古说服钟情于苔丝狄蒙娜的罗多维科去与凯西奥决斗。两人的争斗吵醒了奥赛罗，奥赛罗将凯西奥赶出部队。凯西奥请求苔丝狄蒙娜劝说奥赛罗原谅他，但这种行为却又让摩尔人愈加怀疑妻子对自己不忠。

伊阿古让其妻爱米利娅偷了一条奥赛罗送给苔丝狄蒙娜的手帕，然后将手帕偷偷放在凯西奥的卧室

伊阿古一直用苔丝狄蒙娜明显的“不忠”做文章，这困扰着奥赛罗，使他因为悲痛而癫痫发作。

4.1

奥赛罗大发脾气，打了苔丝狄蒙娜，没有给她任何解释的空间。

4.1

奥赛罗以为，凯西奥已按他的命令被杀死了。

5.1

奥赛罗伤心欲绝，又万分内疚，他向凯西奥道歉，随后自杀，死在苔丝狄蒙娜的身边。

5.2

第三幕 **第四幕** **第五幕**

3.3

凯西奥请求苔丝狄蒙娜帮助他重回军队，但是伊阿古在奥赛罗面前煽风点火，使奥赛罗相信凯西奥和苔丝狄蒙娜私通。奥赛罗发誓要杀死两人，作为惩罚。

4.1

伊阿古将苔丝狄蒙娜的手帕偷偷藏在凯西奥房内，并筹划了一场和凯西奥的对话，主要谈论一个叫比恩卡的女人。伊阿古借此让奥赛罗相信，他们是在用粗鲁下流的语言谈论苔丝狄蒙娜。

4.2

奥赛罗威胁爱米利娅，从而知道了凯西奥和苔丝狄蒙娜会面的细节，爱米利娅否认了所有对苔丝狄蒙娜的指控。

5.2

奥赛罗决定亲手杀死苔丝狄蒙娜。他用枕头蒙住她的脸，使其窒息而亡。爱米利娅指责伊阿古，却被丈夫杀害。不过，很快伊阿古就被逮捕了。

里，并编了一个故事，让奥赛罗相信这是苔丝狄蒙娜送给凯西欧的定情信物。

伊阿古继续编织谎言。他告诉奥赛罗，凯西奥已经承认与苔丝狄蒙娜通奸。奥赛罗被嫉妒折磨，癫痫发作，之后决定杀死凯西奥和苔丝狄蒙娜。

罗多维科因为追求苔丝狄蒙娜毫无进展而焦躁不安，伊阿古于是怂恿他去杀死凯西奥。在俩人的争斗中，凯西奥给了罗多维科致命一击，这时，罗多维科坦白自己参与了伊阿古的阴谋。

奥赛罗叫醒了睡梦中的苔丝狄蒙娜，要求她为自己的所作所为忏悔，以求得丈夫的原谅。这样，他才能心安理得地杀了她。苔丝狄蒙娜发誓自己是清白的，但奥赛罗还是用枕头闷死了她。之后，爱米利娅出场，控诉奥赛罗的谋杀恶行。苔丝狄蒙娜苏醒了一下，骗爱米利娅说她是自杀的。其他人走进卧室，想告诉奥赛罗罗多维科的死讯，却发现了苔丝狄蒙娜的尸体，当场要求奥赛罗给出解释。这时，爱米利娅承认是自己偷走了手帕，伊阿古随之刺伤了她，以防她出卖自己。真相大白，奥赛罗对自己的行为后悔难当。他恳请在场所有人的原谅，并愤怒地将匕首刺向伊阿古。虽然这一刺确实伤了伊阿古，但他并没死。奥赛罗又举起匕首刺向自己，死在了苔丝狄蒙娜身边。最后，凯西奥统领了整个威尼斯军队。■

背景知识

主题：
嫉妒、忠诚、背叛、爱

场景：
16世纪的威尼斯和塞浦路斯

来源：

1565年 《一位摩尔上尉》（Un Capitano Moro）是意大利作家吉拉尔迪·钦齐奥的一篇短篇小说，莎士比亚在1583年读到了小说的意大利版本或法文译本。

1600年 摩尔代表团出现在伊丽莎白的宫廷，想促使英国和摩洛哥结盟。

1603年 1570年，土耳其进攻塞浦路斯的事件被英国历史学家理查德·诺尔斯记载在《土耳其历史》中。

演出：

1604年 据记载，最早的《奥赛罗》在怀特豪尔宫上演。

1660年 玛格丽特·休斯出演苔丝狄蒙娜，成为英国舞台上第一位合法的女演员。

1816年 焦阿基诺·罗西尼的歌剧《奥赛罗》基于莎翁戏剧改编，于尼泊尔演出。

1825年 艾拉·奥尔德里奇成为首位在英国舞台上扮演奥赛罗的黑人演员。

1887年 朱塞佩·威尔第的《奥赛罗》首次在米兰上演。

1930年 黑人演员兼歌手保罗·罗伯逊在伦敦的萨瓦剧院出演了奥赛罗。

与原先的故事《一位摩尔上尉》有所不同，《奥赛罗》中，莎翁让奥赛罗极度在意自己的种族问题，而前者却很少提到这个问题。伊丽莎白时期的戏剧中，黑人角色常常是邪恶而残忍的代表。奥赛罗是伊丽莎白戏剧时期出现的第一位引发情感共鸣的黑人角色，观众对他的境遇深表同情。

摩尔人奥赛罗

伊阿古和罗多维科竟然在公开场合对奥赛罗进行恶毒的种族攻击。也正是通过伊阿古对奥赛罗种族身份的粗鲁诋毁，莎士比亚第一次将摩尔人呈现在观众面前。伊阿古将他称作一只“黑色的公羊”，骑在苔丝狄蒙娜这只“白色的母羊”上。在莎翁创作这部戏剧之时，整个社会普遍认为，黑色的皮肤、畸形的外貌和非基督教的信仰象征着不道德和野蛮。奥赛罗自己也频繁提到自己的种族基因，因为自己的种族而自卑，时常批判自己的种族，总是因此而快速陷入愤怒和嫉妒的情绪中。其实，除了容易暴怒和怀疑的天性外，奥赛罗的所有行为都与大众对黑人的刻板印象不一样，而这也是导致爱米利娅控诉他是“一个黑心的魔鬼”的原因。

战斗英雄奥赛罗

并不是所有人都会带着种族色彩的有色眼镜去看奥赛罗，他常常被夸赞为具有军人的勇武之气。在他被勃拉班修控诉前，朝廷正在讨论让奥赛罗领军去塞浦路斯沿岸击退土耳其进攻之事。莎翁清楚地表

19世纪，爱尔兰画家丹尼尔·麦克利斯在画作中描述了一段有问题的婚姻。画中，苔丝狄蒙娜紧紧抓着那条受诅咒的手帕，用哀求的眼神看着奥赛罗，而奥赛罗却陷入了沉思。

“那摩尔人是一个坦白爽直的人，他看见人家在表面上装出一副忠厚诚实的样子，就以为一定是个好人；我可以把他像一头驴子一般牵着鼻子跑。”

——伊阿古

第一幕第三场

明，在威尼斯的等级制度中，奥赛罗的赫赫战功说明了一切，而他冷静的头脑也在勃拉班修控诉他诱骗苔丝狄蒙娜时，为自己做了很好的辩护。

苔丝狄蒙娜个性叛逆，但即使闹了这么一出，却仍和父亲住在一起。与之相比，奥赛罗的语气和经历却跟她完全不同，表明这对爱人的年龄相差不小。但奥赛罗对苔丝狄蒙娜的爱是真诚的，也正是这种爱让他很容易就陷入伊阿古的阴谋中。奥赛罗无法抑制内心的嫉妒，正因如此，他从有权有势、博人信赖的位置上被拉了下来，被指为野蛮粗鲁、行事不公、尖酸刻薄之人。但最后，他与苔丝狄蒙娜死在一起，让威尼斯人非常震惊，并对奥赛罗表示出极大的尊敬和爱戴，因为奥赛罗并非他们印象中那个屈从于焦虑、偏执和谋杀的人。

“老实人”伊阿古

在厌恶和嫉妒的驱使下，伊阿古表现出自己的残忍和手段，利用罗多维科对苔丝狄蒙娜不求回报的爱敲诈钱财，并将其作为扳倒奥赛罗的工具。罗多维科被迫依照伊阿古的指示行事，他只希望能让苔丝狄蒙娜和自己的关系更亲密一些。伊阿古还通过独白将阴谋泄露给观众，以此操纵观众的感情。他还使用了两个未经证实的论据，将自己对奥赛罗的蔑视合法化：奥赛罗和他的妻子爱米利娅上过床；凯西奥抢夺了他晋升上尉的机会。令人好奇的是，伊阿古警告奥赛罗留心“绿眼睛的魔鬼”，但他自己却未曾留意。这是一个残忍的反讽，因为奥赛罗和凯西奥都特别尊敬伊阿古，这也就授予了他“老实人”的称号。

正是伊阿古说服奥赛罗冤枉了自己的妻子，也正是伊阿古建议奥赛罗“在她床上扼死她，就在那被她玷污了的床上”。

“啊，我的名誉已经一败涂地了！我已经失去我生命中不死的部分，留下来的也就跟畜生没有分别了。”

——凯西奥

第二幕第三场

艾拉·奥尔德里奇

1825年，美国人艾拉·奥尔德里奇成为第一位在伦敦舞台上扮演奥赛罗的黑人演员。1807年，艾拉·奥尔德里奇出生在纽约，后来因为在自己家乡很难碰到什么演出机会，于是迁居欧洲。他第一次扮演这个摩尔人时，年仅18岁。演出之后，他备受赞誉，但这种赞扬多多少少带有一些种族色彩。某位评论家就曾写道，他“用一种正确的角度传达出了最难表演的部分，让观众大吃一惊”，表明这位评论家对黑人能演出这样一部伟大的戏剧持怀疑态度。

随后，奥尔德里奇接连在《李尔王》《理查三世》中扮演重要角色，在欧洲的舞台上，他的表演生涯持续了很长时间。不过在之后的戏剧中，与扮演奥赛罗的情形完全相反，他有时还会扮演白人角色，化装成“白色的皮肤”。虽然他来到欧洲后，就再也没有返回美国，但仍然被视作美国黑人演员的励志典型。1867年，他在旅行中客死波兰。

2013年国家剧院的获奖作品将该剧置于伦敦的现代军队中，将伊阿古（罗里·金尼尔饰）和奥赛罗（艾德里安·莱斯特饰）处理为长年战友。

嫉妒的伊阿古

奥赛罗以大海和上帝的名义发誓，要向凯西奥复仇，这样的誓言是非常具有仪式感的。同时，伊阿古让星星见证他对自己主人的承诺，也是一种仪式性的表达。奥赛罗将这样的誓言称为“神圣的誓言”，让评论家将其归为对奥赛罗和苔丝狄蒙娜婚礼仪式的不祥回应，不过这场婚礼并未呈现在舞台上。奥赛罗不仅让伊阿古成为自己谋杀凯西奥的同谋，而且将他提拔为中尉。至此，伊阿古在奥赛罗的生活中象征性地取代了苔丝狄蒙娜的位置，同时在表面上又取代了凯西奥的位置。

尽管伊阿古做了很多坏事，但这个角色却得到了和奥赛罗一样高的关注度。伴随着伊阿古模糊的动机和机巧的手段，奥赛罗相信了伊阿古设计的骗局，开始变得脆弱，这让他们的关系进入一种动态的甚至使人困扰的境况中，他们将彼此拽入心理恐惧的深渊中，因为都没办法控制自己的嫉妒。从18世纪开始，该剧的主演就开始将奥赛罗和伊阿古两个角色打包呈现或互相替代。例如，在维多利亚时期，英国演员亨利·欧文和美国演员埃德温·布斯在英国的兰心剧院表演时，就交换出演了这两个角色。

丈夫的猜忌

除去威尼斯宫廷、社会等级以及军队背景，该剧的核心就是一对夫妻被一个恶毒的骗子强行拆散的故事。戏剧的开场非常宏大，置于法律和战争的背景之下而该剧所反映的家庭问题似乎与之不太和谐。莎翁通过戏剧演进，将焦点逐渐缩小，最后将场景缩小到卧室之中。威尼斯军队、政治家和君王都挤进这间小小的房间，这个场景让观众明白，像奥赛罗这样的公众人物，私生活真的很容易受到外界攻击。承认这部悲剧是由嫉妒引起，就是承认一些根本性的问题：人类之间彼此不信任。更令人不安的是，爱人之间也没有所谓的完全信任。

夫妻之间的猜忌从何而来？勃拉班修听完苔丝狄蒙娜的辩护之后，断绝了父女关系，并警告奥赛罗，既然苔丝狄蒙娜能欺骗自己的父亲，那她也会对自己的丈夫不忠。这颗怀疑的种子就从这一刻，从戏剧的一开场就埋在了奥赛罗的脑中。不过，真正导致奥赛罗不信任苔丝狄蒙娜的罪魁祸首还是伊阿

“这是一个非常诚实的家伙，对于人情世故是再熟悉不过的了。

——奥赛罗
第三幕，第三场”

古的误导和怂恿，伊阿古最有力的五个字就是“看好尊夫人”。

人类不断遭受着猜忌和嫉妒的侵蚀，这是这部戏剧的核心。勃拉班修、凯西奥和罗多维科都经历着某种程度的嫉妒，这直接投射到伊阿古和奥赛罗的主要猜忌上，并且围绕这种猜忌展开后面的故事。伊阿古将一颗小小的怀疑种子种到将军的脑袋里，慢慢地喂养它，乃至后来奥赛罗在主观意识中也认为妻子不忠，从而行为失控。整部戏剧中，猜忌都被描述为邪恶的、瘟疫一般的、该死的东西。

奥赛罗的臆想带有一丝淫荡的肉欲色彩，这从他对身体修饰词的使用中可见一斑。他说苔丝狄蒙娜的身体有伤风化又让人讨厌，其他男人都“领略过她肉体的美”，而且凯西奥偷吻了她的嘴唇，那她就是被“偷”了。奥赛罗指责苔丝狄蒙娜是一个妓女、荡妇，这些成见和淫荡的臆想在他将自己妻子的生殖器和地狱之门做类比时达到高潮。

莎翁的许多悲剧都是围绕一个角色的主要缺点展开的。如此说来，奥赛罗的悲剧来源于他自己想象中的猜忌，而这种猜忌由他脑海中生出，受他悉心照料，并培育长大。他争辩说，这种猜忌的“天性”遗传自他们的摩尔祖先。这就是奥赛罗的悲剧性缺陷。伊阿古撒播在奥赛罗思想和身体里的邪恶种子恶毒地生长着，以至于最后无处安放，只能向外伸展，摧毁苔丝狄蒙娜。

1930年，美国演员兼歌手保罗·罗伯逊在伦敦舞台上扮演了奥赛罗一角，他对面的是佩琪·阿什克罗夫特，苔丝狄蒙娜的扮演者。当时，还很少有黑人演员来扮演奥赛罗这个角色。

作为一部悲剧，这种具体的悲剧性缺陷无法令所有研究者满意。20世纪初期，一位莎士比亚研

许多评论家对奥赛罗的性格看法不一。1937年，利维斯公开评论：此人天生就是个野蛮残忍之人，这是遗传的，他控制不了自己。平时，他将自己未开化的天性掩藏起来，但一遇到问题，就会屈从自己的天性。也有学者对奥赛罗进行了浪漫主义的解读，认为他是一个值得尊敬的人，而非没有原则的野蛮人。

19世纪70-80年代，意大利演员托马索·萨尔维尼将这个摩尔人演绎成一个热血、多情而又高尚的英雄。在演出奥赛罗自杀一幕时，他饰演的奥赛罗割开自己的喉咙，最后死于剧烈的身体惊厥中。萨尔维尼在表演这出戏时，用的是意大利语，这让他成为闻名遐迩的“意大利摩尔人”。

在20世纪末以前，奥赛罗都由白人化装成黑人表演，比如奥森·威尔斯（左图），但这种表演方式现已废弃。不过，有一个种族反转的例子是1997年华盛顿的演出，黑人帕特里克·斯图尔特扮演了一个白皮肤的奥赛罗。

究者布拉德利就曾抱怨道，这部戏剧的悲剧性与它的题材——一个男人猜忌妻子不忠——相比，竟黯然失色。布拉德利认为，这让人甚为不快，也毫无道德感可言。

爱米利娅和苔丝狄蒙娜都被刻画成愿意忠诚跟随并顺从丈夫的女人。苔丝狄蒙娜对奥赛罗的忠诚显而易见，她始终服从他的意愿。她跟随他去了塞浦路斯，在他生病时细心照顾，在他当众打她之后依然会因为奥赛罗所蔑视的事情而道歉，最后还按照他的意愿而死去。爱米利娅也顺服伊阿古的意志，在他的命令下偷走了苔丝狄蒙娜的手帕。

这两个女人唯一的不同之处出现在戏剧的结尾，苔丝狄蒙娜拒绝说出杀害她的凶手，而爱米利娅却揭发了伊阿古的罪行。结果却是一样的，她们都被自己的丈夫杀害，而且她们的忠诚并未得到任何回报。苔丝狄蒙娜面对奥赛罗的控诉和伊阿古的诡计非常绝望，这和爱米利娅的反应不太一样。出于对朋友苔丝狄蒙娜的爱，爱米利娅终于有胆量大声斥责奥赛罗，也有勇气在伊阿古拿匕首顶着她的喉咙时，依然控诉丈夫的恶行。是爱米利娅陪着苔丝狄蒙娜去旅行的，是爱米利娅在苔丝狄蒙娜被父亲和丈夫抛弃后安慰她、支持她的，也是爱米利娅鼓励苔丝狄蒙娜要

> **可是她不能不死，否则她将要陷害更多的男子。**
>
> ——奥赛罗
> 第五幕第二场

将自己放在和奥赛罗平等的位置上。她问：“难道我们就不会爱上别人，难道我们就没有逢场作戏的欲望，难道我们就不会跟男人们一样喜新厌旧吗？”和她的丈夫与奥赛罗的关系不同的是，爱米利娅非常忠诚于苔丝狄蒙娜，她临终时都在为她的朋友辩护。在这两个女人表现出她们对自己丈夫的忠诚时，男人们却并没有关注到这些，这也驱使他们做出了那些残忍行为。凯西奥和奥赛罗都非常痴迷名誉。在和罗多维科的一次深夜争吵中，凯西奥的名声被玷污了，他也因此被奥赛罗开除出军队。凯西奥在戏剧一开始便因为失去名誉而十分悲痛，也预示着奥赛罗太过关注自己的名誉。

军队里的男人们都害怕失去荣誉，与此同时，女人们贞洁的声誉却遭到了攻击。伊阿古对苔丝狄蒙娜的控诉足以将她整个人抛入怀疑的深渊中。凯西奥对比恩卡的评论也印证了这一点，他叫她“小玩意儿”，暗示这个女人在道德方面比较放纵，没有资格成为他的新娘。

地狱的诅咒

被诅咒意味着什么？下地狱的罪恶又由什么组成？在整部剧中，莎士比亚都让他的角色为这些问题而挣扎。

奥赛罗在提到苔丝狄蒙娜时频

2008年，法国男高音歌唱家罗伯托·阿兰尼和阿尔巴尼亚女高音歌唱家伊凡·穆拉在威第尔创作的歌剧《奥赛罗》中，分别饰演奥赛罗和苔丝狄蒙娜。反面人物伊阿古则由一个嗓音较为低沉的男中音歌手扮演。

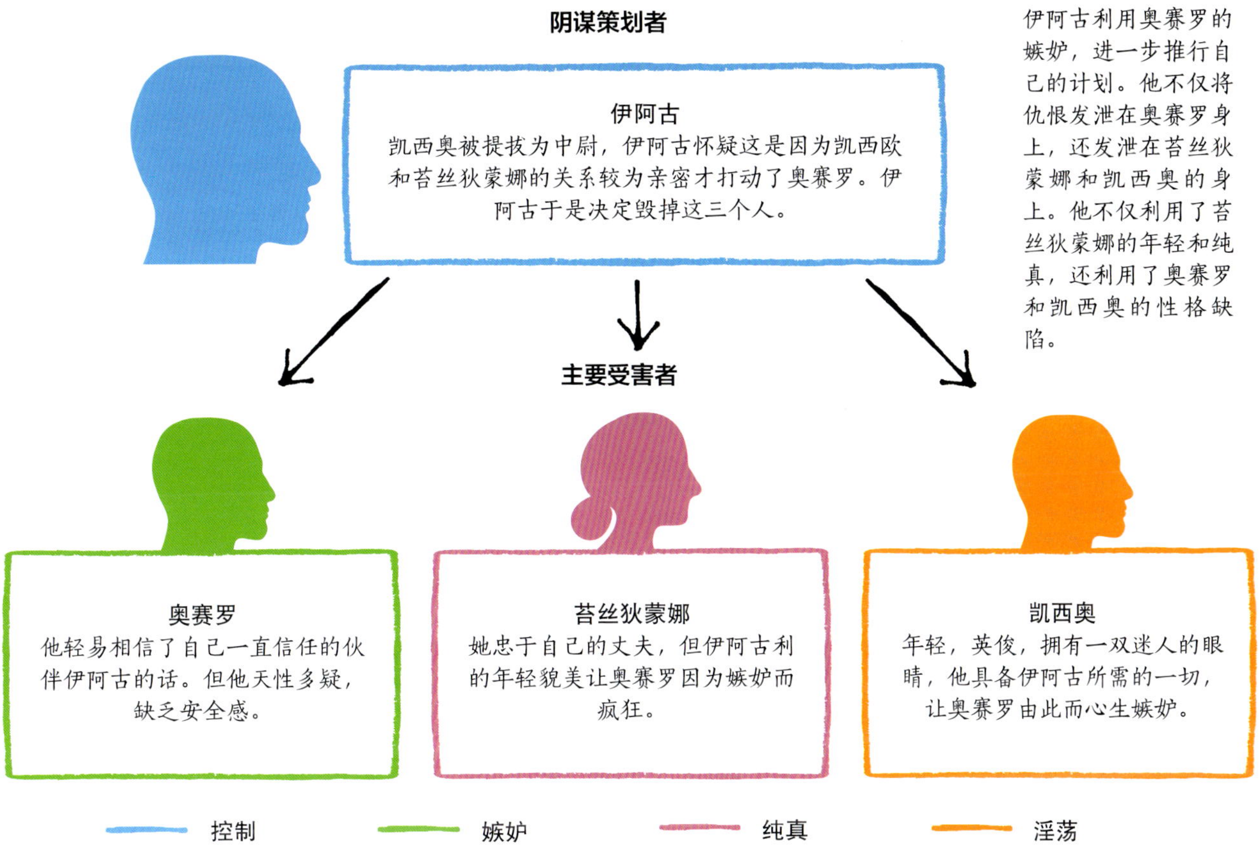

伊阿古利用奥赛罗的嫉妒，进一步推行自己的计划。他不仅将仇恨发泄在奥赛罗身上，还发泄在苔丝狄蒙娜和凯西奥的身上。他不仅利用了苔丝狄蒙娜的年轻和纯真，还利用了奥赛罗和凯西奥的性格缺陷。

繁使用了“下地狱”一词，甚至告诉她，她的欺骗使她成为一个“像地狱一样淫邪”的人。地狱、地狱之火与永久的惩罚相关联，这也与该剧中的天主教角色设定非常契合。苔丝狄蒙娜由于所谓的“不忠”而沾染上不光彩和罪恶，奥赛罗认为他有义务杀掉她，“否则她将要陷害更多男子”。她的不忠就是他所说的刺激他杀掉她的“原因”。他要她祷告，这样即使杀死她的身体，却还能让她的灵魂不朽。这表明，奥赛罗至少认为这场谋杀是一场神圣的杀戮，而非复仇的杀戮。

> **诡计！诡计！诡计！我现在想起来了；啊，诡计！**
>
> ——爱米利娅
> 第五幕第二场

手帕

奥赛罗那条绣有草莓图案的手帕是导致她婚姻破裂的关键。因为赋予了这件小小的物品一个重要的感情意义，所以奥赛罗很容易就陷入伊阿古设下的圈套，很快接受了是苔丝狄蒙娜将这个珍贵的礼物送给她的“情人”的论断。而苔丝狄蒙娜忘了将手帕放在什么地方，更坚定了她丈夫对其不忠的怀疑。

这个小小的物件彰显了奥赛罗和苔丝狄蒙娜婚姻关系中的紧张和不信任。鉴于这个物品的重要性，1693年，历史学家托马斯·赖默评论说，这部戏剧应该叫做“一条手帕引发的悲剧”。■

一个并没有犯多大的罪、却受了很大冤屈的人

《李尔王》（1605年—1606年）

剧中人物

李尔王：不列颠国王。

高纳里尔：李尔王的大女儿，嫁给了奥本尼，但又与埃德蒙通奸。

奥本尼公爵：高纳里尔的丈夫。

里根：李尔王的二女儿，嫁给了康华尔，后来又追求埃德蒙，让他做了自己的第二任丈夫。

康华尔公爵：里根的丈夫。

考狄利娅：李尔王最小的女儿，后来成为法兰西的王后。

勃艮第公爵：考狄利娅的第一个追求者。

法兰西国王：考狄利娅的第二个追求者。

弄人：李尔王的宫廷小丑，和考狄利娅关系非常好，她的离开让他非常悲伤。

肯特伯爵：李尔王最忠诚的追随者之一，后来伪装成直率的仆人凯恩斯。

葛罗斯特伯爵：李尔王的另一个追随者，爱德伽和埃德蒙的父亲。

埃德蒙：葛罗斯特的庶子。

爱德伽：葛罗斯特的大儿子，也是他的合法继承人，但后来被剥夺了继承权。之后采取了一系列手段伪装自己，包括装扮成疯了的乞讨者疯子汤姆。

奥斯华德：高纳里尔的管家。

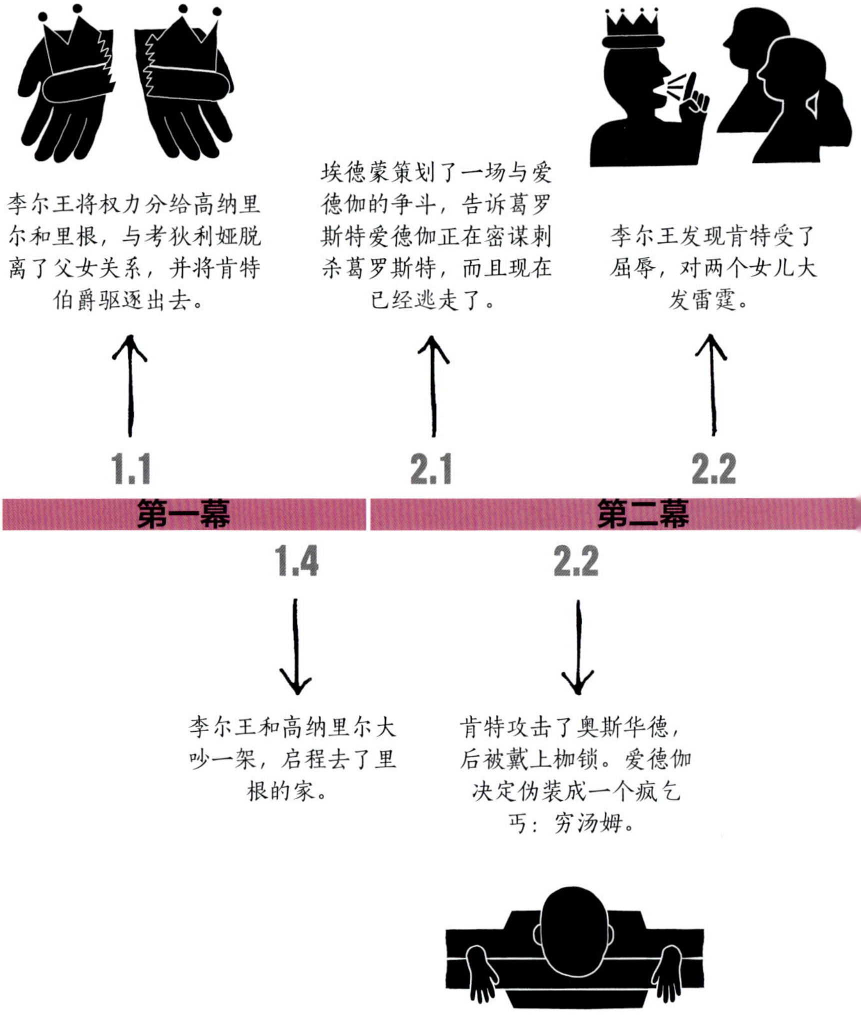

李尔王宣布放弃王位，想将国土分给三个女儿，他让每个人表达她们对父王的爱，以决定谁会获得更大的领土。高纳里尔和里根合伙奉承父亲，但考狄利娅拒绝谄媚，于是她和肯特伯爵一起被李尔王驱逐出去。法兰西国王向考狄利娅求婚，他俩一起离开英国去了法兰西。肯特化装成仆人凯恩斯。

考狄利娅被驱逐不久，葛罗斯特伯爵与大儿子爱德伽断绝了父子关系。因为葛罗斯特的庶子埃德蒙策划了一个阴谋，想夺走哥哥的继承权，他欺骗葛罗斯特，使他父亲认为爱德伽妄图弑父并夺走领土。因而爱德伽成为了通缉的对象，他迫不得已化装成乞丐穷汤姆躲避追捕。

李尔王在他大女儿家的宫殿中住了下来，与女儿高纳里尔和女婿奥本尼一起生活，但女儿责怪父亲太吵闹，李尔王就诅咒她永远无法生育，而后离开去了里根家。但里根和她的丈夫康华尔都不在家，并且意外发现他们居然给肯特戴上

第三幕

3.2 李尔王精神错乱，在荒野大发雷霆，肯特强迫他和弄人躲起来避雨。

3.7 康华尔将葛罗斯特关进监狱，并且挖了他的双眼。

第四幕

4.1 爱德伽在荒野遇到他那双目失明、四处游荡的父亲，答应带父亲去多佛尔悬崖，因为他要在那里跳崖，了结生命。

4.5 爱德伽杀死奥斯华德，并且找到了一封信。在信中，高纳里尔要求埃德蒙杀了奥本尼。

第五幕

5.1 爱德伽化妆成乡下人，交给奥本尼一封信，若英国人打败法国入侵，就安排一场单打独斗。

5.2 战争打响了，爱德伽告诉葛罗斯特李尔王和考狄利娅被打败了，两人一起去找他们。

5.3 李尔王和考狄利娅被关进监狱。爱德伽和埃德蒙决斗，结果埃德蒙被刺死。里根被高纳里尔关进监狱，最后，高纳里尔自杀了。

5.3 李尔王将考狄利娅的尸体抱在怀里，因悲伤过度而去世。肯特答应追随李尔王而去，将王位留给了爱德伽。

了枷锁。在和两个女儿激烈对抗之后，李尔王冲进雷雨中。因过度愤怒和悲伤，导致精神出现错乱。

高纳里尔和里根密谋杀害父亲，但葛罗斯特已将国王秘密转移到安全的地方，因为他知道考狄利娅会带着法兰西军队回来给她的父亲报仇。但葛罗斯特的行动被发觉，他的双眼被康华尔挖了出来。葛罗斯特想结束自己的生命，让爱德伽领着失明的自己去多佛尔悬崖边上，但爱德伽却将他带到了假地点。在葛罗斯特跳到平地上时，爱德伽说服他，使他相信，他已从这一跃中奇迹般地生还下来。

考狄利娅为了保护李尔王，使战争爆发。李尔王和考狄利娅战败，被关进监狱中。爱德伽化装成一名骑士，向埃德蒙挑战。在爱德华受到了致命伤后，爱德伽揭开自己的真实身份。高纳里尔和里根因都爱着埃德蒙，彼此嫉妒，最终迸发一场两人之间的谋杀和自杀——高纳里尔将自己的妹妹关进监狱，而后自杀了。埃德蒙力劝奥本尼去营救李尔王和考狄利娅，但已太迟。李尔王看到高纳里尔后，因悲伤过度，再次精神失常，在肯特揭露自己真实身份时都没能认出他来。就在李尔王意识到考狄利娅有可能会活下去时，他死了。奥本尼将领土分给肯特和爱德伽，但肯特说他会跟随自己的主人而去，因此把皇冠留给了爱德伽。■

背景知识

主题:
爱、背叛、丧亲和死亡

场景:
大约公元前800年，古代大不列颠

来源:

12世纪 蒙默思（英国威尔士原郡名）的杰弗里所创作了《不列颠诸王史》。

1587年 拉斐尔·霍林斯赫德创作了《英格兰、苏格兰和爱尔兰的编年史》。

演出:

1681年 内厄姆·塔特的《李尔王的历史》……《恢复与交替》采用了这部戏剧，不过结局是考狄利娅幸存了下来，并且和爱德伽订了婚。

1851年 在赫尔曼·麦尔维尔的小说《白鲸》中，船长亚哈在暴风雨中大发雷霆，这个场景是受到《李尔王》的启发而创作出来的。

1957年 由舞蹈编剧约翰·克兰科和音乐家本杰明·布里顿创作的芭蕾舞剧《宝塔王子》借用了《李尔王》的情节元素。

1985年 由黑泽明导演的电影《乱》中，李尔王变成了一名武士军阀。

1987年 伊莱因·范斯坦的戏剧《李尔王的女儿们》是《李尔王》的前传。

1991年 简·斯麦丽的《陌上伊人》将故事的背景搬到了爱荷华州的一个农场里，而且故事是从金妮（高纳里尔）的角度讲述的。

《李尔王》常常被认为是莎翁所创作的悲剧中拥有最高成就的作品，这也挖掘了许多他所创作出来的悲剧假设，它破坏了我们的理想，创造了一个虚无绝望的幻象，这与20世纪爱尔兰戏剧家塞缪尔·贝克特所创作的戏剧有所不同。在这种方式下，《李尔王》既是古典的（设定在公元前800年），又明显是现代的。

戏剧一开始，莎翁对李尔王一角的构想就与他笔下的其他悲剧英雄极为不同。李尔王的原型是一个60岁的国王，而莎翁为了强调李尔王的衰老，坚持将他设定成80多岁的年纪，而且准备好“安安心心地等死”（1.1.41）。现代的戏剧版本常常会用年轻的演员来扮演这个角色。2014年，53岁的西蒙·拉塞尔·比尔将李尔王塑造成一个危险的反复无常的人物，在一开始的爱的测试中对他的女儿们施行暴政，之后在一阵疯狂的攻击后将弄人刺伤，致其死亡。但不管是这部作品还是之前所写的戏剧，都没有对李尔王的体力和修辞力做出呈现，而且也没有对他之前所得到过怎样的崇拜和爱有所描述。高纳里尔和里根暗示他在驱逐考狄利娅时缺乏判断，但这并不是“老年的昏悖”所引起的唯一一处悲惨错误，而是个性问题：“他向来就是这样喜怒无常的”（1.1.292-293）。因为对李尔王之前到底有多伟大没有任何概念，所以在他沦落成一个疯子时也就失去了某种宏大的感觉，而且也

李尔王要将他的国土分给自己的三个女儿。*2012*年，在德国巴德黑尔斯费尔德节上演的这出戏剧中，福尔克尔·莱西特布林克扮演李尔王，克里斯汀·霍洛克扮演考狄利娅。

> **现在我要向你们说明我的心事。把那地图给我。告诉你们吧，我已经把我的国土划成三部分。**
>
> ——李尔王
> 第一幕第一场

造成了没办法成为莎翁的另一部悲剧的遗憾之感。

悲剧英雄李尔王

李尔王将自己描述成为“并没有犯多大的罪、却受了很大的冤屈的人”（3.2.59-60），这暗示着他在这部戏剧中一直处在消极被动地位。埃德蒙密谋杀害父亲，并下令处死李尔王和考狄利娅，而高纳里尔利用情人谋害丈夫，并毒死妹妹，康华尔则挖出葛罗斯特的眼睛。与他们相比，李尔王的流放（尽管流放意味着社会身份的死亡）似乎温和得多。相同处境之下的哈姆雷特和麦克白则表现出暴怒，导致他们摧毁了自我，但在整个第三幕和第四幕中，李尔游走于情节的边缘，浪迹在荒野的阙限空间。精神失常之时，他就像一个疯乞丐，背弃了父亲的角色，认真思考起女性情欲的危险以及权力的虚伪。从这个角度来讲，《李尔王》确实是一部非凡的哲学悲剧，在这部悲剧中，只要主角出现，情节都会停止，让位于主角。

父亲的罪孽

那么戏剧一开始，让李尔王备受责备的“罪孽”究竟是什么呢？对于莎士比亚的观众来说，他通过放弃王位来“卸去”负担，让人生疑。当时的社会没有退休一说，自愿逊位似乎破坏了“年纪越大，越受尊重”的原则和男性权威，而男性权威已经根深蒂固地植根在社会文化中。而且，王权被认为是天赋神权，如此一来，李尔此举便是亵渎神灵。他这样做，只是为了摘下皇冠，放弃王权。但分割国土的决定也潜伏着破坏性。讲述这种分割故事及其灾难性结局的神话不胜枚举。这种分割会导致血腥内战和兄弟相残，而莎翁创作该剧之时，正是詹姆斯一世掌权时期，当时詹姆斯一世正试图消融英格兰和苏格兰之间的敌意，加强它们之间的纽带关系。

然而，最终让李尔王崩溃的是与考狄利娅的决裂。李尔王刻意疏远了一个不会因他失去地位而不去爱他和尊重他的女儿。高纳里尔和

> **啊！夫人，我这颗老心已经碎了，已经碎了！**
>
> ——葛罗斯特
> 第二幕第一场

保罗·斯科菲尔德

2004年，在一次对皇家莎士比亚剧团演员的投票中，保罗·斯科菲尔德饰演的李尔王被选为有史以来最伟大的莎士比亚演出。1962年，40岁的斯科菲尔德参演了彼得·布鲁克的舞台剧《李尔王》。评论家肯尼斯·泰南认为此版本富有革命性，因为他并未将李尔王刻画成一个“受人欢迎的、正直的、爱打抱不平的泰坦族老巨人，而是塑造了一个脾气暴躁、反复无常的老人，非常难以相处”。

1971年，在布鲁克的电影改编版本中，斯科菲尔德饰演李尔王。2002年，他80岁高龄时，又在一部好评如潮的广播剧中献声。

在斯科菲尔德65年的表演生涯中，李尔王只是他扮演的众多莎剧角色中的一个。虽然好莱坞多次对他抛出橄榄枝，但他却很少出现在大屏幕上，而是更喜欢相对静默的舞台剧和广播剧。但在1996年，因在《四季之人》中成功塑造了托马斯·莫尔爵士一角，他获得了奥斯卡金像奖。

这幅画由苏格兰画家威廉·戴斯绘制，画中李尔王由他的弄人陪伴，暴露于暴风雨之中。弄人是唯一可以在御前吐露真话的角色。

里根只在父亲掌权时才爱他、尊重他，但考狄利娅则全然不同。

如果当时李尔王将自己的国土分为三部分，三个女儿一人一份，那么考狄利娅可能会缓冲两个姐姐的野心。更严重的是，一纸驱逐令使她成为法兰西王后，导致她后来带领法兰西大军力图废黜两个合法的英国统治者。尽管莎翁明确表示，考狄利娅的动机并非野心，“只是一片真情，热烈的真情，要替我们的老父主持正义”（4.3.28），但事实上，是李尔王让本国领土惨遭别国侵略。

如此一来，我们可以肯定地说，李尔王在第一幕的行为已经埋下了一颗毁灭的种子。李尔王先是没有珍惜考狄利娅真诚的爱，只看重她两个姐姐虚妄的奉承，接着又鼓励埃德蒙这类人物假装孝顺、诽谤亲兄长来获得继承权。就像李尔王的盲目会传染似的，葛罗斯特也没有看穿埃德蒙的诡计，命中注定般相信了这个虚伪的儿子。但从更宏大的视角来看，这个悲剧并未将苦难理解为一种简单的因果关系，而是将之视作人类的根本处境。成为一个“并没有犯多大罪、却受了很大冤屈的人”，并非天道不公，而是常见之事。

> **吹吧，风啊！胀破了你的脸颊，猛烈地吹吧！你，瀑布一样的倾盆大雨，尽管倒泻下来。**
>
> ——李尔王
>
> 第三幕第二场

卑贱的乞丐

《哈姆雷特》只是假装思考了一下“人类是一件多么了不起的杰作”，但《李尔王》却对这个话题进行了深刻反思。和哈姆雷特可能会做出的结论一样，李尔王的结论同样令人感伤。瞎眼的葛罗斯特形容李尔王是“一件大自然的毁坏品”，当他想吻李尔王的手时，国王却要求“让我先把它揩干净；它上面有一股热烘烘的人气”（4.5.128-130）。这部戏剧残忍地直面了人类的物质需求。李尔王的精神错乱，与他的身体正遭受刺骨的暴风雨侵袭之苦非常一致，而当他被带到避难所，穿上干净衣服睡了一觉之后，曾有一段短暂的智力恢复。这并非巧合。戏剧伊始，李尔王似乎瞥见了众生外表的相似，让人困扰的是，如果褪去等级和财富的华服，那具皮囊似乎都是一样的。当女儿们试图带走他的骑士随从，他反驳道：“啊！不要跟我说什么需要不需要；最卑贱的乞丐，也有他的不值钱的身外之物；人生除了天然的需要以外，要是没有其他的享受，那和畜类的生活有什么分别。”（2.3.438-441）。

但此时，李尔王对卑贱的乞丐

人类在草昧的时代，不过是像你这样的一个寒碜的赤裸的两脚动物。

——李尔王
第三幕第四场

生活一无所知，而莎士比亚带着一种救赎式的苦虐，将他放逐荒野，让他遇见了一个乞丐，体验了一下这种生活。

疯汤姆代表的是一类穷困的人，这是李尔王永远都无法想象的生活状态。一个流浪汉，全身上下只披一条毯子，喝的是混着马尿的积水。李尔王的反应是脱掉自己的衣服，这也暗示他已全然疯癫。此刻，他参与合谋了一场灾难，摧毁了自己的家族身份和社会身份。但与此同时，仍然存在着这么一种群体的归属感，即他发现在他赤裸身体之时，他不过是一个“寒碜的赤裸的两脚动物”。从这个方面来说，《李尔王》也可以被看成是一部社会剧，剧中强迫这个国王承认自己和社会最低等级的人（尽管爱德伽实际上是伯爵的儿子）同属一类，而且更重要的是，该剧强迫他承认可怜的汤姆之所以沦落到如此境地，都是他的责任。这部戏剧彻底挑战了当时的政治，让国王和伯爵均要求重新分配财富，“从享用过度的人手里夺下一点来分给穷人，让每一个人都得到他所应得的一份吧”。

重重怜悯

可以说，该剧的最初动力是剥

我没有路，所以不需要眼睛；当我能够看见的时候，我也会失足颠仆。

——葛罗斯特伯爵
第四幕第一场

去人类的外衣，直至剩下最基本之物，正如人们所预想到的，当考狄利娅说出“没有”一词时，必然引起破坏性的效果。而此后，该剧就向着人之所以为人的“有些东西”演进。而这“有些东西”就是同情他人的能力。剧中最善良的两个角色——爱德伽和考狄利娅——不停告诉我们，对于别人所受的折磨或痛苦，他们感同身受。爱德伽惊叹葛罗斯特和李尔王的处境：“嗳哟，那么大概因为您的眼睛痛得厉害”；“我的心要碎了”，而考狄利娅则反复说，很遗憾父亲错怪了自己。两个角色都证实了同情的力量：爱德伽受同情心驱使，将父亲从绝望中拯救出来；而考狄利娅以眼泪赢来大军相助，之后又以泪水唤醒李尔王的神智。

与之相反，邪恶在这部剧中被定义为同情心的缺失，而同情

失明的葛罗斯特（图右，杰弗里·弗雷什沃特饰）遇到疯癫的李尔王（图左，格雷·希克斯饰）。在失去眼睛之后，葛罗斯特才意识到之前对埃德蒙的信任完全是盲目的。

心的缺失也就导致了善行的缺失。高纳里尔和里根放任李尔王在暴风雨中的荒野游荡，使得该剧将同情定义为人兽有别之根本。

然而，这部戏剧所表现的同情能力也具有一定的局限性，就该剧对高纳里尔和里根的惩罚来看，确实如此，而近来一些评论家也指出了这个问题。但也许对于这部剧最猛烈的反应都集中于，在经历了救赎式的折磨，并明确了同情的价值之后，到头来一切仍只是虚无。

莎士比亚的观众观看《李尔王》时，其实心中所设想的最糟糕的情况是，李尔忍受两个女儿忘恩负义时的内心之痛，以及无家可归时的肉体之苦。但葛罗斯特被挖眼一幕是该剧新加的“螺丝拧紧之处”，这一幕来源于菲利普·锡德尼的传奇散文《彭布罗克的阿卡狄亚的伯爵夫人》。然而，在关于李尔王这个故事的其他所有版本中——包括比较早的戏剧《李尔王的真正编年史》（约1594年）中，莎翁可能还扮演过一个角色——结局都是在最后一役中，正义战胜邪恶，李尔王重夺王位，后来他高寿去世，考狄利娅承袭王位。由此说来，当观众看到不仅李尔王和考狄利娅战败，而且考狄利娅被杀，她父亲因悲伤过度去世，此情此景，观众的反应一定与肯特相似：难道“这就是世界最后的结局吗？”

开放式结尾？

莎士比亚之后的批评家，包括塞缪尔·约翰逊都表达了对戏剧结尾的失望。17世纪时，桂冠诗人内厄姆·塔特深感原来的结尾必须改写，于是重新草拟了一个新结尾，让考狄利娅活了下来。而且在塔特的版本中，考狄利娅和爱德伽还发

> **哀号吧，哀号吧，哀号吧，哀号吧！啊！你们都是些石头一样的人。**
>
> ——李尔王
> 第五幕第三场

生了一段爱情故事，并且最后订婚了。这个版本上演了将近150年，严重破坏了莎翁版本的本来面目。

但在一定程度上，塔特的改编也回应了这么一个事实：《李尔王》的许多结构是喜剧性的。双重情节是喜剧的一个主要特征，通常视角更宽广，也探索了不同主题——不过葛罗斯特的困境和李尔王的相似性，使这部剧更具幽闭恐惧特质。老一代和年青一代之间战

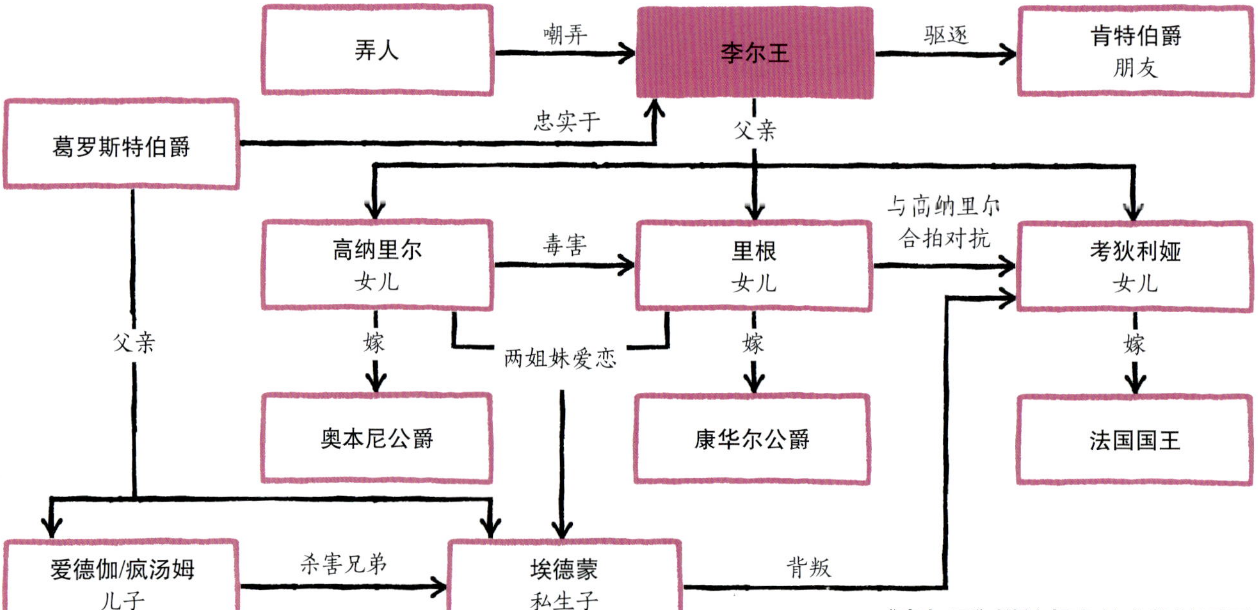

《李尔王》错综复杂的人物关系网

2007年，让·弗朗索瓦·塞维迪的作品被译为生硬的法语。该作品的实际演出也如剧中台词一样坚定，毫不让步。

争，后者试图脱离父母的管束，尤其是从心中解放自我，这也是喜剧素材。而那些被流放之人进入大自然，发现人性与自然之间更真实的关系，而后回归文明，这同样属于田园文学的类型。即使是弄人这个角色也本该出现在《皆大欢喜》这样的喜剧中，而不是悲剧。

悲痛之情

但这些浪漫和喜剧的愿景仅持续了一小段时间，最终却被撕成了碎片。当李尔王抱着考狄利娅的尸体出场，某种关于世界运转规则的幻想最终被毁灭了。不过，这也不是完全无意义的——在经受折磨之后，李尔王和葛罗斯特无法再学以致用，因为无法弥补孩子们——也许，这就是该剧所要直面的主题：丧失亲人与死亡的命运不但不可避免，而且无以慰藉。

在莎士比亚悲剧的结尾，英雄的死亡通常在舞台上处理得很巧妙，具有强烈的艺术性，以便给观众留下伟大之感。但李尔王却一边思考，一边就死去了，而且还不是对思考自己，而是考虑考狄利娅。考狄利娅之死令他痛苦异常，以致完全无法理解死亡“为什么一条狗、一匹马、一只耗子，都有它们的生命，你却没有一丝呼吸？你是永不回来的了，永不，永不，永不，永不，永不！”这表明，怜悯再多，也还嫌不够，而怜悯也无法将李尔王从悲痛中解救出来。莎士比亚的戏剧中，没有任何一部像《李尔王》一样，用如此荒凉的视角解读人类死亡的悲剧真相。

《李尔王》也许是莎士比亚戏剧中最具毁灭性的一部。■

女性主义解读

1817年，英国文学批评家威廉·哈兹里特提出“激发读者同情，也激发出李尔王内心无法控制的痛苦的，是一种令人恐惧的冷漠，表现为他的两个冷血、精明、顽固、自私的女儿。”但自20世纪后期开始，女性主义批评家提出了不同意见，辩称没有子嗣的高纳里尔，有足够的动机这么做。在第一幕第四场，李尔王诅咒她无法生育，令演员可以更多探索这个人物的内心世界，也使得她成为被同情的对象。与此相似，美国作家简·斯迈利在小说《陌上伊人》（1991年）中探索的一个主题就是，李尔王对考狄利娅的占有欲具有乱伦性质。这本小说从高纳里尔的视角重述了故事。金妮（高纳里尔）痛苦地回忆起小时候，披露了她和父亲的关系何以恶化至此，她和妹妹罗斯（里根）儿时都遭到了父亲性侵。

你只知道人生中的两个极端，不曾度过中庸的生活

《雅典的泰门》（1606年）

剧中人物

泰门：挥霍无度的雅典贵族，客人拜访时常常会送他们礼物。后来，他负债累累，但发现没人愿意帮助他。于是，他离开城市，独自在森林中生活。

爱帕曼特斯：愤世嫉俗的哲学家，喜好挖苦。他提醒泰门，那些奉承者善变得很，一直在享用他的慷慨。

弗莱维斯：泰门忠诚的管家，因主人大肆挥霍而非常苦恼，而且警告过他要注意收支有度。

艾西巴第斯：雅典士兵，被雅典驱逐，后来谋划复仇，在森林里遇到了泰门。

菲莉尼娅和提曼德拉：两个妓女，每次艾西巴第斯去森林里拜访泰门时都会陪着去。泰门给了她们一些金子，让她们去传播性病。

诗人和画家：两个艺术家去拜访泰门，希望得到救济。他们进入森林，听说泰门发现了金子。

雅典老人：向泰门诉苦，说自己的仆人试图引诱他的女儿，后来拿走了泰门的钱。

弄人：和仆人聊几句俏皮话。

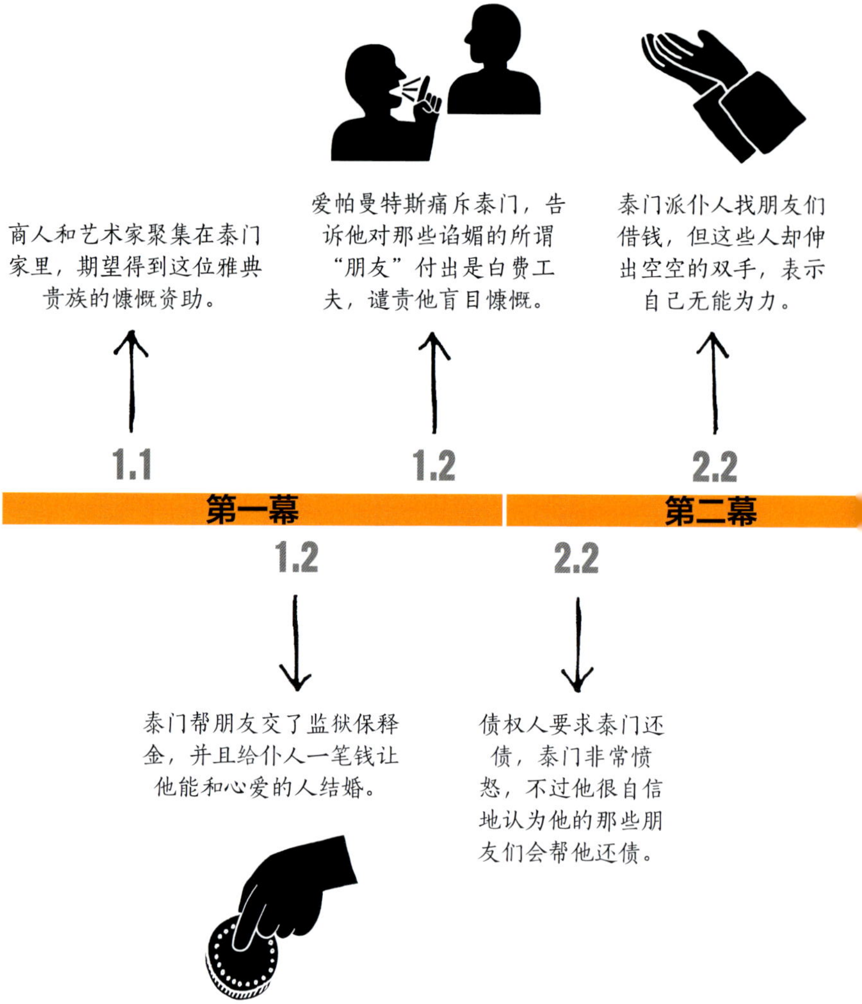

雅典贵族泰门为人慷慨，久负盛名。艺术家和商人们聚集于泰门府上，领取礼物并寻求资助。在聚会上，一个诗人写了一则寓言，寓言中讲述的是一个像泰门这样的资助人后来破产了，穷困潦倒。泰门高兴地收下诗人的作品，还出钱保释了他的一个朋友，却没有得到相应的回报。

讽刺作家爱帕曼特斯一直试图忠告泰门，他的那些所谓的“朋友”非常自私，只会从他的慷慨中取食。管家弗莱维斯私下告诉泰门，他的资财已经耗尽，很快就会负债。但泰门十分镇定，因为他相信朋友们会资助他。然而，他向其中三个“朋友”借钱后发现，他们却都拒绝援手，并且精心编造了一些借口，证明自己并非没有善心。在听到这些消息后，泰门非常生气，决定举办一场盛宴来款待他们。朋友们以为他又获得了一大笔财富，于是纷纷赴宴，但却发现宴会上只有石头和热水，于是露出非

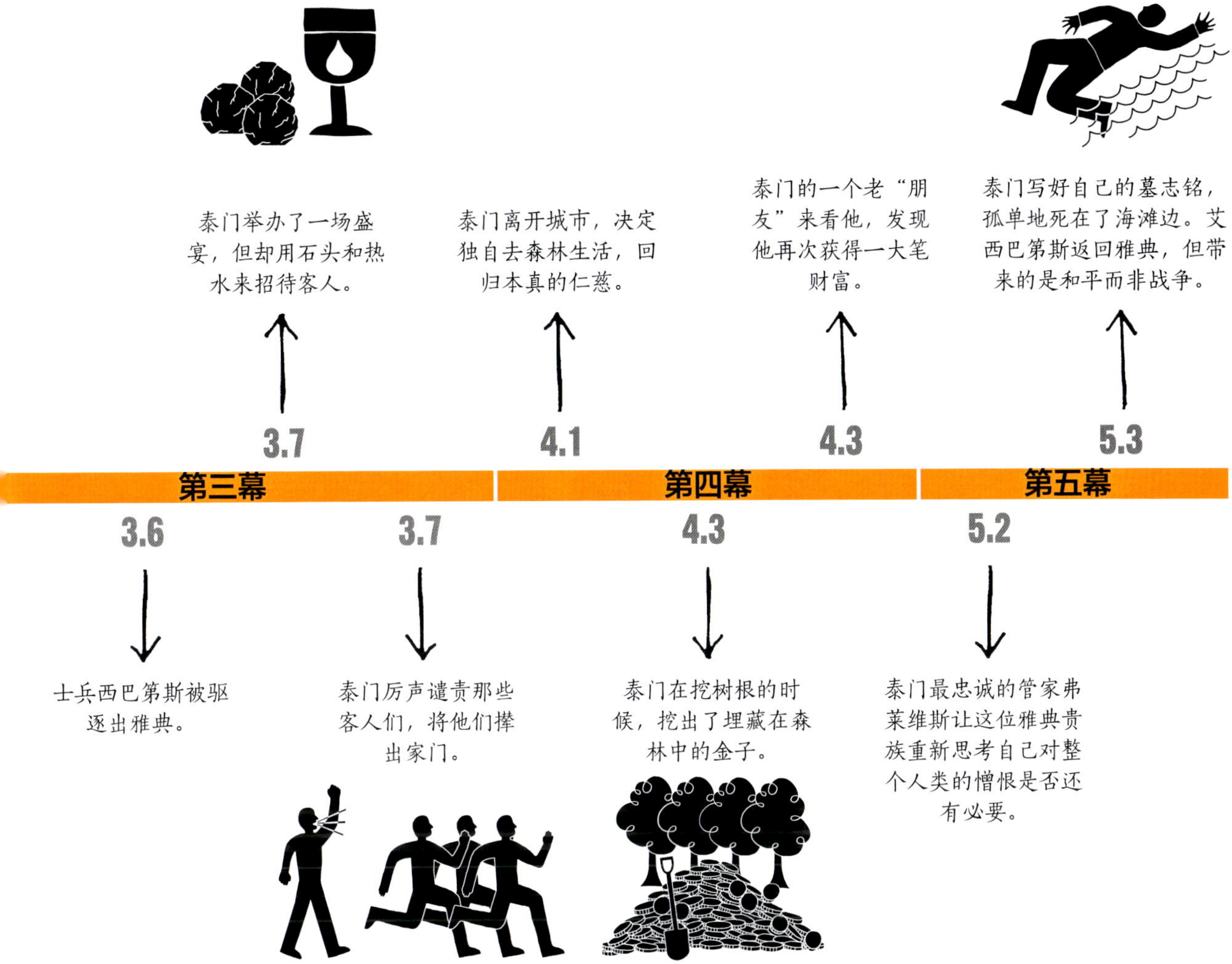

常震惊的表情。泰门大声斥责他们虚伪，将他们撵出家门。

泰门离开雅典，住进森林，诅咒这个城市赶快覆灭。一个叫艾西巴第斯的士兵也在同一时间进入森林，他心怀复仇，下决心要毁掉这座城市，因为之前他因拯救一位被判死刑的士兵而被驱逐出了雅典。泰门来到森林后，不停地挖树根，意外发现了金子。这个消息很快传到雅典，大家都知道他又有钱了。他以前的那些朋友们纷纷来森林找他（和他的金子），但因为实在恨透了他们的忘恩负义，泰门痛骂了他们一顿。与此同时，泰门给了士兵艾西巴第斯一些钱，资助他去攻打雅典，还给了妓女们一些钱，让她们传染疾病给那些市民。爱帕曼特斯和弗莱维斯登门拜访，但这个雅典贵族不愿承认弗莱维斯的善良，蔑视他对人类的憎恨。最后，他写好自己的墓志铭，死在了海边。而艾西巴第斯返回雅典，原谅了这个城市，答应让这里永远和平。■

> 他所答应人家的，远超过他自己的资力，因此他口头所说的每一句话都是一笔负债。
>
> ——弗莱维斯
>
> 第一幕第二场

背景知识

主题：

爱、骄傲、财富、虚荣心、憎恶、复仇和愤世嫉俗

场景：

雅典和雅典城外的森林

来源：

公元100年 普鲁塔克创作《希腊和罗马的贵族生活》。

1566年 威廉·佩因特创作《逍遥宫》。

1602年 无名人士写就戏剧《泰门》。

演出：

1678年 托马斯·沙德威尔将莎翁的这部戏剧改编成《一个愤世嫉俗者，雅典泰门的历史》。

1844年 卡尔·马克思在《政治经济和哲学》中引用了这部戏剧。莎翁将金子描述为“黄色的奴隶”，这引起了马克思的关注。

1963年 艾灵顿公爵为迈克尔·朗庭在加拿大渥太华斯特拉福德上演的作品谱写了一首爵士乐。

1973年 彼得·布鲁克将该剧搬上法国巴黎的北方滑稽剧院。

1991年 在伦敦维克剧院上演的现代服装版中，戴维·苏切尔扮演的泰门把车钥匙直接送给了客人。

2004年 牛津大学出版社出版了该剧剧本，并且确定这部戏剧是由莎士比亚和托马斯·米德尔顿合作撰写的。

泰门应该是莎士比亚所塑造的最为极端的一个角色，从一个爱人之人变成了一个憎人之人。泰门的伙伴、讽刺作家爱帕曼特斯直截了当地将这位雅典贵族的生活经历总结为“你只知道人生中的两个极端，不曾度过中庸的生活”。爱帕曼特斯目睹泰门从一个乐善好施之人转变为一个愤世嫉俗者，并且讽刺了这一转变。起初，爱帕曼特斯看着泰门送给那些登门拜访的客人昂贵礼物，还大办宴会款待他们，但后来又眼睁睁看着他将石头和金子投砸向那些曾经看重之人。

莎士比亚选择将柏拉图、亚里士多德、卢西恩和普鲁塔克都提及的故事改编成戏剧，聚焦于人类与“黄黄的、发光的、宝贵的金子”的关系上。作为一个出手大方、行事慷慨之人，泰门从来都不缺“朋友”，——“我想要是我有许多国土可以分给我的朋友们，我一定永远不会感到厌倦”。但是一旦他背上债务，却没有一个朋友以同样的慷慨来待他。

> **最凶恶的野兽做伴侣，比起无情的人类来，它们要善良得多。**
>
> ——泰门
>
> 第四幕第一场

盲目和虚荣

泰门的故事并非一个简单的由富转贫的故事。当然，实际上这部戏剧的结构可以概括成两个相互对立的部分，但莎翁对泰门的呈现却远没那么简单。剧中，泰门忠诚的管家弗莱维斯很早就暗示泰门的金库已经空了，而且他口中所说的每一句话都是一笔“负债”。而

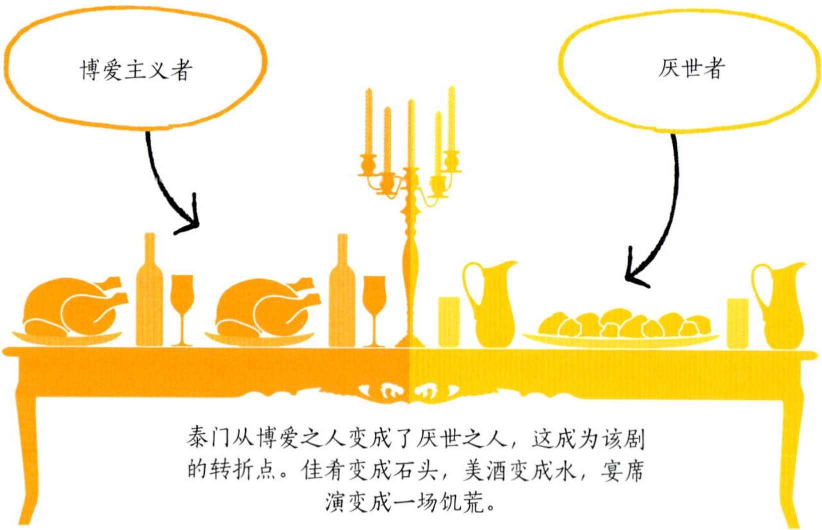

泰门从博爱之人变成了厌世之人，这成为该剧的转折点。佳肴变成石头，美酒变成水，宴席演变成一场饥荒。

泰门却极端慷慨，这让人困惑。一方面，他的话语满含关切，称“单单把软弱无力的人扶了起来是不够的，必须有人随时搀扶他、照顾他”，但另一方面又宣称“哪有给了人家再收回来之理”。如果不给他们机会，他的客人们该如何回报他的慷慨？弗莱维斯暗示泰门“一个人行了太多的善事反是最大的罪恶”，而爱帕曼特斯则敏锐地意识到那些围绕在泰门身边的人都是戴着多个玻璃面具的谄媚之徒，他们就像秃鹰一样贪婪。他甚至因为泰门的盲目（和虚荣心）而非常沮丧：“我看见这许多人把他们的肉放在一个人的血里蘸着吃，我就心里难过；可是发了疯的他，却还在那儿殷勤劝客。”

人性的倒退

认识到他的“朋友们都是天生忘恩负义的东西”，泰门愤而弃世，去了森林。在这里，他总结到，他会找“最凶恶的野兽做伴侣，比起无情的人类来，它们要善良得多”（4.1.36）。像李尔王一样，泰门脱去了衣服，试图从错误的友谊和糖衣炮弹的谄媚中脱身。一走出雅典城门，泰门便宣称他什么都不带，只是赤身裸体地从这个令人厌恶的城市走出来。作为一个诅咒世界的愤世嫉俗之人，泰门越发懂得起笔抒情，他口吐诅咒的诗行：“这黄色的奴隶可以使异教联盟，同宗分裂；它可以使受诅咒的人得福，使害着灰白色的癞病的人为众人所敬爱；它可以使窃贼得到高爵显位，和元老们分庭抗礼；它可以使鸡皮黄脸的寡妇重做新娘，即使她的尊容会使身染恶疮的人见了呕吐，有了这东西也会恢复三春的娇艳。”

泰门牢牢地绑在人性的另一个极端上，他的表白既残酷又暴躁，就像他之前既善意又天真一样。他口吐恶的赞美诗，就像一种奇怪的音乐，既让人昏昏欲睡，又势不可挡。泰门巴望着众神和唯利是图的士兵艾西巴第斯对雅典复仇，只盼自己死去。泰门没有一直沉浸在自己的“友谊之梦”中，而是更愿意责骂自己“病态”。他去世之时，虽然仍对人类心存不满，却已原谅了自己。

在莎翁笔下的人物之中，没有一个能像泰门这样集虚无与责任于一身。这是莎翁塑造的最长的角色，给演员提出了一个巨大挑战，要避免呈现“人性的中庸”，集中精力抓住“两者的极端”；同时还要为观众保持心理的写实。■

> **残魂不可招，空剩臭皮囊；莫问其中谁：疫吞满路狼！生憎举世人，殁葬海之湄；悠悠行路者，速去毋相溷！**
>
> ——泰门的墓志铭
> 第五幕第五场

银行家泰门

2012年，在伦敦的国家剧院上演了一场《雅典泰门》，故事场景设定在信贷危机的金融街上。戏剧表现的是金融精英的垮台，在一片反对资本主义的抗议背景中结束。泰门的负债是由“清偿危机”造成的。

泰门由英国演员西蒙·拉塞尔·比尔扮演，突出了一个自负的慈善家形象。在他的股票市值很高时，很多人奉承他。在这个友谊即商品、花钱可买的世界里，他追逐着权力。这一作品证明了卡尔·马克思所说，该剧是讲述“金钱的力量”之剧的说法。泰门的蔑视直指当代精英：“你们庄严的主人是法律庇护下慷慨的强盗和小偷。”莎翁创作该剧之时，英格兰正遭受一场政治危机。盖伊·福克斯因策划“火药阴谋”而被处死。在海特纳的版本中，抗议者戴着盖伊·福克斯的面具，而这种面具正是在网上的匿名激进运动中流行开来的，但同时，该剧也一如既往地忠实原著。

流血必须引起流血

《麦克白》（1606年）

剧中人物

邓肯：苏格兰王，受邀去麦克白的城堡做客，然后在睡梦中被杀。

马尔康：邓肯之子，父亲被杀后因担心自己有性命之虞而逃亡英格兰，后来为打败麦克白重新归来，最终戴上王冠。

麦克白：高贵的勇士，格兰斯王。他谋杀国王，执行暴政。后来在女巫的预言下，被麦克德夫杀死。

麦克白夫人：麦克白的妻子，鼓励丈夫杀死国王，但后来却因参与了这场谋杀而遭终日折磨。

班柯：麦克白的亲密伙伴，后在麦克白授意下被杀，但他的魂魄却经常萦绕在麦克白周围。

弗里恩斯：班柯之子，一路躲避麦克白雇佣的杀手追杀。

麦克德夫：伐夫地区的大乡绅，国王邓肯的忠实拥护者。他发现了国王的尸体，发起反叛麦克白的活动。

麦克德夫夫人：麦克德夫之妻，她和孩子在麦克白授意下被杀。

女巫：有胡子的丑老太婆们，她们预言麦克白会当王，但也告诉他会在什么时候失去王冠和妻子。

门房：城堡大门的守卫者，酒醉而风趣的愤世嫉俗之人。

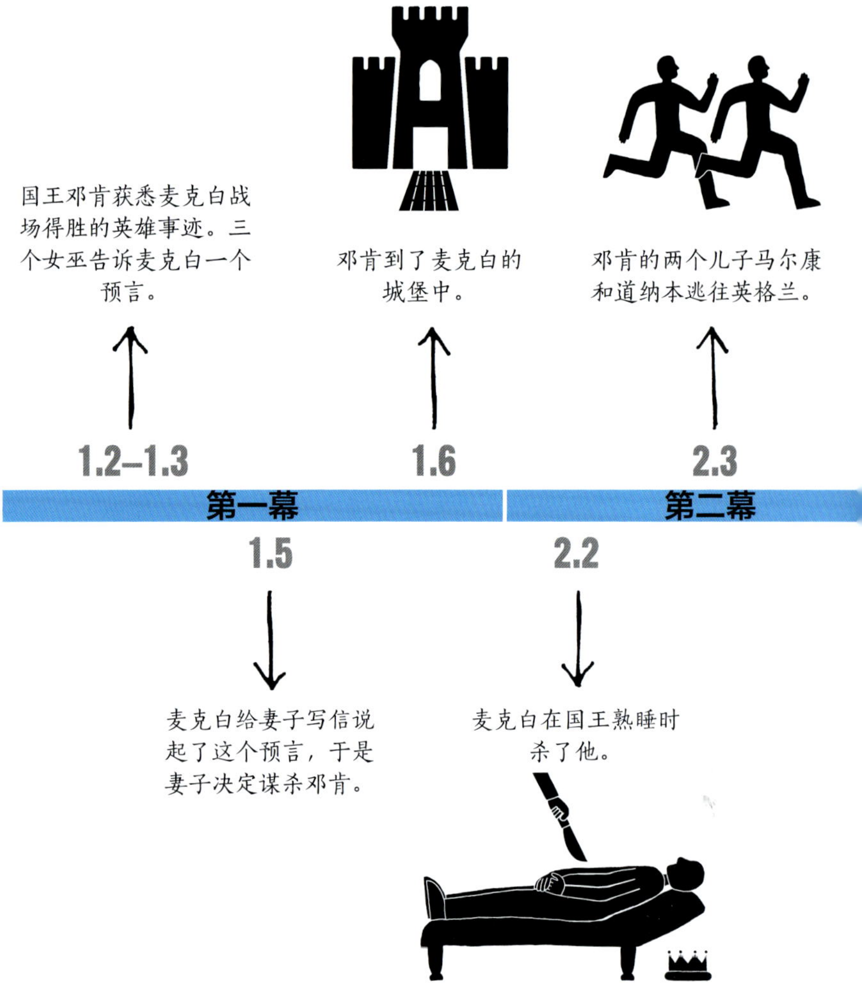

三个女巫在荒野啸聚，遇见麦克白。麦克白和班柯从战场凯旋，途中偶遇“命运三姐妹”，她们预言麦克白会当王，而之后班柯的后代又会取代麦克白而当王。很快，麦克白接到消息，他被任命为考德领主（宗族族长），这让他开始相信女巫的预言。他将消息告诉了妻子，随后麦克白夫人就开始策划谋杀国王邓肯的阴谋，以此帮助麦克白当上国王。

邓肯国王将拜访麦克白城堡的消息传来，麦克白夫人说服丈夫最好当晚动手。她设计下药迷晕国王的卫士，让麦克白偷偷溜进国王的房间。杀人途中，麦克白看到一个幻象：一把悬浮的匕首指引着方向。杀死国王之后，麦克白回到妻子身边，手中仍紧紧握着还在滴血的匕首。麦克白害怕谋杀会惊醒其他熟睡的人，十分恐慌，妻子不断安抚他，他才冷静下来。这对夫妻离开房间清洗国王的血迹之时，大门响起一阵敲门声。门房引麦克德

第三幕

3.1

麦克白当上国王。

3.3

麦克白下令杀死班柯。

3.4

班柯的鬼魂出现在麦克白的宴会上。

第四幕

4.1

麦克白听到了女巫们的更多预言，包括班柯的后代会取代他统治这个国家。

4.2

麦克白下令杀死麦克德夫的妻子和孩子。

4.3

麦克德夫说服马尔康领兵讨伐麦克白。

第五幕

5.5

麦克白夫人死了。麦克白听说勃南森林正在向他的城堡移动。

5.10–5.11

麦克德夫杀死麦克白——预言实现了。马尔康当上了国王。

夫进来，后者发现了国王尸体，发出了警报。麦克白又杀死了警卫，唯恐他们醒来。国王的儿子马尔康和道纳本听到父亲被害，立刻逃往英格兰。

麦克白当上国王，不过班柯却暗暗疑心是他杀了国王邓肯。麦克白担心班柯怀疑自己，于是安排刺杀班柯，但班柯之子弗里恩斯却逃过了追杀。麦克白举办宴会，却看到了班柯的鬼魂，非常恐惧。麦克白夫人想方设法将宾客们的注意力从丈夫的奇怪举止上转移开，尤其是在他对着一把空椅子说话的时候。

麦克白又回去找到了那几个女巫，得知在勃南森林移动到邓斯纳恩之前，他的王位是安全的，而且，她们说没有一个由女人生出来的人能杀得了他，他更加放下了心中疑虑。麦克白听到麦克德夫逃往英格兰并说服马尔康组织军队讨伐自己的消息后，下令杀害了麦克德夫的妻子和孩子。这个残忍的消息传到了远在英格兰的麦克德夫耳中，愈加坚定了他复仇的决心。

麦克白夫人在睡梦中喃喃自语，泄露了她杀害邓肯的负罪之心。麦克白相信自己竟看到森林在向他的城堡移动，这时，他听到了妻子死亡的消息。移动的森林实际上是一支手持树枝的部队。紧接着，战斗打响了。麦克德夫透露自己是剖腹生产的，并非女人所生。预言被实现了，麦克白被杀。■

背景知识

主题：
野心、王位、命运、超自然现象、背叛

场景：
苏格兰和英格兰

来源：
1587年 拉斐尔·霍林斯赫德的《编年史》记载了邓肯国王和麦克白的统治，其中还有命运三姐妹的木刻插画。

演出：
1664年 威廉·戴夫南特的《麦克白》的改编版中，出现了会飞的女巫。

1812年 著名的威尔士女演员莎拉·西登斯出演麦克白夫人。

1847年 朱塞佩·威尔第的歌剧《麦克白》首演。

1913年 亚瑟·鲍彻自导自演了该剧的德语默剧版。

1957年 黑泽明的电影《蜘蛛巢城》将麦克白移至封建时期的日本。

1967年 科幻电视剧《星际迷航》采用《麦克白》作为其中两集的素材。

1976年 伊安·麦克莱恩和朱蒂·丹契在埃文河畔斯特拉福扮演了麦克白夫妇。

2003年 维沙尔·巴德瓦杰导演的《马克布勒》，改编自《麦克白》，将背景设为孟买的黑社会。

2004年 电影《哈利·波特和阿兹卡班的囚徒》中，有一幕命运三姐妹齐声念咒的场景。

麦克白夫妇冒天下之大不韪，当上了苏格兰的国王和王后。谋杀国王邓肯之时，他们犯下了天底下最大的罪：弑君罪。这对夫妇很明白，他们对王冠的渴求充满了罪恶和残忍，却仍下定决心采取行动，并最终双双覆灭。和理查三世一样，麦克白夫妇绝望地发现，获得王位并没有给他们带来快乐。麦克白深信，自打坐实王位那一刻，他就已经无法高枕无忧了："单单做到了这一步还不算什么，总要把现状确定巩固起来才好。""要把现状确定巩固起来"意味着争夺王位之人，不能留一个活口。麦克白夫妇发现，他们开始陷入一种暴力的怪圈中，终日被自己的所作所为和"可怖的印象"困扰，"流血必须引起流血"之事一件接着一件。杀戮无法停止。

不管从字面意义上还是象征意义上来说，《麦克白》都是一部黑色戏剧。三分之二的场景发生在黑夜，营造出一种骇人的紧张氛围。鬼魂在夜晚游走，谋杀在夜幕掩盖下进行，而且黑夜带来噩梦，让罪恶的灵魂饱受折磨。观众和麦克白的关系也一幕比一幕沉重，因为他从一个让人信任的勇士逐渐变成了一个不择手段的权谋政治家。

> **我从来没有见过这样阴郁而又光明的日子。**
>
> ——麦克白
> 第一幕第三场

> **要是干了以后就完了，那么还是快一点干。**
>
> ——麦克白
> 第一幕第七场

随着戏剧演进，人性的印记愈加衰弱。麦克白夫人要求"注视着人类恶念的魔鬼们"来解除她"女性的柔弱"，用"最凶恶的残忍"填满她。为了实现她的谋杀野心，她必须将自己变成一个无情的怪兽。莎翁关注她的女性气质，为的是强调她对自己温柔本性的残暴抛弃。因为害怕丈夫"充满了太多的人情的乳臭"，她怂恿他要有铁石心肠，要将野心凌驾于对他人的顾虑之上："我曾经哺乳过婴孩，知道一个母亲是怎样怜爱那吮吸她乳汁的子女；可是我会在它看着我的脸微笑的时候，从它的柔软的嫩嘴里摘下我的乳头，把它的脑袋砸碎，要是我也像你一样，曾经发誓下这样毒手的话。"（1.7.54-59）。

在这对夫妻制订好杀人计划之后，他们对彼此越发依赖，但他们的困扰与幽闭恐惧症也同样逐渐加

1955年，劳伦斯·奥立弗的《麦克白》大受好评，被赞为“耀目的黑暗”。在这个光彩照人的作品中，还出现了奥立弗的妻子、电影女演员费雯·丽，她扮演的是怂恿丈夫的麦克白夫人。

深。这对夫妻彼此保守着那个蓄意谋杀的秘密，不能泄露出去。但最终这个秘密不仅把他们双双吞噬，还使他们之间生出了隔阂。

怂恿谋杀

尽管麦克白不太愿意动手谋杀，但他也不是盲从妻子去杀害国王邓肯的。通过展现出角色犯罪时的勉强之意，莎士比亚让麦克白和观众的关系复杂化。麦克白听见妻子对女巫预言他要当“未来的君王”的反应后，坚定地说道：“我们还是不要进行这一件事情吧。”有一瞬间，似乎让人觉得麦克白抵挡住了诱惑，战胜了他“跃跃欲试的野心”。然而，妻子刺人的讥讽却又让他重新考虑起这件事。

麦克白夫人展开了一场有目的

詹姆斯一世

《麦克白》写于詹姆斯一世统治时期。1603年，詹姆斯登基为王，此后成为莎翁演出剧团的最大赞助者，并且赐予该剧团“国王供奉剧团”的名号，以示敬意。莎翁不仅为伦敦的平民观众创作戏剧，还要写戏娱乐国王。莎翁创作的《麦克白》就明显迎合了国王的喜好。英格兰王詹姆斯一世以前是苏格兰国王，被称为詹姆斯六世，因而戏剧以苏格兰为背景，正好符合皇家口味。而且詹姆士认为自己是班柯的直系子嗣，而莎翁对班柯的塑造是非常高尚的。莎翁还迎合了国王特别关注的巫术。1597年，詹姆士国王曾出版过一部著作《恶魔学》，其中就探讨过巫术话题，这么重要的事，剧作家是不会忽视的。虽然《麦克白》戏剧化的剧情娱乐了国王，但它也同样吸引了很多普通大众。

的情感攻击，让丈夫深感被冒犯和羞辱，这让人震惊。“难道你把自己沉浸在里面的那种希望，只是醉后的妄想吗？它现在从一场睡梦中醒来，因为追悔自己的孟浪，而吓得脸色这样苍白吗？从这一刻起，我要把你的爱情看作同样靠不住的东西。你不敢让你在行为和勇气上跟你的欲望一致吗？你宁愿像一头畏首畏尾的猫儿，顾全你所认为生命的装饰品的名誉，不惜让你在自己眼中成为一个懦夫，让‘我不敢’永远跟随在‘我想要’的后面吗？”（1.7.35-44）。

在短短的十行台词中，麦克白夫人接连质疑丈夫的男子气概、荣誉、野心、勇气和对她的爱。最终，麦克白的男性自尊战胜了他之前满心的犹豫和怀疑，于是自卫地回击道“只要是男子汉做的事，我都敢做”。那么，麦克白自己到底有多想要这个王位？他到底在多大程度上参与到谋杀之中，以此肯定和维护自己对男子气概的理解？莎翁并未直接给出答案。经由贯穿全剧的女巫角色，观众对麦克白这种行为的反应变得更复杂了。

英国女演员艾伦·特里于1888年在伦敦扮演了麦克白夫人一角。社会肖像画家约翰·辛格·萨金特观看了演出，并绘制了她身着金翅羽衣的肖像。

麦克白“狂热的脑筋”和女巫的预言一起困扰着他。偏执症实际上已经麻痹了麦克白，而且他的想象也成了一种持续的折磨。在他准备谋杀邓肯之时，看到一把悬浮的匕首指引着他一直走向国王的卧室。

这把匕首是否是被命运三姐妹用魔法操纵着？还是像麦克白怀疑的那样，仅仅是“一把意识中的匕首”，由恐惧和勉强造就，操纵了自己的野心？但他的想象无法压制下去。谋杀了国王之后，他就再也无法安然入睡了，“我仿佛听见一个声音喊着：‘不要再睡了！麦克白已经杀害了睡眠’，那清白的睡眠，把忧虑的乱丝编织起来的睡眠，那日常的死亡，疲劳者的沐浴，受伤的心灵的油膏，大自然的最丰盛的菜肴，生命的盛筵上主要的营养”（2.2.33-38）。

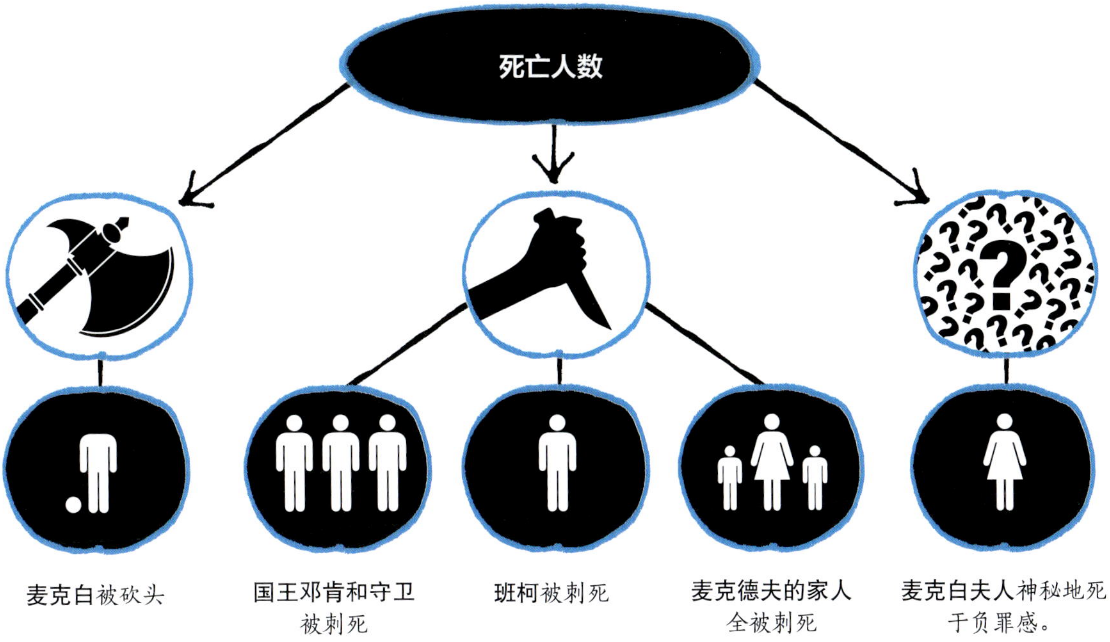

被传染的思想

想卸下自己内心的烦扰，将心事告诉别人，这是人之常情。因为缺乏丈夫的关注，麦克白夫人只能毁灭性地在睡梦中说梦话，吐露自己的难题："去，该死的血迹！去吧！一点、两点，啊，那么现在可以动手了。地狱里是这样幽暗！呸，我的爷，呸！你是一个军人，也会害怕吗？既然谁也不能奈何我们，为什么我们要怕被人知道？可是谁想到这老头会有这么多血！"（5.1.33-38）。

按照医生的诊断，"反常的行为引起了反常的纷扰；良心负疚的人往往会向无言的衾枕泄漏他们的秘密"（5.1.69-70）。麦克白夫人睡梦中的呓语让她和丈夫生命堪舆。莎翁对麦克白夫人在开篇和结尾的模样做了鲜明对比，之前，她

> **在我面前摇晃着、它的柄对着我的手的，不是一把刀子吗？来，让我抓住你。**
>
> ——麦克白
> 第二幕，第一场

强大、充满控制欲，但后来却变成了一个截然相反的可怜的影子。那个致命的秘密抽干了她的生命，只剩下死亡紧紧缠绕着她。而很快，她自己也会追随死神而去。

在极端危险或极端暴力的时刻，莎翁让麦克白说出了剧作家对于存在本质最为诗意的思考。杀害邓肯引发了麦克白对睡眠抚慰作用的思考，而麦克白夫人的死亡又激发他思索生命竟短暂如斯："熄灭了吧，熄灭了吧，短促的烛光！人生不过是一个行走的影子，一个在舞台上指手划脚的拙劣的伶人，登场片刻，就在无声无臭中悄然退下；它是一个愚人所讲的故事，充满着喧哗和骚动，却找不到一点意义。"（5.5.22-27）。

班柯的鬼魂

杀死国王后，麦克白面临一个"秩序完全解体"的未来。他的思想"充满着蝎子"，而他的每个想法都是关于他"不过刺伤了蛇身，却没有把它杀死"的事实。只要班柯还活着，麦克白就担心会东窗事发，而一想起女巫预言班柯的后代会取代他成为国王，他就火冒

在朱塞佩·威尔第的歌剧《麦克白》中，女巫充当了合唱队。图为2007年，旧金山歌剧团演员身穿现代服装进行表演。

三丈。

班柯也对麦克白起了疑心，麦克白暗自下决心亲手除去朋友，他乐于让妻子“暂时不必知道”。谋杀班柯直接导致这对夫妻之间产生裂痕，结果造成了戏剧中最让人毛骨悚然的一幕：班柯的鬼魂出现了。

血腥的幽灵

麦克白想跟宾客一起宴席入座，却发现无椅可坐。客人们一再招手示意他坐在一个空位上，但他却害怕地弹开了，并开始和班柯的鬼魂对话。奇怪的是，只有他能看到鬼魂，别人却看不到。他说：“别这样对我摇着你的染着血的头发。”此情此景让他的妻子立刻警觉起来，急忙安抚那些惊慌困惑的用餐者：“他的癫狂不过是暂时的，一会儿就会好起来。要是你们太注意他，他也许会动怒，发起狂来更加厉害；尽管自己吃喝，不要理他吧。”（3.4.52-57）。

这场戏的表现方式可谓“黑色幽默。”国王的“发作”颇为戏剧化，而这些用餐者压根不可能完全“视而不见”。国王对鬼魂的反应越发极端，麦克白夫人将丈夫拉到自己身边，试图说服他，但他的脑袋里充满了血腥的场景：“在人类不曾制定法律保障公众福利以前的古代，杀人流血是不足为奇的事；即使在有了法律以后，惨不忍闻的谋杀事件，也会随时发生。从前的时候，一刀下去，当场毙命，事情就这样完结了；可是现在他们却会从坟墓中起来，他们的头上戴着二十件谋杀的重罪，把我们推下座位。这种事情是比这样一件谋杀案更奇怪的。”（3.4.74-82）

> 流血是免不了的；他们说，流血必须引起流血。
>
> ——麦克白
>
> 第三幕第四场

在这里，莎翁追溯了合谋杀害邓肯之后，麦克白夫妇的动态关系。杀死国王后，麦克白冷冷地注视着手中还在滴血的匕首，似乎异乎寻常的紧张情绪将他的思绪完全吞没了。对麦克白夫妇来说，此时一切尚不为人知，麦克白夫人还能私下将丈夫从他那些可怕的想法中摇醒。但麦克白在宴会上的奇怪举止却完全暴露在众人面前，让人困惑。当鬼魂再次出现，麦克白已完全无法再抑制恐惧：“流血是免不了的；他们说，流血必须引起流血。据说石块曾经自己转动，树木曾经开口说话；鸦鹊的鸣声里曾经泄露过阴谋作乱的人。”（3.4.121-125）。

终结屠杀

戏剧末尾，麦克白的世界坍塌了，已经没有什么能让他高兴的了：“我已经活得够长久了”。女巫们那些不可思议的预言竟然都一一实现了。麦克白一边战斗，一边离开舞台，虽然他已没什么胜算，“虽然勃南森林已经到了邓西嫩，虽然今天和你狭路相逢，你偏偏不是妇人所生下的，可是我还要擎起我雄壮的盾牌，尽我最后的力量”（5.10.30-32）。

只有让“这个残暴的屠夫和他魔鬼一样的王后”死亡，才能彻底终结这场血腥的大屠杀。麦克德夫感叹：“无道的虐政从此推翻了”，他拥立马尔康为新国王，因为他能给苏格兰带来美好、远离暴政的未来。■

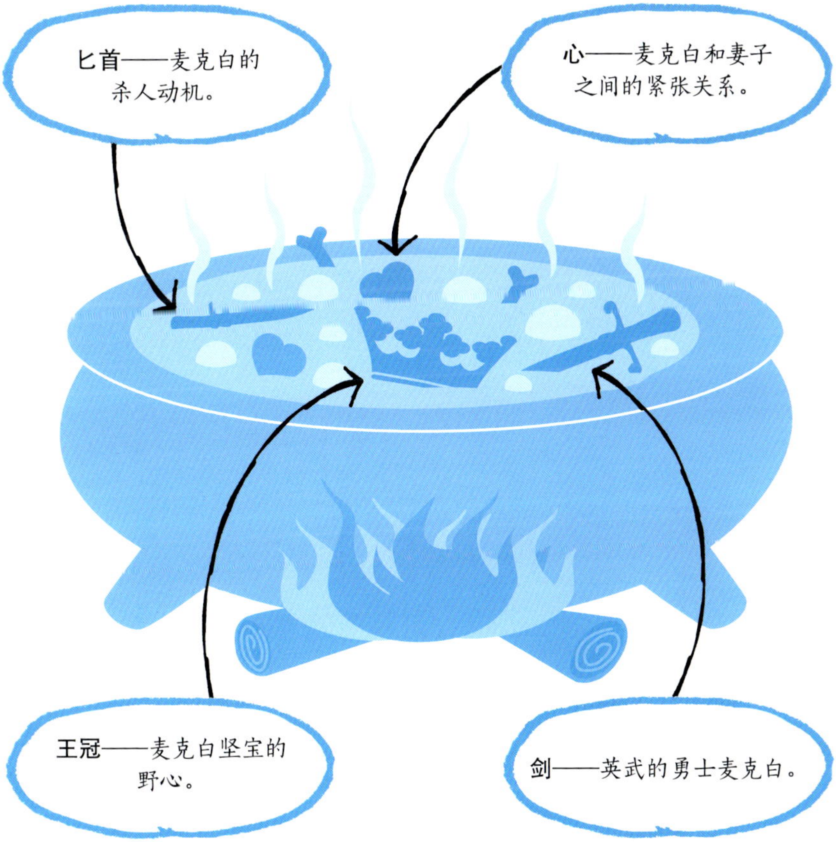

莎士比亚戏剧化地将所有因素整合在一起，麦克白挥舞刀剑的勇士气概，争夺王冠时的“伟大雄心”，与麦克白夫人在一起时的全心一致，匕首所显示的邪恶意图，以及将麦克白引向犯罪谋杀的预言力量，如此反复出现在同一部剧中。

女巫

在莎士比亚时期，行巫术是一种严重的行为。1590年-1592年，詹姆斯国王亲自参加了北伯威克女巫审判，其间有70人接受了审判，许多人被绑在死刑柱上烧死。英格兰和苏格兰的女巫审判一直持续到18世纪。

莎翁的观众对此十分了解。《麦克白》中三个女巫的出现让人不安，而且她们的外貌如班柯所形容的，“这些是什么人，形容这样枯瘦，服装这样怪诞，不像是地上的居民，可是却在地上出现？你们是活人吗？”（1.3.37-40），强调出她们是来自冥间的异类。

莎翁的描写鼓励观众运用想象，看见更多眼睛看不到的东西——那些超自然的可怕生物。他还创造出一个困扰观众和麦克白心智的形象。现代观众则认为麦克白的行为是受他自己内心的驱使，而非女巫的诅咒。

年龄不能使她枯萎，她也不喜欢陈旧的变化无穷

《安东尼与克莉奥佩特拉》（1606年）

剧中人物

安东尼：罗马将军，与埃及女王克莉奥佩特拉之间激情痴缠。他陷在对罗马的责任和对克莉奥佩特拉的渴望中，备受煎熬。

克莉奥佩特拉：埃及女王，尤利乌斯·凯撒的旧爱。她对安东尼的热烈情感表现为嫉妒、愤怒和同情。

爱诺巴勃斯：安东尼最忠诚也最信任的士兵。他享受在埃及的生活，也非常理解安东尼对克莉奥佩特拉的感情。

奥克泰维斯·凯撒：尤利乌斯·凯撒的大侄子，他和安东尼、莱必多斯一起统治罗马。他厌恶安东尼在埃及的生活。

奥克泰维娅：凯撒之妹，安东尼之妻。

塞克斯特斯·庞贝：谋划反叛罗马统治者的士兵，最后被说服和谈。

查米恩和伊拉丝：克莉奥佩特拉的侍女。伊拉丝服毒自尽，不愿亲眼目睹克莉奥佩特拉自杀而死。

莱必多斯：和安东尼、凯撒一起统治罗马，建议安东尼和奥克泰维娅进行政治联姻。

多拉贝拉：凯撒的随从，警告克莉奥佩特拉会将其在罗马游街示众。

预言者：预言凯撒会击败安东尼。

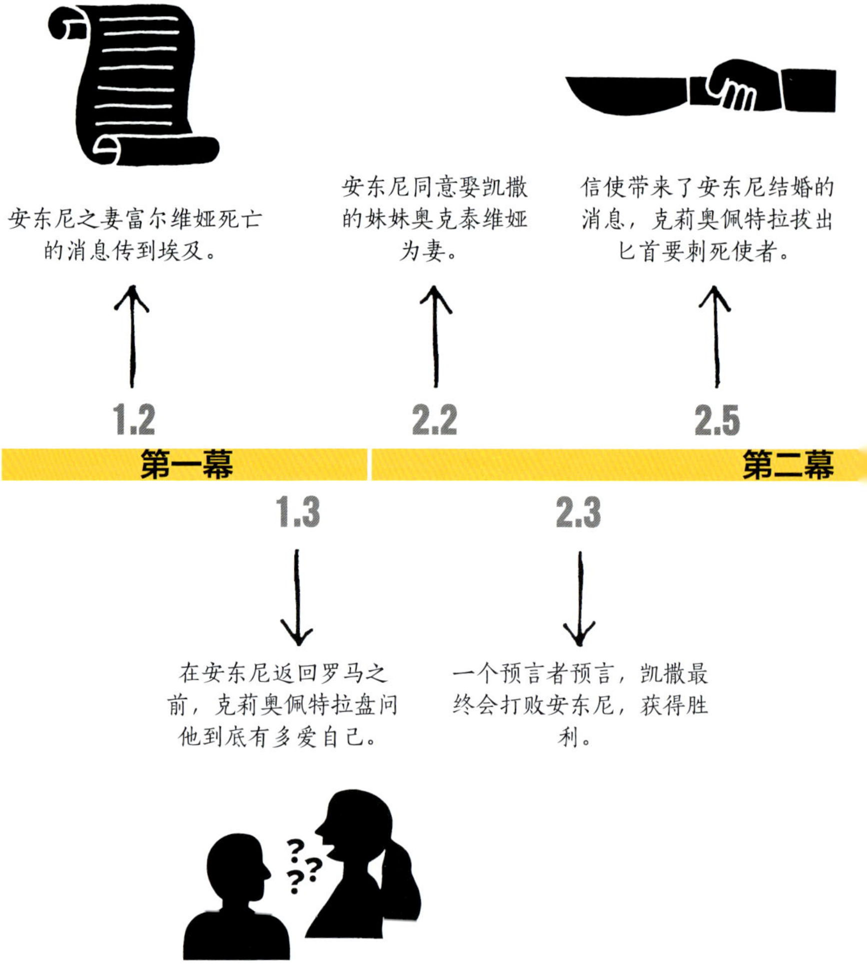

罗马士兵都很不喜欢将军玛克·安东尼，因为他已完全拜倒在埃及女王克里奥佩特拉的魅力之下，无法自拔。他们害怕这种爱会将世界上最强大的男人变成不值得尊敬的傻瓜。安东尼收到妻子富尔维娅死亡的消息，意识到自己必须返回罗马，帮助凯撒打败塞克斯特斯·庞贝。克莉奥佩特拉质疑安东尼对她的爱，她不仅嫉妒别的女人，也嫉妒安东尼对罗马的责任心。

安东尼返回罗马，克莉奥佩特拉寻求朋友的安慰。安东尼发现凯撒对他的归来十分不悦，因责备他完全忽视了自己作为领导所应承担的责任。之后，凯撒鼓励安东尼与妹妹奥克泰维娅结婚，以示他对罗马的责任。安东尼同意了这场政治联姻。克莉奥佩特拉听到安东尼结婚的消息，大为震怒。

凯撒和安东尼在船上会见了塞克斯特斯·庞贝，想要阻止他发动内战。虽然庞贝的一个士兵试图

2.6

罗马和塞克斯特斯·庞贝议和，并在庞贝的船上大办庆祝宴会。

3.3

克莉奥佩特拉听说安东尼的新娘比她矮，非常高兴，但听到她比自己年轻，又生气起来。

第三幕

3.6

奥克泰维娅单独返回罗马，凯撒大怒，向安东尼宣战。

3.10

安东尼没有采取自己认为的最佳方式，而是接受克莉奥佩特拉的建议，与凯撒在海上开战，结果失败了。

3.13

凯撒的信使试图劝服克莉奥佩特拉离开安东尼，但安东尼鞭打了这名使者。

第四幕

4.15

战败之后，安东尼对克莉奥佩特拉表示出了蔑视，于是她捎信告诉他，她打算自杀。

4.16

安东尼以为克莉奥佩特拉已死，于是拔刀了结了自己的生命，死在克莉奥佩特拉的怀里。

第五幕

5.2

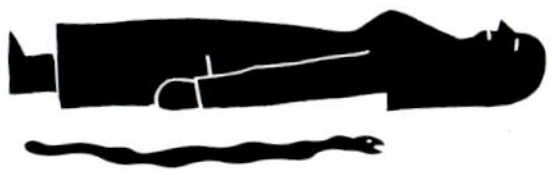

克莉奥佩特拉被毒蛇咬了一口，自杀身亡。凯撒抵达，发现女王和侍女都已死亡。

说服他杀了这两位客人，但庞贝并没有这样做，还接受了和谈。庞贝忽略了士兵的建议，并在当晚和他以前的敌人大肆饮宴。爱诺巴勃斯称，虽然安东尼和凯撒在政治方面重新扭绑在了一起，但他对克莉奥佩特拉还是非常忠诚的。

安东尼丢下新婚妻子，独自返回埃及。因为安东尼忽视奥克泰维娅，凯撒火冒三丈，发动了战争。安东尼的士兵们坚持要与凯撒进行陆战，但克莉奥佩特拉却建议海战。克莉奥佩特拉战败逃跑，安东尼紧紧跟随而去，令他失去了士兵的尊重，也失去了自己往日积攒的声誉。

将士对安东尼渐失信任，而安东尼的亲信爱诺巴勃斯也叛投了凯撒。安东尼再尝败迹，怪罪于克莉奥佩特拉。克莉奥佩特拉虑及自身安危，让人带信给安东尼说自己已经死了，不曾想安东尼竟想以身殉情。但安东尼并没有死成，他的士兵艾洛斯不愿帮主上自杀，而是自杀殉主。又有消息传来，克莉奥佩特拉只是装死，实际上她躲进了一座陵墓。安东尼让人送自己去她身边，咽气之前警告她小心凯撒。

克莉奥佩特拉发现凯撒打算让她在罗马游街示众，于是让侍女送来一条毒蛇，决定了结生命。她穿上最气派的长袍，然后将毒蛇放到胸口，与侍女一同赴死。凯撒赶到时，发现克莉奥佩特拉已香消玉殒，于是下令将她和安东尼合葬。■

背景知识

主题：

爱，权利，责任，尊敬，嫉妒，背叛，死亡和渴望

场景：

罗马，亚历山大港，雅典

来源：

1579年 托马斯·诺斯爵士翻译了普鲁塔克的《希腊罗马名人传》。莎翁的戏剧将原著跨越10年的史实进行了压缩。爱诺巴勃斯对游艇之上的莉奥佩特拉的描述直接摘自原书。

演出：

1765年 评论家塞缪尔·约翰逊写道，这部戏剧中的事件“既毫无关联，也不在乎真实”。

1890年 女演员莉莉·兰特里在伦敦的公主剧院出演了克莉奥佩特拉一角。

1922年 诗人T. S. 艾略特的《荒原》改编自莎士比亚对克莉奥佩特拉的描述。

1934年 苏联剧作家亚历山大·塔伊罗夫的《埃及之夜》大加引用这部莎剧。

1966年 美国作曲家塞缪尔·巴伯将该剧改编成歌剧版，在纽约上演。

1972年 在一部改编严重的电影里，美国明星查尔顿·赫斯特饰演安东尼。

1999年 马克·瑞兰斯在伦敦的环球剧院扮演克莉奥佩特拉一角。

安东尼和莉奥佩特拉不像“不幸的爱人”罗密欧和朱丽叶那样年轻，他们都已是成年人，而且已走过了“少不更事”的年龄。安东尼已与富尔维娅结婚，但他还是被“埃及风情”吸引，离开身在罗马的妻子，在埃及度过了一段美妙的时光：“我的快乐是在东方”。虽然克莉奥佩特拉没有结婚，但她以前也经历过爱情，“凯撒为了她竟放下刀枪，安置在她的床边；他耕耘，她便发出芽苗。”安东尼和克莉奥佩特拉彼此间的激情简直势不可挡。全剧都充满了美艳鲜明的诗句，表现出他们的饥渴、欲望和对彼此的依赖。“年龄无法使他们中的任何一个人退缩”，因为在彼此眼中，对方就是天神。即使辞世，安东尼对克莉奥佩特拉来说也如战神一般。在安东尼自杀之后，克莉奥佩特拉宣称“月光照射之下，再也没有值得注目的人物了”。即使如此，他们的关系也远不如田园诗般美妙。作为一对恋人，他们是英雄气的、宏大的、但同时也是低劣的、荒谬

剧中，埃及宫廷被描述得奢华富丽、充满异域风情，让安东尼沉迷其中，不能自拔。下图是意大利画家弗朗西斯科·特雷维萨尼想象中的埃及宫廷。

> 给我奏一些音乐；对于我们这些以恋爱为职业的人，音乐是我们忧郁的食粮。
>
> ——克莉奥佩特拉
> 第二幕第五场

的、怯懦的、浑浑噩噩的。不管是作为个人，还是作为情侣，莎翁将他们用一种丰富而又难忘的方式呈现出来，观众既能看到好的部分，也能看见坏的、肮脏的东西。

魅惑女王

克莉奥佩特拉是莎翁创造的最伟大的戏剧人物之一。对某些人来说，她也是莎士比亚笔下最让人筋疲力尽、火冒三丈的角色。莎翁不遗余力，要给观众呈现一个魅力十足、活力四射的克莉奥佩特拉。在整部剧中，我们随处能看见男人如何拜倒在她的石榴裙下，甚至那个最一本正经的罗马人奥克泰维斯·凯撒也注意到，她死亡的模样“会吸引住另外一个安东尼”。男人们认为她魅惑十足，像妖精一般将男人陷于魔咒之中。她起先被粗俗贬损，安东尼的两个士兵说她是充满淫欲的“妓女”和“吉普赛女郎”。他们的将军整天沉迷于温柔乡里，让士兵非常气愤，于是便说这个女人竟能将“世间的中流砥柱”变成“娼妇的傻瓜”。对他们来讲，她的诱惑是有毒的、危险的，破坏了安东尼对罗马的责任感和义务。而另外一些久经沙场的士兵，如爱诺巴勃斯，则懂得运用最美好、最诗意的语言向那些没有亲见过克莉奥佩特拉的人描述她的魅力：“年龄不能使她衰老，习惯也腐蚀不了她变化无穷的伎俩；别的女人使人日久生厌，她却越是给人满足，越是使人饥渴；因为最丑恶的事物一到了她的身上，也会变成美好，即使她在卖弄风情的时候，神圣的祭司也不得不为她祝福。”

在某种程度上，爱诺巴勃斯对克莉奥佩特拉的描述证明了安东尼对“一个绝世的佳人”的迷恋具有一定的合理性。如何能不迷恋这个风情万种、无所不能的女人呢？似乎每个人，从牧师到世界领袖，都在克莉奥佩特拉身上发现一种独特的魅力。她并不需要特定的布景，甚至不需要出现在舞台上，就已经创造出了一个永恒的形象。在剧中最富含诗意的诗篇，爱诺巴勃斯回忆起克莉奥佩特拉的高贵形象：“她坐的那艘画舫就像一尊在水上燃烧的发光的宝座；舵楼是用黄金打成的；帆是紫色的，熏染着异香，逗引得风儿也为它们害起相思来；桨是白银的，随着笛声的节奏在水面上下，使那被它们击动的痴心的水波加快了速度追随不舍。讲到她自己，那简直没有字眼可以形容；她斜卧在用金色锦绸制成的天帐之下，比图画上巧夺天工的维纳斯女神还要娇艳万倍；在她的两旁站着好几个脸上浮着可爱的酒涡的小童，就像一群微笑的丘匹德一样，手里执着五彩的羽扇，那羽扇的风，本来是为了让她柔嫩的面颊凉快一些的，反而使她的脸

在1951年的一部作品中，劳伦斯·奥立弗和费雯·丽夫妇担任了男、女主角。奥立弗扮演的安东尼行事鲁莽，而费雯·丽扮演的王后则美丽性感又冷艳高贵。

> 我已经毁了自己的名誉，犯了一个最可耻的错误。
>
> ——安东尼
> 第三幕第十一场

色变得格外绯红了。”

爱诺巴勃斯的这段话就像是献给克莉奥佩特拉的一首赞美诗。这一形象出自托马斯·诺斯爵士于1579年翻译的普鲁塔克作品《希腊罗马名人传》，这部作品也是莎翁创作该剧的素材来源。莎翁个人非常喜爱这个形象，难怪乎他全部引用，一句不落地放在了自己的戏剧中。在改编原著时，莎士比亚还参考了公元前30年克莉奥佩特拉去世后诗人和画家为她创作的作品，让克莉奥佩特拉的形象更加丰满。

在安东尼眼中，克莉奥佩特拉是一个“每一种情绪在你的身上都充分表现出它动人的姿态”的女人，她的美丽动人透过她的一怒、一哭、一笑闪现出来。对安东尼来说，她是她所在国家的人格化象征，她是“埃及风情”，也是“古老的尼罗河畔的花蛇”。但她也被贴上了“淘气女王”、“三翻四覆的淫妇”、“负心的埃及女人”的标签。她的性情就像尼罗河的水一样，翻覆流动：“要是你看见他在发恼，就说我在跳舞；要是他样子很高兴，就对他说我突然病了。”克莉奥佩特拉唯一不变的只是她的善变。

啊！你把我带到什么地方去，埃及女王？

——安东尼
第三幕第十一场

爱与责任

克莉奥佩特拉和安东尼第一次见面时，克莉奥佩特拉缠着安东尼，问他有多爱她。而安东尼的回答非常夸张，很合她的口味。他说：“让罗马融化在台伯河的流水里，让广袤的帝国那高大的拱门倒塌吧！这儿是我生存的空间。纷纷列国，不过是一堆堆泥土；粪秽的大地养育着人类，也养育着禽兽；生命的光荣存在于一双心心相印的情侣的及时互爱和热烈拥抱之中；这儿是我永远的归宿；我们要让全世界知道，我们是卓立无比的。”

安东尼的语言表明，他在某种程度上已经完全融入埃及人的行事风格。罗马人安东尼是帝国的建立者，对他来说，扩张版图、增长实力是最主要的目标和动机。但从这句开篇台词中，我们可以明显感受到安东尼的想法，他所关注的显然已不是扩张和增长，而是收缩和减少。他的征服野心已经缩小到一点上，就是他所说的“这儿是我生存的空间”，“这儿”指的就是埃及，在克莉奥佩特拉的臂弯里。埃及以及埃及女王推翻了安东尼对荣誉和高贵的罗马式解读，将他从一个征服的勇士变成了一个只愿囿于“互爱和热烈拥抱之中”的男人。对某些人来讲，没有什么能比这个更浪漫了，而对另一些人来

《希腊罗马名人传》

莎士比亚对古代社会的了解大都来自普鲁塔克《希腊罗马名人传》的译本。《名人传》写于公元1世纪，是一部关于希腊罗马名人的传记合集，每两人一组。每组人物中，都有最近的一个罗马人匹对一个最遥远的希腊人。普鲁塔克将安东尼和德米特里厄斯对应，而德米特里厄斯是公元前294年-288年统治马其顿王国的军队领袖。在安东尼出生200年以前，德米特里厄斯刚好辞世。普鲁塔克说，德米特里厄斯和安东尼都是“耽溺于奢侈享乐之人”，但他对安东尼的评价更为严厉。准备战争之时，德米特里厄斯的“矛头不会被常春藤缠上，他的头盔也不会有没药的味道”。与此相反，安东尼“被克莉奥佩特拉解除了武装，拜服于她的魔咒之下，在她的劝说下，弃绝担当、举手投降，只会在卡谋珀斯和泰普西斯河畔与她漫游嬉戏”。

> 这无耻的埃及人葬送了我；我的舰队已经投降了敌人，他们正在那边高掷他们的帽子，欢天喜地地在一起喝酒，正像分散的朋友久别重逢一般。三翻四覆的淫妇！
>
> ——安东尼
>
> 第四幕第十三场

说，没有什么比这个更自我了。

为了理解安东尼为何沉溺享乐，莎翁将奥克泰维斯·凯撒和罗马的生活作为对照。如此一来，莎翁将戏剧架构在两个相互对立的世界上，并通过多重声音和视角来丰富该剧。凯撒的语言冷酷无情，带着政治家口吻，他缺乏埃及式的对诗意的讲究，倾向于语言的纯功能性，用语短小、简洁。凯撒严格的规则观念导致他认为安东尼在埃及的所作所为极不光彩。以凯撒的判断来看，安东尼每天就是悠闲地“钓钓鱼，喝喝酒，嬉游纵乐，彻夜不休，比克莉奥佩特拉更没有男人的气概”。和克莉奥佩特拉一样，安东尼抵制了简单的标签化。莎翁在整部剧中不断变化呈现方式，让观众既瞥见了“全身盔甲的战神”，也看见了“娼妇的傻瓜”。

情色埃及

埃及被视为纵欲之所，在这里，8只烤野猪竟然可以被12个人当成早餐瓜分完毕。凯撒的胃口被这个挥霍无度的地方搅动着，他能够“与其在一天之内喝这么多的酒，我宁愿绝食整整四天”。而埃及人对情色也是贪得无厌的，但在罗马，贪婪和性欲都被婚姻取代。凯撒的妹妹奥克泰维娅在成为安东尼妻子的那一刻起，她的功能就只是政治游戏中的抵押品。这场婚姻象征着安东尼和罗马的再次联合。

莎翁想让观众站在安东尼一边吗？爱，是否重于责任？和以往一样，莎士比亚抛出了很多问题，但照样没有给出答案。这些问题是需要演员来解读的，也是需要观众自行解答的。在埃及的生活鼓励安东尼赞美胃口、喂饱胃口，但最后他决定反对自己天生的“罗马”直觉，于是造成了巨大的个人损失。对克莉奥佩特拉的爱情导致战事失利，他抱怨道：“我已经一点权力都没有了吗？不久以前，我只要吆喝一声，国王们就会像一群孩子似的争先恐后问我有什么吩咐。你没有耳朵吗？”

此处，奥克泰维斯被形容为一尊罗马雕塑，代表了剧中的罗马军事价值观。历史上，奥克泰维斯打败安东尼之后，宣布登基为罗马皇帝。

担当重责

和李尔王一样，安东尼也希望逃脱责任的枷锁，但依然渴望拥有

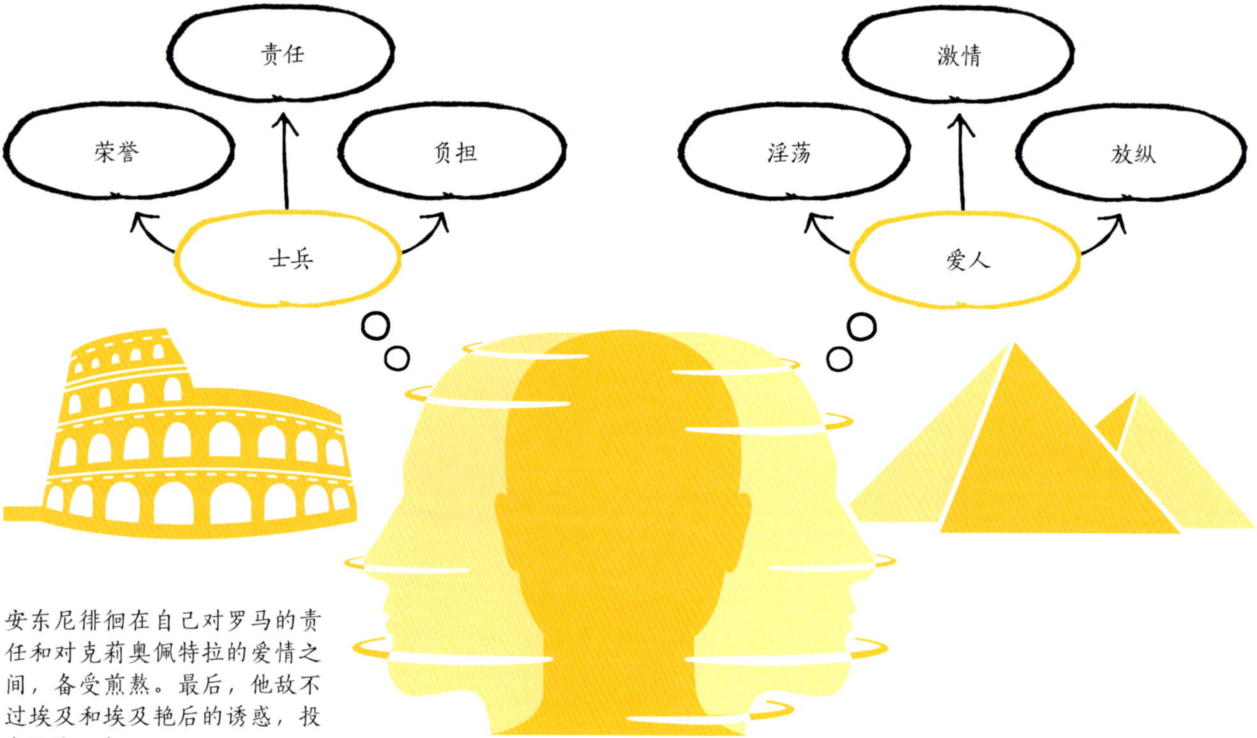

安东尼徘徊在自己对罗马的责任和对克莉奥佩特拉的爱情之间，备受煎熬。最后，他敌不过埃及和埃及艳后的诱惑，投向了这一方。

权力所带来的权威和荣誉。他和自己的良心作战，他因为追逐克莉奥佩特拉而弃战而逃，因为自己的弱点而怪罪克莉奥佩特拉："埃及的女王，你完全知道我的心是用绳子缚在你的舵上，你一去就会把我拖着走；你知道你是我的灵魂的无上主宰，只要你向我一点头一招手，即使我奉有天神的使命，也会把它放弃了来听候你的差遣。"

> **把我的衣服给我，替我把王冠戴上；我心里怀着永生的渴望；埃及葡萄的芳酿从此再也不会沾润我的嘴唇。**
>
> ——克莉奥佩特拉
> 第五幕第二场

虽然克莉奥佩特拉确实做了很多危及安东尼之事，但他依然全身心地爱着她，直至生命的最后。在经历了她无休止的情感翻覆后，他不顾死亡将至，将"最后一吻"印在她的唇上。

悼念安东尼

克莉奥佩特拉是莎翁所创造的角色中最固执己见，也是最自私自利的一个人，因而在她狂热地说着别人而非自己时，这多多少少让人有点惊讶。安东尼自杀未遂后，她满含悲恸地悼念他，为她所爱之人加添了荣光，让读者对这个男人的评价有了个人生活的印记，与政治无关。

透过克莉奥佩特拉，莎士比亚确信我们对安东尼的最后印象并非"荡妇的傻瓜"，而是天神赫拉克勒斯一般的人物。"他的两足横跨海洋；他的高举的胳臂罩临大地；他在对朋友说话的时候，他的声音有如谐和的天乐，可是当他发怒的时候，就会像雷霆一样震撼整个宇宙。他的慷慨是没有冬天的，那是一个收获不尽的丰年；他的欢悦有如长鲸泳浮于碧海之中；戴着王冠宝冕的君主在他左右追随服役，国土和岛屿是一枚枚从他衣袋

> 抬起她的眠床来；把她的侍女抬下陵墓。她将要和她的安东尼同穴而葬；世上再也不会有第二座坟墓怀抱着这样一双著名的情侣。
>
> ——凯撒
>
> 第五幕第二场

里掉下来的金钱。”

克里奥佩特拉精心而别致的悼词让人惊奇，一扫人们之前对安东尼的所有记忆：“大地没有了它的冠冕了！”

装模作样

这位埃及女王善于表演，她可以很快从一种情绪中抽离，迅速转换到另一种情绪中，就像经验丰富的女演员一样轻松。在整个戏剧演出中，她一人多面，表达出爱慕、厌恶、害怕、嫉妒、怀疑、骄傲等多种情绪。她与安东尼的许多对话实际上都是在侍者面前表演的。他们之间最私密的对话也常常公之于众。听到安东尼宣称依旧钟情于她时，克莉奥佩特拉转向陪伴身侧之人，问道：“他既然不爱富尔维娅，为什么要跟她结婚呢？”莎翁让安东尼试探地提出“今晚让我们两人到市街上去逛逛，察看察看民间的情况”，也许是在暗示，安东尼对克莉奥佩特拉的这种爱表现、求关注的个性有点反感。

安东尼提出这个小小的建议，想要与克莉奥佩特拉单独相处，远离克莉奥佩特拉的那些忠实观众。通过这句台词，莎士比亚也让非凡之事变得如此寻常。虽然安东尼和克莉奥佩特拉富贵奢华、位高权重，他们依然珍惜恋人之间简单的快乐，这种快乐无关穷富。■

在莎士比亚时期，克莉奥佩特拉是由男童演员扮演的。1999年，伦敦环球剧院上演的作品中，为求忠实原著，马克·瑞兰斯扮演了这个角色。

克莉奥佩特拉之死

直到剧终，莎士比亚才让克莉奥佩特拉成就出最伟大的表演。她精心安排自己死亡的一幕，充满了戏剧性、仪式性和礼仪性。最后一幕，克莉奥佩特拉准备自杀，是该剧最具有张力的一段表演。莎翁将该剧的视野缩小了。观众无须再想象两块大陆之间的交战，只需感受克莉奥佩特拉的悲伤和孤独。

克莉奥佩特拉唤查米恩和伊拉丝取来最好的衣服，这样她就能盛装赴死。莎翁确保，我们对克莉奥佩特拉的最后印象完全是一个高贵的女王。她的语言充满感性，而且在她生命的最后一刻，她完全迷恋上了死亡本身。她说这是“永生的渴望”，指出“死神的刺击”就像“情人手下的一捻，虽然疼痛，却是自愿的”。安东尼自杀未遂，显得尴尬笨拙，但克莉奥佩特拉却能完美地控制自己，死后依然保有自己的形象和名誉，如同生前一样。

人生就像是一匹由善恶的丝线交错织成的布

《终成眷属》（1606年—1607年）

剧中人物

海丽娜：罗西昂伯爵夫人看顾的孤儿，与伯爵夫人的儿子勃特拉姆相爱。

勃特拉姆，罗西昂伯爵：雄心勃勃的年轻人，国王的护卫。

罗西昂伯爵夫人：勃特拉姆之寡母，海丽娜的监护人。

法国国王：从本剧开始就遭受着不治之症的困扰。

拉佛：竭力了解年轻一代的年迈贵族。

帕洛：勃特拉姆的朋友，一位有声望的军人，但实际上却是个胆小鬼和骗子，后来暴露本性，不惜背叛所有人，以免受严刑折磨。

拉瓦契：阴郁、坏脾气的小丑，罗西昂伯爵夫人的仆人。

弗洛伦斯公爵：与他的兄弟锡耶纳公爵之间爆发了战争。

狄安娜：勃特拉姆一心追求的佛罗伦萨圣女。

寡妇：狄安娜之母，全心希望帮助海丽娜。

雷纳多：伯爵夫人的管家，准备了一封从伯爵夫人寄给身在法国的儿子的信。

杜梅因兄弟：伏击和审问帕洛的法国贵族，让帕洛相信自己已被俘虏。

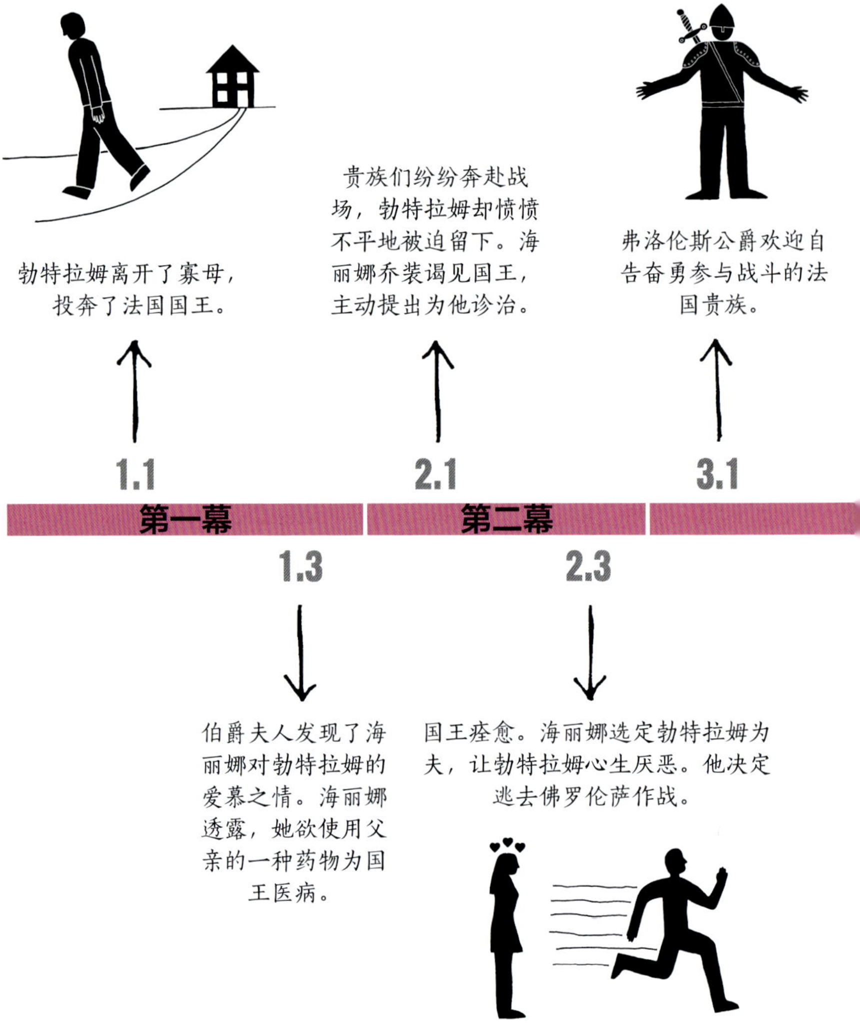

勃特拉姆父亲去世后，他必须离开家，前往王宫。伯爵夫人和拉佛讨论国王的病情，感叹只有主治医师杰吉拉·德·拿滂再世，才能医治他。拿滂的女儿海丽娜哭了——不是为了她父亲之死，而是因为勃特拉姆就要离开。伯爵夫人于是明白了海丽娜对她儿子的痴情。

佛罗伦萨和锡耶纳公国之间爆发了战争，法国国王拒绝出兵，但是允许年轻贵族参与双方交战。拉佛将乔装的海丽娜引荐至王宫内，海丽娜许诺说如果不能治愈国王，她愿意被判死刑，但如果成功了，国王须赐她一位意中人做丈夫。国王病愈，给海丽娜推荐了四位贵族作为丈夫的候选人，她选中了勃特拉姆，而勃特拉姆恰恰厌恶迎娶一位医师的女儿。勃特拉姆屈从了国王的旨意，但拒绝完婚，和帕洛一同逃走，去佛罗伦萨参战了。在寄给母亲和海丽娜的信中，勃特拉姆强调，只有海丽娜拥有一枚他永

第三幕

3.2 伯爵夫人读了勃特拉姆的来信，得知他已经逃走。海丽娜读了信，里边提出了使两人成婚的几乎不可能满足的条件。海丽娜决定离开法国。

3.5 海丽娜抵达佛罗伦萨，伪装成朝圣者寄宿在一位寡妇家中。她得知勃特拉姆正试图勾引寡妇的女儿狄安娜。

3.7 海丽娜告诉大家，自己是勃特拉姆妻子的身份，劝说众人安排狄安娜与勃特拉姆燕好，她将暗中代替狄安娜。

第四幕

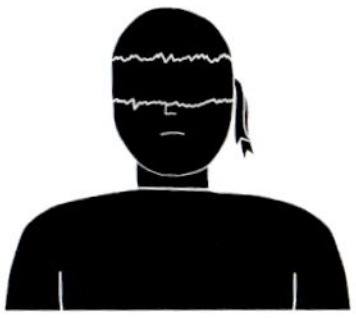

4.1 帕洛被假冒的敌军抓获，蒙上眼睛。他立即表示要背叛佛罗伦萨阵营。

4.2 勃特拉姆宣称自己爱上了狄安娜。狄安娜劝说他交出家族的传家宝戒指，并订下私会之事。

4.3 战事结束，勃特拉姆得知海丽娜死讯，计划返回法国。

4.5 伯爵夫人得知海丽娜之死，深感悲痛，但她仍支持拉佛之女嫁给勃特拉姆。

第五幕

5.3 勃特拉姆同意迎娶拉佛的女儿，却被发现持有海丽娜的戒指，国王于是指他谋杀。海丽娜归来，说她已经满足了勃特拉姆所提的条件。勃特拉姆请求原谅。

远无法移除的戒指、并且怀上他们的孩子时，他才认她为妻。海丽娜来到佛罗伦萨，借宿于一位寡妇家中，她发现勃特拉姆已凭借勇猛作战而深受众人喜爱，同时他正试图勾引寡妇漂亮的女儿狄安娜。

佛罗伦萨军队中的其他贵族们假扮成敌军，抓了帕洛，并蒙上他的眼睛。帕洛泄露了所有他知道的有关战友的情况。眼罩被取下之时，他的声望也随之彻底覆灭。海丽娜向寡妇透露了自己的真实身份，寡妇愿意提供资财，帮助她满足勃特拉姆在信中提出的条件，而狄安娜会安排与勃特拉姆燕好，但海丽娜会代替她。勃特拉姆再次试图勾引狄安娜，将祖传的戒指交给她。约会之后，她给了他另一个戒指作为报答。勃特拉姆得知海丽娜死讯，启程前往法国与国王和解。

国王原谅了勃特拉姆，并同意他迎娶拉佛的女儿，但正当勃特拉姆将狄安娜赠与他的戒指拿出来当订婚礼物时，国王认出这枚戒指原是海丽娜所有，便以谋杀妻子之罪逮捕了勃特拉姆。狄安娜来到宫中，指控勃特拉姆背弃了迎娶她的诺言，她拿出先前他所送的戒指为证，而伯爵夫人认出这枚戒指正是家族的传家宝。狄安娜不愿解释戒指从何而来，因而也被逮捕了。她请人保释，这时海丽娜出现了。海丽娜宣称勃特拉姆设定的所有条件均已满足，之后勃特拉姆请求她的原谅，并承诺将爱她到永远。■

背景知识

主题：
爱、背叛、失丧与死亡

场景：
罗西昂、法国巴黎、意大利佛罗伦萨

来源：

1353年 意大利诗人乔万尼·薄伽丘的《十日谈》是本剧的主要来源。

1566—1567年 莎士比亚很可能在威廉·佩因特翻译的《逍遥宫》中读过薄伽丘的故事。

演出：

1741年 本剧第一次有记录的表演在伦敦特鲁里街剧院进行，由佩格·沃芬顿饰演海丽娜。

1981年 美国剧作家唐·尼格罗创作了《爱得其所》，该剧围绕莎士比亚的生活展开。剧中，安妮·海瑟薇的角色与海丽娜相似，她也是通过治愈莎士比亚的父亲约翰，而赢得了与他的婚姻。

2000年 在美国儿童作家加里·布莱克伍德的小说《莎士比亚的抄写员》一书中，学徒维志帮助莎士比亚创作了《终成眷属》。

2012年 《终成眷属》被译成古吉拉特语，由孟买公司阿帕那在伦敦的莎士比亚环球剧院上演。情节背景被设定为1900年的印度西北部。

可以说，莎士比亚喜剧《终成眷属》的标题是以问号结尾的。1915年，美国作家约翰·杰伊·查普曼写道："在它的标题中，忧郁就已成型，因为我们感受到一切并不顺利，从未顺利过，也不会再顺利。"

剧中"交错的丝线"是它激发不确定反应的一个原因。尽管剧本使用了大量童话和民俗传统，包括英雄需要面临一系列不可能完成的任务，也包括床上的把戏（一个女人替代另一个女人来保住丈夫），但是作者对人物心理的洞察和这些人物身处的现实背景，让这些元素相当有问题。事实上，《终成眷属》已被标记为莎士比亚的"问题剧"之一，同属一类的还有《一报还一报》、《特洛伊罗斯与克瑞西达》，有时甚至包括《哈姆雷特》。莎士比亚未必认得这一术语，因为它在19世纪才被创造出来，用来形容挪威剧作家亨利克·易卜生的戏剧，但它也是我们用以解读《终成眷属》的有效途径。问题剧的特征包括，将奇幻的情节同现实的人物相互交织，努力解决道德困境的斗争，以及诸如丧恸这样的痛苦情感

> **正像爱上了一颗灿烂的明星，痴心地希望着有一天能够和他结合，他是这样高不可攀。**
>
> ——海丽娜
> 第一幕第一场

得知海丽娜对儿子的痴情，伯爵夫人（詹妮·迪饰，图右，2011年在环球剧院）支持海丽娜（艾丽·皮尔西饰）通过治愈国王来证明自身价值。

海丽娜（乔安娜·霍顿饰，2013皇家莎士比亚剧团版）用父亲的药治愈了国王（格雷格·希克斯饰）。作为回报，海丽娜获得了选择丈夫的机会，她选择了勃特拉姆。

经历。《终成眷属》满足上述所有条件，将喜剧和悲剧融合。其中一个完美例证就是海丽娜——她在已被宣布死亡之时，再次成功登上舞台，这意味着她不仅活着，而且怀有身孕。然而，即便如此欢乐的结局也经常让人觉得被剧中的黑色暗流遮蔽了。

含混的美德

第一个问题就是勃特拉姆。如果我们为海丽娜实现梦想、嫁给勃特拉姆而高兴，那我们就必须相信，他是值得爱的——而这恰恰是观众的纠结之处。总的来讲，剧中的角色都被视为极其矛盾的人物，“我们的善行必须受我们过失的鞭挞，才不会过分趾高气扬；我们的罪恶又赖我们的善行把它们掩盖，才不会完全绝望。”（4.3.75-77）。作为一名军人，勃特拉姆展现出了勇敢和忠诚，但同时，他又试图用虚假的承诺诱惑一位年轻处女。在最后一幕，面对海丽娜的付出，他表达了懊悔之情，并声称要爱上她，但随后又未能讲出真相，甚至诋毁了他同样自称爱着的狄安娜。

我们或许可以为勃特拉姆辩护说，他遭遇着莎士比亚笔下常见的男性危机。莎翁诗作《维纳斯和阿都尼斯》中的阿都尼斯更喜欢追捕野猪，而非维纳斯的引诱，勃特拉姆也是一样。他依旧年轻，还不是一个成熟的男人。像海丽娜这样的女性欲望威胁将他禁锢在女性化的家庭空间内，而他恰恰刚刚成功逃脱。勃特拉姆也与当时的监护制度冲突，这一体制在莎士比亚的时代饱受诟病，即年长的监护人通常会出于自身利益的考虑，包办年轻人的婚姻。我们可以说，《终成眷属》对勃特拉姆是不公平的，因为他必须为国王偿还人情而结婚，尤其是还要娶一位他无法爱上的女人。同样令人困扰的是这一过程中体现的阉割现象，国王的护卫在海丽娜面前列队展示，这样她就可以“打发[她的]眼睛”（2.3.53），选择其中一位。通过这样的方式，海丽娜扮演了男性求婚者的传统角色，而勃特拉姆则被置于被动的女性角色上。国王威胁要流放、报复勃特拉姆一幕，让人想起《罗密欧与朱丽叶》中的老凯普莱特，而勃特拉姆则处在了类似朱丽叶的位置上。

如果我们能相信勃特拉姆和海丽娜的婚姻对于他和她来说最终都是一件好事的话，那么这些就都不重要了。但本剧极力调和海丽娜的强势、控制欲与当时理想女性的谦逊和顺服。当海丽娜必须选择勃特拉姆时，她为自己勾画了一个极为

> 我不是想我的父亲，我这些滔滔的眼泪，虽然好像是一片孺慕的哀忱，却不是为他而流。他的容貌怎样？我也早就忘记了。
>
> ——海丽娜
>
> 第一幕第一场

不可能的前景："我不敢说我选取了您，可是我愿意把我自己奉献给您，终身为您服役。"（2.3.103-105）。倘若勃特拉姆以前未能迷恋海丽娜，那么现在他也一定不会。该剧将他积极追求的女人狄安娜以贞操女神的名字命名，这绝非巧合。她之所以能激发他的欲望，是因为她似乎对爱情始终无动于衷。此外，剧本暗示海丽娜和帕洛极为相似，两者都是野心勃勃的底层人物，他们对勃特拉姆设计安排，注定在社交中获益。更具体地说，海丽娜使用床上把戏，在道德上是值得怀疑的，因为她未得到勃特拉姆同意，就让他与某个女人同寝，并让狄安娜在公众面前成为她个人欲望的替罪羊。

社会流动性

更深入的道德辩论则集中于等级差别的含义和意义。勃特拉姆坚持认为，如果跟下层阶级的海丽娜结合，他会感到羞耻并且他的贵族血统会被玷污，而国王则认为，所有头衔都是基于有价值的服务而被授予的，所以他可以基于海丽娜的美德，让她拥有与勃特拉姆同等的社会地位。

> **和一个可厌的妻子终日相对，还不如冲锋陷阵，死也死得痛快一些。**
>
> ——勃特拉姆
> 第二幕第三场

尽管这听起来非常进步，但它与剧中的其他设定相悖。护卫队的几条指导原则之一便是，护卫不能与社会地位低于自己的人联姻。另外，国王可能会说，所有人都流着一样的血，但如果王族特权也是如此，他就很难保住自己现在的位子了。剧终，该剧尝试证明，海丽娜不会危害勃特拉姆的阶级地位，反而事实上守护了它。勃特拉姆粗心地将祖先的戒指送出去，但海丽娜安全保管了它。同样，勃特拉姆认为不正当的性交浪费了他的贵族种子，但海丽娜拥有了这颗种子，并培育了一名子嗣来荣耀他。

勃特拉姆（亚历克斯·瓦尔德曼饰，*2013*年皇家莎士比亚剧团版）被同伴高高举起，因其作战勇猛而大获喝彩。对比之下，战争揭露出帕洛是个胆小鬼。

有问题的和解？

最后的和解场面可以通过多种方式来阅读和表现。勃特拉姆也许会因去世的海丽娜再次归来而改

> 你看不起她，不过因为她地位低微，那我可以把她抬高起来。要是把人们的血液倾注在一起，那颜色、重量和热度都难以区别，偏偏在人间的关系上，会划分这样清楚的鸿沟。
>
> ——法国国王
> 第二幕第三场

变，此时饰演海丽娜的演员有时会身着白衣出现，宛若一位复仇天使抑或圣母玛利亚。勃特拉姆也许会充满感激，因为是她将他从谋杀罪的监禁中解救出来，甚至免除了他对狄安娜犯下的所有罪行。

不再受到帕洛以及他那过度阳刚的气质干扰之后，勃特拉姆隐约感受到，对海丽娜的关心，现在正逐渐征服他。同样，海丽娜对勃特拉姆的反应也呈现出不同的色彩。1992年，彼得·霍尔执导了皇家莎士比亚剧团版的《终成眷属》，有评论将这一过程描述为：“凭借一个悲痛的、庄严的‘等等’（在一个漂亮的停顿之后说出），她省去了两人多余的吟唱，决然地将纸撕成两半。”我们可以将这个行为理解为这对夫妻的崭新开始，也可以理解为海丽娜对丈夫长久压抑的愤怒终于喷薄而出。

最终，老一辈人将人生理解为“由善恶的丝线交错织成的布”。当伯爵夫人察觉海丽娜的爱恋时，她回想起了自己曾经的相思之情，并总结道，这是年轻所必须经历的过程，“这一枚棘刺，正是青春的蔷薇上少不了的”（1.3.125-126）。她还质问了稚爱的价值：“我们也曾经犯过同样的过失，虽然在那时我们并不以为那有什么不对。”

但海丽娜对勃特拉姆盲目的激情和勃特拉姆对狄安娜“病态的欲望”是否会被婚姻冲淡？这尚待分晓。事实上，他们是否能够将发生过的事情都抛之脑后？这仍不可知。我们可否这样想象：几年后，勃特拉姆和海丽娜可以互相调侃地说，他曾经因过度憎恨妻子而以谋杀罪被逮捕？抑或，海丽娜会一直痛苦下去，因为勃特拉姆从未实践自己“永远、永远深爱她”（5.3.318）的诺言？对于这样的结局，我们只觉喜忧参半，因为未来仍有无数困难尚待克服。■

> 一个结了婚的青年是个泄了气的汉子。
>
> ——帕洛
> 第二幕第三场

吹牛的士兵

对于莎士比亚的观众来讲，他们一眼就可以认出帕洛是一个喜剧角色。吹牛的士兵是经典喜剧中常见的人物类型，他们将战场上的勇猛无限夸大，结果却被证明是一场骗局。这种人物在莎士比亚的其他戏剧中也有出现，譬如《亨利四世（下）》中的毕斯托尔，以及《亨利四世》和《亨利五世》中的福斯塔夫。这一角色在17世纪广为流行，以至于查理一世在私藏的《终成眷属》标题旁写下了“帕洛先生”字样，随后该剧相应的扩充了他的戏份。

在出人意料地背叛了友人勃特拉姆和战友之后，帕洛丢掉伪装，得到一刻解脱，赢得了观众的些许同情：“我希望活命，一定不会说谎”（4.3.334-335）。在2013年皇家莎士比亚剧团的作品中，乔纳森·斯林格饰演的帕洛抛弃了迎合讨好的桑德赫斯特口音，并最终接受了自己的同性恋身份。

世界于我而言只是一场永不停歇的暴风雨，带我远离我的友人

《泰尔亲王配力克里斯》（1607年）

剧中人物

约翰·高尔：叙述者，并且发表了收场白。

配力克里斯，泰尔亲王：泰莎之夫，玛丽娜之父。

泰莎：西蒙尼狄斯国王的女儿，配力克里斯的妻子，玛丽娜的母亲。

安提奥克斯：安提奥克国王，欲杀害配力克里斯，因其发现了自己与女儿的乱伦关系。

泰利阿德：受安提奥克斯雇佣，谋杀配力克里斯的恶人。

赫力堪纳斯：配力克里斯忠诚的顾问。

西蒙尼狄斯：潘塔波里斯国王，泰莎之父，允许配力克里斯迎娶他的女儿。

玛丽娜：配力克里斯和泰莎的女儿，在海上降生，厄运缠身，但她的美德和贞洁为她保驾护航。

克里翁：塔萨斯总督，因感激配力克里斯，发誓要保护、抚养玛丽娜。

狄奥妮莎：克里翁之妻，因嫉妒玛丽娜而设计谋杀她。

萨利蒙：以弗所医生，在泰莎被冲上岸后，帮助她恢复正常生活。

利西马科斯：米蒂利尼总督。

狄安娜：贞操女神。

1
高尔讲述了配力克里斯的故事，故事以乱伦的安提奥克斯国王开篇。配力克里斯解出了安提奥克斯的谜题，但国王秘密安排谋杀他。

5
配力克里斯躲避泰利阿德，一路逃亡，却遭遇船只失事，被冲到潘塔波里斯的岸边。

11
泰莎在去往泰尔的途中生子，她看起来已经死了，迷信的水手们决定将她的遗体扔下船。

第1-5场　　**第7-11场**

3
被雇佣的杀手泰利阿德抵达泰尔，打算毒杀配力克里斯，但后者却成功逃往塔萨斯。

7 & 9
为了安全起见，配力克里斯变装参加了西蒙尼狄斯国王女儿的招亲比试。获胜后，配力克里斯与泰莎结婚。

中世纪诗人高尔扮演叙述者，讲述了泰尔亲王配力克里斯的故事。他的故事开篇讲到，安提奥克斯国王提出，凡向他女儿求婚之人，必须答对谜语，才能迎娶她。配力克里斯虽然解开了谜题，却暴露了安提奥克斯对女儿的乱伦之欲。配力克里斯被迫逃回泰尔，以求自保。安提奥克斯国王派出恶人泰利阿德追杀配力克里斯。配力克里斯听说了泰利阿德的谋杀计划，坐船逃往塔萨斯，将亲信参谋赫力堪纳斯留下来管理泰尔。到达塔萨斯之后，配力克里斯用玉米解救了这座城市的饥荒之苦，赢得了克里翁总督夫妻的感激。配力克里斯再次扬帆起航，却遭遇暴风雨，船只在潘塔波里斯海岸失事。配力克里斯失去了所有的财务，仅剩一身铠甲。随后，配力克里斯被渔民救起，并被匿名带至西蒙尼狄斯国王的殿中。此时，西蒙尼狄斯国王正为庆祝女儿泰莎的生日举办比试，配力克里斯赢得了马术比赛，

第12-16场

第19-22场

11

配力克里斯决定将刚出生的孩子玛丽娜送到塔萨斯，由克里翁总督和他的妻子抚养。

12

泰莎的尸体被冲到以弗所岸边，医生将她从假死的睡眠中唤醒，她被带到狄安娜神庙，作为女祭司服侍神庙。

15

高尔讲述了玛丽娜儿时的经历，现在她已经长成一位少女，克里翁的妻子狄奥妮莎嫉妒心作祟，安排人杀她。

15 & 16

狄奥妮莎杀害玛丽娜的计划受挫，因为她已经被海盗绑架，送去米蒂利尼的一家妓院。

18

配力克里斯得知玛丽娜已经死亡，巨大的悲痛致使他发誓永不开口说话，并要在海上漂泊，哀悼余生。

19 & 21

米蒂利尼总督利西马科斯将玛丽娜从妓院中解救出来。玛丽娜为亲王歌唱之时，他终于认出她就是自己的女儿。配力克里斯同意将玛丽娜许配给利西马科斯

21

配力克里斯见到了女神狄安娜，女神让他赶去以弗所，与泰莎团聚。

22

高尔阐释了善有善报、恶有恶报的道理，尊敬的配力克里斯一家就是很好的例证。

国王便将泰莎公主许配给他。

与此同时，安提奥克斯国王去世，配力克里斯于是安全公开了他泰尔亲王的身份。之后，他带着已经怀孕的妻子回到故乡。在回泰尔的途中，他们遭遇了一场暴风雨，泰莎似乎已死于生产。在水手的坚持下，他将泰莎的尸体葬于大海。配力克里斯航行至塔萨斯，将女儿取名为玛丽娜，托付给了对他充满感激的克里翁和狄奥妮莎。

泰莎的棺材被冲到以弗所岸边，一位当地的医生救活了她，并送她去狄安娜神庙做了女祭司。高尔接着讲述，14年时间过去了，玛丽娜长成了一位善良的少女，却招致狄奥妮莎的嫉妒，对她动了杀心。玛丽娜设法逃跑，但被海盗绑架，并卖到米蒂利尼的妓院。配力克里斯回到塔萨斯寻找玛丽娜，却得到了她已经死亡的假消息。于是，配力克里斯发誓，一生都要在海上飘荡，与哀伤作伴。

玛丽娜死守贞操，在这里，她说服了乔装到访妓院的利西马科斯总督帮助自己。配力克里斯的船只偶然航行至米蒂利尼，利西马科斯让玛丽娜为他唱歌，希望悲痛的配力克里斯重新振作。

配力克里斯听到了玛丽娜的生平故事，欣喜地发现，此人正是他的女儿。女神狄安娜给配力克里斯托梦，让他去拜访以弗所的狄安娜神庙。配力克里斯和玛丽娜一同前往，并奇迹般地与他的妻子泰莎重聚了。■

背景知识

主题：
人生旅途、爱、命运、家庭、苦熬、团聚

场景：
安提奥克、泰尔、塔萨斯、潘塔波里斯、以弗所、米蒂利尼（地中海）

来源：
14世纪90年代 莎士比亚借用了约翰·高尔《忏悔的阿曼提斯》中的《阿波罗尼奥斯泰尔亲王》部分情节。高尔在广为流传的希腊故事基础上扩充了故事内容。

1576年 莎士比亚还从劳伦斯·吐温的中篇小说《痛苦的冒险模式》中摘取了一些细节。

演出：
1623年 《配力克里斯》未被录入第一对开本，这导致了众人不断质疑它的作者身份。

1659年 该剧是自查理二世重新开放剧场之后，第一批登上舞台的剧目之一。

1738年 乔治·李洛在柯文特花园皇家歌剧院上演了该剧的改编版，名叫《玛丽娜》。

1983年 英国广播公司拍成电影，麦克·格威利姆饰演配力克里斯，茱丽叶特·斯蒂文森出演泰莎。

2003年 蜷川幸雄的日本工作室使用人偶表演，创造出一个童话世界。该剧在伦敦国家大剧院上演。

2012年 在奥运会举办期间，希腊国家大剧院上演该剧，作为莎士比亚世界文化节的一部分。

莎士比亚撰写出各种不同的剧本，来满足观众的不同期待。有人观看悲剧，是想在剧末看到死亡的场面；有人观赏传奇剧或喜剧，是期待着婚姻和重聚。《泰尔亲王配力克里斯》也不例外。在这场传奇剧中，莎士比亚让主人公与妻女分离，为他们在结局的团聚作了铺垫。配力克里斯在地中海的各个海岸颠沛流离，遭受着生命中“不停歇的暴风雨”的冲刷（15.71），这是为了在故事终结，真切感受到团聚的喜悦。

自从相信妻女都已离世，配力克里斯就坠入了麻木昏迷的状态。主人公的情感已经枯竭，伤痛彻底改变了这位航海家，与妻女分离后，配力克里斯几乎完全脱离了社会。

约翰·高尔。据14世纪的手抄本中的说明，高尔是一位受欢迎的诗人和说书人。莎士比亚引用了高尔对希腊传说的重述，并让他在该剧中担任叙述者。

> **为何，当男人拥有土地——那些强者会吞噬弱者。**
>
> ——老人
> 第五场

激动的团聚

莎士比亚刻画的配力克里斯与女儿玛丽娜团聚的一幕令人动容。父女逐渐意识到对方身份的过程，占用了大量篇幅。开始，玛丽娜对配力克里斯讲，自己“身受的种种不幸”可能与他的自身遭遇相当，在这一刻，观众们可以直接感受到曾经降临在二人身上的诸多不幸，也知道了配力克里斯一直相信女儿已不在人世。听到玛丽娜开口之后，配力克里斯在充满戏剧性反讽的旁白中，与观众分享了自己的内心想法：“我心里充满了悲伤，一开口就禁不住泪下。我最亲爱的妻子正像这个女郎一样，我的女儿要是尚在人世，一定也和她十分相像：我的王后的方正的眉宇；同样不高不矮的身材；同样挺直的腰身；同样银铃似的声音；她的眼睛也像明珠一样，藏在华贵的眼睫之中；她的步伐是天后朱诺的再世；

奥尼·尤黑利亚扮演的**玛丽娜**，正保护自己免受鸨母（琳达·巴塞特饰演）的毒打。该剧在莎士比亚故乡上演。

她动人的辞令，使每一个听者的耳朵在饱聆珠玑以后，感到更大的饥饿。”（21.95-102）。

构建张力

显而易见，配力克里斯渴望与女儿团聚。但莎士比亚故意延宕了揭开谜底的时刻，由此攒升了观众想要目睹这一刻的欲望。每说一句话，他们二者都愈加了解对方。当配力克里斯得知玛丽娜的名字，他害怕是上帝在捉弄他。当他发现她的母亲也是在生产时死于海上，他相信，自己正经历着“最稀有的梦境”。当最终那一刻来临，真相也提醒了观众之前的情节：“我的父王把我寄养在塔萨斯，在那里我生活得好好的，不料后来狠心的克里翁和他奸恶的妻子不怀好意，想要谋害我的性命；他们买通了一个恶人杀我，正在他刚要动手的时候，来了一群海盗，把我从他的手里夺走，后来我就被他们带到米蒂利尼来了。可是，好陛下，您这样句句追问，是什么意思？您为什么哭了起来？也许您以为我是个骗子；不，凭着我的良心起誓，我是配力克里斯王的女儿，要是善良的配力克里斯王尚在人间的话。”（21.158-167）。配力克里斯的眼泪随着玛丽娜的话语滑落，尽管玛丽娜还未意识到她所讲述的故事的意义。当她肯定地说出母亲名字叫泰莎时，她的父亲终于决定开口，吐露真相：“啊，祝福你！起来，你是我的孩子。”

> **啊！来，第二次埋葬在这双手臂之中吧。**
>
> ——配力克里斯
> 第22场

结局

《泰尔亲王配力克里斯》与《冬天的故事》结局相似。莎士比亚没有在舞台上展示出里昂提斯国王与女儿帕蒂坦的重逢场面，而是通过间接引语将这一信息传达出来。《冬天的故事》中，莎士比亚刻画了一幕动人的场景，里昂提斯注视着妻子那栩栩如生的雕像。雕像突然活动起来，在场的父亲和女儿都震惊了。《泰尔亲王配力克里斯》中也有相似的戏剧化效果。配力克里斯不知不觉发现自己来到了以弗所神庙中他的妻子泰莎面前，妻子倾听了他的故事：“我是泰尔的国王，奉了你的公正的命令，特来向你顶礼致敬。当初我因为避难离国，在潘塔波里斯和美貌的泰莎结为夫妇；不幸她在海上死于产褥，却生下了一个名叫玛丽娜的女孩，这孩子，女神啊！现在还穿着你的银色的制服。”（22.22-27）。当配力克里斯终于让她们母女团聚，希望代替了绝望，这场厄运般“不停歇的暴风雨”终于退散。■

城市即人民

《科利奥兰纳斯》（1608年）

剧中人物

卡厄斯·马歇斯：一位可怕的罗马大将和骄傲的贵族，一直以“科利奥兰纳斯”的姓氏为荣，因为这一姓氏代表勇猛作战。

米尼涅斯：向科利奥兰纳斯谏言的罗马贵族，企图让罗马人停止暴乱，冷静下来。

伏伦妮娅：科利奥兰纳斯之母，将儿子抚养为一位战士，并以他在战场上的英勇为傲。

维吉利娅：科利奥兰纳斯之妻，在科利奥兰纳斯威胁要摧毁罗马时，她和儿子陪同伏伦妮娅一起祈求原谅。

考密涅斯：罗马将领和执政官，为卡厄斯·马歇斯提名了“科利奥兰纳斯”称号。

泰特斯·拉歇斯考：罗马贵族，“科利奥兰纳斯”的崇拜者，被任命为上将。

西西涅斯和勃鲁托斯：两位护民官，他们确保了科利奥兰纳斯在庶民中不得人心，并暗中策划将科利奥兰纳斯驱逐出罗马。

奥菲狄乌斯：沃尔西军队的将军，科利奥兰纳斯的大敌，也是他尊敬的竞争对手。他在战场上赢得了科利奥兰纳斯的敬重，但最终置对方于死地。

罗马百姓：被贵族的恶政激怒的暴民。

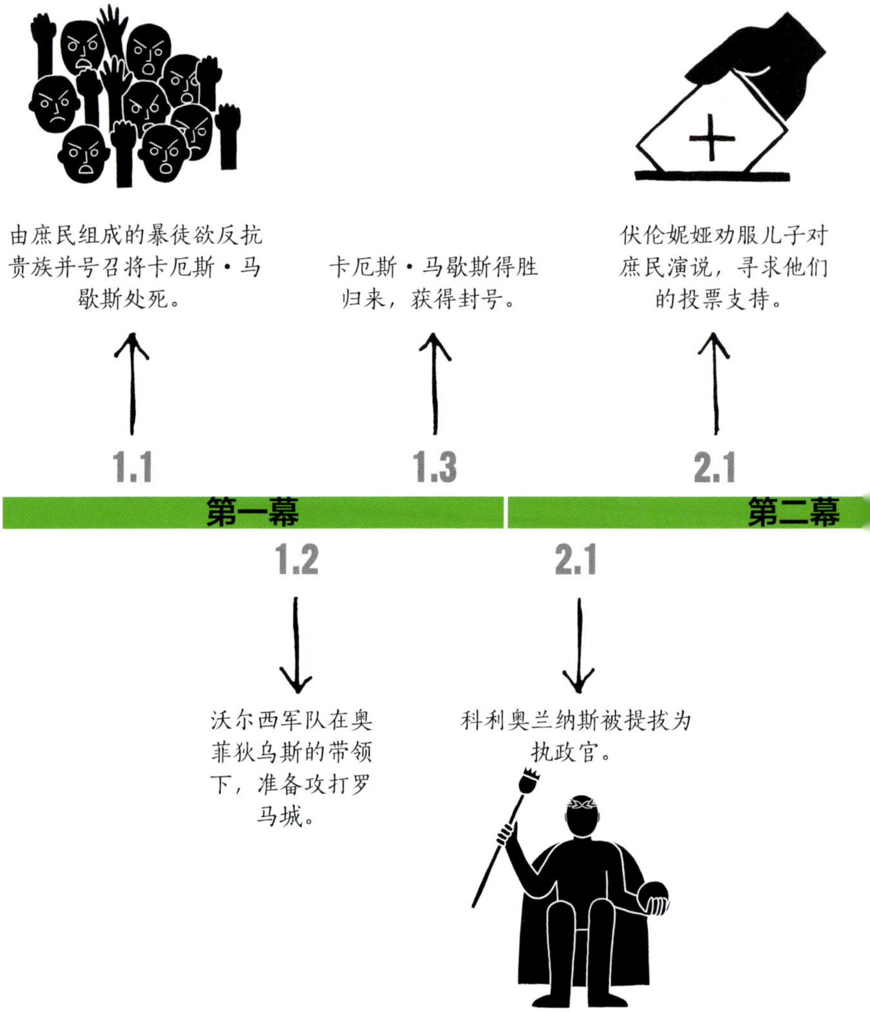

一群由庶民组成的罗马暴徒聚集起来，大谈对贵族的不满，指责贵族在饥荒时期囤积粮食。这些庶民认定高傲自大的卡厄斯·马歇斯最为恶劣，决心杀了他。但米尼涅斯及时制止了他们的刺杀行动，劝服众人从长计议。

卡厄斯·马歇斯与沃尔西军队浴血奋战，最终凯旋。他的母亲伏伦妮娅沉浸在儿子的荣耀和勇猛之中，卡厄斯被赐予“科利奥兰纳斯”的称号。两位护民官西西涅斯和勃鲁托斯唯恐卡厄斯会被赋予政治权力。正当两人担心之际，元老院已决定晋升科利奥兰纳斯为执政官。但要胜任这一职务，利奥兰纳斯必须赢得庶民们的投票支持。虽然极不情愿，科利奥兰纳斯还是在母亲的劝说下，迎合了这些民众，并展示出他们想看的伤疤。尽管民众们已经表示支持，但在护民官西西涅斯和勃鲁托斯劝说下，他们又改变了想法。如此一来，科利奥兰纳斯必须再次面对民众，还不

2.3
科利奥兰纳斯不情愿地将伤疤展示给民众看，以此来赢得大家投票。

第三幕

3.1
护民官西西涅斯和勃鲁托斯说服民众反对科利奥兰纳斯。

3.3
科利奥兰纳斯摒弃了罗马民众，被流放出罗马城。

第四幕

4.4
科利奥兰纳斯加入沃尔西军队并联合奥菲狄乌斯，计划摧毁罗马城。

4.5
沃尔西军队联合科利奥兰纳斯准备攻打罗马。

第五幕

5.3
科利奥兰纳斯的母亲、妻子和儿子前去乞求怜悯。

5.4
科利奥兰纳斯取消了攻城计划，罗马百姓欣喜若狂。

5.6
科利奥兰纳斯被沃尔西百姓杀死，但被赐予军事葬礼。

能流露出任何蔑视之意。他十分愤怒，于是毅然决然地离开了这座忘恩负义的城市并加入了敌军沃尔西军队。科利奥兰纳斯联合奥菲狄乌斯，策划了摧毁罗马的计划。与此同时，奥菲狄乌斯密谋摧毁科利奥兰纳斯垮台。

罗马民众听说科利奥兰纳斯欲摧毁罗马城，派米尼涅斯前去阻止，但科利奥兰纳斯心意已决。最后关头，伏伦妮娅和科利奥兰纳斯的妻子带着儿子来到沃尔西营地，乞求科利奥兰纳斯饶恕他们和这座城市。起初，科利奥兰纳斯意志非常坚定，但当母亲跪在他面前乞求原谅时，他的决心再次融化了。为了救下罗马城，科利奥兰纳斯背叛了沃尔西军队，牺牲了自己的生命。罗马人民沉浸在喜悦之中，科利奥兰纳斯的母亲向他们宣告了儿子所做出的牺牲。科利奥兰纳斯被沃尔西人残忍杀害，但奥菲狄乌斯主张给他一位勇士的葬礼。■

> 勇敢是世人公认的最大美德，有勇的人是最值得崇敬的。
>
> ——考密涅斯
> 第二幕第二场

背景知识

主题：

阶级斗争、身份、骄傲、荣誉、阳刚之气、权利、政治、家庭

场景：

古罗马

来源：

1579年 托马斯·诺斯英译的《普鲁塔克的希腊罗马名人传》。

演出

1681年 内厄姆·塔特改编了莎士比亚的《科利奥兰纳斯》，创作了一部保皇派的宣传册《联邦人民的忘恩负义》。

1941年 《科利奥兰纳斯》在德国受到追捧，并成为学校教材。主人公被认为与阿道夫·希特勒相似，因为两者都是魅力领袖的典范。

1959年 劳伦斯·奥立弗在埃文河畔的斯特拉福德（莎士比亚故乡）扮演科利奥兰纳斯，将他塑造为一位恃宠而骄、无可救药的男孩。

1964年 柏林剧团上演了一部由贝托尔特·布莱希特创作的改编版，剧中突出了庶民的阶级抗争。

1990年 迈克·波格丹诺夫为英国莎士比亚公司打造的作品，将场景设置在20世纪80年代政局动荡的东欧。

2011年 拉尔夫·费因斯执导并出演了由《科利奥兰纳斯》改编的英国电影，影片以现代罗马为背景。

《科利奥兰纳斯》是一部讲述权力、政治、个性以及罗马庶民和骄傲的贵族之间重重矛盾的戏剧。戏剧以暴乱和不满开场，民众对统治阶级极其厌恶，因为他们在饥荒时期对百姓福利漠不关心。戏剧开篇十行，我们听到的都是庶民号召屠杀贵族的呼喊：“让我们杀死他吧”（1.1.10）。庶民痛恨城市的领导阶层，大多因为他们贪婪无度、肆意挥霍。他们将卡厄斯·马歇斯定为头号目标，称他是“人民的最大公敌”（1.1.7-8）。在众多只顾自己、不顾百姓的贵族中，卡厄斯·马歇斯（后改名为科利奥兰纳斯）被认为是最卑鄙之徒：“他是出卖群众的狗”（1.1.27）。

尽管一些庶民认可科利奥兰纳斯在战斗中英勇善战，保卫了城市和人民免遭外敌欺辱，但大部分人都讨厌他的狂傲和自大。而对于科利奥兰纳斯而言，罗马人民只是一群令人生厌、胆小如鼠、变幻无常的乌合之众，他们只配得到蔑视。

> **南方的一切瘟疫都降在你们身上，你们这些罗马的耻辱！愿你们浑身长满毒疮恶病。**
>
> ——卡厄斯·马歇斯
> 第一幕第五场

控制罗马城是《科利奥兰纳斯》的核心议题。这座城是属于他的人民？还是那些贵族有权——也有责任——统治这座城？

不值得保护的人民

该剧设定了让一个人与整个社会对抗的主情节。科利奥兰纳斯最伟大的战斗不是抵御外敌入侵，而是与自己人斗争。这些市民追求平等，反对不公待遇。他们认为自己是罗马的命脉，但科利奥兰纳斯只将他们看作风景画上的污点。在他的眼中，他们制造暴乱，只是“为了拘束贵族的意志”（3.1.41），而不是他们任命的护民官口中的为了自由和人权而战。但贵族米尼涅斯表现出了统治阶级同情和慈爱的一面：“最仁慈的关心正来自于你们的贵族”（11.63-64）。他认为闹饥荒应该归咎于上帝，规劝大家不要过分谴责贵族屯粮之举。然而，科利奥兰纳斯却并没有这样的天赋，也不想变成一位政治说客。正如米尼涅斯所言，“他的心就在他的口头”（3.1.257）。科利奥兰纳斯认为，这些庶民“是不该把谷物白白分给他们的”（3.1.128），因为他们在战斗中表现懦弱：“一到了战场，他们只有在叛变内讧这一类行动上表现了最大的勇气”（3.1.128-130）。换言之，科利奥兰纳斯拥护精英制度（专门为贵族预留），愿意维持现状，然而“大众的唇舌”（3.1.23）却支持民主。

反对意见

《科利奥兰纳斯》围绕争吵和辩论构建。从一开始，莎士比亚就引入了不同观点。一些市民敬重科利奥兰纳斯的勇猛，而另一些则嘲笑他是妈妈的乖宝宝，认为他只是为了取悦母亲而战。莎士比亚笔下的暴民所持观点各不相同，让观众的戏剧体验更加复杂。那么，我们是否应该同情这些企图发动暴力的暴徒呢？这些暴民的谋杀意图是否正当，又是否建立在准确的信息基础之上呢？

几个世纪以来，读者和观众倾向于从多种角度解读该剧，形成了一连串各不相同的理解，个中政见往往相左。有人认为科利奥兰纳斯是该剧的英雄，也有人认为他是恶棍，有人认为那些庶民既危险又善变，有人认为他们的言行在道德上

> **他的剑光挥处，人们不是降服就是死亡，谁要是碰着他的锋刃，再也没有活命的希望；从脸上到脚上，他浑身都染着血，他的每一个行动，都伴随着绝命的哀号。**
>
> ——科利奥兰纳斯
> 第二幕第二场

一幅18世纪的印刷品描绘了科利奥兰纳斯同母亲伏伦妮娅在一起的画面。伏伦妮娅是驱动剧情的关键因素，她先是劝服儿子竞选元老院，后来又让他放弃攻打罗马城。

合情合理。在接近尾声的部分，这些暴民变成了一股危险的力量，威胁要将怒火转嫁到护民官身上。

糟糕的政治家

科利奥兰纳斯出了名地缺乏外交手段。这个角色极易树敌，而且让人惊讶的是，他长久以来都在躲避暗杀活动，这让他很快成为莎士比亚剧中最没有吸引力、也最引人瞩目的角色。这名贵族士兵在战场上勇猛刚劲、令人敬畏，但在政界却鲜尝胜绩，因为在这里他必须要赢得百姓的支持。

科利奥兰纳斯这一角色与众不同，他是一台杀戮机器；他总是与公众生活格格不入。当母亲敦促他拿出些外交手段，赢得民众支持时，他宣称“我现在的所作所为，正可以表现我真正的骨气”（3.2.13-14）。他不加掩饰，只讲自己的真实感受。因为科利奥兰纳斯那刺痛人心、不加管束的舌头，也因为两位渴望权力的护民官施了阴谋诡计，他最终被逐出罗马城。尽管市民们认为这是一场胜利，但他们的安全也将难以保障，对于狂傲而蔑视民众的科利奥兰纳斯而言，是他“放逐了”罗马城，并伺机报复这些忘恩负义之徒。

坚定的声音

尽管剧中可以听到众多市民的声音，但科利奥兰纳斯的语气如此特别，让他的声音脱颖而出，始终萦绕于观众耳边。科利奥兰纳斯身上，兼具了名人的领袖魅力和神话中怪兽一般的恐怖气质。他驱逐罗马暴民，怒气冲冲的措辞中透露出干脆和尖酸。科利奥兰纳斯言辞坚定、强健并且经常是单音节词，他所说的每个词都拉开了自己与民众的距离，直到他似乎凌驾于所有人之上，才终于发表了那番霹雳闪电

> **还是战争好，我说；它胜过和平就像白昼胜过黑夜一样。战争是活泼的、清醒的，热闹的、兴奋的，和平是麻木不仁的、平淡无味的、寂无声息的、昏睡的、没有感觉的；和平所产生的私生子，比战争所杀死的人更多。**
>
> ——仆人甲
>
> 第四幕第五场

是罗马人民掌管着罗马的自由和独立？还是这些概念只掌握在某一强大、果敢的领袖手中，他的庇护可以压垮集体意志？

1995年，皇家莎士比亚剧团版的科利奥兰纳斯由托比·斯蒂芬斯扮演，科里奥利战役后，他浑身鲜血。他是位实干家，不是夸夸其谈之人。

一般的谴责之词：“对于你们，对于这个城市，我只有蔑视；我这样离开你们，这世界上什么地方没有我的安身之处？”（3.3.137-139）。

不论科利奥兰纳斯的话语多么令人不快，但他的魅力无可否认。在流放出走之前，他告诉母亲，“当我离开他们以后，他们将会追念我的好处”（4.1.16），而这句话也映射出大部分人观看本剧的感受：只要科利奥兰纳斯离开舞台，戏剧就失去了它的魔力。当罗马人民相信自己才是城市的核心时，科利奥兰纳斯显示出个人的力量，他的角色魅力支配着整部戏剧，使市民的角色显得如此微不足道，因为科利奥兰纳斯拥有无与伦比的自信与自立，永远演绎着“孤独”（5.6.117）。

划时代的戏剧

继托马斯·诺斯英译的《普鲁塔克的希腊罗马名人传》，莎士比亚呈现出罗马历史上那段剑拔弩张、政局动荡的年代。近年来，历史学家开始质疑历史上科利奥兰纳斯是否真的存在过，当然普鲁塔克认为他是一位历史人物，因为他的血统可以追溯到早期的罗马国王。

莎士比亚和他同时代的人也经历过类似的社会、政治动荡的年代。那时，暴乱和粮食不足引发的骚乱，也同样是他们那个时代的特质。莎士比亚的选题显然是充满争议且具有现实意义和商业价值的，该剧印证了本·约翰逊在1623年第一对开本前言中的话，莎士比亚的作品“不属于某一个时代，而属于整个历史”。■

> **啊，母亲，母亲！您做了一件什么事啦？瞧！天都裂了开来，神明在俯视这一场悖逆的情景而讥笑我们了。**
>
> ——科利奥兰纳斯
> 第五幕第三场

一位德国英雄？

莎士比亚的科利奥兰纳斯是一位含混的英雄，观众永远无法弄清楚到底该支持哪一方。几世纪以来，正是这种含混性为《科利奥兰纳斯》留足了余地，让它可以服务于不同的政治目的，服务于右翼或左翼的不同意识形态。这一点，在20世纪的德国得到了很好的印证。在这一时期，莎士比亚成为最卖座的剧作家，所有的政治派系都利用了他留下的精神遗产。

在纳粹统治的20世纪三四十年代，科利奥兰纳斯作为一位与衰败的民主体系对抗的强大领袖，他的地位重新受到重视。政府鼓励德国民众将希特勒看作与科利奥兰纳斯相似的人物——暗示大家，为了避免剧中的悲剧发生，民众要毫不动摇地跟随希特勒。

50年代，贝托尔特·布莱希特改编的《科里奥兰》强调了剧中的阶级利益。它突出了民众对腐化的罗马领导阶层的攻击。布莱希特在共产主义东德工作，这部戏就是他对德国工人阶级的献礼之作。

你看见人死，我却看见新生

《冬天的故事》（1609年—1610年）

剧中人物

里昂提斯：西西里国王，波利克塞尼斯的儿时伙伴。

赫米温妮：里昂提斯的妻子，被诬陷犯通奸罪。

马米留斯：里昂提斯和赫米温妮的小儿子。

珀迪塔：里昂提斯和赫米温妮的女儿，弃婴，由一个老牧人抚养长大，她的名字寓意“失去的人”。

卡米洛：里昂提斯的顾问，同波利克塞尼斯一起逃亡波西米亚。

安蒂冈努斯：西西里贵族，保利娜的丈夫。

克莱奥梅尼和狄翁：西西里的贵族，被派到德尔菲去请示祭司。

保利娜：安蒂冈努斯的妻子，为赫米温妮辩护的朋友。

艾米莉娅：赫米温妮的女侍。

波利克塞尼斯：波西米亚国王，是里昂提斯儿时的玩伴。

弗洛里扎尔：波利克塞尼斯的儿子，他伪装成农民道里克尔斯爱上珀迪塔。

阿希达穆斯：波西米亚贵族。

奥托吕科斯：魅力十足的小流氓，曾帮助过弗洛里扎尔。

老牧羊人：他发现并抚养了珀迪塔。

克洛：老牧羊人的儿子。

毛普萨和多克斯：牧羊女，在剪羊毛集市唱歌。

时间：合唱队。

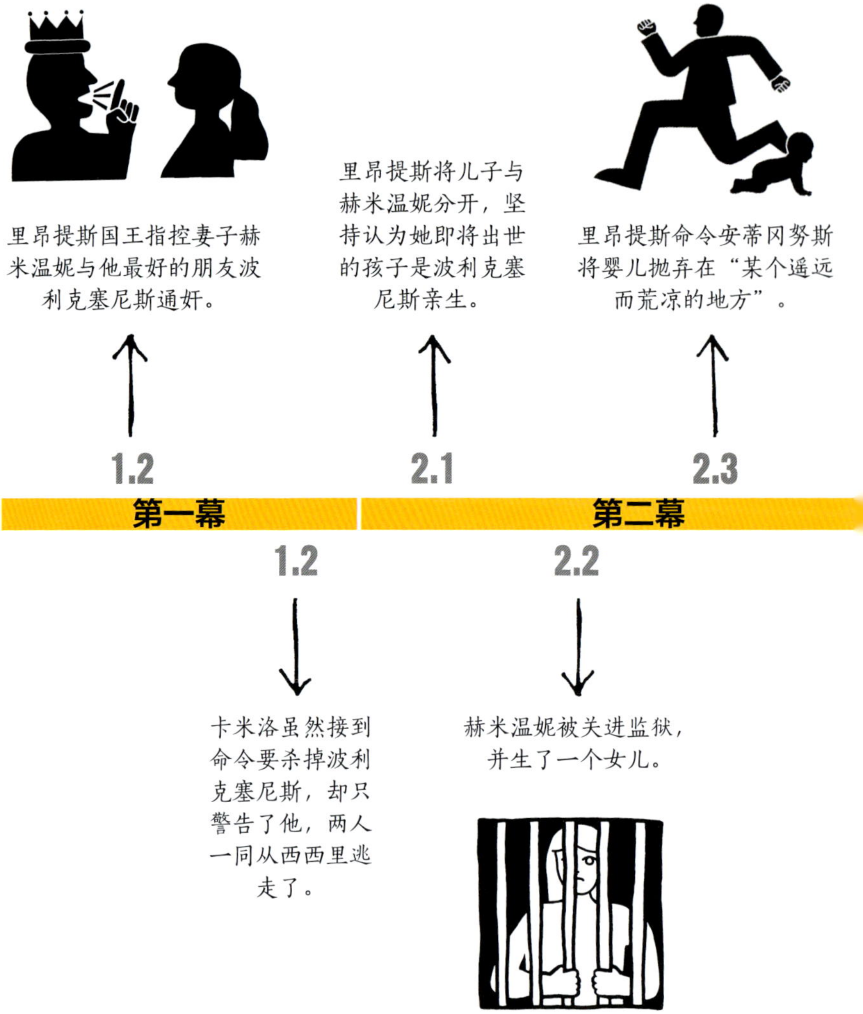

波西米亚国王波利克塞尼斯正住在儿时好友、西西里国王里昂提斯的宫殿里。里昂提斯的妻子赫米温妮怀有身孕，她劝波利克塞尼斯多待一段时间，这让里昂提斯顿生猜忌，坚信波利克塞尼斯和妻子之间有见不得人的事。随后，里昂提斯命令顾问卡米洛刺杀波利克塞尼斯，但卡米洛相信赫米温妮是无辜的，便警告了波利克塞尼斯，并和他一同逃出西西里。

昂提斯认为妻子对他不忠，便下令禁止儿子马米留斯接近他的母亲。他坚持认为即将出世的孩子是波利克塞尼斯的，便将赫米温妮关进监狱，并打发传信人到德尔菲找祭司确认她的罪行。赫米温妮在狱中产下孩子，她的好友保利娜带着女婴来到里昂提斯面前，希望能改变他的态度。但事与愿违，里昂提斯对保利娜大发雷霆。保利娜公然反抗，里昂提斯认定她是受了丈夫安蒂冈努斯的怂恿，便让安蒂冈努斯亲自将婴儿带到遥远的

里昂提斯的儿子马米留斯死了，不久后他的母亲赫米温妮也死了。

3.2

婴儿珀迪塔被安蒂冈努斯抛弃，后被一位牧羊人发现。

3.3

波利克塞尼斯禁止儿子与牧羊女结婚，弗洛里扎尔和珀迪塔乘船去西西里。

4.4

早已去世的赫米温妮的雕像神奇复活，故事幸福结局。

5.3

第三幕 **第四幕** **第五幕**

3.2

赫米温妮接受审判，祭司宣告她无罪。

3.2

里昂提斯深为懊悔，发誓要终生以苦行作为忏悔。

4.4

十六年后，波利克塞尼斯的儿子弗洛里扎尔追求牧羊人的“女儿”珀迪塔。

5.2

里昂提斯得知珀迪塔的身份，并与波利克塞尼斯和解。

地方抛弃。信使从德尔菲返回，里昂提斯将赫米温妮送至审判台。祭司宣布赫米温妮无罪，里昂提斯声称祭司错了。但此时消息传来，马米留斯因为思念母亲而死，赫米温妮听后晕倒，随后因为痛失两个孩子而过世。里昂提斯深感懊悔，将此视为触怒神灵之兆。与此同时，安蒂冈努斯将婴儿（珀迪塔）遗弃在波西米亚海岸，但婴儿在这里，她被一位牧羊人发现，而安蒂冈努斯则被一头熊杀死。十六年后，波利克塞尼斯对卡米洛说，他的儿子弗洛里扎尔爱上了一位牧羊女，他们二人打算化名参加一个宴会。在乡村小路上，乡下人奥托吕科斯唱着歌，歌颂着自己的生活。珀迪塔和弗洛里扎尔（珀迪塔只知道他叫道里克尔斯）穿着节日盛装出现。宴会上，波利克塞尼斯被珀迪塔吸引，但当“道里克尔斯”说出他要迎娶珀迪塔时，波利克塞尼斯威胁要剥夺弗洛里扎尔的继承权。弗洛里扎尔和珀迪塔随即逃到西西里。在西西里，并带来了波利克塞尼斯原谅他的消息。里昂提斯听后十分感动，但随后又传来消息说波利克塞尼斯也来到了西西里。奥托吕科斯讲述了里昂提斯怎样认出自己久未谋面的女儿，他们一同前往保利娜家中的礼拜堂，看到赫米温妮栩栩如生的雕像，这时赫米温妮奇迹般地复活了。她拥抱里昂提斯，并发现珀迪塔还活着。所有的过犯都被原谅，保利娜和卡米洛宣布结婚。■

背景知识

主题：
猜忌、受苦、希望、爱与救赎

场景：
西西里的冬天，16年后波西米亚和西西里的夏天

来源：
1588年 罗伯特·格林的浪漫散文故事《潘多斯托》。

演出：
1611年 5月，在环球剧院首演。

1754年 麦克纳马拉·摩根创作的改编剧《剪羊毛》（或称《弗洛里扎尔和珀迪塔》）在考文特花园上演。

1802-1811年 演员约翰·菲利普·肯布尔在伦敦参演了一系列大制作演出。

1881年 萨克森-迈宁根公爵的著名公司在欧洲展开巡演，深受赞誉。

1912年 导演哈利·格兰维尔·巴克的心理现实作品在伦敦的萨瓦剧院开演。

1958年 在加拿大的一部作品中，克里斯托弗·普卢默将里昂提斯塑造为一个受害者。

2001年 尼古拉斯·希特纳的国家剧院作品将剪羊毛大赛放在了摇滚音乐节里。

2009年 山姆·门德斯开启了他的英美剧院桥梁计划，合作打造了《冬天的童话》。其中西蒙·拉塞尔·比尔扮演里昂提斯，伊桑·霍克扮演奥托吕科斯。

《冬天的故事》将《皆大欢喜》的田园幽默和浪漫同《奥赛罗》的黑暗力量结合起来。但是，这部戏剧就像是一个谜。在莎士比亚的时代，冬天的故事往往是由老妇人坐在炉火边讲述的故事，大多会传达简单而有益的教训。从许多方面来讲，《冬天的故事》也正是这样的：一个有美丽结局的悲剧，一个关于迷失和救赎的故事。

冬天和悲剧

戏剧的前三幕完全不像是个童话故事，却更像是一场感情戏，同以往任何一部经典悲剧一样残酷。西西里国王里昂提斯发现妻子赫米温妮竟可以如此轻松地劝服儿时玩伴波利克塞尼斯多留一段时间，这让他怀疑他俩有染。他的思想被猜忌所吞噬，使用的语言包含了大量的性暗示："已经去了！一英尺深，齐膝深，在头和耳朵之上是分叉的双角！"他尖刻地攻击他们的通奸行为，"分叉的双角"指的是

> **太热了，太热了；朋友交得太亲密了，难免发生情欲上的纠纷。**
>
> ——里昂提斯
> 第一幕第二场

> **陛下，请不用吓我吧，你所用来使我害怕的鬼物，正是我求之不得的。**
>
> ——赫米温妮
> 第3幕第2场

被妻子欺骗的丈夫所戴绿帽子的尖角，但是整个意象都是阳物崇拜且淫荡的。

里昂提斯越来越鬼迷心窍，行为也格外怪异。里昂提斯明确将这种情况称为水杯中的蜘蛛——如果没看到的话，你可以愉快地喝下去，但是一旦发现了，就会不停呕吐。

里昂提斯的怒火逐渐升级，不断转移并伤害到他最亲近的人。与母亲的分离先是杀害了儿子马米留斯，后来儿子夭折的打击又杀死了赫米温妮。直到所有家人都离他而去，里昂提斯才清醒过来，意识到自己一手造成了可怕的局面。

戏剧的第一部分几乎是一部饱满的悲剧作品，但所有的情节都发生在三幕短剧当中，并非以往常见的五幕。里昂提斯的猜忌爆发得非常突然，像是毫无缘由，并且短短几百行台词间就已发展到不可收拾的地步。在短短的一个小时内，整部悲剧就已演绎完整，但是，这部微型悲剧的结局也与其他悲剧略有不同。在长篇悲剧中，主人公自我发现的受难之旅，唯一的出路就只有死

2012年，《冬天的故事》在德国魏玛的德意志国家剧院上演，剧中展现的西西里宫廷严酷无情，让人回忆起早些年的反动德国。

亡。《冬天的故事》中，里昂提斯最后心神错乱——但他到底还活着，并且将带着自己的错误，再活16年。

随后，里昂提斯离开舞台，一个小时内都未再出场。他发誓将要每天苦修——“泪水流下来……”眼泪将帮助他再造自我，即重生和救赎。

悲剧并未以里昂提斯的伤痛结局。某一个简短的终场中，安蒂冈努斯将里昂提斯的女婴放在波西米亚的海岸上，给她取名为珀迪塔，寓意“失去的人”。这也许是里昂提斯的愚蠢所造成的最后一个灾难——然而这也似乎是一部童话剧的开端，只不过童话的主角是一位被遗弃的公主。此处进入了真正的童话故事模式，丢弃的婴儿被老牧羊人发现——在此之前，安蒂冈努斯死去，此处出现了长久以来最为著名的舞台说明，“退场，被熊追击”（第三场第三幕）。当老牧羊人和他的儿子登场，带着他们的善良、纯朴，说着乡野趣事，让整部戏突然从黑暗的悲剧转变成浪漫的喜剧。

田园诗歌

戏剧在第4幕重新开始，从此开启了一个截然不同的世界。转眼间，16年过去了，场景变换成波西米亚初夏的乡村，整个氛围滑稽而浪漫，当初的婴孩珀迪塔现在已经16岁，变成了一位牧羊女。在一次剪羊毛大会中，她被波利克塞尼斯的儿子弗洛里扎尔看中，并被他苦苦追求。

少有戏剧敢尝试这样戏剧性的体裁变化。事实上，剧情突转如此剧烈，让很多评论家将《冬天的故

地理与戏剧

将《冬天的故事》的背景从西西里转移到波西米亚海岸——实际上只是中欧一片被陆地包围的区域。从来没有证据表明，莎士比亚离开过英国。他依靠多种资料设定作品的地理位置，其中绝大部分都在地中海区域——他的38部戏剧中，有31部都以地中海为背景。莎士比亚在《凯撒大帝》和《安东尼与克里奥佩特拉》中描述的罗马和埃及都是从普鲁塔克的作品中间接收集的材料，而《奥赛罗》和《威尼斯商人》中呈现的威尼斯很可能源自游记和旅行小说，例如1594年出版的托马斯·纳什的《倒霉的旅行者》，而《特洛伊罗斯与克瑞西达》中特洛伊城的原型则是取自《伊里亚特》。

然而，我们并不需要对剧中的所有地理背景锱铢必较。《冬天的故事》中的波西米亚就像《仲夏夜之梦》中的雅典以及《皆大欢喜》中的亚登高地。对莎士比亚的观众而言，它们呈现的更多是一种异域情调的田园生活和对现实生活的逃避。

事》列为莎士比亚的“问题剧”之一。在某种程度上，该剧反映出同时期作家流行的“悲喜剧模式”，这种模式由约翰·马斯顿等剧作家开创，但当时没有任何一部“悲喜剧”能够像《冬天的故事》这样在中途发生如此鲜明的转变。

该剧连同《暴风雨》、《泰尔亲王配力克里斯》和《辛白林》一起，经常被归为莎士比亚的“晚期”作品。人们经常将这些作品形容为“传奇”剧，因为其中的情节与中世纪讲述奇幻背景下宫廷爱情故事的诗歌有些类似。

《冬天的故事》里，这种标志性的戏中转变非常独特，但即便如此，该剧仍保留了莎士比亚大部分作品中的三段式结构，例如《皆大欢喜》和《仲夏夜之梦》等。在这些戏剧总是以有序、“现实”的宫廷世界出现问题开篇，然后进入大自然的幻想世界，并在这里找到解决问题的方法，最后再次返回宫廷，所有问题迎刃而解。《冬天的故事》也以同样的结构展开，但不同之处在于，在进入大自然开始治愈之旅以前，在真实世界 （里昂提斯的宫廷世界）里出现的问题如何充分发展，又如何演变成一个完整的悲剧。事实上，面对如此棘手的难题，里昂提斯和波利克塞尼斯自身都无法解决，唯有他们的子女才可能找到答案。

从西西里到波西米亚的场景转变，在某种程度上代表着一次重生的过程，反映出大自然一直都在自我更新。在经历过严冬之后，春天带来了新的生机，自然继续着死亡和重生的轮回。发现弃婴珀迪塔的老牧羊人将这种重生总结为“你看见人死，我却看见新生”（3.3.110-111）。

夏季与重生

在《冬天的故事》中，波西米亚部分象征着重生。戏剧的结构有意无意中反映了欧洲的重生，即文艺复兴。里昂提斯的故事是以古地中海为

1845年，在一幅浪漫主义画作中，奥古斯都·利奥波德·埃格描绘了流氓小贩奥托吕科斯在第4场第4幕中歌唱的场景。同年的一场在英国的演出故意删去了剧中的一些“低俗成分”。

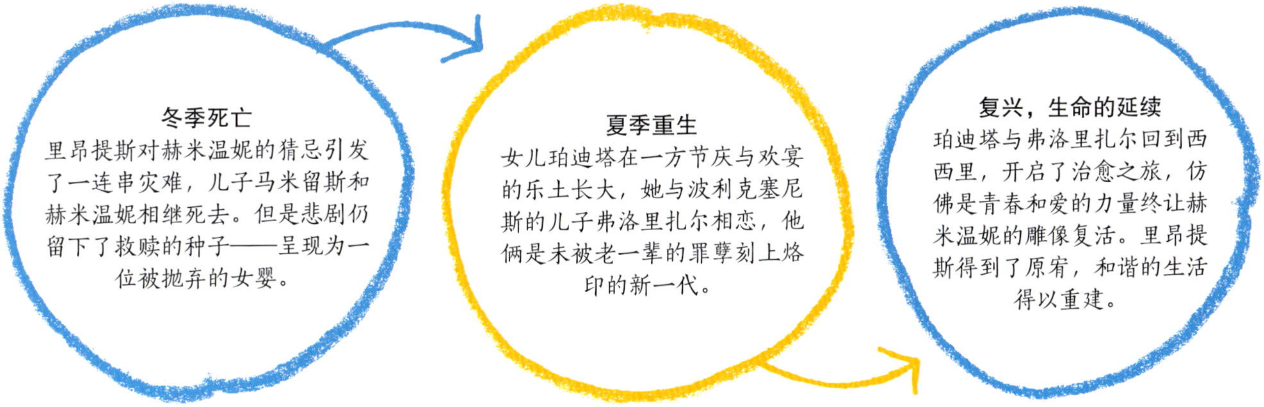

该剧的几大部分沿用了大自然死亡、重生和续写的轮回模式，冬天的悲剧被夏天的重生取代，问题得到解决，生活得以继续。

背景的阴暗的希腊式悲剧，珀迪塔和弗洛里扎尔的故事则是以波西米亚为背景的欧洲浪漫剧。或许，莎士比亚展示的正是，经典的火焰如何在新一代欧洲人手中传承。

在《仲夏夜之梦》里，不幸的情侣逃进森林完成他们的浪漫故事，但在《冬天的故事》中，当波利克塞尼斯禁止儿子弗洛里扎尔迎娶身份卑贱的牧羊女珀迪塔时，这对年轻的爱人却逃离了波西米亚夏日的梦幻世界，反而躲进了寒冬一样的西西里宫廷。正是这一逆转使他们成为传递救赎的使者，将温暖和生机带回里昂提斯冰冷的西西里。事实上，他们的回归确实带来了生机，因为在戏剧的最高潮部分，赫米温妮的雕像苏醒了。

雕像的局限

一直以来，人们对剧中的雕像颇有争议。雕像是否真的奇迹般复活？还是赫米温妮躲藏了16年，只为等待最后一刻的来临？据说，保利娜在赫米温妮死后经常拜访一座隐秘的房子，这条线索暗示赫米温妮确实躲了起来。莎士比亚的大部分戏剧都使用了戏剧性反讽，也就是说，我们知道一些剧中人物不知道的内容。当他们最后发现真相之时，戏剧性才得以实现。例如，在《奥赛罗》中，我们早就知道奥赛罗被伊阿古欺骗了，我们会一直坐立不安地等到奥赛罗终于发现真相。但赫米温妮的苏醒却是完全出乎意料的剧情逆转。在第3幕结尾，保利娜告诉我们赫米温妮死了，而保利娜的率真让我们没有理由质疑这句话。

> **在燕子尚未归来之前，就已经大胆开放，丰姿招展地迎着三月和风的水仙花。**
>
> ——珀迪塔
> 第4幕，第4场

一些评论家认为这样的反转让人难以信服，反倒削弱了剧情。但让雕像活过来产生惊奇的效果正是莎士比亚故意设计的。他通过保利娜，告知所有人复活是不可信的：“她还活着，你们应该对此欢呼起哄，就像目睹了古老的传说一般。”这句话告诉了我们答案。我们是否应该对赫米温妮的复活“起哄”，捧腹大笑？这样，我们在离开剧场时，就不会继续沉浸在忧郁之中，反倒会因为这神奇的反转窃笑不已？也许，保利娜口中的“你们这辈命运的骄儿”正是说给我们听的。莎士比亚给予我们希望，让我们相信，即便最糟的过犯，都可以得到救赎。■

似果实在枝头，我的灵魂，直至木朽

《辛白林》（1610年—1611年）

剧中人物

辛白林：耶稣诞生时的英国国王。

伊摩琴：辛白林唯一的女儿，波塞摩斯的妻子，后来伪装成年轻的菲黛尔。

吉德律斯：又名波里多，辛白林两个失踪的儿子之一。

阿维拉古斯：又名凯德华尔，辛白林另一位失踪的儿子。

王后：辛白林的第二任妻子，伊摩琴的后母，是个心肠歹毒的女人。

克洛顿：王后与前夫所生的痴呆儿。

培拉律斯：一位被流放的英国贵族，生活在威尔士，自称名叫摩根。

考尼律斯医生：一位好心的医生。

波塞摩斯·里奥那托斯：孤儿，由辛白林收养长大，伊摩琴的丈夫。

毕萨尼奥：波塞摩斯的仆人。

菲拉里奥：波塞摩斯的友人。

吉亚科莫：菲拉里奥狡猾而自信的意大利友人。

卡厄斯·路歇斯：罗马人使，后任罗马主将。

海伦：随侍伊摩琴的宫女。

法国绅士、荷兰绅士和西班牙绅士：菲拉里奥的友人。

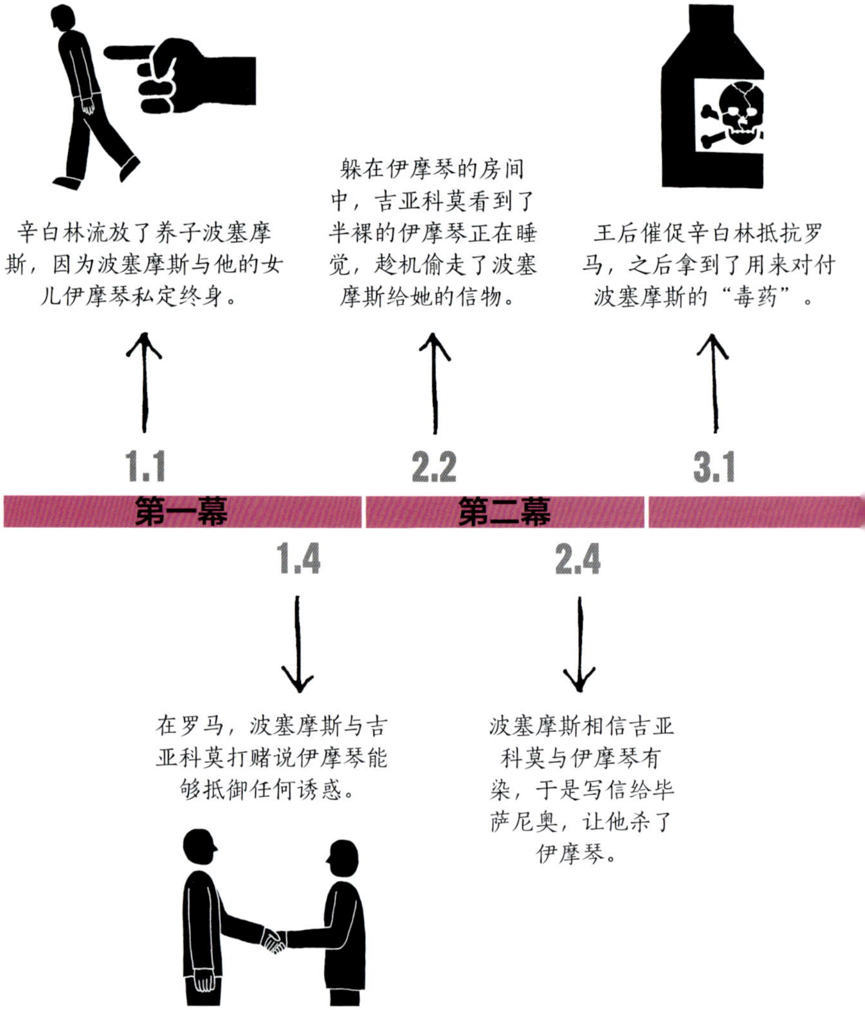

英国国王辛白林流放了养子波塞摩斯，此时波塞摩斯已经娶了他的女儿伊摩琴，而王后却想让她的痴呆儿子克洛顿与伊摩琴结婚。波塞摩斯逃往罗马。吉亚科莫与波塞摩斯打赌，要将伊摩琴勾引到手，但当吉亚科莫到达英国，伊摩琴却抵制了他的所有诱惑。歹毒的王后向考尼律斯医生索要毒药，但医生只是给了她一服安眠药。

吉亚科莫藏进大衣箱，偷偷进入伊摩琴的卧室，看到了半裸的伊摩琴，并将波塞摩斯送给伊摩琴的手镯偷走。回到罗马，吉亚科莫拿出手镯给波塞摩斯看，并描述了看到的伊摩琴的身体特征，以此证明自己曾与她欢好。波塞摩斯将伊摩琴的戒指交给吉亚科莫，发誓报复。

辛白林拒绝了罗马进献的贡品，罗马使者路歇斯因此向英国宣战。在威尔士，被流放的培拉律斯对他偷来的辛白林的两个儿子吉德律斯和阿维拉古斯讲述古老的传说。毕萨尼奥收到波塞摩斯

第三幕

3.3

在偏僻的山洞中，被流放的培拉律斯透露他的两个儿子正是辛白林失踪的孩子。

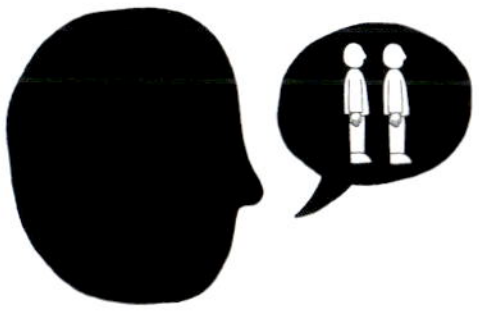

3.4

毕萨尼奥同伊摩琴一起从王宫逃走，并向她出示了波塞摩斯的信件。

3.6

伊摩琴被毕萨尼奥说服，她乔装成一个男孩，得到了培拉律斯和他的儿子们的接纳。

第四幕

4.2

装扮成波塞摩斯的克洛顿在战斗中被培拉律斯和他的儿子斩首。

4.2

伊摩琴好似因误食毒药而死亡，被放在克洛顿无头的尸体旁边。

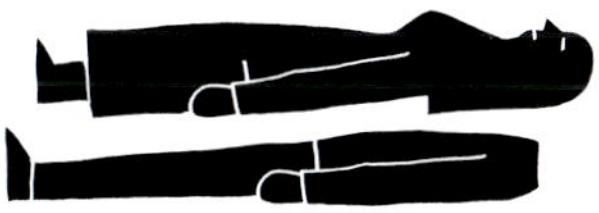

4.2

伊摩琴醒来，以为无头尸就是波塞摩斯，请求罗马侵略军帮她安葬他。

第五幕

5.1

波塞摩斯跟随罗马军队到达英国，决心向英国人自首，愿意当一名囚犯。

5.6

罗马人战败，吉亚科莫坦白了一切，伊摩琴与波塞摩斯重聚，辛白林也找回了失丧的儿子。

的来信，让他杀死伊摩琴，但是毕萨尼奥并没有杀她，反而同她一起逃往米尔福德港，她希望在这里能够见到参加罗马军队的波塞摩斯。随后，王后把“毒药”拿给毕萨尼奥，让他毒死波塞摩斯。克洛顿伪装成波塞摩斯追求伊摩琴，而假扮成青年菲黛尔的伊摩琴此时已筋疲力尽，幸得吉德律斯和阿维拉古斯庇护。

伊摩琴误食了毕萨尼奥给她的“药”。随后，阿维拉古斯在洞中发现吞药的伊摩琴。此时，伊摩琴看似死去，培拉律斯于是将她放到无头的克洛顿尸体旁边。伊摩琴醒来看到尸体，误以为是波塞摩斯。

罗马将军路歇斯让伊摩琴做自己的仆人，而波塞摩斯想起自己让毕萨尼奥杀死伊摩琴，十分懊悔，伪装成穷困的士兵混进英国。英国最终战胜罗马。波塞摩斯又打扮成罗马人故意被英国人抓住。狱中，他梦见了死去的家人，梦到了朱庇特神在主持正义。在英国，培拉律斯和他的儿子们得到封赏，而王后死了，她的歹毒也被揭露出来。罗马的战俘被带到辛白林面前，仍在伪装的伊摩琴看到吉亚科莫戴着波塞摩斯的戒指，吉亚科莫承认自己对波塞摩斯撒了谎。波塞摩斯忏悔伊摩琴之“死”，而此时伪装的伊摩琴揭开身份，说明自己还活着。波塞摩斯并未认出她来，但毕萨尼奥证实了伊摩琴的身份，二人终于团圆，培拉律斯也承认自己的两个儿子正是辛白林丢失的孩子。■

背景知识

主题：
猜忌、欺骗、受苦、希望、爱、救赎

场景：
古代英国辛白林的王宫、罗马、山洞以及后来威尔士的米尔福德港。

来源：

1353年 薄伽丘《十日谈》中打赌的情节。

1587年 基本历史背景取自霍林斯赫德的《编年史》。

演出：

1610年 该剧首演很可能是在伦敦的黑衣修士剧院的室内进行。

1611年 第一次有记录的演出。

1634年 新年第一天，在怀特豪尔宫奉命于查理一世御前演出。

1770年 美国女演员南希·哈勒姆成功地塑造了伊摩琴一角。

1837-1867年 广受欢迎的女演员海伦·福西特饰演伊摩琴，将之塑造为平静美德的典范。

1896年 艾伦·特里塑造了一个率真的伊摩琴。

1988年 在英国上演的三部主要作品，包括彼得·霍尔执导的国家大剧院作品，确立了《辛白林》伟大剧作的地位。

《辛白林》是莎士比亚戏剧中最为怪异的一部。这部浪漫故事气氛阴沉，讲述了古代英国误入歧途的国王辛白林的故事。错误的判断让他丧失了两个儿子以及女儿伊摩琴，但在故事结尾，一切都回归正轨。整部戏情节复杂，令人费解，以至于一些评论家嘲笑它是一团糟，但现在大部分评论者都承认在舞台上，这是一部魅力十足的大师之作。

从某种程度上说，该剧是基于历史上的库诺比莱纳斯国王创作的，莎士比亚在霍林斯赫德著名的《编年史》中发现了库诺比莱纳斯的故事，此处他被称为金白林。但莎士比亚在《辛白林》中编织的故事几乎完全偏离了历史真相。事实上，他似乎完全不在乎历史的连贯性。譬如，英雄波塞摩斯被古英国

> **不用再怕骄阳晒蒸，**
> **不用再怕寒风凛冽，**
> **世间工作你已完成，**
> **领了工资回家安息，**
> **才子娇娃同归泉壤，**
> **正像扫烟囱人一样。**
>
> ——吉德律斯
> 第四幕第二场

> **让所有的囚犯一起得到赦免。**
>
> ——辛白林
> 第五幕第六场

驱逐，却来到了文艺复兴时期的罗马，他的朋友们有着诸如菲拉里奥和吉亚科莫这样的意大利名字，但口里谈论的法国和英国却是时间错位的。罗马将军路歇斯带领大军登陆的英国港口是西威尔士的米尔福德港，但这座港口实际上是英王亨利都铎（亨利七世）1485年宣布登基时登陆的地点。另外，对古代英国人而言，波塞摩斯这个拉丁语名字是相当怪异的。

拼凑之作

该剧如此杂乱无章，显非作者莎士比亚粗心大意，而是有意运用联想，创造出的一部既可以传达现实意义也蕴含神秘力量的作品。该剧既有童话成分——剧中有一个恶毒的后母，也有寄居山洞的走失王子，还有一位睡美人——也有悲剧的成分。

莎士比亚从他的早期戏剧中借鉴了诸多元素。例如，波塞摩斯被吉亚科莫的谎言愚弄，嫉恨伊摩琴，想要毁灭她，这让我们想起奥赛罗在受到伊阿古蛊惑后，凶残妒恨苔丝狄蒙娜的片段。而伊摩琴从

2007年伦敦与你同行剧团激情上演了该剧，汤姆·希德勒斯顿分饰波塞摩斯和克洛顿两角，朱迪·麦克尼扮演了伊摩琴。

假死中苏醒，发现了像是她丈夫的遗体，这也回应了朱丽叶醒来后看到死去的罗密欧的经典片段。

虽然该剧情节复杂，不易理解，但其中三大主线——伊摩琴和波塞摩斯的故事，辛白林两个儿子的失踪，英国和罗马的冲突——都回应了莎士比亚的早期作品，所有这些因素都在紧凑的情节发展中拼贴在一起。

无与伦比的女主角

伊摩琴和波塞摩斯的爱情故事是本剧的情感核心。伊摩琴是莎士比亚创造的最受人钦佩的一位女主人公——坚定、忠诚、勇敢且足智多谋。在戏剧开篇，波塞摩斯被描述成一位值得托付的英雄，对于伊摩琴而言，他是一位极为合适的伴侣。然而刚一离开伊摩琴、进入罗马，波塞摩斯的高尚就逐渐消失，并轻易地沦为愚蠢男子气概的牺牲品。他不仅接受了吉亚科莫勾引伊摩琴的赌注，甚至轻易地相信了吉亚科莫已经色诱成功的谎言。随后，他表现出令人反胃的表里不一和残酷，先后寄出两封信，一封寄给伊摩琴表达他永恒的爱意，另一封寄给毕萨尼奥勒令他将伊摩琴杀死。幸运的是，毕萨尼奥也许才是剧中真正的英雄，他悖逆波塞摩斯的嘱托，帮助伊摩琴乔装出逃，试图纠正错误。难怪有些批评家对波塞摩斯嗤之以鼻，认为他配不上出类拔萃的伊摩琴。女权主义者则突出了剧中男性对女性的成见。剧中打赌的情节显示，男人认为女人要么是圣女，要么是妓女。但也许这其中还蕴含着其他主题。

中间立场

英国王宫在罗马的腐败虚伪与威尔士的粗野天真之间难于抉择。在威尔士，辛白林丢失的儿子吉德律斯和阿维拉古斯甚至由培拉律斯在山洞中养大。相比之下，即便是英雄人物波塞摩斯，他的道德罗盘也禁不住在罗马的竞技世界中打转。在这里，男人们将口头吹嘘作为交易，填补自己空洞的荣誉。而在远离腐败的大自然中，吉德律斯和阿维拉古斯却诚实正直地健康成长。“高人隐士，他们潜居在并不比这洞窟更大的斗室之内……但是还不及这两个少年质朴得可爱”，这是伊摩琴在初次见到兄弟二人时的感慨，当然，此时她并不知道他们就是自己失散的兄弟。

王宫和乡野的对立是莎士比亚戏剧中常见的主题。在《仲夏夜之梦》、《皆大欢喜》和《冬天的故事》中，主人公们都要进入荒野，学习重新看待事物，之后再回到王宫重建自己的意识。《辛白林》有所不同的是，在文明的罗马和粗犷的威尔士之间还存在第三个地方——英国王宫，好像辛白林或者英国必须要在前两者中选择一个才行。

最终，辛白林并未做出选择，而是与罗马讲和，并重新接纳了在威尔士长大的儿子。也许，和谐才是本剧真正想传递的信息，而观众也会产生这样的联想。正如国王所说："让我们列队前进，罗马和英国的国旗交叉招展，表示两国的友好……血污的手还没有洗清，早已奠定了这样光荣的和平。"

时代的共鸣

只有置于历史的语境之下，本剧的意义才更加鲜明。该剧创作之时，英国的宗教之争正进行得如火如荼，新教改革虽然占了上风，但天主教仍然影响巨大，天主教卷土重来的威胁依旧存在。在罗马，波塞摩斯被一位法国绅士、西班牙绅士和意大利人（吉亚科莫）——分别来自各个主要的天主教国家——以及一位来自荷兰（当时正为了从西班牙天主教统治中实现独立而战）的绅士利用，却依旧保持着沉默。

《辛白林》很可能曾于英王詹姆士一世（苏格兰王詹姆士六世）御前献演，在这位国王身上必定也产生了共鸣。詹姆士就像戏中的辛白林一样，是整个英国的国王，也是独自统一了英格兰、苏格兰、威尔士和爱尔兰的第一个君主。而且，与辛白林相似，他也有两个儿子和一个女儿。詹姆士在关键时刻，也如同戏剧结尾的辛白林一般，与罗马谈判，寻求和平。

同时期的观众也一定不会错过

> **不要向我下跪，我在你身上所有的权力，就是赦免你，宽恕你是我对你唯一的报复。活着吧，愿你再不要用同样的手段对待别人。**
>
> ——波塞摩斯
> 第五幕第六场

辛白林王宫

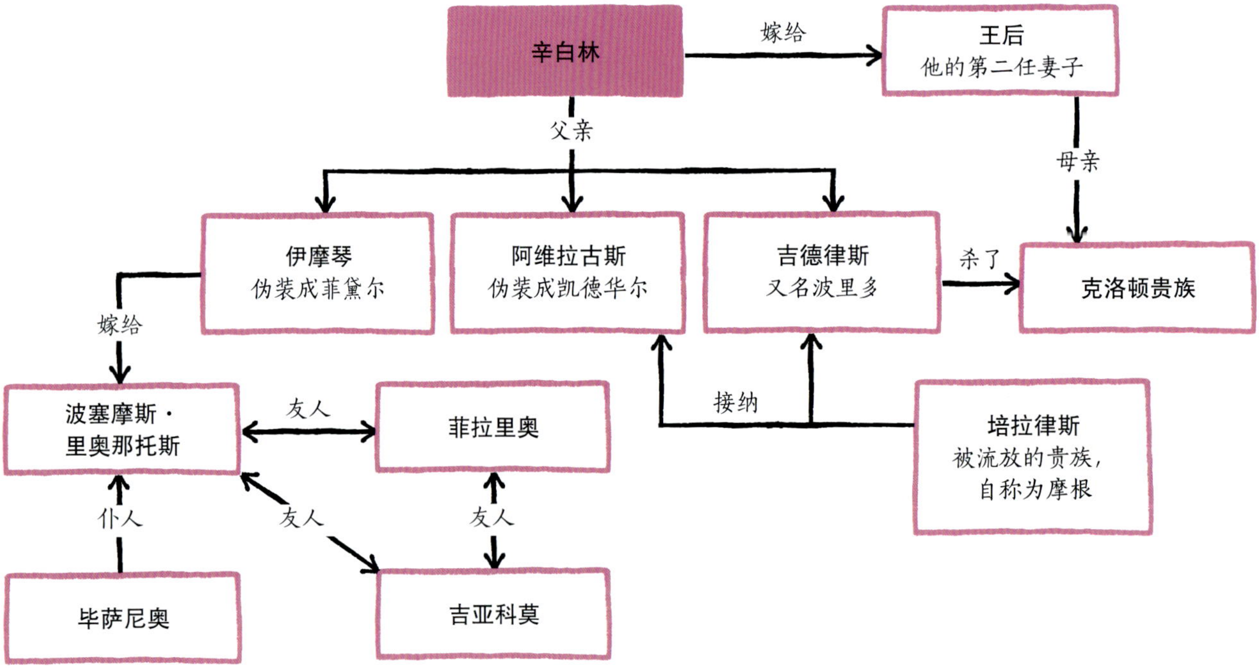

2012年，**日语版**《辛白林》在伦敦巴比肯中心上演，蜷川幸雄（图中）塑造了史诗般的辛白林。此次演出场面宏大，风格大胆，叙事节奏紧凑。

这样一点，即威尔士对辛白林的决策产生了至关重要的影响，而这里恰是都铎王朝的家乡，他们一直统治英国，直到1603年伊丽莎白一世死亡、詹姆士登基为止。这一安排的核心焦点在于威尔士西部的米尔福德港，这座城与古罗马和古英国都没有任何关联，但却是亨利·都铎登陆的地点，随后他不仅开创了都铎王朝，也终结了玫瑰战争，因而米尔福德港这一名字在莎士比亚时代的英国反响强烈。

历史和神话

当然，罗马不仅是波塞摩斯当时找到的一座城，它更象征了古代和经典的罗马城，奥古斯都的罗马。那时，欧洲的大部分地区，包括英国在内，都统一在罗马帝国治下的和平之中，即“罗马帝国统治下的和平时期”，它也是神祇的时代。剧中，正是罗马天神朱庇特出现在波塞摩斯面前，许诺正义的回归和伊摩琴的归来。事实上，伊摩琴获救也是源自威尔士的凯尔特神话。

剧终，情节中所有缠绕的节点都迎刃而解。大家一度因为其不可能性产生怀疑，但是现代的评论家都认为，这在舞台上反倒产生了炫目效果。观众无法不被吉亚科莫的坦白和波塞摩斯痛斥伊摩琴时的哀嚎所打动——在所有的真相揭露之后，这对爱人终于团聚，辛白林找回了失散的儿子，所有人言归于好，恶毒的王后也合乎时宜地死去。似乎剧中传达的信息是，无论剧情是否真实可信，只要人们耐心探寻，都会拥有和平与宽仁之心。■

吉亚科莫和伊摩琴

吉亚科莫蹑手蹑脚地出现在伊摩琴闺房，独白中流露出款款柔情，让观众的耳朵抵不住其中的诱惑——因此，有些评论家认为，观众在这一幕中充当了罪孽的同谋者。

吉亚科莫从大衣箱钻出，运用令人难忘、精致而诗意的语言描述了睡梦中的伊摩琴：“散布在室内的异香，是她樱唇中透露出来的气息。蜡烛的火焰向她的脸上低俯，想要从她紧闭的眼睫之下，窥视那收藏了的光辉，虽然它们现在被眼睑所遮掩，还可以依稀想见那净澈的纯白和空虚的蔚蓝，那正是太空本身的颜色。”（2.2.18-23）。

吉亚科莫看到伊摩琴胸口那与众不同的印记，有力地证明了他诱奸伊摩琴的谎言：“梅花形的痣，就像莲香花花心里的红点一般”——这一意象自然纯洁，让观众很容易忘记他是私自闯入之人。

吉亚科莫使用极其魅惑的语言，让强奸看似一件美事。充满诗意的色情造就了一篇让人深感不悦的演说。

人生如梦

《暴风雨》（1610年—1611年）

剧中人物

普洛斯彼罗：被流放的米兰公爵，居住在一座魔幻的岛屿上。他的弟弟安东尼奥将其驱赶到海上，他与女儿所乘船只在这座岛屿附近失事。

米兰达：普洛斯彼罗15岁的女儿，与父亲一起被流放。

安东尼奥：普洛斯彼罗之弟，篡位当上米兰公爵。

阿隆索：那不勒斯国王。

西巴斯辛：阿隆索诡计多端的弟弟。

腓迪南：阿隆索的儿子，爱上了米兰达。

贡萨罗：忠诚的那不勒斯大臣，允许普洛斯彼罗流放时带上他的书籍。

阿德里安和弗兰西斯科：那不勒斯贵族。

特林鸠罗：阿隆索的大臣。

斯特凡诺：阿隆索的管家，常常醉酒。

马斯特和水手长：遭遇暴风雨的水手。

爱丽儿：一位神奇的精灵，受困于女巫希克拉库斯的魔法，但被普洛斯彼罗解救，从此服务于他。

卡利班：希克拉库斯的怪兽儿子，普洛斯彼罗的仆人。他的新主人是斯特凡诺。

伊里斯、刻瑞斯和朱诺：在假面舞会中以女神面貌出现的精灵。

安东尼奥、阿隆索和他的儿子腓迪南被冲上一片荒芜岛屿的海岸。

1.1

普洛斯彼罗解释，精灵爱丽儿和怪兽卡利班如何变成了他的仆人。

1.2

安东尼奥和西巴斯辛打算趁阿隆索熟睡杀害他，但爱丽儿及时唤醒了阿隆索。

2.1

第一幕　**第二幕**

1.2

普洛斯彼罗向女儿米兰达讲述了他的弟弟安东尼奥如何贪恋权利，并流放了他们。

1.2

腓迪南因为普洛斯彼罗的魔法并受到他人怂恿，遇到了米兰达并与她相爱。

阿隆索和安东尼奥的船舶遇暴风雨，在一座奇怪的岛屿失事。岛岸之上，巫师普洛斯彼罗向忧心的女儿米兰达保证，这场暴风雨是他的巫术所致，船上所有人都是安全的。普洛斯彼罗告诉女儿，自己曾经是米兰公爵，但12年前，他的弟弟安东尼奥篡位，将他驱赶到海上并遭遇暴风雨。普洛斯彼罗被冲上岸，他利用自己的智慧，将岛上精灵爱丽儿和怪兽卡利班变成自己的仆人，而此时女巫希克拉库斯的儿子卡利班正因为试图强暴米兰达而受到惩罚。

阿隆索的儿子腓迪南见到了米兰达，普洛斯彼罗假装反对，但两人不顾反对，坠入爱河。阿隆索和同伴害怕腓迪南被淹死，被爱丽儿哄骗睡着。安东尼奥和西巴斯辛设计杀害阿隆索和他善良的臣子贡萨罗，因为他们梦想建立一个和谐欢乐的共和国，但在造成任何伤害之前，爱丽儿及时地将阿隆索一伙人唤醒。在另一处，卡利班见到喝醉

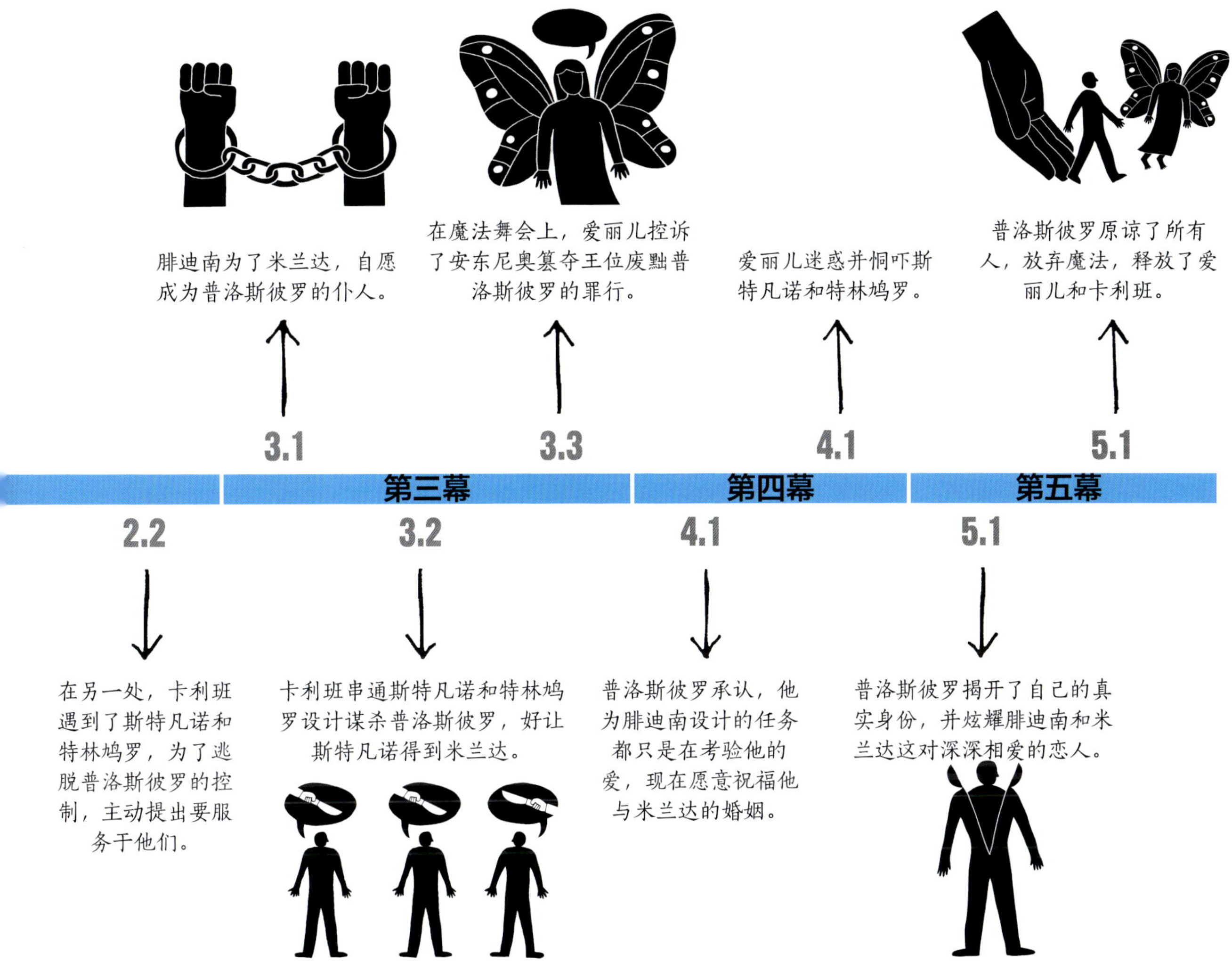

的斯特凡诺和特林鸠罗，以为他们是神灵。

普洛斯彼罗把腓迪南变成了自己的新奴仆，让他背负伐木，但腓迪南因为爱着米兰达，主动接受他的差遣，后来腓迪南和米兰达定了终身。同时，卡利班对斯特凡诺和特林鸠罗讲述了自己如何被普洛斯彼罗奴役，承诺只要他们帮他杀了普洛斯彼罗，就做他们的奴仆，斯特凡诺也可以得到米兰达。爱丽儿使用魔法召唤阿隆索和同伴们跟随音乐声来到魔法宴会，在他们享用食物前，她谴责了安东尼奥篡夺哥哥王位的罪行。

普洛斯彼罗承认，他只是在考验腓迪南，并祝福了他们的婚姻，随后他举办了一场魔法假面舞会，邀请能歌善舞的仙女来庆祝。普洛斯彼罗突然想到斯特凡诺、特林鸠罗和卡利班正设计杀害自己，于是中止了舞会，命令腓迪南和米兰达藏到安全的地方。斯特凡诺和特林鸠罗先是受到普洛斯彼罗的魔法袍引诱，之后又惊慌失措地被精灵变成的狗追赶。普洛斯彼罗穿上魔法礼服，爱丽儿告诉他阿隆索和朝臣们都倍感懊悔，受到温柔的爱丽儿的触动，普洛斯彼罗决定宽恕大家。斯特凡诺、特林鸠罗和卡利班也同样得到了原谅。所有人乘船前往那不勒斯参加婚礼，普洛斯彼罗解放了爱丽儿，并宣布放弃自己的魔法，随后要求邀请观众一起鼓掌来给予他自由。■

背景知识

主题：
忠诚、奴役、自由、爱与魔法

场景：
很可能地处地中海的一座魔幻岛屿

来源：

8世纪 本剧是原创作品，但灵感来自于奥维德的《变形记》。

1603年 米歇尔·德·蒙泰涅的散文“食人族”。

1610年 关于“海洋探险号”的沉船新闻报道。

演出：

1610年 首演很可能在伦敦的黑衣修士剧院进行。

1611年 在怀特豪尔宫詹姆斯一世国王御前上演。

1667年 约翰·德莱顿和威廉·达文南特筹划了一场盛大的演出，名为《暴风雨》或《魔幻岛》。

1857年 查尔斯·基恩在伦敦公主剧院的演出引起了一场暴风雨般的轰动，赢得了汉斯·克里斯蒂安·安徒生的喝彩。

1930年 约翰·吉尔古德在伦敦的老维克剧院扮演了卡利班。吉尔古德随后也扮演了普洛斯彼罗，备受赞誉。

1945年 卡纳达·李在纽约成为首位黑人卡利班，观众开始将该剧与黑奴历史相比。

2004年 作曲家托马斯·阿迪斯为该剧打造的盛大歌剧在伦敦上演。

故事发生在一座魔幻岛上，巫师般的普洛斯彼罗统治着这里。《暴风雨》是一部充满魔幻、神奇、美丽诗歌和奇幻意象的剧作。它拥有莎士比亚戏剧中最为盛大的开场——以呼应标题的强大暴风雨形式出场——但也是最难参透的一部，个中谜题引发了人们长时间的争论，也激发了完全不同的诠释方法。也许正是这成就了该剧的伟大力量。

《暴风雨》很可能是莎士比亚亲自执笔的最后一部戏剧，一些观众在解读该剧时死死抓住其中的生平细节不放。一个世纪以前的评论家开始将它形容为“晚期”作品，认为它是诗人创作的制高点，是他献给剧院的绝唱。他们断定，普洛斯彼罗是莎士比亚的自画像，这位主人公凭空制造的暴风雨和岛屿上的魔幻现象正如莎士比亚在舞台上施展的魔法一般，而普洛斯彼罗在婚礼舞会上引起共鸣的演说则被解读为是莎士比亚自己哀伤的道别：“我们的狂欢已经终止了。我们的这一些演员们，我曾经告诉过你，原是一群精灵；他们都已化成烟而消散了。如同这虚无缥缈的幻景一样，入云的楼阁、瑰伟的宫殿、庄严的庙堂，甚至地球自身，以及地球上所有的一切，都将同样消散，就像这一场幻景，连一点烟云的影子都不曾留下。”

但事实上，这听起来并不像是一位伟大的舞台魔法师饱含诗意的道别，此处也并非戏剧的结尾，普洛斯彼罗的演说只是哄骗腓迪南和米兰达入睡的把戏，因为他需要与坏人们的另一场阴谋做斗争。无论是普洛斯彼罗还是莎士比亚，都还没有真正告别舞台，如果普洛斯彼

19世纪，罗伯特·杜德利创作的蚀刻画，画面展现的是因意外看到宴会精灵而惊恐万分的阿隆索、安东尼奥、西巴斯辛和贡萨洛。他们看不到，普洛斯彼罗正观察着一切。

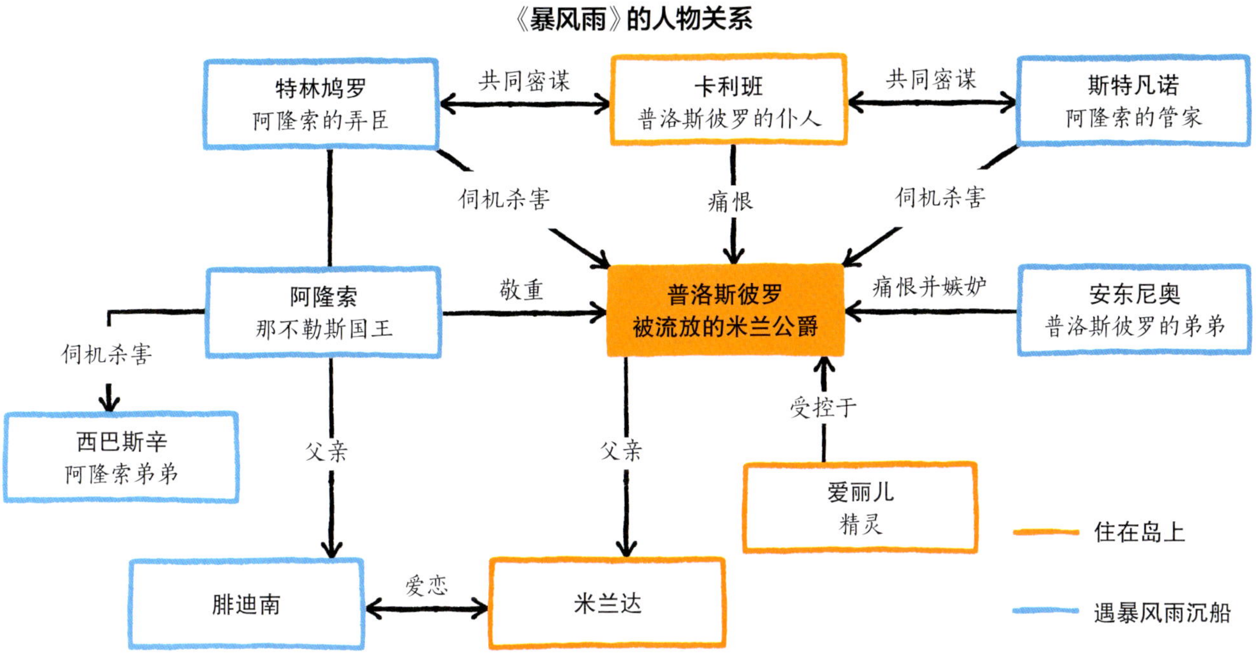

罗真的是莎士比亚自己，那么他确实为自己勾勒了一副坦率而非奉承的自画像。直到爱丽儿在结尾展现了善良的价值，普洛斯彼罗才真正认识到宽恕是一种智慧，而在此之前，他一直自负、满心复仇之念甚至有些暴戾。在普洛斯彼罗召唤暴风雨，将阿隆索和安东尼奥困在岛上时，他一心想要复仇，并非和解，而且他使用魔法，也是为了让爱丽儿和卡利班成为自己的奴仆，而并非解放他们。

艺术抑或自然？

现在，很少有评论家会将普洛斯彼罗当作莎士比亚的真实写照，或认为《暴风雨》是他的自传作品。尽管如此，普洛斯彼罗的角色和剧作家的作品之间确有相通之处，其中的关键词就是“艺术”。正如普洛斯彼罗的“艺术”在于他可以通过魔法操控爱丽儿和卡利班，将仇家带到岛上一样，戏剧家的“艺术”在于可以在简单的木制舞台上创造一座魔幻岛。

整部戏都在追问，人之为人意味着什么——而根据同时期的人文主义哲学家的阐述，艺术正是对人性的最高诠释。艺术可以将人性提升到超越“基本”自然的高度——将普洛斯彼罗与原始的、未被加工过的野兽卡利班区分开来。

莎士比亚利用了“艺术”（Art）的双关含义——艺术作为名词意味着技巧，作为动词则意味着“是”。由此，剧中的核心问题变成了，人何以为人——是像普洛斯彼罗这般大师的魔术技艺，还是单纯的“是”？

自由和神秘的艺术

从古典时期开始，学生们就在学习自由艺术，即在公民生活中可以发挥积极作用的一些技艺，而普洛斯彼罗在流放前作为米兰公爵，

> **五浔的水深处躺着你的父亲，他的遗骨已然化作珊瑚，他的眼睛是耀眼的明珠，他消失的全身没有一处不曾受到海水神奇的变幻化成瑰宝，富丽而珍怪。**
>
> ——爱丽儿
> 第一幕第二场

2009年开普敦巴克斯特戏剧中心的一场演出中，安东尼·谢尔扮演普洛斯彼罗，阿谭德瓦·卡尼扮演爱丽儿，将种族政治与幽默的非洲神话相结合。

他过于沉浸于学习，以至于完全投入到更深层次的艺术之中，反而忽略了现实世界。在某种程度上，这效仿了克里斯托弗·马洛在16世纪90年代创作的《浮士德博士》中的浮士德。如同普洛斯彼罗一样，浮士德的名字意味着 “幸运”，他同样也是一位杰出的学者，但由于厌烦了自由艺术转而将灵魂出卖给魔鬼交换终极知识和力量。

当时，即便最严肃的哲学家都相信世界上存在一个超乎自然的领域，一片神秘的精神领域，哲学的目标正是要发现这样的领域。“魔法”常被用来描述这类隐秘维度中的知识和技艺。莎士比亚同时期的弗朗西斯·培根是现代科学方法论讲究实物证据的伟大先锋，但即便是培根，也相信魔法是“崇高的智慧”。

人类情感的流头

普洛斯彼罗完全沉浸于另一个世界中，这很明显从一开始就引发了诸多问题。当他用魔法召唤暴风雨后，船舶制造者和水手们都在恐惧中哀嚎，唯独米兰达拥有同情他人的人性：“我瞧着那些受难的人们，我也和他们同样受难！”。普洛斯彼罗漫不经心的保证似乎很难对付如此痛苦的面庞，只是招来了米兰达更为人性的回应：“唉，不幸的日子！”让人吃惊的是，最终普洛斯彼罗从非人类的爱丽儿那里学会了人类情感和同情心：“你不过是一阵空气罢了，居然也会感觉到他们的痛苦；我是他们的同类，跟他们一样敏锐地感到一切，和他们有着同样的感情，难道我的心反会比你硬吗？”

普洛斯彼罗对待爱丽儿和卡利班的方式则更加让人疑惑。他讲述了女巫希克拉库斯将爱丽儿困在树中，他如何将爱丽儿解救出来，但救出后却一直奴役爱丽儿。普洛斯彼罗对待卡利班的方式则更糟糕。作为女巫希克拉库斯与魔鬼的产物，卡利班变为普洛斯彼罗的奴仆，从大自然淳朴的孩子转变为一个充满怨恨的怪兽。正如卡利班反驳的，教育并没有为他带来半点益处：“你教授我语言，但我的收获是学会了如何诅咒。”

> **构成我们的料子也就是那梦幻的料子；我们短暂的一生，前后都环绕在酣睡之中。**
>
> ——普洛斯彼罗
> 第四幕第一场

莎士比亚创作《暴风雨》的一大来源是米歇尔·德·蒙泰涅的散文“食人族”，贡萨洛在请求建立富有人性的共和国时，他所做的演讲几乎逐字逐句地引用了这篇散文。在文中，蒙泰涅描述了新世界的“高贵野蛮人”，特指未被旧世界的文明玷污的人，而曾经的卡利班似乎刚好符合这一定义。卡利班仍旧保留着对岛上自然精神的敏感嗅觉，因而他比普洛斯彼罗更能诗意地表达出对小岛的感情，而正是普洛斯彼罗的教育让卡利班变成了“一块污物”。

对于普洛斯彼罗而言，他所学的知识仅有支配技能。他与篡权的安东尼奥和与安东尼奥合谋杀害阿隆索的西巴斯辛别无两样。

普洛斯彼罗殖民地

过去半个多世纪以来，越来越多的评论家聚焦普洛斯彼罗作为欧洲殖民者先驱的身份，从他对岛上原著居民爱丽儿和卡利班的奴役中，看到了欧洲统治者对本土居民的剥削。

释怀

最终，普洛斯彼罗还是意识到了自己试图控制一切的想法有多么愚蠢，他折断了手杖，弃绝魔法，“淹没”了书籍，原谅了敌人，最终释放了卡利班和爱丽儿。

普洛斯彼罗在结语中承认，随着他的魔法一一消失，他只剩下虚弱的人类力量可以依靠，但如同莎士比亚这位剧作家一般，他认为真正的力量并非来自于他本身，而是来自于观众，他们可以赞扬或否定一部戏剧，他们的掌声可以将他从期望的束缚中解脱出来。■

2010年美国奇幻电影《暴风雨》以戏剧为基础，由海伦·米伦扮演“普洛斯彼罗”，杰曼·翰苏扮演外形强壮的卡利班。

一部美国戏剧?

1610年9月，一则耸人听闻的新闻席卷欧洲，讲述了一场暴风雨吞没了海洋探险号，船上载有前往弗吉尼亚詹姆斯敦的移民者。上面的150名幸存者都被冲到百慕大群岛的暗礁上，在那里他们发现了一座奇异的岛屿，海水中鱼类繁多，天空中满是绚丽多彩的飞鸟。在当地人的帮助下，这些幸存者在岛上住了下来，并开始打造新船。很明显，莎士比亚在一定程度上从这则故事中得到启发，而《暴风雨》因此被称为“美国”戏剧，虽然普洛斯彼罗的小岛地处地中海海域。

15世纪，美洲有一个西班牙帝国，统治者使用神明般的力量奴役着当地的原著居民。无论莎士比亚有意无意，他的戏剧中都能够找到与这些殖民历史相关联的共鸣，这也成为众多解读的关键线索。剧中的焦点往往是卡利班，而非普洛斯彼罗，而黑人演员的出演正是强调了欧洲殖民者对本土居民的残酷奴役。

别了，永远地告别了，我所有的伟大！

《亨利八世》（1613年）

剧中人物

亨利八世：英国国王。

阿拉贡的凯瑟琳：英国王后，后来成为王太后。

伍尔习红衣主教：约克大主教及大法官。

托马斯·克伦威尔：伍尔习的秘书。

勃金汉公爵：与伍尔习激烈对峙的贵族。

诺福克公爵：与伍尔习温和对峙的贵族。

萨福克公爵、**山兹勋爵**、**托马斯·洛弗尔勋爵**、**安东尼·丹尼爵士**、**亨利·吉尔福德爵士**、**尼古拉斯·浮士爵士**、**宫廷大臣**、**大主教**：贵族、官员以及皇家绅士。

坎丕阿斯红衣主教：罗马使节。

托马斯·克兰默：新教教士，后来变成坎特伯雷大主教。

林肯主教：克兰默的同事。

斯蒂芬·加得纳：亨利的新秘书，后来成为温彻斯特大主教。

安妮·博林：凯瑟琳王后的侍女，后立为亨利的王后。

葛利菲斯：凯瑟琳的门官。

老妇人：安妮的知己。

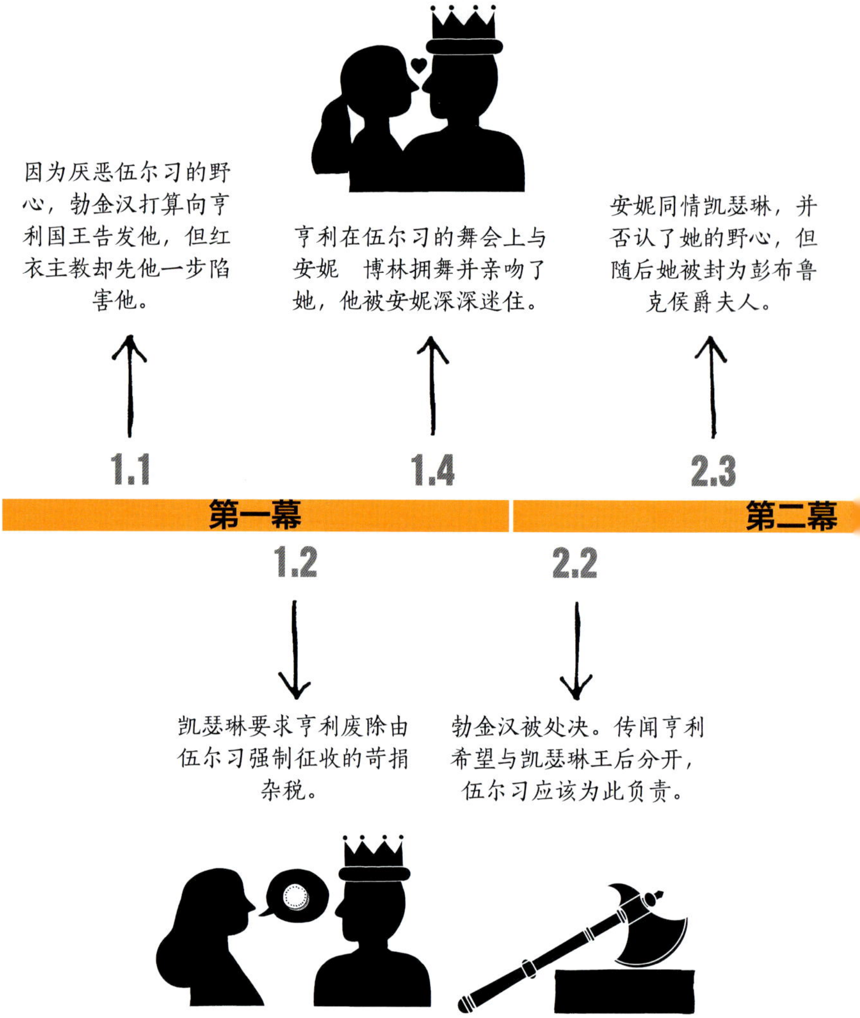

与法国签署了短命的和平条约后，伍尔习红衣主教举办了一场豪华的庆祝宴会，勃金汉公爵对他在奢华宴会中表现出的傲慢和野心十分愤怒。但在勃金汉向国王告发伍尔习之前，这位红衣大主教却提前一步诬陷于他，于是公爵被捕。与此同时，他们听说凯瑟琳即将失去王后头衔，而就在几个场次以前，凯瑟琳王后刚刚成功介入，说服国王废除伍尔习强征的苛捐杂税。狡猾的红衣主教宣称自己对这件事情负有责任。随着，亨利爱上了侍女安妮·博林，凯瑟琳王后逐渐失宠。在法庭上，凯瑟琳王后谴责这些法官尤其是对伍尔习的审判有失偏颇，积极捍卫着自己的婚姻。在与伍尔习的一次密会中，凯瑟琳仍然保持着抵挡精神，但最终无奈接受了失败的事实。然而凯瑟琳对伍尔习的敌意一直持续到金博尔顿流放的最后一刻。得知红衣主教去世的消息之后，凯瑟琳严厉控诉他品性不端，但还是允许她的绅

伍尔习对亨利的不忠被揭发出来，他被关押。亨利秘密与安妮完婚。

↑

3.2

安妮在一场精美的加冕礼上戴上王冠。

↑

4.1

安妮产下一女。

↑

5.1

婴儿伊丽莎白受到洗礼。

↑

5.4

第三幕 第四幕 第五幕

2.4

↓

凯瑟琳坚决捍卫婚姻，并否认了法庭的权威性。亨利陈述了离婚理由。

3.2

↓

伍尔习建议克伦威尔吸取他不忠的教训，并认为这都是由他的傲慢所致。

4.2

↓

凯瑟琳得知伍尔习的死讯，预见自己不久后也将离世。

5.2

↓

加德纳控告支持国王离婚的克兰默，但在亨利调停之下，二人讲和。

士门官列举他的优点。随着凯瑟琳失势，安妮进一步得宠。她在伍尔习的宴会上见到国王，没过多久就被赐予彭布鲁克侯爵夫人的头衔。但红衣主教却支持国王与法王之妹结婚，因为他不满安妮信仰路德教派。他在公开场合假装支持离婚，确保了国王对自己的恩宠，但私下却要求教皇尽可能延迟婚礼程序。

亨利得知伍尔习的两面做派，免去了他的职权，不久后伍尔习去世。诺福克和萨福克公爵曾经支持凯瑟琳废除不平等的苛捐杂税，现在也很快适应了新的权力平衡，并对亨利与安妮秘密成婚表示欢迎，俩人后来在安妮的加冕礼上被相继提拔为纹章院院长和总管大臣。

伍尔习下台后，亨利开始任命自己的亲信，并用自己选择的议员取代了红衣主教的原班人马。戏剧以亨利和安妮之女伊丽莎白受洗一幕结尾，而大主教预言，她的金色王朝将会充分证明亨利的暧昧政策实为明智之举。■

> **然而我比起那些控诉我的卑鄙之徒还是富足得多，他们从来不知道什么是真理。**
>
> ——勃金汉
>
> 第二幕第一场

背景知识

主题：
正直、皇室婚礼、政治野心

场景：
亨利八世的王宫；约克广场，红衣主教伍尔习位于伦敦的住所；西敏寺；金博顿城堡

来源：

1548年 爱德华·霍尔的《兰开斯特和约克两大高贵显赫家族的联合》。

1563年 约翰·佛克塞的《行传与见证》。

1587年 霍林斯赫德的《英格兰、苏格兰和爱尔兰编年史》。

演出：

1613年 6月29日，在上演《亨利八世》时，舞台用炮意外点燃了剧场的苫盖屋顶，将莎士比亚环球剧院烧毁。

1742年—1768年 盖瑞克的作品让140位演员同时出现在安妮加冕一幕，重塑了当时的空前盛况。

18～19世纪 剧本删减，场景增加，多以伍尔习离场收尾。

1969年 特雷弗·纳恩的皇家莎士比亚剧团作品聚焦于亨利作为父亲和男人的成长历程。

1983年 同样在皇家莎士比亚剧团的作品中，霍华德·戴维斯突出考量了伍尔习积聚势力的过程。

2010年 自1610年演出舞台大炮将环球剧院烧毁后，这是该剧首次在伦敦环球剧院重新上演。

由莎士比亚和约翰·弗莱切合作撰写的《亨利八世》又名《皆为真实》，考察了亨利八世漫长而受人瞩目的王朝统治：该剧围绕亨利八世与阿拉贡·凯瑟琳的离婚案、与安妮·博林的婚姻及未来女王伊丽莎白一世的诞生几大事件展开，在仪式和盛典的背景下，描摹了亨利身边最亲近的几位大臣起起伏伏的人生轨迹。正如该剧的另一个标题所示，它以反讽的笔触勾画出所有相关之人的人生动机。

伍尔习的权力

作品中呈现的亨利王是伟大的源泉，如同天上的太阳一般，他的皇室光芒为那些宠臣的生活镀上一层金，因为这些人都能从他那里得到权势和地位。不论出于何种原因，当这光芒一旦有所保留，那些个体就会枯萎、衰败。在戏剧的第一部分，国王的喜好深受伍尔习的影响，通过仔细把控与国王的关系，伍尔习能干扰亨利的所见所闻，并且可以有选择地影响亨利的价值观。如此特权让伍尔习可以随意替换他不信任的臣子，并让那些听从自命之人取而代之。有时，他甚至在国王不知情的情况下，代表亨利行使权力，比如，他执行征收苛捐杂税的政策，引起了凯瑟琳的强烈反对。作为国王御玺（代表皇室特权的印章）的保管人，伍尔习天真地认为亨利已经完全成为他把玩的傀儡，而正是如此弄权，让他成为了众矢之的。正如宫务大臣所言："如果你们不能阻止他和国王接近，千万不要在他身上搞什么名堂。"（3.2.16-18）。

> **这个横行霸道的人会把我们大家从老爷的地位变成家僮。**
>
> ——诺福克
> 第二幕第二场

1910年，赫伯特·比尔博姆·特里在伦敦一场自称是大制作的盛大演出中扮演伍尔习，该剧在纽约百老汇也成功上演多场。

失宠

勃金汉是首位从高位跌落的宠臣。因为对伍尔习滥用职权感到愤怒，勃金汉想向亨利告发他，但伍尔习用谎言阻挡了勃金汉，并事先交代公爵的调查人员作伪证，这样一来，在开口告发他之前，勃金汉就已被指为卖国贼，并遭处决。凯瑟琳起初似乎也深得亨利恩宠，在她下跪请求亨利取消伍尔习的税收政策后，亨利不仅将她扶起，还在废黜这条法规时让她陪伴左右。但当凯瑟琳再次出现，亨利却一改姿态，让她在离婚听证会的法庭上长跪不起，似乎伍尔习早前对亨利离婚的疑虑现在终于扰乱了皇室的良知。

伍尔习从地位卑微的屠夫之子擢升为英国大法官，而当他从荣耀之位跌落，其落差也可想而知。由于自负和傲慢，伍尔习常遭那些知晓其两面派行为的官员嫉恨，但只要还掌控着国王的意志，他的地位就是安全的。在伍尔习写给教皇的秘信中，他要求教皇尽可能拖延亨利的离婚事宜，并随信附加了他的个人财产清单，但在向国王递交其他政府公文时，伍尔习却将两者混淆，换言之，是他亲手断送了自己的未来。随着安妮逐渐受宠，伍尔习担心她的路德教信仰会阻碍自己当教皇的野心，于是他需要更多时间劝说国王远离安妮，有可能的话与法国公主联姻。这位遮蔽真相、操控事件之人，最终却被这短暂的失控拉下马，这样的剧情转变可谓大快人心。直到光芒逝去，伍尔习才意识到亨利才是真正以智取胜的人："国王的智慧远超过我"（3.2.409）。伍尔习的坠落也是戏剧的转折点，因为此后亨利更能施展权威，凭己意行事了。

爱你自己要爱在最后，珍惜那些憎恨你的人。诚实比起腐败会给你赢得更多的好处。

——伍尔习

第三幕第二场

多变的真相

《亨利八世》所呈现的历史真相是相对的真相，它取决于多重视角，而非单一视角。很明显，剧中每个仪式所传达的信息只有一部分符合历史真相。而凯瑟琳的审判也未能为她带来仪式上承诺的"权利和正义"（2.4.11），当她双膝跪倒在法庭之上，她的处境已十分明显，因为这正是亨利想要的结果。当凯瑟琳拒绝继续这种猜谜游戏，一切也显得顺理成章。甚至剧末那场伊丽莎白受洗的庄重仪式上，我们也关注到新任王后安妮并未到场，这让整个仪式蒙上了不祥之兆。

莎士比亚和弗莱切通过改变历史大事件，传达出多变的视角，营造出起伏变化的道德模式，而将长期在戏剧演出遮蔽下的政治策略搁置一旁。因此，正如开场白所言，该剧如同它所呈现的历史一样，是"有选择的真相"（序言：18）。■

2009年在美国俄勒冈州阿什兰的演出为尊重原著，保留了舞台说明，重现了多场场面华美、让人愉悦的仪式和盛会。

是否还有人比我们两个爱得更深，阿塞特？

《两位贵族亲戚》（1613年）

剧中人物

帕拉蒙：阿塞特最好的朋友和表亲，克里翁国王的侄子，在他们哥俩相继爱上爱米莉娅后，两人的友谊变成了憎恨。

阿塞特：帕拉蒙最好的朋友和表亲，克里翁国王的侄子，他参加了雅典运动会并大获全胜，被任命为“骑兵统帅”。

提修斯：雅典公爵，安排了帕拉蒙和阿塞特的竞赛，胜者可以迎娶爱米莉娅，而失败者须被处决。

希波吕忒：亚马逊女王，提修斯之妻，鼓励提修斯推迟婚期，直至战胜底比斯国王克里翁。

爱米莉娅：希波吕忒之妹，帕拉蒙和阿塞特共同追求的对象，在阿塞特死后最终与帕拉蒙成婚。

狱卒：提修斯公爵的监狱看守。

狱卒的女儿：单恋因帕拉蒙而得了失心疯。

三个王后：被底比斯围攻绞杀的国王遗孀。

求婚者：爱上了狱卒的女儿。

医生：他被叫去治疗狱卒的女儿。

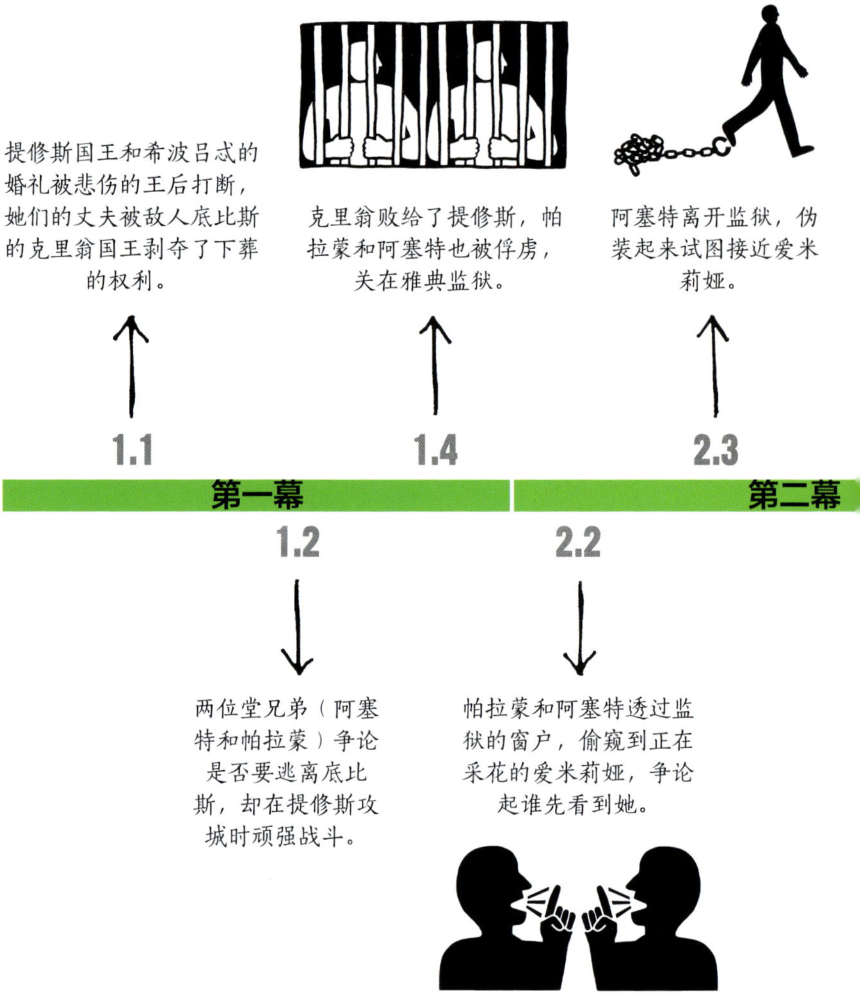

雅典公爵提修斯和亚马逊女王希波吕忒的婚礼被三位悲伤的王后打断了。她们请求提修斯攻打底比斯和邪恶的底比斯国王克里翁，后者在战斗中杀害了她们的丈夫并拒绝为他们下葬。在底比斯，阿塞特和帕拉蒙表兄弟厌恶腐化的伯父克里翁，听说提修斯即将攻城的消息，打算逃离底比斯。尽管十分焦虑，他们还是留下来战斗，不久便被俘虏并带到雅典收监。狱中，帕拉蒙和阿塞特让占领者十分惊讶，因为他们总能凭借亲密的友谊安慰彼此。然而，当帕拉蒙看到狱窗之外正在采集鲜花的亚马逊公主时，两人的友谊受到了考验。帕拉蒙声称瞬间就爱上了爱米莉娅，而阿塞特也是如此。为了一位素不相识甚至似乎没有希望得到的女子，两位密友争吵不休。

阿塞特突然获释，被流放到底比斯。他将自己伪装起来，想要接近爱米莉娅。而帕拉蒙则成了狱卒女儿倾慕的对象，这位姑娘打算帮

2.4 狱卒的女儿因与帕拉蒙相爱无望，决定秘密安排他逃出监狱。

第三幕

3.1 帕拉蒙与阿塞特在雅典森林相遇，同意为了爱米莉娅决斗。

3.2 狱卒的女儿在雅典树林寻找帕拉蒙，发疯了。

3.6 提修斯决定将两位亲戚判处死刑，因为他们在森林中决斗，爱米莉娅为他们请求饶命。

第四幕

4.3 医生建议，要想“治愈”狱卒女儿的失心疯，最好让她先前的追求者伪装成帕拉蒙。

第五幕

5.2 在为了赢得爱米莉娅，赛前帕拉蒙向维纳斯祈求爱情顺利，而阿塞特则向战神祈求胜利。

5.5 消息传来，阿塞特赢得了爱米莉娅而帕拉蒙要准备接受死刑。

5.6 阿塞特从马上坠落，在弥留之际将爱米莉娅托付给被及时救起的帕拉蒙。

他逃跑，希望赢得他的爱。

阿塞特闯入了一场由提修斯主持的运动赛事，意外赢得了摔跤比赛。作为奖赏，他成为爱米莉娅的仆人，并被任命为“骑兵统帅”。在五月的一天，阿塞特外出至雅典森林，巧遇帕拉蒙；为了爱米莉娅，两人再次争执起来，于是这两位亲戚决定为她决斗。但提修斯打断了决斗，并将二人都判了死刑。爱米莉娅苦苦哀求，希望将死刑改为流放，而提修斯逼迫爱米莉娅必须从两人之中选取一人为夫。但爱米莉娅无法决定，提修斯于是同意在两兄弟之间组织一场最后对决——胜者可以得到爱米莉娅，败者必须接受死刑。

与此同时，狱卒的女儿因为在树林中遍寻不着帕拉蒙，而得了失心疯。一位医生前来救治她，医治的方法是让愿意追求她的人假扮成帕拉蒙与她同床而眠。爱米莉娅不忍观看帕拉蒙和阿塞特之间的竞赛，只是让人将比赛进展实时汇报给她。她向戴安娜女神祈祷，希望那个更爱她的人能够胜出。阿塞特最终赢得比赛，声称爱米莉娅属于他了，但对于朋友即将被判死刑，他感到遗憾。

在帕拉蒙即将被处死的那一刻，突然传来消息，阿塞特从马上摔下，性命不保。此时，这两位亲戚终于短暂地恢复了友谊，而阿塞特在咽气之前将爱米莉娅托付给了帕拉蒙。■

背景知识

主题：
爱、迷失、友谊、疯癫、战争、死亡、身份

场景：
雅典和底比斯

来源：
14世纪 杰弗里·乔叟的《坎特伯雷故事集》中“骑士的故事”是本剧的主要来源。

1340年 莎士比亚和弗莱彻可能都比较熟悉乔叟的作品来源——薄伽丘的《苔塞依达》。原作中未出现狱卒的女儿一角，可能这个角色是两位作者的原创。

演出：
1634年 该剧首次公演。

1664年 威廉·达文南特创作了该剧改编版《情敌》。

1795年 F. G.沃尔德伦发表了改编音乐剧《爱和疯癫》；又名《两位贵族亲戚》。

1986年 巴里·凯尔的《两位贵族亲戚》上演，这也是埃文河畔的斯特拉福德镇皇家莎士比亚剧院的天鹅剧场的开场之作。

2000年 由蒂姆·卡罗尔执导的《两位贵族亲戚》在伦敦莎士比亚环球剧院上演，贾斯珀·布里顿扮演头脑发热的帕拉蒙，威尔·基恩饰演更通晓人情世故的阿塞特。

《两位贵族亲戚》是由威廉·莎士比亚和约翰·弗莱彻合作撰写的，他们二人还一同创作了《亨利八世》和《卡迪尼奥》（现已失传）。人们认为，莎士比亚创作了第一幕，第二幕第一场，第三幕第一、二场，第五幕第一、三、四场，但并非以上所有场景都由他亲自执笔。1623年的第一对开本并未将《两位贵族亲戚》收入其内，甚至直到1634年，该剧才真正发表。该剧以舞台效果和场面调度而著称，体现出适用于黑衣修士剧院等室内剧场的戏剧特征。

考验友谊

对友谊的考验一直是莎士比亚作品的一大特色。为了描绘朋友之间感情破裂的过程，莎士比亚戏剧化地表现了一系列情感反应，如憎恨、失望、沮丧和愤怒。从戏剧性的角度而言，呈现朋友之间的冲突远比和谐更有趣（并具有娱乐性），若想让心怀宿怨的朋友言归于好，他们必须克服重重障碍。这也解释了为什么莎士比亚的写作生涯既是以朋友暂时反目成仇的故事开始，也是以之结束。

尽管《两个贵族亲戚》与莎士比亚先前创作的《维洛那二绅士》相隔了二十多年，但他始终坚定地认为，对友谊的考验可以催生一部佳作。他和弗莱彻花费大量篇幅来强调帕拉蒙和阿塞特的深情厚谊，但这种友谊却在爱米莉娅走进他们生活的一瞬间崩塌。狱中，他们因为被锁在一起、与世隔绝而感到安慰，“能够一起享受悲伤”。这对表兄弟非但不因牢狱而生厌，反倒

1979年，颠覆传统的小天使公司在伦敦新维克剧院演出了一个有高强度身体要求的《两位贵族亲戚》，该剧采用全男性阵容，安东尼·罗思和丹尼尔·富利扮演了两位正在决斗的贵族亲戚。

在乔叟的《骑士的故事》中，阿塞特和帕拉蒙马上长矛比试，以富有骑士精神的方法赢取爱米莉娅，阿塞特取胜，但不久受了致命伤，死前他将爱米莉娅让给帕拉蒙。

珍惜起这样互相陪伴的机会；狱卒的女儿看到“他们吃得好，表情愉快，谈笑风生，但从不提起他们自己的处境和灾难”（2.1.37-39），大吃一惊。这对富有骑士精神的兄弟将牢狱视为“神圣的避难所”，庇护他们远离世俗的邪恶与腐化：“我们还年轻，却渴望荣誉，自由和日常的对话是圣洁灵魂的毒药，也许如同女人一般，驱使我们迷失方向。”

友谊破碎

此情此景之下，帕拉蒙反思自己与阿塞特的友谊，颇为动情地说道：“我认为我们的友谊永远不可能离开我们”（2.2.114-115）。帕拉蒙的断言充满信心，具有强烈的戏剧性反讽效果，因为这种高度忠诚的言语将很快变成一句轻蔑的感叹：“为何一位友人会变得如此背信弃义？如果他能够拥有这样一位高贵而美丽的妻子，那么诚实的人都不会再爱了。”先前剧作家们为他们建立起深厚友谊，又在几行台词中推翻了这种彬彬有礼的绅士气派：“帕拉蒙：那你爱她么？阿塞特：有谁不会爱上她？帕拉蒙：而且想要得到她？阿塞特：比自由更渴望。帕拉蒙：但是我先看到她的。”

帕拉蒙最后说道“是我先看到她的”，这样的台词在舞台表演中引人发笑，但这也标志着两兄弟情感裂痕的开端。

尽管为了争得爱米莉娅的倾慕，两位亲戚成了竞争对手，但对彼此的尊重依旧存在，他们的冲突从头至尾都是以一种彬彬有礼的方式呈现，为舞台提供了大量的喜剧元素。当这对表兄弟彼此准备战斗时，他们的对话与他们的英勇、文雅十分贴切：“阿塞特：你要赤手上阵？帕拉蒙：这样我们可以身手更灵活。阿塞特：但是就用你的长手套？它们可是战斗力最低的，求求你，还是用我的吧，我的好堂兄。”

阿塞特的弥留之语也表达出他对帕拉蒙深深的爱，这种感情至少能与他对爱米莉娅的爱相匹敌：“带上爱米莉娅吧，并与她一起分享这世上所有的欢乐。”

少女的情谊

帕拉蒙和阿塞特怀疑是否还会有“任何两个人爱得”更胜他俩，但观众们可能并不同意，因为爱米莉娅与儿时玩伴弗莱维娅之间的情谊与这两位贵族亲戚的亲密友爱相比，不分上下。回想起自己死去的朋友，爱米莉娅情绪激动而柔情款款地说，她没办法鼓起勇气描述自己对帕拉蒙或阿塞特的感觉：“少女和少女之间的真情可能超越了两性之间的情谊。”

戏剧结尾，爱米莉娅和帕拉蒙在都遭受了“失去挚爱”的伤痛后走到了一起。这对恋人就这样匆匆结合，只留下提修斯反思了这段惊人的反转：“哦，你们这些天上的魔术师，到底对我们做了什么！”■

“

亲爱的帕拉蒙，充满爱意的你比血腥的你更珍贵。

——阿塞特

第一幕第二场

”

“

这就是胜利么？哦，天上的神灵，你们的同情都在哪里？

——爱米莉娅

第五幕第五场

”

索 引

加粗显示的页码内有详细介绍。

A

B

C

D

E

F

G

H

J

K

L

M

N

O

P

Q

R

S

T

W

X

Y

Z

致 谢

Dorling Kindersley and Tall Tree would like to thank Helen Peters for the index. Special thanks also to Dr Romana Beyenburg-Restori for her help with the text.

PICTURE CREDITS

The publisher would like to thank the following for their kind permission to reproduce their photographs:

(Key: a-above; b-below/bottom; c-centre; f-far; l-left; r-right; t-top)

29 Alamy Images: epa european pressphoto agency b.v. (bl). **34 Alamy Images:** AF archive (br). **35 Getty Images:** Universal History Archive / UIG via Getty Images (tr). **38 Alamy Images:** ark 2013 (tr). **39 Getty Images** (tr). **43 Alamy Images:** Geraint Lewis (tl). **Getty Images:** E+ (bl). **46 Alamy Images:** Lebrecht Music and Arts Photo Library (tr). **47 Corbis:** Leemage (br). **52 Alamy Images:** Lebrecht Music and Arts Photo Library (br). **53 Corbis:** Bettmann (tr). **59 Alamy Images:** AF archive (t). **61 Alamy Images:** Geraint Lewis (tr). **Dreamstime.com:** Georgios Kollidas (bl). **66 Corbis:** Angelo Hornak (bc). **67 Getty Images:** UniversalImagesGroup (tr). **73 Getty Images:** Werner Forman / Universal Images Group (tr). **75 Corbis** (t). **76 Corbis:** Ken Welsh / Design Pics (tc). **77 Alamy Images:** Peter Coombs (br). **79 Corbis:** Robbie Jack (t). **80 Alamy Images:** Heritage Image Partnership Ltd (b). **81 Getty Images:** Alinari Archives, Florence (tr). **90 Alamy Images:** AF archive (bc). **91 Corbis:** Clive Nichols / Arcaid (tr). **97 Getty Images:** Time Life Pictures / Mansell / The LIFE Picture Collection (bl). **99 Corbis:** Historical Picture Archive (br). **105 Corbis:** Hulton-Deutsch Collection (tr); Leemage (bl). **107 Alamy Images:** Mary Evans Picture Library (br). **108 Dreamstime.com:** Raffaele Orefice (tl). **109 Alamy Images:** AF archive (tr). Corbis: Reynaldo Paganelli / NurPhoto (bl). **114 Alamy Images** (br). **115 Dreamstime.com:** Honourableandbold (tr). **116 Alamy Images:** United Archives GmbH (bl). **122 Dreamstime.com:** Barnschop (br). **123 Corbis:** Robbie Jack (tr). **128 Alamy Images:** Lebrecht Music and Arts Photo Library (br). **129 Alamy Images:** Alastair Muir (tr). **130 Alamy Images** (bl). **131 Alamy Images:** The Print Collector (bl). **137 Corbis:** Hulton-Deutsch Collection (bl); Robbie Jack (tr). **138 Corbis:** Robbie Jack (tr). **145 Alamy Images:** Geraint Lewis (t). **150 Corbis:** Robbie Jack (bc). **152 Dreamstime.com:** Jorge Salcedo (bl). **153 Alamy Images:** Geraint Lewis (tl). **159 Alamy Images:** AF archive (bl). **161 Alamy Images:** Geraint Lewis (tr). **166 Corbis:** Michael Nicholson (br). **167 Corbis:** Lebrecht Music & Arts (tr). **168 Alamy Images:** Moviestore collection Ltd (br). **175 Corbis:** Metro-Goldwyn-Mayer Pictures / Sunset Boulevard (tr); Sharifulin Valery / ITAR-TASS Photo (bl). **176 Alamy Images:** Geraint Lewis (bl). **182 Corbis:** (bc). **183 Alamy Images:** Lebrecht Music and Arts Photo Library (tr). **184 Getty Images:** Daniel Zuchnik / FilmMagic (tl); Leemage / UIG (bl). **185 Dreamstime.com:** Dirk De Keyser (br). **187 Corbis:** Fine Art Photographic Library (bl); Hulton-Deutsch Collection (tr). **192 Alamy Images** (bc). **193 Corbis:** Robbie Jack (tr). **Dreamstime.com:** Zaretskaya (tl). **194 Corbis:** Bettmann (bl); Swim Ink 2, LLC (tc). **195 Corbis:** Facundo Arrizabalaga / epa (br). **197 Getty Images:** Leemage (t). **202 Corbis:** Christie's Images (br). **204 Corbis:** Christie's Images (tl). **205 Alamy Images:** AF archive (bc). **Corbis:** Historical Picture Archive (tr). **210 Corbis:** Robbie Jack (tr). **211 Alamy Images:** Geraint Lewis (br). **213 Corbis:** epa / Facundo Arrizabalaga (t). **217 Corbis:** Michael Nicholson (tr). **219 Corbis:** Neil Farrin / Robert Harding World Imagery (t). **220 Alamy Images:** Paul Springett 02 (tl). **221 Corbis:** Tim Brakemeier / epa (b). **222 Corbis** (bl). **223 Dreamstime.com:** Georgios Kollidas (tr). **227 Corbis:** (tr). **236 Corbis:** Hulton-Deutsch Collection (tr). **237 Alamy Images:** Prisma Archivo (b). **238 Getty Images:** Hulton Archive / Culture Club (tl). **239 Alamy Images:** Geraint Lewis (tr, bl). **244 Corbis:** Christie's Images (br). **245 Corbis:** Smithsonian Institution (tr). **246 Corbis:** Robbie Jack (tl). **247 Corbis:** Hulton-Deutsch Collection (tr); John Springer Collection (bl). **248 Getty Images:** AFP / Boris Horvat (br). **254 Corbis:** dpa / Uwe Zucchi (br). **255 Alamy Images:** Moviestore collection Ltd (tr). **256 Getty Images:** National Galleries Of Scotland (tl). **257 Corbis:** Robbie Jack (bl). **259 Corbis:** Reuters / Heinz-Peter Bader (bl). **Getty Images:** AFP / Anne-Christine Poujoulat (tr). **265 Alamy Images:** Geraint Lewis (tr). **271 Corbis:** Bettmann (tr); Leemage (bl). **272 Corbis:** The Print Collector (bl). **274 Corbis:** San Francisco Chronicle / Katy Raddatz (t). **275 Getty Images:** he LIFE Picture Collection / William Sumits (tr). **280 Corbis:** Summerfield Press (br). **281 Corbis:** Bettmann (tr). **282 Corbis:** Bettmann (bl). **283 Dreamstime.com:** Csaba Peterdi (tr). **285 Corbis:** Christie's Images (tr); Robbie Jack (bc). **290 Alamy Images:** Geraint Lewis (br). **291 Alamy Images:** Geraint Lewis (tr). **292 Alamy Images:** Geraint Lewis (tr). **293 Getty Images:** Universal History Archive / UIG via Getty Images (tr). **298 Alamy Images:** The Art Archive (bc). **299 Alamy Images:** Geraint Lewis (tl). **304 Dreamstime.com:** Dennis Dolkens (tr). **305 Corbis:** Stapleton Collection (b). **307 Alamy Images:** INTERFOTO (tr). **Corbis:** Robbie Jack (tl). **313 Alamy Images:** dpa picture alliance archive (tr). **Getty Images:** DEA / M. SEEMULLER (bl). **314 Getty Images:** Heritage Images (b). **321 Alamy Images:** RIA Novosti (tl). **323 Corbis:** Robbie Jack (tr). **Getty Images:** Universal History Archive / UIG via Getty Images (bl). **328 Getty Images:** Universal History Archive / UIG via Getty Images (br). **330 Alamy Images:** Geraint Lewis (tl). **331 Alamy Images:** AF archive (bl). **Dreamstime.com:** Yakov Stavchansky (tr). **336 Corbis:** Lebrecht Music & Arts (tr). **337 Corbis:** Nik Wheeler (bl). **342 Corbis** (br). **343 Alamy Images:** Mary Evans Picture Library (tc)